Beck'sches Examinatorium Zivilrecht

Herausgegeben von
Prof. Dr. Jörg Neuner und
Prof. Dr. Hans Christoph Grigoleit

Sachenrecht

von

Professor Dr. Jörg Neuner

5. Auflage 2017

C.H.BECK

www.beck.de

ISBN 978 3 406 70577 9

© 2017 Verlag C.H. Beck oHG
Wilhelmstraße 9, 80801 München
Druck und Bindung: Nomos Verlagsgesellschaft mbH & Co. KG
In den Lissen 12, 76547 Sinzheim

Satz: Uhl + Massopust GmbH, Aalen
Umschlaggestaltung: Druckerei C.H. Beck, Nördlingen

Gedruckt auf säurefreiem, alterungsbeständigem Papier
(hergestellt aus chlorfrei gebleichtem Zellstoff)

Vorwort zur 5. Auflage

Die Neuauflage bot erneut Gelegenheit, zahlreiche Passagen zu überarbeiten und zu aktualisieren. In den Rechtsprechungsübersichten wurden klausurrelevante Urteile zu fast allen Teilrechtsgebieten eingefügt (ua zum Abstraktionsgrundsatz, zur Besitzstörung, zum EBV, zur negatorischen Haftung, zum gutgläubigen Erwerb sowie zur Vormerkung). Deshalb mussten diesmal auch die Randnummern neu vergeben und erweitert werden. Das Buch befindet sich nunmehr auf dem Stand von Ende 2016.

Ich danke sehr herzlich Herrn *Dr. Martin Klose*, der mich vor allem bei der Überarbeitung der Abschnitte zu den Grundpfandrechten mit großer Sachkunde unterstützte. Für wertvolle Unterstützung bei den Korrekturen danke ich ferner Herrn Ass. iur. *Korbinian Nuber*, Frau *Anna Sophia Ostenried* und Frau *Emilia Berkovic* sowie den Herren *Richard Gehrke, Jonas Straßer, Marvin Straub* und *Muhammed Emin Türker*. Meiner Sekretärin, Frau *Brigitte Bradatsch*, danke ich für die wie immer vorbildliche Betreuung des Manuskripts.

Augsburg, im Januar 2017   *Jörg Neuner*

Aus dem Vorwort zur 1. Auflage

Dieses Examinatorium verfolgt vier didaktische Ziele: Zu Beginn eines jeden Kapitels werden die gesetzlichen Grundwertungen anhand einfach strukturierter „Normalfälle" erklärt. Schwierigere Detailprobleme und wissenschaftliche Streitigkeiten werden sodann anhand größerer Klausurfälle mit ausführlichen Musterlösungen veranschaulicht. Diese Fälle sind wiederum eingebettet in systematische Übersichten, die das entsprechende Stoffgebiet stichpunktartig abdecken sollen. Den Abschluss eines jeden Kapitels bilden aktuelle Rechtsprechungsübersichten. Diese Übersichten bieten, gleichsam zur Wiederholung, weiteres Anschauungsmaterial und sollen darüber hinaus auf moderne Entwicklungen aufmerksam machen.

Augsburg, im Februar 2004   *Jörg Neuner*

Inhaltsübersicht

Ausgewählte Studienliteratur

Die Literaturübersicht beschränkt sich auf das abgekürzt zitierte Schrifttum. Auch die Schrifttumsnachweise im Text erheben keinerlei Anspruch auf Vollständigkeit, sondern sind im Gegenteil rein subjektive Einzelempfehlungen.

I. **Lehrbücher zum Sachenrecht**
    Baur/Stürner, Sachenrecht, 18. Aufl. 2009
    Brehm/Berger, Sachenrecht, 3. Aufl. 2014
    Bülow, Recht der Kreditsicherheiten, 8. Aufl. 2012
    Eckert, Sachenrecht, 4. Aufl. 2005
    Habersack, Examens-Repetitorium Sachenrecht, 8. Aufl. 2016
    Müller/Gruber, Sachenrecht, 2016 (Fortführung von *Müller*, Sachenrecht, 4. Aufl. 1997)
    Rimmelspacher, Kreditsicherungsrecht, 2. Aufl. 1987
    Schapp/Schur, Sachenrecht, 4. Aufl. 2010
    Schreiber, Sachenrecht, 5. Aufl. 2008
    Prütting, Sachenrecht, 35. Aufl. 2014
    Vieweg/Werner, Sachenrecht, 7. Aufl. 2015
    Weber, Sachenrecht I, Bewegliche Sachen, 4. Aufl. 2015
    ders., Sachenrecht II, Grundstücksrecht, 4. Aufl. 2015
    Westermann H. P., BGB-Sachenrecht, 12. Aufl. 2012
    Westermann/Gursky/Eickmann, Sachenrecht, 8. Aufl. 2011
    Wieling, Sachenrecht, 5. Aufl. 2007
    ders., Sachenrecht, Bd. I, 2. Aufl. 2006
    Wilhelm, Sachenrecht, 5. Aufl. 2016
    Wolf/Wellenhofer, Sachenrecht, 31. Aufl. 2016

II. **Fallsammlungen zum Sachenrecht**
    Gerhardt, Mobiliarsachenrecht, 5. Aufl. 2000
    ders., Immobiliarsachenrecht, 5. Aufl. 2001
    Gottwald, Sachenrecht (Prüfe dein Wissen), 16. Aufl. 2014
    Gursky, Klausurenkurs im Sachenrecht, 12. Aufl. 2008
    ders., 20 Probleme aus dem Eigentümer-Besitzer-Verhältnis, 9. Aufl. 2015
    ders., 20 Probleme aus dem BGB Sachenrecht, Ohne EBV, 8. Aufl. 2014
    Koch/Löhnig, Fälle zum Sachenrecht, 4. Aufl. 2015
    Lange/Schiemann, Fälle zum Sachenrecht, 6. Aufl. 2008

III. **Sonstige Lehrbücher**
    Bork, Allgemeiner Teil des Bürgerlichen Gesetzbuchs, 4. Aufl. 2016
    Brox/Walker, Besonderes Schuldrecht, 40. Aufl. 2016
    Canaris, Handelsrecht, 24. Aufl. 2006
    Esser/Schmidt, Schuldrecht, Bd. I/2, 8. Aufl. 2000
    Esser/Weyers, Schuldrecht, Bd. II/2, 8. Aufl. 2000
    Faust, Bürgerliches Gesetzbuch Allgemeiner Teil, 5. Aufl. 2016
    Flume, Allgemeiner Teil des bürgerlichen Rechts, Bd. II, 4. Aufl. 1992
    Grunewald, Bürgerliches Recht, 9. Aufl. 2014
    Köhler, BGB Allgemeiner Teil, 40. Aufl. 2016
    Larenz, Lehrbuch des Schuldrechts, Bd. II/1, 13. Aufl. 1986
    Larenz/Canaris, Lehrbuch des Schuldrechts, Bd. II/2, 13. Aufl. 1994
    Medicus/Petersen, Allgemeiner Teil des BGB, 11. Aufl. 2016

Medicus/Petersen, Bürgerliches Recht, 25. Aufl. 2015
Medicus/Lorenz, Schuldrecht II, 17. Aufl. 2014
Schmidt, Handelsrecht, 6. Aufl. 2014
Wolf/Neuner, Allgemeiner Teil des Bürgerlichen Rechts, 11. Aufl. 2016

IV. **Kommentare**
Bamberger/Roth, Online-Kommentar zum BGB, Stand: August 2016
(zit.: Bamberger/Roth/*Bearbeiter*)
Jauernig, Bürgerliches Gesetzbuch, 16. Aufl. 2015 (zit.: Jauernig/*Bearbeiter*)
Münchener Kommentar zum BGB, 6. bzw. 7. Aufl. 2012 ff. (zit.: MüKoBGB/*Bearbeiter*)
Palandt, Bürgerliches Gesetzbuch, 76. Aufl. 2017 (zit.: Palandt/*Bearbeiter*)
Soergel, Bürgerliches Gesetzbuch, 13. Aufl. 1999 ff. (zit.: Soergel/*Bearbeiter*)
Staudinger, Kommentar zum BGB, 13. Bearb. 2000 ff. (zit.: Staudinger/*Bearbeiter*)

V. **Beck'sches Examinatorium**
Grigoleit/Herresthal, BGB Allgemeiner Teil, 3. Aufl. 2015
Grigoleit/Auer, Schuldrecht III – Bereicherungsrecht, 2. Aufl. 2016
Grigoleit/Riehm, Schuldrecht IV – Deliktsrecht und Schadensrecht, 2011

Methodische Vorbemerkung

Im Examen führt materielles Wissen allein noch nicht zum Erfolg. Hinzu kommen muss dessen stringente, fallbezogene Umsetzung in der Klausur. Die Notwendigkeit eines präzisen methodischen Vorgehens darf auch im Sachenrecht nicht unterschätzt werden. Zur Verdeutlichung mag ein erster Übungsfall dienen, der vermutlich als recht leicht eingestuft wird, jedoch zeigen soll, warum die tatsächlich erzielten Klausurergebnisse oftmals hinter den persönlichen Erwartungen zurückbleiben: *E verleiht sein Fahrrad an V; anschließend verkauft und übereignet V das Rad an den redlichen K, der die Herausgabe verweigert. Wie ist die Rechtslage?* Relativ einfach lässt sich darlegen, dass ein Herausgabeanspruch E gegen K am gutgläubigen Erwerb des K scheitert und im Verhältnis E gegen V Sekundäransprüche in Betracht kommen. Die gesamte Komplexität des Falles erschließt sich allerdings erst durch ein systematisches Vorgehen, in dem man die scheinbar triviale und stereotype Frage stellt: Wer kann von wem was woraus verlangen? In der folgenden Übersicht geht es nur darum, die Breite des Prüfungsspektrums zu skizzieren, inhaltliche Details werden später in den einzelnen Sachkapiteln behandelt.

A. Ansprüche E gegen K

I. Ansprüche auf Herausgabe des Rads
1. § 985 BGB (scheitert am gutgläubigen Erwerb des K gem. §§ 929, 932 BGB)
2. § 861 I BGB (scheitert an der fehlenden verbotenen Eigenmacht gem. § 858 I BGB)
3. § 1007 I BGB (scheitert am guten Glauben des K)
4. § 1007 II BGB (scheitert an der freiwilligen Besitzübertragung)
5. §§ 823 I, 249 I BGB (scheitert, weil § 932 BGB ein gesetzlicher Rechtfertigungsgrund ist)
6. § 812 I 1 Alt. 2 BGB (scheitert an der Subsidiarität der Eingriffskondiktion)
7. § 604 IV BGB (scheitert, weil keine bloße Gebrauchsüberlassung bzw. § 242 BGB)

II. Ergebnis: Kein Herausgabeanspruch

B. Ansprüche E gegen V[1]

I. Ansprüche auf Herausgabe des Rads
1. § 604 I BGB (scheitert wegen subjektiver Unmöglichkeit gem. § 275 I BGB)
2. § 985 BGB (scheitert schon daran, dass V nicht mehr Besitzer)
3. Ergebnis: Kein Herausgabeanspruch

II. Ansprüche auf Schadensersatz[2]
1. §§ 280 I, III, 283, 604 I BGB (besteht wegen Unmöglichkeit der Rückgabe)
2. §§ 280 I, III, 283 BGB analog iVm § 985 BGB (scheitert ua, weil Spezialregelung in §§ 990 I, 989 BGB)
3. §§ 990 I, 989 BGB (scheitert mangels EBV)
4. §§ 687 II 1, 678 BGB (besteht wegen angemaßter Eigengeschäftsführung)
5. §§ 823 I, 249 I BGB (besteht wegen Eigentumsverletzung)
6. § 823 II BGB iVm § 246 StGB (besteht wegen Unterschlagung)
7. § 826 BGB (besteht wegen vorsätzlicher sittenwidriger Schädigung)

III. Ansprüche auf Herausgabe des Veräußerungsgewinns
1. §§ 285, 604 I BGB (besteht wegen §§ 604 I, 275 I BGB)
2. §§ 687 II 1, 681 S. 2, 667 BGB (besteht wegen angemaßter Eigengeschäftsführung)
3. § 816 I 1 BGB (besteht und umfasst nach hM ebenfalls das commodum ex negotiatione)
4. § 285 BGB analog iVm § 985 BGB (scheitert ua, weil § 816 I 1 BGB lex specialis)

---

[1] Ansprüche K gegen V sind fernliegend; insbesondere besteht kein Anspruch gem. §§ 437, 435 BGB, weil ein Rechtsmangel (aufgrund des Eigentumserwerbs bzw. a priori) nicht vorliegt.

[2] Als Gegenrecht kommt § 255 BGB in Betracht, jedoch fehlt es an einem abtretbaren Anspruch E gegen K.

1. Kapitel. Die Prinzipien des Sachenrechts

Die Aufgabe des Sachenrechts besteht primär in der **Zuordnung von Sachen,**[1] also in der Regelung von **1**
„Herrschaftsrechten" über körperliche Gegenstände. Der **Begriff der Sache** wird bereits „vor der Klammer" im Allgemeinen Teil des BGB **in den §§ 90 ff. näher erläutert,**[2] weil er im gesamten Zivilrecht Bedeutung erlangt (vgl. zB §§ 433, 1362 BGB). Die sachenrechtlichen **Prinzipien sind hingegen nicht explizit normiert,** sondern liegen verschiedenen gesetzlichen Bestimmungen zugrunde (vgl. zB §§ 873, 929 BGB); sie werden besonders transparent, wenn man sich einen zeitlich gestreckten Erwerbsvorgang vor Augen führt.

Normalfall: K möchte einen italienischen Sportwagen erwerben. Er begibt sich deshalb zum Autohändler V und schließt mit diesem einen Kaufvertrag über ein bestimmtes Modell. Angesichts der Lieferfristen wird vereinbart, dass der Wagen in zwei Monaten, Zug um Zug gegen Zahlung des Kaufpreises, übergeben werden soll. Zwei Monate später erscheint K bei V, übergibt diesem das Geld und erhält seinerseits den Wagen samt Kfz-Papieren ausgehändigt.

I. Überblick

2

	Verpflichtungsgeschäft	*Verfügungsgeschäft*
Definition	ein Rechtsgeschäft, durch das die Verpflichtung zu einer Leistung (einschl. Unterlassen) begründet wird	ein Rechtsgeschäft, durch das ein subjektives Recht unmittelbar übertragen, belastet, geändert oder aufgehoben wird
Beispiel	Kaufvertrag zwischen K und V gem. § 433 BGB, durch den wechselseitige Ansprüche begründet werden	Übertragung des Eigentums am Pkw von V auf K gem. § 929 S. 1 BGB & Übertragung des Eigentums am Geld von K auf V gem. § 929 S. 1 BGB
Regelungsgebiete	primär Schuldrecht; zB aber auch Familienrecht (Unterhaltsvereinbarung gem. § 1585c BGB)	primär Sachenrecht; zB aber auch Schuldrecht (Erlassvertrag gem. § 397 BGB; Abtretung gem. § 398 BGB)
Wirkung	relativ, dh lediglich zwischen den Vertragsparteien (es bestehen Ansprüche nur zwischen K und V)	absolut, dh gegenüber jedermann (der neue Eigentümer K hat zB Unterlassungsansprüche gem. § 1004 I 2 BGB gegen alle potentiellen Störer)
Berechtigung	irrelevant, dh es kann sich grundsätzlich jeder beliebig verpflichten (zB Doppelverkauf des Pkw)	idR nur Rechtsinhaber (zB Eigentümer des Pkw), da Verfügungsmacht erforderlich (Ausnahmen insbes.: § 185 BGB bei Ermächtigung; §§ 932 ff. BGB bei gutgläubigem Erwerb)
Inhalt	Vertragsfreiheit, dh es können auch gesetzlich nicht geregelte Verträge (zB Leasingverträge) vereinbart werden (vgl. §§ 241 I, 311 I BGB)	Typenzwang, dh numerus clausus der Sachenrechte (V kann zB den Pkw nur in den Formen der §§ 929 ff. BGB übereignen; Extensionen: Sicherungsübereignung; Anwartschaftsrechte)
Bestimmtheitsprinzip	der Gegenstand braucht nicht individualisiert zu sein (zB Gattungskauf gem. § 243 BGB ausreichend; auch Kaufvertrag über mehrere Gegenstände möglich)	es gilt der Bestimmtheits- bzw. Spezialitätsgrundsatz, dh das Verfügungsobjekt muss bestimmt oder exakt bestimmbar sein (beim Erwerb mehrerer Gegenstände sind entsprechend viele Verfügungen notwendig)
Offenkundigkeitsprinzip	grundsätzlich formlos und stillschweigend möglich	im Sachenrecht gilt der Offenkundigkeits- bzw. Publizitätsgrundsatz (bei beweglichen Sachen idR Besitzübertragung, bei Immobilien Eintragung im Grundbuch erforderlich)

---

[1] Außerdem wird namentlich der Nießbrauch sowie das Pfandrecht an Rechten gem. §§ 1068 ff., 1273 ff. BGB geregelt.
[2] S. ausführlich *Wolf/Neuner*, AT, § 25; *Bork*, AT, Rn. 233 ff.

Trennungsprinzip[3]	das Verpflichtungsgeschäft ist vom Verfügungsgeschäft (dinglicher Vollzug) zu trennen	für die Erfüllung eines Verpflichtungsgeschäfts ist idR noch ein weiteres Rechtsgeschäft (Verfügung) notwendig (Ausnahme zB Dienstvertrag)
Abstraktionsprinzip[4]	Verpflichtungsgeschäfte sind unabhängig davon wirksam, ob auch ein wirksames Verfügungsgeschäft vorliegt (zu Ausnahmen vgl. → Rn. 31); bei Unwirksamkeit des Verpflichtungsgeschäfts ggf. bereicherungsrechtliche Rückabwicklung	Die *äußere* Abstraktheit besagt, dass die Wirksamkeit des Verfügungsgeschäfts nicht vom Verpflichtungsgeschäft abhängt; deshalb kann auch allein das Verfügungsgeschäft unwirksam sein (zB Geschäftsunfähigkeit erst bei Abschluss des Verfügungsgeschäfts oder Anfechtung des dinglichen Vertrags gem. § 119 I Alt. 1 BGB wegen irrtümlicher Übereignung eines „anderen" Gegenstands) Die *inhaltliche* Abstraktheit löst das Verfügungsgeschäft von der Kausalabrede und beschränkt es auf einen Minimalkonsens

Fall 1: „Eighteen Credits"

Sachverhalt

Vor kurzem hatte der 18-jährige Volker eine Taschenuhr auf dem Dachboden des elterlichen Anwesens gefunden, die ihm seine Eltern sogleich auch schenkten und wirksam übereigneten. Als Volker wieder einmal in Geldnöten war, veräußerte er die Uhr zum Preis von EUR 25,– an seinen 17jährigen Schulfreund Markus, der, wie Volker bekannt war, seit Jahren leidenschaftlich Uhren sammelte. Die Eltern des Markus wussten nichts von diesem Geschäft. Zum Zeitpunkt des Verkaufs hielt Volker die Uhr noch für einen relativ wertlosen Ramsch aus neuerer Fabrikation. Er erfuhr dann aber durch Zufall, dass es sich um eine aus altem Familienbesitz stammende schweizer Präzisionsuhr aus dem 19. Jahrhundert handelt, die in den Kriegsjahren auf dem Dachboden versteckt worden war. Volker wandte sich daraufhin schriftlich an Markus und dessen Eltern, und erklärte ihnen, dass der Handel hinsichtlich der Uhr „null und nichtig" sei, weil er sich über Alter, Herkunft sowie Wert des Stückes nicht im Klaren war. Markus habe sich zudem diese Unerfahrenheit bewusst zunutze gemacht und es unterlassen, ihn über die wahre Beschaffenheit der Uhr aufzuklären. Markus räumt daraufhin ein, dass er sowohl den tatsächlichen Wert der Uhr als auch die Fehleinschätzung von Volker erkannte, doch dürfe jeder am Markt seine Vorteile suchen. Außerdem sei es ihm in der Zwischenzeit gelungen, die Uhr ohne Wissen seiner Eltern für EUR 500,– an den Antiquitätenhändler Kramer weiterzuverkaufen, dem die Vorgeschichte nicht bekannt war. Auf den Verbleib des Verkaufserlöses angesprochen, stellt sich heraus, dass Markus diesen bereits zur Gänze aufgebraucht hat: Er erzählte seinen Eltern von einer geplanten Fahrradtour mit dem katholischen Jugendverband und reiste daraufhin über das Wochenende zu einem Konzert der Heavy-Metal-Gruppe „Eighteen Credits" nach London.

Kann Volker die Herausgabe der Uhr von Kramer verlangen?

Lösung

3 I. Es könnte ein **Herausgabeanspruch von Volker (V) gegen Kramer (K) gem. § 985 BGB** bestehen.

1. K ist **Besitzer** der Uhr, da er die tatsächliche Gewalt darüber ausübt (§ 854 I BGB).

2. Fraglich erscheint, ob V noch **Eigentümer** der Uhr ist.

---

[3] Den Gegensatz bildet das „*Einheitsprinzip*", wonach nur eine einzige Einigung (also keine Unterscheidung von Verpflichtungs- und Verfügungserklärungen) erforderlich ist; vgl. *Jauernig* JuS 1994, 721 ff. (721 f.). In manchen Rechtsordnungen wird bereits diese Einigung als ausreichend für den Eigentumsübergang erachtet (Konsensprinzip); teilweise wird noch ein zusätzlicher Kundgebungsakt (traditio, dh Übergabe) gefordert (Traditionsprinzip); s. *v. Caemmerer* RabelsZ 12 (1938/39), 675 f.; *Wolf/Wellenhofer*, Sachenrecht, § 7 Rn. 45 ff.; zum Draft Common Frame of Reference *Stadler* JZ 2010, 380 ff. (383 ff.).

[4] Beachte zudem die *Parallelproblematik im Stellvertretungsrecht*: die Vollmacht ist nicht nur vom Innenverhältnis (zB Auftrag) zu trennen, sondern auch unabhängig von diesem wirksam; ausführlich *Bork*, AT, Rn. 1487 ff.

a) V könnte das Eigentum durch **Einigung und Übergabe** an Markus (M) verloren haben.

Zwischen V und M wurde ein **dinglicher Vertrag** gem. § 929 S. 1 BGB geschlossen, dessen rechtlicher Wirksamkeit die Minderjährigkeit des M (vgl. § 2 BGB) nicht entgegensteht. Nach §§ 106, 107 BGB kann ein beschränkt Geschäftsfähiger eine dingliche Einigungserklärung ohne Einwilligung des gesetzlichen Vertreters vornehmen, wenn sie ihm lediglich einen rechtlichen Vorteil verschafft. Da der Erwerb der Uhr für M **nur rechtlich vorteilhaft** war, konnte dieser eine wirksame Erklärung abgeben.

b) Der dingliche Vertrag könnte aber wegen Wuchers gem. **§ 138 II BGB nichtig** sein. **4**

Der objektive Tatbestand eines **auffälligen Missverhältnisses** zwischen der Leistung (EUR 25,–) und der Gegenleistung (antike schweizer Präzisionsuhr) liegt vor.[5] Zudem hat M das **mangelnde Urteilsvermögen**[6] des jugendlichen V **bewusst ausgenutzt**.[7] In der Folge ist nicht nur der Kaufvertrag, sondern **auch die Verfügung des Bewucherten nichtig**.[8] Dies ergibt sich aus dem Normtext des § 138 II BGB („… gewähren lässt …") sowie aus der Schwere des Verstoßes gegen das Sittengesetz.[9]

c) Ein weiterer Unwirksamkeitsgrund gem. § 134 BGB iVm § 291 StGB scheidet schon deshalb aus, weil § 138 II BGB die speziellere Norm ist.[10]

d) Der dingliche Vertrag könnte außerdem nach **§ 142 I BGB ex-tunc nichtig** sein. **5**

aa) Dabei stellt sich zunächst das generelle Problem, ob ein **nichtiges Rechtsgeschäft** überhaupt noch **angefochten werden kann**. Rein begrifflich mag man dies bezweifeln, doch ist es teleologisch nicht zu rechtfertigen, ein vorteilhaftes Gestaltungsrecht zu verweigern, nur weil noch ein zusätzlicher Nichtigkeitsgrund vorliegt.[11] Die Anfechtbarkeit eines nach § 138 II BGB nichtigen Rechtsgeschäfts kann schon deshalb besondere Vorteile bringen, weil gem. § 142 II BGB ein zusätzlicher Bezugspunkt für die Bösgläubigkeit von Dritterwerbern entsteht.[12]

bb) Als erster **Anfechtungsgrund** kommt ein **Eigenschaftsirrtum iSv § 119 II BGB** in Betracht.

(1) Das Anfechtungsrecht aus § 119 II BGB könnte allerdings von vornherein **durch die Sachmängelhaftung gem. §§ 434, 437 ff. BGB ausgeschlossen sein**. Eine **Anfechtung des Käufers** wegen des Irrtums über eine verkehrswesentliche Eigenschaft (§ 119 II BGB) ist anerkanntermaßen versagt, soweit der Käufer aus gleichem Grunde Gewährleistungsrechte geltend machen kann.[13] Ein entsprechendes Konkurrenzverhältnis besteht hier indes nicht, da dem Verkäufer Gewährleistungsrechte nie zustehen.[14] Das **Anfechtungsrecht des Verkäufers** kann lediglich unter dem Gesichtspunkt des Rechtsmissbrauchs ausgeschlossen sein, wenn er versucht, sich gesetzlich angeordneter Zurechnun- **6**

---

[5] Nach der Rspr. idR bereits dann, wenn der Wert der Leistung knapp doppelt so hoch ist wie der Wert der Gegenleistung; vgl. *BGH* NJW 2006, 3054 ff. (3054); BGHZ 125, 218 ff. (227) = NJW 1994, 1344 ff. (1347) mwN.

[6] Daneben kommt auch das Kriterium der „Unerfahrenheit" in Betracht; nach hM setzt dies jedoch voraus, dass sich der Mangel an Erfahrenheit auf das Geschäftsleben insgesamt und nicht nur auf das fragliche Geschäft bezieht; vgl. *Wolf/Neuner*, AT, § 46 Rn. 56 mwN.

[7] Vgl. auch *Köhler*, AT, § 13 Rn. 37; Palandt/*Ellenberger*, BGB, § 138 Rn. 72, 74.

[8] Vgl. *BGH* NJW 1994, 1470 ff. (1470); *Bork*, AT, Rn. 928; Palandt/*Ellenberger*, BGB, § 138 Rn. 75; *Schreiber/Kreutz* JURA 1989, 617 ff. (621).

[9] Anders als bei § 138 I BGB stellen sich beim Wuchertatbestand des § 138 II BGB keine Abgrenzungs- bzw. Konkurrenzprobleme zu § 123 I BGB. Während die bloße Beeinflussung der Willensbildung durch arglistige Täuschung oder widerrechtliche Drohung nicht zur Sittenwidrigkeit des Rechtsgeschäfts iSv § 138 I BGB führt (arg.: bloße Anfechtbarkeit gem. §§ 123, 124 BGB), liegt bei § 138 II BGB immer ein auffälliges Missverhältnis, also ein zusätzlicher, objektiver Umstand vor. Vgl. zum Verhältnis von § 123 BGB zu § 138 BGB näher MüKoBGB/*Armbrüster*, § 138 Rn. 6.

[10] Vgl. *Bork*, AT, Rn. 1158; *Wolf/Neuner*, AT, § 46 Rn. 6; aA Bamberger/Roth/*Wendland*, BGB, § 138 Rn. 6.

[11] Grundlegend zur sog „Lehre von der Doppelwirkung im Recht" *Kipp* FS v. Martitz, 1911, 211 ff.; s. ferner *Würdinger* JuS 2011, 769 ff. (769 ff.) mwN.

[12] Vgl. → Rn. 16; weiterer Aspekt: durch die nochmalige Anfechtung einer Willenserklärung gem. § 123 I BGB, die bereits vorher gem. § 119 BGB angefochten wurde, wird die Schadensersatzpflicht gem. § 122 I BGB vermieden.

[13] Die §§ 434, 437 ff. BGB gehen als Sonderregelungen vor, da ansonsten die Möglichkeit bestünde, die kurze Verjährung des § 438 BGB, das Recht auf „zweite Andienung" sowie den prinzipiellen Haftungsausschluss bei grober Fahrlässigkeit gem. § 442 I 2 BGB zu umgehen; vgl. nur Palandt/*Ellenberger*, BGB, § 119 Rn. 28; MüKoBGB/*Armbrüster*, § 119 Rn. 29 mwN.

[14] Vgl. nur *BGH* NJW 1988, 2597 ff. (2598) „Leibl/Duveneck" (zum Anfechtungsrecht des Verkäufers wegen Irrtums gem. § 119 II BGB über die Urheberschaft eines verkauften Gemäldes) = JuS 1989, 59 f. mAnm. *Emmerich*.

gen, namentlich seiner Gewährleistungspflichten, zu entziehen.[15] Im vorliegenden Fall kommen Gewährleistungsrechte des M jedoch schon deshalb nicht in Betracht, weil die Uhr keinen Sachmangel iSv § 434 BGB aufweist. Des Weiteren beabsichtigt M gar nicht, von etwaigen Gewährleistungsrechten Gebrauch zu machen, sodass auch aus diesem Grund ein Rechtsmissbrauch ausscheidet: Was der Käufer nicht will, kann der Verkäufer nicht treuwidrig vereiteln.[16]

7   (2) Im Folgenden ist somit zu klären, ob ein Anfechtungsgrund gem. § 119 II BGB tatsächlich besteht. Voraussetzung hierfür ist, dass der Irrtum des V über die Herkunft der Uhr eine „verkehrswesentliche Eigenschaft" betrifft. Unter einer Eigenschaft iSv § 119 II BGB versteht man „alle tatsächlichen und rechtlichen Verhältnisse, die infolge ihrer Beschaffenheit auf Dauer auf die Brauchbarkeit und den Wert (des Kaufgegenstandes) von Einfluss sind".[17] Demnach ist zwar der Wert des veräußerten Gegenstandes als solcher keine wesentliche Eigenschaft, doch gilt dies nicht für die (unmittelbar) wertbildenden Faktoren, worunter insbesondere das Alter und die Herkunft eines Stückes aus einer bestimmten Epoche zählen.[18] Darüber hinaus müsste auch eine „Verkehrswesentlichkeit" der Eigenschaft gegeben sein. Nach der Lehre vom geschäftlichen Eigenschaftsirrtum ist dies der Fall, wenn die Eigenschaft in dem konkreten Rechtsgeschäft als wesentlich vereinbart wurde, was auch stillschweigend geschehen kann.[19] Die Begrenzung auf eine „Geschäftswesentlichkeit" (vertragliche Soll-Beschaffenheit) ist jedoch mit dem Wortlaut sowie dem Normzweck des § 119 II BGB unvereinbar und nivelliert zudem die Abgrenzung zum Sachmangel.[20] Ergeben sich aus dem Rechtsgeschäft keine besonderen Anhaltspunkte, kommt es vielmehr darauf an, ob die betreffende Eigenschaft nach der Verkehrsanschauung für den konkreten Geschäftsabschluss, unter Berücksichtigung von dessen Sinn und Zweck, maßgebend war.[21] Es ist also primär danach zu fragen, ob die Eigenschaft Vertragsinhalt wurde, und sodann hilfsweise, ob die Eigenschaft nach der Auffassung des Verkehrs für den Geschäftsabschluss Bedeutung hatte. Vor diesem Hintergrund lässt sich zunächst nur feststellen, dass für den Abschluss des Kaufvertrages das Alter und die Herkunft der Uhr eine entscheidende, verkehrstypische Rolle spielten.

8   (3) Problematisch ist, ob dieser Irrtum gem. § 119 II BGB neben dem Kaufvertrag auch das dingliche Geschäft erfasst.

(a) In Betracht kommt zunächst eine sog Geschäftseinheit zwischen dem schuldrechtlichen und dem dinglichen Vertrag. Von einer Geschäftseinheit spricht man, wenn die Unwirksamkeit des ersteren gem. § 139 BGB den Fortfall des letzteren zur Folge hat. Obwohl das Abstraktionsprinzip ein wesentliches Strukturelement des deutschen Privatrechts verkörpert, kann eine Geschäftseinheit zwischen dem schuldrechtlichen und dem dinglichen Vertrag vereinbart werden. Um einen derartigen Parteiwillen annehmen zu können, bedarf es jedoch konkreter Anhaltspunkte; der immer existierende wirtschaftliche Zusammenhang zwischen beiden Geschäften reicht nicht.[22] Demnach besteht im vorliegenden Fall keine Geschäftseinheit.

9   (b) Zu erwägen ist allerdings, ob der Eigenschaftsirrtum iSv § 119 II BGB auch eine Anfechtbarkeit des dinglichen Geschäfts begründet (sog Fehleridentität):

Nach einer Ansicht ist dies generell zu bejahen. Der Eigenschaftsirrtum motiviere gleichermaßen die Abgabe der vom Kausalgeschäft gedanklich zu trennenden Übereignungserklärung. Hätte V gewusst, dass die Uhr aus altem Familienbesitz stammt, hätte er das Eigentum nicht auf M übertragen.[23]

Nach der Rspr. soll das Verfügungsgeschäft nur dann gem. § 119 II BGB anfechtbar sein, wenn Verpflichtungs- und Verfügungsgeschäft in einem Willensakt zusammenfallen.[24]

---

[15] S. näher *Köhler/Fritzsche* JuS 1990, 16 ff. (18 f.).
[16] *BGH* NJW 1988, 2597 ff. (2598) mwN.
[17] *BGH* NJW 2001, 226 f. (227); BGHZ 70, 47 ff. (48) = NJW 1978, 370 f. (370).
[18] Vgl. nur Palandt/*Ellenberger*, BGB, § 119 Rn. 27; *Köhler*, AT, § 7 Rn. 19.
[19] Vgl. *Flume*, AT, § 24 (= S. 472 ff.).
[20] Vgl. *Bork*, AT, Rn. 864.
[21] Vgl. näher Palandt/*Ellenberger*, BGB, § 119 Rn. 25; *Faust*, AT, § 21 Rn. 12; *Bork*, AT, Rn. 846.
[22] Vgl. Palandt/*Ellenberger*, BGB, § 139 Rn. 7 ff.; *Jauernig* JuS 1994, 721 ff. (724).
[23] Vgl. *Flume*, AT, § 24 II 2 b, 4 (= S. 479, 489); *Grundmann* JA 1985, 80 ff. (82 ff.).
[24] Vgl. RGZ 66, 385 ff. (390); s. auch Palandt/*Ellenberger*, BGB, Überbl. vor § 104 Rn. 23.

Richtig erscheint, die **Fehleridentität** beim Eigenschaftsirrtum **generell abzulehnen**, da ein Irrtum über eine verkehrswesentliche Eigenschaft bezogen auf das sachenrechtliche Geschäft nicht vorliegt. § 119 II BGB ist nach hM ein Fall des ausnahmsweise beachtlichen Motivirrtums.[25] Das **Motiv der dinglichen Einigung ist die Erfüllung der schuldrechtlichen Verpflichtung**, nicht eine bestimmte Eigenschaft des Gegenstandes. Auch nach der Lehre vom geschäftlichen Eigenschaftsirrtum[26] ergibt sich nichts anderes, da Inhalt der dinglichen Einigung nur die Parteien, der Gegenstand und die Art der Verfügung sind (sog **sachenrechtlicher Minimalkonsens**). Des Weiteren bestätigt ein **Vergleich** mit den Regeln beim Wegfall der Geschäftsgrundlage gem. § 313 BGB sowie bei Widerrufsrechten gem. §§ 355 ff. BGB dieses Ergebnis, denn beide Rechtsinstitute beschränken sich auf eine schuldrechtliche Rückabwicklung.[27]

(4) Im **Ergebnis** ist mithin festzuhalten, dass die Anfechtung des dinglichen Geschäfts gem. § 119 II BGB nicht zulässig ist.[28]

cc) Als weiterer Anfechtungsgrund kommt eine **arglistige Täuschung gem. § 123 I BGB** in Betracht.   10

(1) Das Verschweigen von Tatsachen stellt eine Täuschung dar, wenn eine entsprechende **Aufklärungspflicht** besteht. Diese Pflicht leitet sich im Einzelfall aus § 242 BGB ab. Danach ist entscheidend, ob der Vertragspartner nach Treu und Glauben unter Berücksichtigung der Verkehrsanschauung redlicherweise eine Aufklärung erwarten durfte.[29]

Aufklärungspflichten des Verkäufers über Eigenschaften oder Mängel der Sache werden vorwiegend mit dessen Sachherrschaft und den damit verbundenen Möglichkeiten der Informationserlangung begründet. Für den **Käufer** gelten andere Grundsätze, da dieser den Besitz der Sache erst erlangen will. Zudem hat am Markt grundsätzlich jeder das Recht, aus Informationsvorsprüngen seinen Vorteil zu ziehen. Auch dieses Recht findet aber seine Grenze im Gebot von Treu und Glauben. Hier verfügte der Käufer über **eine besondere Sachkunde, w**as dem Verkäufer bekannt war, und es bestand außer diesem Wissensgefälle noch **ein persönliches Vertrauensverhältnis** zwischen den Vertragsparteien. V konnte deshalb von M nach Treu und Glauben erwarten, dass er ihn über das Alter und die Herkunft der Uhr aufkläre (aA vertretbar).

(2) Dem V steht mithin gem. **§ 123 BGB ein** Anfechtungsrecht zu. Bei § 123 BGB wird allgemein angenommen, dass **auch das dingliche Geschäft** anfechtbar ist. Während im Rahmen von § 119 II BGB maßgeblich ist, ob bei Abgabe der dinglichen Erklärung selbst ein Irrtum vorlag, reicht bei § 123 BGB die Kausalität der Täuschung aus. Die Verfügung beruht ebenso wie die Verpflichtung auf der Täuschung. Zum Teil wird darüber hinaus noch mit dem Topos des „rechtsethischen Durchbruchs" argumentiert. Wegen der Schwere des Eingriffs müsse der durch das Abstraktionsprinzip intendierte Verkehrsschutz dem Schutz des Getäuschten weichen. Die Annahme einer Fehleridentität ist hier kaum bestreitbar.[30]

dd) Zudem liegt eine wirksame **Anfechtungserklärung** vor.   11

(1) Die Anfechtungserklärung ist gem. § 143 I BGB eine **zugangsbedürftige Willenserklärung**, die auch konkludent getätigt werden kann. Es bedarf demnach nicht des ausdrücklichen Gebrauchs des Wortes „anfechten"; ausreichend ist vielmehr, dass sich (**unzweideutig**[31]) **der Wille** ergibt, das Geschäft gerade wegen des Willensmangels nicht bestehen lassen zu wollen.

(2) Der **Zugang** der Willenserklärung bestimmt sich **nach § 131 II BGB**, da M beschränkt geschäftsfähig ist. Mit Zugang bei den Eltern des M ist die Anfechtung somit wirksam geworden.

ee) Die **Anfechtungsfrist** gem. § 124 BGB ist eingehalten, da V innerhalb eines Jahres angefochten hat.   12

---

[25] Vgl. *Wolf/Neuner*, AT, § 41 Rn. 51 ff. m. umf. N.
[26] Vgl. *Flume*, AT, § 24 (= S. 472 ff.).
[27] Vgl. *Grigoleit* AcP 199 (1999), 379 ff. (396 ff., 400 f.); s. ferner auch *Bork*, AT, Rn. 486.
[28] Vgl. auch *Lieder/Berneith* JuS 2016, 673 ff. (677 f.) mwN.
[29] Vgl. *BGH* NJW-RR 2008, 258 ff. (Tz. 20); *Palandt/Ellenberger*, BGB, § 123 Rn. 5 mwN.
[30] Vgl. nur *Bork*, AT, Rn. 487; *Medicus/Petersen*, AT, Rn. 234; *Lieder/Berneith* JuS 2016, 673 ff. (676) mwN.
[31] So BGHZ 91, 324 ff. (332) = NJW 1984, 2279 ff. (2280); *BAG* NZA-RR 2012, 148 ff. (Tz. 47); *Köhler*, AT, § 7 Rn. 76.

ff) **Zwischenergebnis:** Nach § 142 I BGB gilt der dingliche Vertrag als von Anfang an nichtig, sodass V das Eigentum an der Uhr nicht an M verloren hat.

13   e) V könnte indes das Eigentum dadurch verloren haben, dass **K gutgläubig vom Nichtberechtigten M erworben hat** (§§ 929, 932 BGB).

aa) Ein gutgläubiger Erwerb setzt als Erstes einen **wirksamen dinglichen Vertrag** nach § 929 S. 1 BGB voraus, dessen Vorliegen angesichts der **Minderjährigkeit** des M fraglich ist. Die Vertragsparteien waren sich darüber einig, dass das Eigentum an der Uhr auf K übergehen sollte. Die Einigung könnte jedoch **gem. §§ 107, 108 BGB schwebend unwirksam** gewesen sein.

14   (1) Nach § 107 BGB bedarf der Minderjährige zu einer Willenserklärung, durch die er nicht lediglich einen **rechtlichen Vorteil** erlangt, der Einwilligung seines gesetzlichen Vertreters. Im vorliegenden Fall hat ein Minderjähriger über eine fremde Sache zugunsten eines Dritten verfügt. Die rechtsgeschäftlichen Folgen der Verfügung trafen den Minderjährigen daher **nicht unmittelbar selbst**. Dies gilt auch im Hinblick auf den Besitzverlust, weil dieser nicht die rechtliche Folge der Einigungserklärung ist, sondern einen selbständigen Vorgang darstellt. Nach herrschender und vorzugswürdiger Meinung genügt für die Wirksamkeit einer Verfügung nach § 107 BGB ein solches „neutrales Geschäft",[32] auch wenn der Minderjährige mittelbar durch vertrags- oder deliktsrechtliche Ansprüche letztendlich doch schadensersatz- oder herausgabepflichtig wird. Dem Minderjährigenschutz wird nämlich durch **entsprechende Spezialvorschriften (vgl. zB § 828 BGB)** hinreichend Rechnung getragen.[33]

15   (2) Demgegenüber betonen vor allem *Medicus/Petersen*,[34] dass der Zweck der Vorschriften über den redlichen Erwerb nur darin zu sehen sei, den Erwerber **so zu stellen, als ob dessen Ansicht von der Berechtigung des Veräußerers zuträfe**. Dann aber müsse der redliche Erwerb scheitern, wenn – wie hier – ein Erwerb selbst bei Berechtigung des Veräußerers nicht gelungen wäre. *Medicus/Petersen* wollen dies methodisch durch eine **teleologische Reduktion der Gutglaubensvorschriften** erreichen.

Gegen diese Ansicht wird zu Recht eingewandt, dass es gerade in der **Konsequenz des § 107 BGB** liegt, den gutgläubigen Erwerb vom nichtberechtigten Minderjährigen in weiterem Umfang als den Erwerb vom berechtigten Minderjährigen zu ermöglichen.[35] Der Verzicht des BGB auf einen Gutglaubensschutz bezogen auf die Geschäftsfähigkeit ist nur Ausdruck des konsequent verwirklichten Schutzes Geschäftsunfähiger und **soll sich nicht zugunsten geschäftsfähiger Dritter auswirken**.[36] Teleologisch ist es in der Tat nicht gerechtfertigt, dem V nur deshalb einen einwendungsresistenten Direktanspruch gegen K zu geben, weil in der Veräußerungskette ein Minderjähriger mitwirkt. Sachgerecht ist vielmehr, dass V das **Insolvenzrisiko** seines Vertragspartners M trägt und K mögliche **Einwendungen erhalten bleiben**.

Nach richtiger Ansicht ist ein **gutgläubiger Erwerb demnach auch vom Minderjährigen als Nichteigentümer möglich**.

16   bb) Des Weiteren ist zu prüfen, ob K das Eigentum an der Uhr gem. § 932 I 1, II BGB **gutgläubig erworben hat**. Für den Gutglaubenserwerb in Bezug auf die Anfechtbarkeit ist gem. **§ 142 II BGB** maßgebend, dass K diese weder kannte noch grob fahrlässig verkannte. Da außerdem die Übereignung V an M gem. § 138 II BGB nichtig war, ist zusätzlich der gute Glaube des K an die Eigentümerstellung des M gem. **§ 932 BGB** erforderlich. Beides ist laut Sachverhalt gegeben.

17   cc) Fraglich ist ferner, ob ein gutgläubiger Erwerb des K nicht nach **§ 935 I BGB** ausgeschlossen ist.

(1) Dem Eigentümer V ist die Uhr nicht nach **§ 935 I 1 BGB abhandengekommen**, da er trotz des Irr-

---

[32] *Systematischer Exkurs:* Ein „neutrales Geschäft" wird beschränkt Geschäftsfähigen in § 165 BGB erlaubt; handelt der Minderjährige im Rahmen seiner Vertretungsmacht, wirkt die Erklärung gem. § 164 I 1 BGB unmittelbar für und gegen den Vertretenen; handelt er ohne Vertretungsmacht, wird gem. § 179 III 2 BGB eine Haftung prinzipiell ausgeschlossen.
[33] Vgl. zum Ganzen auch *Flume*, AT, § 13, 7 b (= S. 193 f.); *Martinek/Wax* JURA 1988, 38 ff. (mit weiterem Übungsfall).
[34] *Medicus/Petersen*, AT, Rn. 568; ebenso *Medicus/Petersen*, Bürgerliches Recht, Rn. 540 ff.
[35] Vgl. *Martinek/Wax* JURA 1988, 38 ff. (39).
[36] Vgl. auch *v. Olshausen* AcP 189 (1989), 223 ff. (233 ff.).

tums und der Täuschung den Gegenstand nicht ohne seinen Willen dem M überlassen hat; auch das mangelnde Urteilsvermögen ist unerheblich.[37]

(2) Ein Besitzmittlungsverhältnis zwischen M und V lag gem. §§ 935 I 2, 868 BGB nicht vor, sodass es auf das Problem des Abhandenkommens bei beschränkt Geschäftsfähigen[38] nicht ankommt.

3. **Ergebnis:** K hat gem. §§ 929, 932 I BGB Eigentum an der Uhr erlangt. Ein Vindikationsanspruch V gegen K ist demnach nicht gegeben.

II. Ein **Anspruch auf Wiedereinräumung des Besitzes gem. § 861 I BGB** scheidet schon deshalb aus, weil V den Besitz an der Uhr nicht durch verbotene Eigenmacht gem. § 858 I BGB verloren hat. Auch **Ansprüche aus § 1007 I u. II BGB** scheiden aus, da K bei dem Erwerb des Besitzes gutgläubig war und die Sache dem V zudem nicht abhandengekommen ist.   **18**

III. In Betracht kommt des Weiteren ein unmittelbarer Kondiktionsanspruch V gegen K **analog § 816 I 2 BGB.**   **19**

1. M hat als **Nichtberechtigter** über die Uhr verfügt. Die **Verfügung** war gegenüber dem berechtigten V auch **wirksam.** Nach hM ist der gutgläubige Erwerb vom Minderjährigen möglich, da es sich für diesen um ein „neutrales Geschäft" iSv § 107 BGB handelt (vgl. → Rn. 14 f.).

2. Die Verfügung des M zugunsten des K war zwar **nicht unentgeltlich** iSv § 816 I 2 BGB, doch erfolgte sie **rechtsgrundlos.** Der **Kaufvertrag war für M nachteilig iSv § 107 BGB,** da aus dem Vertrag die Verpflichtung resultierte, dem K das Eigentum und den Besitz an der Uhr zu verschaffen (§ 433 I 1 BGB). Diese Bewertung steht auch in keinem Widerspruch zu den Überlegungen zur Wirksamkeit des dinglichen Vertrages, weil es hier um die schuldrechtliche Verpflichtung des Minderjährigen geht, die auf jeden Fall rechtlich nachteilhaft ist, wozu man sich nur die Haftungsfolge wegen anfänglichen Unvermögens oder etwaige Gewährleistungsansprüche vor Augen zu führen braucht.

3. Es stellt sich demnach die Frage, **ob der rechtsgrundlose Erwerb dem unentgeltlichen Erwerb gem. § 816 I 2 BGB gleichgestellt werden kann.**[39]   **20**

a) Nach der **Einheitskondiktions-Lehre,** die von Teilen der Rechtsprechung und Literatur vertreten wird, steht, ähnlich wie bei § 988 BGB,[40] dem ursprünglichen Eigentümer analog § 816 I 2 BGB ein unmittelbarer Kondiktionsanspruch gegenüber dem Erwerber zu. Diese Ansicht wird im Wesentlichen auf ein **argumentum a fortiori** gestützt: Wenn schon derjenige, welcher dinglich wirksam, obgleich unentgeltlich erworben hat, der direkten Kondiktion ausgesetzt ist, so müsse dies erst recht für den causalosen Erwerber gelten, der keinen besseren Schutz verdiene als der unentgeltliche.

b) Demgegenüber betont die herrschende und richtige **Lehre von der Doppelkondiktion,** dass eine Gleichsetzung von causaloser und unentgeltlicher Verfügung nicht gerechtfertigt ist. Während der unentgeltliche Erwerber keine Erwerbsaufwendungen macht, hat der rechtsgrundlos Erlangende eine Gegenleistung erbracht, die er von dem Nichtberechtigten zurückfordern kann. Die Lehre von der Doppelkondiktion trägt demnach den maßgeblichen Wertungskriterien des Bereicherungsrechts Rechnung:[41] **Einwendungserhalt** gegenüber der anderen Vertragspartei; **Unzulässigkeit der exceptio ex iure tertii;**[42] angemessene Verteilung des **Insolvenzrisikos.**[43]

Nach dieser Ansicht hat der frühere Eigentümer also keinen unmittelbaren Anspruch gegenüber dem Erwerber, sondern ist auf den Bereicherungsanspruch gegen den verfügenden Nichtberechtigten gem. § 816 I 1 BGB angewiesen.

---

[37] Vgl. nur Palandt/*Herrler,* BGB, § 935 Rn. 5 mwN.
[38] S. dazu → Rn. 322.
[39] Ausführlich *Grigoleit/Auer,* Schuldrecht III, Rn. 66, 82; MüKoBGB/*Schwab,* § 816 Rn. 59 f. mwN.
[40] S. dazu näher → Rn. 185.
[41] Diese Grundsätze sind darüber hinaus ganz generell bei „Drei-Personen-Verhältnissen" zu berücksichtigen; vgl. näher *Neuner* JZ 1999, 126 ff. (126 f.).
[42] Exceptio ex iure tertii non datur = Einwendungen aus Rechten Dritter werden nicht zugelassen.
[43] Vgl. *Larenz/Canaris,* Schuldrecht II/2, §§ 69 II 2 b, 70 II 2 a; *Medicus/Petersen,* Bürgerliches Recht, Rn. 667.

21   IV. V könnte einen **Anspruch gegen M gem. § 816 I 1 BGB auf Abtretung von dessen Kondiktionsanspruch gegen K aus § 812 I 1 Alt. 1 BGB haben.**

1.   M hat als **Nichtberechtigter wirksam** über die Uhr des V verfügt (vgl. oben III. 1., → Rn. 19).

22   2.   V kann demnach von M gem. § 816 I 1 BGB Herausgabe **des durch die Verfügung Erlangten** verlangen.

a)   Grundsätzlich ist vom Nichtberechtigten der ihm zugeflossene rechtsgeschäftliche Gegenwert, also der Verkaufspreis iHv EUR 500,– (nach hM einschließlich eines über den Verkehrswert des Gegenstandes hinausgehenden Gewinns[44]), herauszugeben.

b)   Hier ist aber der **Kaufvertrag zwischen M und K gem. §§ 106, 107 BGB unwirksam**, sodass M die EUR 500,– grundsätzlich an den Leistenden K (und nicht an V) zurückgeben muss. M hat durch die rechtsgrundlose Verfügung über die Uhr indes einen **Bereicherungsanspruch gegen K auf Herausgabe der Uhr gem. § 812 I 1 Alt. 1 BGB erlangt,** den er an V abzutreten hat. Ist M dieser Verpflichtung nachgekommen, kann V aus dem abgetretenen Recht gegenüber K vorgehen und die Herausgabe der Uhr begehren (sog **Kondiktion der Kondiktion**).[45]

23   3.   Diesem Herausgabeverlangen kann K wiederum **gem. § 404 BGB Einwendungen**, die ihm gegenüber M zustehen, entgegenhalten. Unter § 404 BGB fallen dabei auch alle Einreden, namentlich das **Zurückbehaltungsrecht des § 273 BGB**.[46] Ein solches Zurückbehaltungsrecht könnte sich im vorliegenden Fall **aus § 812 I 1 Alt. 1 BGB ergeben,** weil und sofern dem K ein Kondiktionsanspruch auf Herausgabe des bezahlten Kaufpreises zusteht.

a)   M hat durch die Leistung des K den Betrag von EUR 500,– **ohne Rechtsgrund erhalten,** da der zwischen beiden geschlossene Kaufvertrag gem. §§ 106, 107 BGB schwebend unwirksam war.

24   b)   M ist demzufolge zur Herausgabe der erlangten EUR 500,– verpflichtet. Eine Herausgabe ist ihm indes nicht mehr möglich, da er das Geld auf seiner London-Reise ausgegeben hat. Er schuldet deshalb **nach § 818 II BGB Wertersatz,** es sei denn, er kann sich gem. § 818 III BGB auf den Wegfall der Bereicherung berufen. Da sich M eine solche Luxusreise normalerweise nicht geleistet hätte, ist er grundsätzlich **gem. § 818 III BGB entreichert,** doch könnte dieser Privilegierung der **Einwand der Bösgläubigkeit gem. § 819 I BGB** entgegenstehen. Entscheidende Frage ist daher, **ob dem minderjährigen M seine eigene Kenntnis vom Mangel des rechtlichen Grundes zur Last gelegt werden kann,** wenn er – wie hier – ohne Mitwirkung seiner gesetzlichen Vertreter gehandelt hat.

25   aa)   *BGH* und Teile der Literatur differenzieren danach, **ob M ein Delikt iSv §§ 823 ff. BGB begangen hat oder ob es um die Rückabwicklung eines nichtigen Vertrages geht.**[47] Der dem Minderjährigenrecht zugrundeliegende Schutzgedanke finde seine **Grenze im Recht der unerlaubten Handlung,** das die Verantwortlichkeit Jugendlicher unabhängig davon bestimme, in welchem Umfang sie in der Lage sind, sich rechtsgeschäftlich zu verpflichten. Soweit sich der Minderjährige das Erlangte durch eine vorsätzliche unerlaubte Handlung verschafft habe, bestehe kein einleuchtender Grund, sein Verhalten bereicherungsrechtlich nach anderen als den auch für unerlaubte Handlungen maßgebenden Gesichtspunkten zu beurteilen.[48] Nach diesen Maßstäben liegt im vorliegenden Fall keine verschärfte Haftung des Minderjährigen vor, da es sich um die **Rückabwicklung eines nichtigen Vertrages** handelt, es sei denn, man beurteilt das Verhalten des M als vorsätzliche unerlaubte Handlung gem. § 823 II BGB iVm § 263 StGB. Dieses Delikt hat M aber allenfalls im Verhältnis zu V verwirklicht, nicht im Verhältnis zu K.

26   bb)   **Nach anderer Ansicht ist zwischen Leistungs- und Eingriffskondiktion zu differenzieren.** Bei der Leistungskondiktion verbiete der vorrangige Gesichtspunkt des Minderjährigenschutzes eine ver-

---

[44]   S. auch → Rn. 155.
[45]   Das Problem des „Rückerwerbs des Nichtberechtigten" (s. dazu auch Fall 8) stellt sich in der vorliegenden Konstellation nicht, weil nach Abtretung des Kondiktionsanspruches an V dieser von K jedenfalls Rückübereignung verlangen kann.
[46]   Vgl. nur Palandt/*Grüneberg*, BGB, § 404 Rn. 3, 6.
[47]   Vgl. zB Palandt/*Sprau*, BGB, § 819 Rn. 4 mwN.
[48]   BGHZ 55, 128 ff., 136 f. („Flugreise-Fall") = NJW 1971, 609 ff.

schärfte Haftung, da nicht der Zustand herbeigeführt werden dürfe, vor dem der Minderjährige gerade bewahrt werden soll. Darüber hinaus habe der Leistende die Möglichkeit, den Status des Leistungsempfängers zu überprüfen und entsprechende Konsequenzen zu ziehen. Soweit es dagegen um den Ausgleich eines Eingriffs nach Bereicherungsrecht geht, sei auf die Kenntnis des einsichtsfähigen Minderjährigen abzustellen, weil hier die enge Verbindung zum Vertragsrecht fehle und des Weiteren auch die Selbstschutzmöglichkeit des Kondiktionsgläubigers in der Regel nicht bestehe.[49] Nach dieser Ansicht haftet M im vorliegenden Fall nicht verschärft, da es sich um eine Leistungskondiktion handelt.

cc) Eine wiederum andere Meinung will dem Minderjährigen die Kenntnis in entsprechender Anwendung der §§ 827 f. BGB generell zurechnen.[50] Dieser Ansicht zufolge haftet M verschärft, weil ihm eine Verantwortlichkeit iSd §§ 827 f. BGB zugebilligt werden kann.

27

dd) Genau andersherum entscheidet schließlich eine vierte Meinung.[51] **Nach dieser vorzugswürdigen Ansicht ist ganz allgemein auf die Wertung der §§ 106 ff. BGB abzustellen.** Die §§ 827, 828 BGB passen schon deshalb nicht, weil es im Bereicherungsrecht um keinen Schadensausgleich geht, sondern um das **Abschöpfen von Vorteilen** im Vermögen des Schuldners. Die Alternative einer Abgrenzung zwischen Leistungs- und Eingriffskondiktion ist ebenfalls abzulehnen, weil die Differenzierung im Einzelfall höchst zweifelhaft sein kann.[52] Es gilt vielmehr ganz generell, die überragende Bedeutung des in den §§ 106 ff. BGB zum Ausdruck kommenden **Schutzes des Vermögens** des Minderjährigen und des **Erziehungsrechtes** seiner gesetzlichen Vertreter zu beachten. Entsprechend dieser Auffassung besteht keine verschärfte Haftung des M, da die gesetzlichen Vertreter von dem rechtsgrundlosen Erwerb keinerlei Kenntnis hatten. Zugleich entfällt auch ein Zurückbehaltungsrecht des K gem. § 273 iVm § 404 BGB.

28

4. Ergebnis: Sofern man richtigerweise eine verschärfte Haftung des Minderjährigen ablehnt, besteht ein uneingeschränkter Kondiktionsanspruch V gegen K auf Herausgabe der Uhr. Folgt man der Gegenansicht, besteht ein Kondiktionsanspruch des K gegen M in Höhe von EUR 500,–, sodass V eine Herausgabe der Uhr nur Zug um Zug gegen Bezahlung von EUR 500,– verlangen kann.[53]

V. V könnte ferner einen Anspruch gegen M **gem. § 812 I 1 Alt. 1 BGB auf Abtretung von dessen Kondiktionsanspruch gegen K haben.**

29

1. V hat M den **Besitz** an der Uhr **geleistet.** Da die Übereignung von V unwirksam war, ist Leistungsgegenstand nur der Besitz.

2. Der **Kaufvertrag** zwischen **V und M** ist gem. § 142 I iVm §§ 119 II, 123 BGB bzw. §§ 106 f., 138 II BGB ebenfalls **unwirksam.**

3. M wäre demnach primär zur Herausgabe der Uhr verpflichtet. Er befindet sich aber nicht mehr im Besitz der Uhr, weil er diese an K – zwar dinglich wirksam, aber aufgrund eines unwirksamen Kaufvertrages – weiterveräußert hat. Der aufgrund schuldrechtlich unwirksamer Veräußerung des ursprünglichen Bereicherungsgegenstands erworbene **Bereicherungsanspruch gegen den Dritten fällt unter § 818 I BGB.** Zwar ist anerkannt, dass § 818 I BGB nicht das rechtsgeschäftliche Surrogat umfasst, das nur bei verschärfter Haftung nach §§ 818 IV, 819 I, 285 BGB gefordert werden kann, aber der Bereicherungsanspruch ist, gerade weil er auf der Unwirksamkeit der Weiterveräußerung beruht, **kein rechtsgeschäftliches Surrogat.**[54]

---

[49] So (früher) *Canaris*, Die Feststellung von Lücken im Gesetz, 1. Aufl. 1964, S. 104 f.; *Gursky* NJW 1969, 2183 ff. (2184).

[50] Vgl. Soergel/*Mühl*, BGB, § 819 Rn. 6 mwN.

[51] Vgl. zB *Larenz/Canaris*, Schuldrecht II/2, § 73 II 2 a; *Medicus* FamRZ 1971, 247 ff. (251); *Brox/Walker*, Besonderes Schuldrecht, § 43 Rn. 19.

[52] So käme es im „Flugreise-Fall" (BGHZ 55, 128 ff.) bspw. darauf an, ob dem Schwarzfahrer der Sitzplatz versehentlich zugewiesen wurde (Leistung) oder ob er sich einfach auf einen freien Platz setzte.

[53] An diesem Ergebnis und diesem Begründungsweg ändert sich auch dann nichts, wenn man der Saldotheorie folgt, da diese in der vorliegenden Fallkonstellation keine Bedeutung erlangt: Geht man davon aus, dass sich M nicht auf § 818 III BGB berufen kann, ist die der Saldotheorie zugrundeliegende Konfliktsituation von vornherein nicht gegeben; kann M aber den Wegfall der Bereicherung geltend machen, handelt es sich aufgrund des gebotenen Minderjährigenschutzes um eine anerkannte und zwingende Ausnahme dieser Theorie; s. dazu nur *Grigoleit/Auer*, Schuldrecht III, Rn. 149 mwN.

[54] Vgl. *Larenz/Canaris*, Schuldrecht II/2, § 72 I 1 a aE; *Canaris* NJW 1991, 2513 ff. (2516).

V kann demnach auch nach § 812 I 1 Alt. 1 BGB von M die Abtretung von dessen Bereicherungs-anspruch gegen K verlangen.

4. Zu möglichen Einwendungen des K gem. § 404 BGB vgl. → Rn. 23 ff.

30 VI. Ein weiterer **Abtretungsanspruch aus § 285 analog iVm § 985 BGB scheidet hingegen aus**, weil das Surrogat nicht auf dem Besitz, sondern dem Eigentum beruht. Zudem enthält § 816 I 1 BGB eine abschließende Regelung und es wäre bei einer Rechtsmängelhaftung des Besitzers gegenüber seinem Käufer die „Opfergrenze" des § 985 BGB überschritten.[55]

II. Die Schranken des Abstraktionsprinzips[56]

31 ## 1. Fehleridentität

a) **Definition:** Derselbe Unwirksamkeitsgrund betrifft (ausnahmsweise) sowohl das Verpflichtungs- als auch das Verfügungsgeschäft.

b) **Fallgruppen:**

	Normalfall	*Rechtsfolge*
Geschäftsunfähigkeit	geschäftsunfähiger V veräußert sein Rad an K	gem. §§ 104 Nr. 2, 105 I BGB liegt Fehleridentität vor, sofern V zum Zeitpunkt beider Rechtsge-schäfte geschäftsunfähig war
beschränkte Geschäfts-fähigkeit	beschränkt geschäftsfähiger V veräußert sein Rad an K	Fehleridentität gem. §§ 107, 108 BGB; zum Sonder-fall des „neutralen Geschäfts" vgl. Fall 1
Einwilligungs-vorbehalt	V, der unter Betreuung mit Einwilligungs-vorbehalt steht, veräußert sein Rad an K	Fehleridentität gem. §§ 1903 I, 108 BGB; analoge Problematik des „neutralen Geschäfts" bei § 1903 III BGB
Inhaltsirrtum	K bestellt „25 Gros Rollen" Toilettenpapier in der Meinung, es handele sich um eine Markenbezeichnung und nicht um 25 x „12 x 12"	idR liegt beim Verfügungsgeschäft kein Irrtum mehr vor; umgekehrt kann ein Irrtum gem. § 119 I Alt. 1 auch allein beim Verfügungsgeschäft auftre-ten (zB, wenn V sich vergreift und andere Sache übereignet); eine Fehleridentität liegt ausnahms-weise beim error in persona vor, wenn V die Sache an eine andere Person veräußern und übereignen wollte
Erklärungsirrtum	V veräußert sein Rad an K, wobei V in seinem Angebot ein Schreibfehler unterlief (EUR 200,– statt EUR 300,–)	idR keine Fehleridentität gem. § 119 I Alt. 2 BGB; V wollte ja das Rad übereignen (nur andere schuldrechtliche Konditionen waren intendiert)
Eigenschaftsirrtum	V veräußert seine Uhr an K, wobei V das Alter der Uhr verkannte	nach der Lehre vom „sachenrechtlichen Minimal-konsens" keine Fehleridentität gem. § 119 II BGB; str. (vgl. Fall 1)
Täuschung oder Drohung	V veräußert sein Rad an K, wobei er von K getäuscht bzw. bedroht wurde	Fehleridentität gem. § 123 I BGB, weil (und sofern) das Verhalten des K für die Verfügung kausal war; im Übrigen rechtsethischer Durchbruch (vgl. Fall 1)
gesetzliches Verbot	V veräußert Haschisch zum Preis von EUR 1.000,– unter Missachtung von § 29 BtMG an K (vgl. BGHSt 31, 145 ff. = NJW 1983, 636)	ausnahmsweise Fehleridentität gem. § 134 BGB, wenn sich das Verbot auch auf das Verfügungsge-schäft erstreckt (im Beispiel sowohl die Übereig-nung des Rauschgifts als auch des Geldes wegen Zug-um-Zug-Geschäft)
Sittenwidrigkeit	V veräußert sein Grundstück an K, um es dem Zugriff des Sozialhilfeträgers zu entzie-hen (*OVG Münster* NJW 1989, 2834 f.)	ausnahmsweise Fehleridentität gem. § 138 I BGB, sofern (wie im Beispiel) der Vollzug der Leistung ebenfalls die Sittenwidrigkeit begründet; idR sittlich neutral

---

[55] Vgl. nur *Medicus/Petersen*, Bürgerliches Recht, Rn. 599; Staudinger/*Gursky*, BGB, § 985 Rn. 166 mwN.
[56] S. näher *Grigoleit* AcP 199 (1999), 379 ff.; *Wolf/Neuner*, AT, § 29 Rn. 65 ff.

Wucher	V veräußert in einer offenkundigen Zwangslage sein Rad (objektiver Wert EUR 500,–) für EUR 100,– an K	Fehleridentität gem. § 138 II BGB (vgl. Normtext sowie Fall 1); die Verfügung des Wucherers (über EUR 100,–) ist aber wirksam (str.)
Dissens	V veräußert sein Rad an K, wobei V davon ausgeht, es handele sich um einen Kauf, während K eine Schenkung annimmt	idR keine Fehleridentität, weil (vergleichbar § 119 I Alt. 2 BGB) nur ein Dissens bezüglich der schuldrechtlichen Konditionen besteht (str.); anders bei Dissens Kauf/Miete
Zugewinngemeinschaft	Ehemann veräußert sein Vermögen als Ganzes bzw. Haushaltsgegenstände	Fehleridentität gem. §§ 1365, 1369 BGB (vgl. Normtext)[57]
AGB	nachträgliche Übersicherung bei Globalabtretungen	nach der Rspr. idR keine Fehleridentität gem. § 307 BGB; die Verfügung (Abtretung) bleibt wirksam; bloßer schuldrechtlicher Freigabeanspruch (vgl. BGHZ 137, 212 ff.[58])

2. Bedingtheit der Verfügung

32

a) Aufgrund des Abstraktionsprinzips bilden die Verpflichtung und die Verfügung gerade kein einheitliches Rechtsgeschäft; **§ 139 BGB ist deshalb unanwendbar** (hM).

b) Die Parteien können die Wirksamkeit des Verpflichtungsgeschäfts zur **Bedingung** der Wirksamkeit des Verfügungsgeschäfts erheben. Hierfür ist jedoch idR eine **ausdrückliche Parteiabrede erforderlich**. Außerdem ist eine Auflassung, die unter einer Bedingung erfolgt, gem. § 925 II BGB unwirksam.

III. Aktuelle Rechtsprechung

Abstraktionsprinzip & Fehleridentität

33

BGH NJW-RR 2011, 880 f.

Sachverhalt: E veräußerte an K eine Eigentumswohnung. Der objektive Wert betrug DM 154.000,–, der Kaufpreis DM 80.000,–.

Gründe: Ansprüche auf Herausgabe gem. § 985 BGB und Grundbuchberichtigung gem. § 894 BGB scheiden aus. Im Fall des Wuchers gem. § 138 II BGB ist zwar auch das Erfüllungsgeschäft nichtig, doch liegt das subjektive Tatbestandsmerkmal des Ausnutzens hier nicht vor. Hingegen besteht ein Anspruch aus §§ 812 I 1 Alt. 1, 818 I BGB auf Rückauflassung und Bewilligung der Eigentumsumschreibung, weil der Kaufvertrag als wucherähnliches Rechtsgeschäft gem. § 138 I BGB nichtig ist. Da der Wert der Leistung knapp doppelt so hoch ist wie der Wert der Gegenleistung, besteht ein grobes Äquivalenzmissverhältnis, welches auf eine verwerfliche Gesinnung des K zu schließen erlaubt. Nichtig ist aber nur der Kaufvertrag und nicht das abstrakte Verfügungsgeschäft, denn das Äquivalenzverhältnis betrifft allein das Kausalgeschäft.

Abstraktionsprinzip & Grundstücksübertragung an minderjähriges Kind

34

BGHZ 161, 170 ff.; 162, 137 ff. = NJW 2005, 415 ff.; 1430 f.; zuletzt BGHZ 187, 119 ff. = NJW 2010, 3643 ff. (Eigentumswohnung)

Sachverhalt: Mutter M wollte ihrer beschränkt geschäftsfähigen Tochter T ein unvermietetes Grundstück schenkungsweise übertragen. In dem so genannten Überlassungsvertrag behielt M sich den Rücktritt vom schuldrechtlichen Teil des Geschäfts vor, falls T das Grundstück zu Lebzeiten der M weiterveräußern würde und sicherte dies durch eine Auflassungsvormerkung. M hatte sich zudem den lebenslänglichen unentgeltlichen Nießbrauch an dem Grundstück bestellt, allerdings die Kosten außergewöhnlicher Ausbesserungen und dgl. übernommen. Das Grundstück war ferner mit einer Grundschuld belastet.

Gründe: Das Grundbuchamt hatte per Zwischenverfügung die Eintragung der T als Eigentümerin in das Grundbuch abgelehnt. Die Auflassung zugunsten von T sei nicht lediglich rechtlich vorteilhaft gem. § 107 BGB; zugleich sei M gem. §§ 1629 II 1, 1795 II, 181 BGB an der Vertretung gehindert. Deshalb müsse für T ein Ergänzungspfleger gem. § 1909 I BGB bestellt sowie eine Genehmigung des Vormundschaftsgerichts gem. §§ 1915, 1821 I Nr. 1, 4 BGB erteilt werden (s. zum materiellen Konsensprinzip gem. § 20 GBO näher → Rn. 529). Der *BGH* wies das Grundbuchamt hingegen an, die Eintragung vorzunehmen, da eine rechtswirksame Auflassung (§§ 873, 925 BGB) vorlag. Die Übereignung des Grundstücks an T ist insgesamt nur rechtlich vorteilhaft iSv § 107 BGB.

Rücktrittsrecht: Die Verpflichtung zur Rückübertragung des Grundstücks stellt wegen der Wertersatzpflicht sowie Schadensersatzhaftung gem. § 346 II–IV BGB einen rechtlichen Nachteil dar; dieser Rechtsnachteil betrifft jedoch ausschließlich die schuldrechtliche Vereinbarung und ist infolge des Abstraktionsprinzips ohne Bedeutung für die Wirksamkeit der Auflassung. Die aus

---

[57] S. auch näher → Rn. 376 f.
[58] *BGH* NJW 1998, 671 ff.; ausführlich *Schwab* JuS 1999, 740 ff.

dem rechtlichen Nachteil resultierende schwebende Unwirksamkeit des Schenkungsvertrages begründet zwar eine bereicherungsrechtliche Verpflichtung zur Rückübertragung des Grundstücks gem. § 812 I 1 Alt. 1 BGB, doch ist diese Verpflichtung gem. § 818 III BGB auf den noch vorhandenen Wert der rechtsgrundlosen Leistung beschränkt.

Auflassungsvormerkung: Eine Auflassungsvormerkung (§ 883 BGB) zur Sicherung des Rückübertragungsanspruchs ist ebenfalls nicht rechtlich nachteilhaft. Sie setzt das Entstehen des zu sichernden schuldrechtlichen Übereignungsanspruchs voraus (vgl. → Rn. 561 ff.) und hat auch sonst keine persönlichen Verpflichtungen des Grundstückseigentümers zur Folge.

Nießbrauch: Die Bestellung eines Nießbrauchs ist jedenfalls dann nicht nachteilhaft, wenn der Nießbraucher über §§ 1042 S. 2, 1047 BGB hinaus auch die Kosten außergewöhnlicher Ausbesserungen und Erneuerungen sowie die außergewöhnlichen Grundstückslasten zu tragen hat, der Eigentümer insoweit also nicht zum Aufwendungs- oder Verwendungsersatz gem. §§ 1049, 677 ff. BGB verpflichtet ist.

Grundschuld: Die Belastung des Grundstücks mit einer Grundschuld (oder Hypothek) ist nicht rechtlich nachteilig, da die §§ 1192 I, 1147 BGB lediglich zur Duldung der Zwangsvollstreckung verpflichten. Eine persönliche Haftung des Eigentümers ist damit nicht verbunden. Schlimmstenfalls verliert T also wieder das Grundstück, mehr aber nicht.

Öffentliche Lasten: Nach Auffassung des *BGH* begründen auch öffentliche Lasten (zB Grundsteuer) keinen beachtlichen Rechtsnachteil iSv § 107 BGB. Solche Lasten führen zwar zu einer persönlichen Haftung, doch sind typisierend solche Rechtsnachteile vom Anwendungsbereich des § 107 BGB auszunehmen, die wirtschaftlich unbedeutend sind und die ihrer abstrakten Natur nach nur ein ganz unerhebliches Gefährdungspotential für das Vermögen des Minderjährigen aufweisen.

Vermietetes Grundstück: Ein auf den Erwerb eines vermieteten Grundstücks gerichtetes Rechtsgeschäft ist nachteilhaft iSv § 107 BGB, da der Erwerber mit dem Eigentumsübergang gem. § 566 I BGB in sämtliche Rechte und Pflichten aus dem bestehenden Mietverhältnis eintritt. Die damit verbundenen Gefahren (zB Schadensersatzhaftung) bedürfen einer einzelfallbezogenen Prüfung. Das Gleiche gilt, wenn sich der Veräußerer den Nießbrauch vorbehalten und das Grundstück an einen Dritten vermietet hat. Denn im Falle des Erlöschens des Nießbrauchs tritt der Eigentümer gem. § 1056 I BGB in das Mietverhältnis ein (vgl. auch *BayObLG* NJW 2003, 1129 f.).

Eigentumswohnung: Der Erwerb einer Eigentumswohnung ist für die minderjährige T nicht lediglich rechtlich vorteilhaft, weil sie gem. § 16 II WEG anteilig die Kosten der Instandhaltung, Verwaltung etc zu tragen hätte und verpflichtet wäre, sich durch Sonderumlagen an Wohngeldausfällen zu beteiligen. Außerdem bestünde eine Haftung gem. § 10 VIII 1 Hs. 1 WEG für Verbindlichkeiten der Gemeinschaft, die während der Zugehörigkeit zur Gemeinschaft entstanden oder während dieser Zeit fällig geworden sind.

In-sich-Geschäft: Ist das dingliche Rechtsgeschäft nachteilhaft iSv § 107 BGB, ergibt sich gem. §§ 1629 II 1, 1795 I Nr. 1 bzw. II iVm § 181 letzter Hs. BGB das Problem, dass die Übertragung „in der Erfüllung einer Verbindlichkeit bestehen" kann, etwa eines Schenkungsvertrages. Eine nach dem Wortlaut mögliche Vertretung durch die Eltern würde indes den Minderjährigenschutz unterlaufen. Zum Teil wird deshalb eine Gesamtbetrachtung des dinglichen und des an sich wirksamen schuldrechtlichen Vertrages gefordert. Dies bedeutet jedoch eine Durchbrechung des Trennungsprinzips. Richtigerweise ist der Ausnahmetatbestand teleologisch zu reduzieren, soweit das Erfüllungsgeschäft nachteilig iSv § 107 BGB ist.

Vgl. auch JuS 2005, 457 ff. mAnm *Emmerich; Röthel/Krackhardt* JURA 2006, 161 ff.; *Preuß* JuS 2006, 305 ff.; *Stadler* JA 2011, 466 ff. (Eigentumswohnung).

35   Trennungsprinzip & Relativität der Schuldverhältnisse

BGH NJW 2001, 2885 f.

Sachverhalt: H übertrug das Eigentum an einem Grundstück auf M, blieb jedoch gegenüber M zum Besitz berechtigt. Im Rahmen eines Rechtsstreits schlossen H und M einen Vergleich, nach dem das Grundstück an H rückzuübereignen war. H vermietete in der Folge das Grundstück an die B-GmbH. Anschließend übereignete M das Grundstück an E.

Gründe: Die B-GmbH muss dem E nach § 985 BGB das Grundstück herausgeben. Obwohl M aufgrund des Vergleichs zur Rückübereignung verpflichtet war, konnte er als dinglich Berechtigter wirksam zugunsten von E verfügen. Auch ein Recht zum Besitz steht der B-GmbH weder nach § 986 II BGB (gilt nur für bewegliche Sachen!) noch nach §§ 578, 566 BGB (der Mietvertrag wurde nicht mit dem Eigentümer, sondern mit H geschlossen!) zu.

Vgl. auch JuS 2001, 1123 mAnm *K. Schmidt.*

36   Bestimmtheitsgrundsatz

BGH NJW 2000, 2898 f.

Sachverhalt: Fraglich war die Wirksamkeit der Übereignung einer Sammlung von Gegenständen, die in einem Raum mit wenigen anderen, nicht zu dieser Sammlung gehörenden Stücken lagerte. Eine äußere Kennzeichnung (Markierung) fehlte.

Gründe: Der *BGH* hat die Vereinbarung der Parteien dahingehend ausgelegt, dass eine gesamte Raumübereignung gewollt war, der Veräußerer aber hinsichtlich der nicht zu der Sammlung gehörenden Gegenstände einen schuldrechtlichen Rückübertragungsanspruch haben soll. Damit war einerseits der Bestimmtheitsgrundsatz gewahrt und andererseits im Ergebnis (nach Rückübertragung) die Übereignung auf die zur Sammlung gehörenden Gegenstände beschränkt.

Vgl. auch JuS 2000, 1118 mAnm *K. Schmidt.*

BGH NJW 2008, 3142 f.

Bei der Übereignung einer Sachgesamtheit durch Besitzkonstitut (Fahrzeuge, Maschinen etc) ist die Bezugnahme auf ein Inventarverzeichnis zur Konkretisierung der betroffenen Gegenstände grundsätzlich ausreichend. Das Inventarverzeichnis braucht mit der sonstigen Vertragsurkunde nicht körperlich verbunden zu werden; es genügt, wenn die Parteien darauf Bezug nehmen.

BGH NJW 2012, 530 f.

Soll ein Grundstück mit einem dinglichen Recht belastet werden, ist das einzutragende Recht vollständig zu bezeichnen. Dies gilt auch für ein Urteil des Prozessgerichts. Wird der Bekl. dazu verurteilt, die Eintragung eines „Nutzungsrechts" an einer Wohnung zu bewilligen, bleibt zweifelhaft, ob damit ein Wohnungsrecht gem. § 1093 BGB gemeint ist, denn ein „Nutzungsrecht" schließt auch den Gebrauch für andere Zwecke (Ausübung kleingewerblicher oder freiberuflicher Tätigkeit) ein, die vom Wohnungsrecht des § 1093 BGB nicht erfasst werden. Das Sachenrecht des BGB kennt aber kein (allgemeines) Nutzungsrecht, sondern nur verschiedene beschränkte dingliche Rechte, die unterschiedliche Nutzungsbefugnisse an dem belasteten Grundstück gewähren. Eine Eintragung mit der vom Prozessgericht formulierten Bewilligung würde dem Typenzwang der Sachenrechte widersprechen.

Vgl. auch JuS 2012, 753 f. mAnm *K. Schmidt*.

2. Kapitel. Der Besitz

Um die rechtliche Bedeutung des „Besitzes" zu erfassen, ist es sinnvoll, sich zunächst dessen verschiedene Funktionen vor Augen zu führen.

I. Die Funktionen des Besitzes

Das Gesetz verbindet mit dem Besitz als tatsächliche Sachherrschaft im Wesentlichen drei Ziele:

1. Die Befriedungsfunktion

In einem Rechtsstaat steht grundsätzlich dem Staat das Gewaltmonopol zu. Mit dem Schutz des Besitzes sowie dem Verbot eigenmächtigen Handelns wird im bilateralen Verhältnis der Selbstjustiz vorgebeugt und insgesamt ein friedfertiges Zusammenleben intendiert.

Beispiel: Zahnarzt Z erwarb beim Antiquitätenhändler A ein Bild, das E gestohlen worden war. Drei Wochen später erkennt E in der Praxis des Z sein Bild wieder und macht gegenüber Z geltend, dass ihm das Bild gehöre. E muss hier grundsätzlich seine Herausgabeansprüche gerichtlich durchsetzen und darf das Bild nicht einfach mitnehmen.

Ausnahmen: Selbsthilferechte (zB gem. § 859 BGB)[1]

2. Die Erhaltungsfunktion

Während die Befriedungsfunktion nur eine eigenmächtige Veränderung des Status quo verhindern will, bezweckt die Erhaltungsfunktion auch eine zukünftige Privilegierung des Besitzers. Das Gesetz kennt verschiedene Formen der Privilegierung:

a) Die Verstärkung der obligatorischen Rechtsstellung
- „Kauf bricht nicht Miete" gem. § 566 BGB[2]
- Einwendungserhalt gegenüber Rechtsnachfolger gem. § 986 II BGB[3]

b) Der Eigentumserwerb
- längerer Eigenbesitz als Voraussetzung für eine Ersitzung gem. §§ 900, 937 ff., 1033 BGB[4]
- Eigenbesitz als Voraussetzung für den Erwerb herrenloser Sachen gem. § 958 BGB[5]

c) Das Ablösungsrecht
- gem. § 268 I 2 BGB hat der Besitzer einer Sache ein Ablösungsrecht, wenn er Gefahr läuft, durch die Zwangsvollstreckung den Besitz zu verlieren (zB ein Wohnungsmieter bei einer Zwangsversteigerung, weil der Ersteher gem. § 57a ZVG das Mietverhältnis kündigen kann)

3. Die Publizitätsfunktion

Bei beweglichen Sachen dient der Besitz des Weiteren dazu, dingliche Rechte publik zu machen und Rückschlüsse auf diese zu erlauben.

---

[1] Vgl. näher → Rn. 72 ff.
[2] Vgl. näher → Rn. 574; zur Ungenauigkeit der amtlichen Überschrift (Trennungsprinzip!) siehe *Medicus/Lorenz*, Schuldrecht II, Rn. 496.
[3] Vgl. näher → Rn. 104 f., 417.
[4] Vgl. näher → Rn. 337 ff.
[5] Vgl. näher → Rn. 357.

a) Die Übertragungswirkung

Gem. § 929 S. 1 BGB ist für die Übereignung sowie gem. §§ 1032 S. 1, 1205 S. 1 BGB für die Bestellung eines Nießbrauchs bzw. Pfandrechts die Übergabe der Sache erforderlich.

b) Die Gutglaubenswirkung

Gem. § 932 BGB bildet für den gutgläubigen Eigentumserwerb sowie gem. §§ 1032 S. 2, 1207 BGB für den gutgläubigen Erwerb eines Nießbrauchs bzw. Pfandrechts der Besitz (bzw. die Besitzverschaffungsmacht) den objektiven Rechtsscheintatbestand.

c) Die Vermutungswirkung[6]

Gem. § 1006 BGB ist derjenige beweispflichtig, der das Eigentum des Besitzers bestreitet; ebenso besteht für den Besitzer eine Nießbrauchs- bzw. Pfandrechtsvermutung gem. §§ 1065, 1227 iVm § 1006 BGB.

d) Die Liberationswirkung

Gem. § 851 BGB kann mit befreiender Wirkung an den Besitzer (als vermeintlich Berechtigten) geleistet werden.

Fall 2: „Der zerstörte Fernseher"

Sachverhalt

Der gutgläubige K erwirbt auf dem Trödelmarkt einen Fernseher von V, den dieser dem E gestohlen hat. Auf dem Nachhauseweg wird der Fernseher durch ein Verschulden des D zerstört. D leistet an K Schadensersatz in Höhe von EUR 300,–, ohne die Rechtsposition des E erkennen zu können.

Ansprüche des E gegen D und K?

Lösung

A. Ansprüche E gegen D

40   I. Es könnte ein **Schadensersatzanspruch gem. § 823 I BGB** gegeben sein.

1. Ein Vorrang der Regelungen über das **EBV gem. § 993 I BGB scheidet aus**, weil D keinen Besitz an dem Fernseher hatte.

2. Voraussetzung für den Anspruch aus § 823 I BGB ist, dass D das Eigentum des E widerrechtlich und schuldhaft verletzt hat.

a) Der Fernseher stand zum Zeitpunkt der Zerstörung noch im **Eigentum des E**. Nach § 1006 II BGB wird zugunsten eines früheren Besitzers vermutet, dass er während der Dauer seines Besitzes Eigentümer der Sache gewesen ist. Das Eigentum am Fernseher hat E auch nicht durch die Übergabe und Übereignung von V an K verloren, da ein gutgläubiger Erwerb gem. §§ 929, 932 BGB wegen des Diebstahls an § 935 I 1 BGB scheitert.

b) Der Fernseher wurde laut Sachverhalt von D **schuldhaft** zerstört. Es besteht mithin eine **Schadensersatzpflicht gem. § 823 I BGB**.

3. Der **Anspruch** könnte jedoch **durch Zahlung der EUR 300,–** von D an K **erloschen** sein.

a) Eine befreiende Wirkung der Leistung an den nichtberechtigten K gem. **§§ 362 II, 185 BGB** liegt **nicht vor**, da es an einer entsprechenden Einwilligung oder Genehmigung des E fehlt.

41   b) D könnte jedoch durch die Ersatzleistung an K gem. **§ 851 BGB** befreit worden sein.

---

[6] Ausführlich *Werner* JA 1983, 617 ff.; s. auch *BGH* NJW 2015, 1678 ff. bzw. → Rn. 84.

aa) D war wegen der **Beschädigung einer beweglichen Sache** (Fernseher) zum Schadensersatz verpflichtet.

bb) Er leistete Ersatz an denjenigen, in dessen **Besitz** sich die Sache zum Zeitpunkt der Beschädigung befunden hat.

cc) D war zudem auch **gutgläubig** iSv § 851 BGB, da ihm das Recht des E weder bekannt noch infolge grober Fahrlässigkeit unbekannt gewesen ist.

dd) Nach einer **Literaturmeinung**[7] muss allerdings der **Rechtsgedanke des § 935 I BGB auch im Rahmen des § 851 BGB** Beachtung finden. Der bestohlene Eigentümer, dessen entwendete Sache durch einen Dritten beschädigt wird, erscheine schutzwürdiger als der gutgläubig leistende Schadensstifter. Folgt man dieser Ansicht, scheidet eine befreiende Wirkung der Zahlung von D an K gem. § 851 BGB aus.

Nach der **vorzugswürdigen Gegenansicht** findet § 851 BGB auch bei abhandengekommenen Sachen iSv § 935 BGB uneingeschränkte Anwendung.[8] Hierfür spricht zunächst der **Normtext des § 851 BGB**, der keinerlei Restriktion vorsieht. Systematisch kann man ferner auf die **vorbehaltlose Parallelvorschrift des § 893 BGB im Liegenschaftsrecht** verweisen.[9] Aus teleologischer Sicht kommt entscheidend hinzu, dass § 851 BGB einen **Schadensersatz- und keinen Herausgabeanspruch** betrifft. Hätte D den Fernseher zunächst von K erworben und anschließend zerstört, würde eine Schadensersatzpflicht gem. § 993 I BGB aE grundsätzlich ausscheiden. Es erscheint folglich wenig plausibel, E allein deshalb zu privilegieren, weil K noch im Besitz des Fernsehers war. E muss vielmehr generell damit rechnen, von gutgläubigen Dritten keinen Schadensersatz zu bekommen.[10] Der **Schutz des § 935 I BGB erstreckt sich** demgemäß **allein auf Herausgabe- sowie Vindikationsersatzansprüche**.

II. Ein weiterer Schadensersatzanspruch des E gem. § 823 II BGB iVm § 303 StGB wäre bei vorsätzlichem Handeln dem Grunde nach gegeben, scheitert jedoch letztlich wiederum an § 851 BGB. Wer vorsätzlich eine unerlaubte Handlung begeht, ist zwar in mancher Hinsicht weniger schutzwürdig (vgl. §§ 273 II, 393 BGB), doch bestehen hinsichtlich der Ersatzleistung gem. § 851 BGB keine gesetzlichen Anhaltspunkte für eine restriktive Norminterpretation. | **42**

B. Ansprüche E gegen K

I. Es könnte ein **Schadensersatzanspruch gem. §§ 989, 990 I BGB** gegeben sein. | **43**

1. Zwischen E und K bestand ein **Eigentümer-Besitzer-Verhältnis gem. §§ 987 ff. BGB**. E ist Eigentümer des Fernsehers geblieben, da ein gutgläubiger Erwerb des K an § 935 I 1 BGB scheiterte; K war nichtberechtigter Besitzer des Fernsehers (vgl. § 854 I BGB).

2. Ein Schadensersatzanspruch des E scheidet jedoch schon **mangels Rechtshängigkeit** iSv § 989 BGB bzw. **mangels Bösgläubigkeit** iSv § 990 I BGB aus (das Gleiche gilt für den Anspruch aus § 1007 III 2 iVm §§ 989, 990 I BGB). | **44**

II. Ein **Schadensersatzanspruch aus § 823 I BGB** ist nicht erst wegen fehlenden Verschuldens abzulehnen, sondern bereits aufgrund des **Vorrangs der §§ 987 ff. iVm § 993 I aE BGB**.[11]

III. Es könnte des Weiteren jedoch eine **Herausgabepflicht gem. § 816 II BGB** hinsichtlich der von D an K geleisteten EUR 300,– bestehen. | **45**

1. Hervorzuheben ist zunächst, dass **§ 816 BGB neben den Regelungen des EBV anwendbar ist**, da dem Besitzer hier der Wert einer fremden Sache zugeführt wird bzw. eine Leistung zukommt, die ihm als nichtberechtigtem Besitzer nicht zusteht.[12]

---

[7] Vgl. *Canaris,* Die Vertrauenshaftung im deutschen Privatrecht, 1971, S. 471 Fn. 16; MüKoBGB/*Wagner,* § 851 Rn. 7; *Weimar* MDR 1981, 374 ff. (375).

[8] Vgl. näher *Neuner* JuS 2007, 401 ff. (408); s. ferner auch Staudinger/*Schäfer,* BGB, 12. Aufl., § 851 Rn. 3; *Witt* AcP 201 (2001), 165 ff. (193 ff.).

[9] S. dazu auch → Rn. 47.

[10] AA *Larenz/Canaris,* Schuldrecht II/2, § 83 IV; Staudinger/*Vieweg,* BGB, 13. Aufl., § 851 Rn. 6, die betonen, dass es keinen Unterschied machen dürfe, ob der Dritte den Gegenwert als Schadensersatzleistung oder als Kaufpreis an den nichtberechtigten Besitzer gezahlt hat. Der Vergleich überzeugt mE aber schon deshalb nicht, weil der Dritte den Gegenstand auch geschenkt bekommen kann.

[11] Vgl. zu den anerkannten Ausnahmen, die hier nicht einschlägig sind, → Rn. 119.

[12] S. dazu auch → Rn. 120.

2. Weitere Bedingung ist, dass **an einen Nichtberechtigten** eine **Leistung bewirkt** wurde. Dies ist zu bejahen, da der Fernseher nicht im Eigentum des K stand und D somit die EUR 300,– an den Nichteigentümer geleistet hat.[13]

3. Die **Leistung** des D war ferner **dem berechtigten E gegenüber** gem. § 851 BGB **wirksam** (vgl. oben).

4. K ist folglich dem E zur Herausgabe des Geleisteten, also der EUR 300,–, verpflichtet.

46 IV. Ferner könnte ein **Surrogationsanspruch gem. § 985 iVm § 285 BGB analog** in Betracht kommen. Indessen ist die analoge Anwendung des § 285 BGB auf den Herausgabeanspruch des § 985 BGB abzulehnen, da andernfalls die „Opfergrenze" des § 985 BGB überschritten würde, der **Ersatz nicht auf dem Besitz,** sondern dem Eigentum beruht und **§ 816 BGB eine abschließende Regelung** darstellt.[14]

V. Ein Anspruch aus GoA ist schon wegen § 687 I BGB abzulehnen.

---

47 ## II. Systematischer Exkurs: Die befreiende Leistung an Nichtberechtigte[15]

1. Überblick:

	§ 407 BGB	*§ 851 BGB*	*§ 893 BGB*	*§ 2367 BGB*
Normalfall	Käufer K zahlt an Verkäufer V, obwohl die Forderung schon an Z abgetreten wurde (§ 408 BGB: K zahlt an Zweitzessionar)	Schädiger S leistet an vermeintlichen Eigentümer E (vgl. Fall 2)	Grundstückseigentümer E zahlt an vermeintlichen Hypothekengläubiger H[16]	Schuldner S zahlt an vermeintlichen Erben E
Rechtsscheintatbestand	Fortbestand der ursprünglichen Rechtslage	Besitz str.: Besitzdiener[17]	Grundbuch str.: Umfang[18]	Erbschein
Schutzwürdigkeit des Vertrauenden	entfällt nur bei Kenntnis	entfällt bei Kenntnis oder grober Fahrlässigkeit	entfällt nur bei Kenntnis	entfällt nur bei Kenntnis
Zurechenbarkeit des Rechtsscheins	irrelevant, dh reines Rechtsscheinprinzip	irrelevant (allerdings str., vgl. Fall 2)	irrelevant, dh reines Rechtsscheinprinzip	irrelevant, dh reines Rechtsscheinprinzip
Bereicherungsrechtlicher Ausgleich zwischen Rechtsinhaber und Nichtberechtigtem[19]	Anspruch aus § 816 II BGB	Anspruch aus § 816 II BGB	Anspruch aus § 816 II BGB	Anspruch aus § 816 II BGB
Verzichtbarkeit[20]	disponibel	disponibel (str.)	nicht disponibel (str.)	disponibel (str.)

---

[13] Einschränkend ist lediglich an einen Ersatz des Nutzungsschadens des entgeltlich redlichen Besitzers vor Rechtshängigkeit zu denken. Daraus ergibt sich jedoch allenfalls ein marginaler Abzugsposten, zumal der Sachverhalt nichts über einen entsprechenden Schaden berichtet. S. zu dieser umstrittenen Problematik auch näher → Rn. 64.

[14] Vgl. nur *Medicus/Petersen*, Bürgerliches Recht, Rn. 599 mwN.

[15] Ausführlich *Neuner* JuS 2007, 401 ff. (408 f.).

[16] S. bzgl. der Eintragung der Gesellschafter einer GbR sogleich → Rn. 48.

[17] *Beispiel:* S leistet Schadensersatz an den Angestellten A, der die zerstörte Sache bei sich trug; § 851 BGB ist hier richtigerweise anwendbar, weil der zunächst nicht besitzende A sich zum Besitzer aufschwingt, sobald er die Ersatzleistung ohne Offenlegung seiner Besitzdienerschaft annimmt; vgl. näher MüKoBGB/*Wagner*, § 851 Rn. 3; *Witt* AcP 201 (2001), 165 ff. (197 ff.).

[18] Nach hM beschränkt sich der öffentliche Glaube des Grundbuchs allein auf dingliche Rechte; wird nicht „auf" ein dingliches Recht geleistet, besteht kein Schutz gem. § 893 Alt. 1 BGB (zB bei Ersatzleistungen an den Bucheigentümer wegen Beschädigung des Grundstücks); vgl. Staudinger/*Gursky*, BGB, § 893 Rn. 8 mwN; aA *Neuner* JuS 2007, 401 ff. (408); *beachte:* der Rechtsschein des Besitzes ist gem. § 851 BGB lediglich bei beweglichen Sachen maßgeblich; deshalb zB keine befreiende Wirkung bei Leistung an den Mieter des Hauses; vgl. *Medicus/Petersen*, Bürgerliches Recht, Rn. 609.

[19] Daneben kommt uU auch ein Anspruch aus dem Kausalverhältnis in Betracht.

[20] Ein Verzicht auf den Gutglaubensschutz bewirkt, dass das Geleistete kondiziert werden kann und dann ggf. die Möglichkeit besteht, mit einer anderen Forderung gegenüber dem Rechtsinhaber aufzurechnen (Zweck: Insolvenzrisiko); s. näher *Chiusi* AcP 202 (2002), 494 ff.; monografisch *Altmeppen,* Disponibilität des Rechtsscheins, 1993, S. 22 ff., 111 ff.

2. Weitere Rechtsscheintatbestände mit Liberationswirkung:[21]

48

a) Urkunden

Beispiele: Leistung an unberechtigten Überbringer einer Quittung gem. § 370 BGB; Leistung aufgrund Vollmachtsurkunde gem. § 172 BGB; Leistung an unbefugten Besitzer eines Sparbuchs gem. § 808 I BGB; Leistung an Scheinwechselgläubiger gem. Art. 16 I iVm Art. 40 III WG.

b) Register

Beispiele: Leistung an Scheinprokuristen gem. § 15 HGB (Handelsregister); Leistung an Scheinorgan gem. § 68 BGB (Vereinsregister); Leistung an GbR zu Händen eines Scheingesellschafters gem. § 899a S. 2 iVm § 893 BGB (Grundbuch); Leistung an scheinbefugten Ehegatten bei Gütergemeinschaft gem. § 1412 BGB (Güterrechtsregister).

III. Arten des Besitzes[22]

49

1. Unmittelbarer Besitz

Normalfall: Uhr am Handgelenk oder in der Hosentasche.

a) Voraussetzungen

aa) tatsächliche Sachherrschaft
- muss nicht rechtmäßig sein (zB Uhr wurde gestohlen)
- räumliche Beziehung kann gelockert sein (zB parkendes Auto; morgens vor der Ladentür abgestellte Ware)
- juristische Personen können Besitzer sein; ihnen wird die tatsächliche Sachherrschaft ihrer Organwalter (Vorstand bei AG, Geschäftsführer bei GmbH) zugerechnet[23]; entsprechendes gilt für Personengesellschaften (geschäftsführende Gesellschafter), einschließlich BGB-Gesellschaft

bb) gewisse Dauer der Sachherrschaft
- nach hM grundsätzlich kein Kurzbesitz (zB kein Besitz an Besteck in Restaurant oder an Buch in Bibliothek)[24]
- vorübergehende Verhinderung gem. § 856 II BGB irrelevant (zB Abwesenheit aus Wohnung)[25]

cc) Besitzwille
- genereller Besitzwille ausreichend; muss nicht auf den Erwerb an konkreten Sachen gerichtet sein (zB alle Gegenstände, die in den Briefkasten gelangen; Kaufhausinhaber ist Besitzer an dort verlorenem, offen sichtbarem Geldschein[26])
- Geschäftsfähigkeit ist nicht nötig, nur natürlicher Sachherrschaftswille (zB Kind findet Geldbörse und nimmt sie an sich)

b) Erwerb

aa) Erlangung tatsächlicher Gewalt gem. § 854 I BGB
- originär, dh nicht konsentiert
- derivativ, dh mit Abgabewillen des Vorbesitzers

---

[21] Ausführlich *Altmeppen*, Disponibilität des Rechtsscheins, 1993, S. 98 ff.

[22] S. auch *Baur/Stürner*, Sachenrecht, §§ 7 f.; *Schreiber* JURA 2012, 514 ff.; *Petersen* JURA 2002, 160 ff.

[23] BGHZ 156, 310 ff. = NJW 2004, 217 ff. (2. Ls.): „Verbleibt eine Sache, die der Geschäftsführer einer GmbH nur als Organ der Gesellschaft genutzt hat, nach Beendigung der Organstellung in seiner tatsächlichen Gewalt, so erwirbt er an ihr unmittelbaren Besitz."

[24] Nicht auf die Dauer des Besitzes, sondern die Schutzbedürftigkeit verweist *Wieling*, Sachenrecht, § 4 I 1 a.

[25] S. auch *KG* WM 2007, 444 ff. (444): „Der unmittelbare Besitz an einer versehentlich liegen gelassenen Sache (Geldtransporttasche) wird nur dann aufgegeben, wenn eine Wiedererlangung der Sache ausgeschlossen oder zumindest deutlich erschwert ist."

[26] Vgl. BGHZ 101, 186 ff. = NJW 1987, 2812 ff. = JuS 1988, 72 f. mAnm *K. Schmidt*; kritisch *Wilhelm*, Sachenrecht, Rn. 473 ff.

bb) Ausnahme: Einigung gem. § 854 II BGB
- Voraussetzungen: Besitzerwerber kann bereits die Gewalt über die Sache ausüben und erkennbare Besitzaufgabe des Vorbesitzers
- Beispiele: Holzstapel im Wald; Pflug auf Feld
- Einigung ist nach hM ein Vertrag (es gelten die §§ 104 ff., 164 ff. BGB; nicht zu verwechseln mit der Einigung gem. § 929 BGB)

cc) Vermittlung durch Dritte
- Beachte: Stellvertretung nur ausnahmsweise bei § 854 II BGB möglich
- Erwerb durch Besitzdiener gem. § 855 BGB[27]
- Organbesitz (Sachherrschaft der Organe wird der Gesellschaft zugerechnet)

c) Beendigung gem. § 856 I BGB

aa) willentliche Aufgabe der tatsächlichen Gewalt (zB Übergabe oder Wegwerfen einer Sache)

bb) unfreiwillige Aufgabe der tatsächlichen Gewalt (zB Diebstahl oder Verlieren einer Sache)

50 ## 2. Mittelbarer Besitz[28]

Normalfall: E verleiht oder vermietet sein Fahrrad an F.

a) Allgemeines

aa) Kennzeichen: vergeistigte Sachherrschaft (mittelbarer Besitzer kann zumindest mittelbar Einfluss auf die Sache nehmen)

bb) Bedeutung: auch mittelbarer Besitzer genießt Besitzschutz gem. § 869 BGB; Selbsthilferecht gem. § 859 BGB strittig;[29] Publizitätsfunktion gem. §§ 930, 931 BGB sowie § 1006 III BGB; Ausschluss gutgläubigen Erwerbs gem. § 935 I 2 BGB.

cc) Mehrstufigkeit: gem. § 871 BGB möglich (zB Untermieter – Mieter – Vermieter)

b) Voraussetzungen

aa) unmittelbarer Besitz des Dritten

bb) Besitzmittlungsverhältnis (vgl. § 868 BGB mit Definition und Beispielen)
- erforderlich ist ein bestimmtes, dh konkretes Rechtsverhältnis (zB Leihe, Sicherungsabrede); nicht ausreichend ist eine bloß abstrakte Abrede, ohne Zweckfestlegung, warum der unmittelbare Besitzer die Sache in seiner Gewalt haben darf (arg.: sonst wäre es im Rahmen von § 930 BGB bereits ausreichend, wenn der bisherige Eigentümer lapidar erklärt, er besitze für den Erwerber)
- konkretes Rechtsverhältnis kann auch auf Gesetz (zB elterliche Sorge gem. § 1626 BGB; eheliche Lebensgemeinschaft gem. § 1353 BGB[30]) oder Hoheitsakt (zB Pfändung durch Gerichtsvollzieher gem. § 808 ZPO) beruhen
- konkretes Rechtsverhältnis muss vorübergehend sein, es ist also ein Herausgabeanspruch erforderlich
- Herausgabeanspruch kann aus Besitzmittlungsverhältnis folgen (zB § 604 BGB); falls Rechtsgeschäft unwirksam (zB Leihvertrag nichtig), ist Anspruch aus §§ 985, 812 BGB ausreichend; nicht aber zB Eigentumsverschaffungspflicht gem. § 433 I 1 BGB

cc) Besitzmittlungswille, dh der unmittelbare Besitzer muss für den mittelbaren Besitzer besitzen wollen (bei Besitzmittlung kraft Gesetzes str.)

---

[27] Vgl. näher → Rn. 55.
[28] Ausführlich *Brehm/Berger*, Sachenrecht, 3.12 ff.
[29] Vgl. → Rn. 73.
[30] Am ehelichen Hausrat haben die Eheleute idR Mitbesitz; falls ein Ehegatte Alleineigentümer ist, vermittelt der mitbesitzende Ehegatte diesem den Besitz; vgl. *Baur/Stürner*, Sachenrecht, § 7 Rn. 49, 81.

c) Erwerb

aa) Neuentstehung

- unmittelbarer Besitzer wird zu mittelbarem Besitzer (zB Vermieter V übergibt Mieter M die Mietsache)
- unmittelbarer Besitzer verschafft einem anderen mittelbaren Besitz (zB Sicherungsübereignung)

bb) Übertragung gem. § 870 BGB

- abgetreten wird der schuldrechtliche Anspruch (nicht der Anspruch aus § 985 BGB, der nicht isoliert abgetreten werden kann; vgl. → Rn. 108)
- formlos; es gelten die §§ 398 ff. BGB

d) Beendigung

aa) unmittelbarer Besitzer verliert Besitz (zB Verbrauch, Veräußerung)

bb) Erlöschen des Herausgabeanspruchs (zB Übereignung an unmittelbaren Besitzer)

cc) erkennbare Änderung des Besitzmittlungswillens (zB Unterschlagung)[31]

3. Erbenbesitz gem. § 857 BGB[32]

51

Normalfall: E ist Besitzer eines Fahrrads; nach dessen Tod wird Alleinerbe A Besitzer.

a) Allgemeines

aa) Kennzeichen: Besitz ohne Sachherrschaft (bzw. bloße Fiktion)

bb) Abgrenzung: Universalsukzession gem. § 1922 BGB erfasst nur Rechte, gilt also nicht für den Besitz

cc) Ratio legis: Nachlass soll gesichert werden; Aufsplitterung soll vermieden werden

b) Erwerb

aa) **automatisch mit Erbfall**

bb) **unabhängig vom Willen** des Erben und dessen Kenntnis vom Erbfall

cc) Besitz geht auf Erben über, so **wie er beim Erblasser bestand** (zB unmittelbarer oder mittelbarer, Allein- oder Mitbesitz)

c) Beendigung

aa) Erbe erlangt tatsächliche Sachherrschaft (**Umwandlung in Verkehrsbesitz**)

bb) **Aufgabe des Besitzes**

cc) **Neuer Besitz wird begründet**

- bei Besitzverlust ohne Willen des Erben greift idR § 935 BGB ein
- was vorläufiger Erbe (vor Ausschlagung, Anfechtung) weggibt, kommt nicht abhanden (str.)
- zugunsten eines Nacherben gilt § 857 BGB nur für solche Sachen, an denen der Vorerbe noch keinen Verkehrsbesitz begründet hat
- § 2366 BGB schützt den Rechtsverkehr, sofern ein Erbschein ausgestellt wurde; ein gutgläubiger Erwerb ist in diesem Fall also möglich

---

[31] Zur Problematik des sog „Nebenbesitzes" näher → Rn. 406 ff.
[32] Ausführlich *Ebenroth/Frank* JuS 1996, 794 ff.

52   **4. Teilbesitz gem. § 865 BGB**

Normalfall: Eigenes, abgeschlossenes Zimmer in WG.

a) **Voraussetzung:** exklusiver Besitz an Teil einer Sache

b) **Rechtsfolge:** uneingeschränkter Besitzschutz, insbesondere auch gegen andere Teilbesitzer (zB WG-Mitbewohner)

53   **5. Mitbesitz gem. § 866 BGB**

Normalfall: Gemeinschaftsküche in WG.

a) **Voraussetzung: mehrere besitzen eine Sache gemeinsam**

    aa) **Einfacher Mitbesitz:** jeder Mitbesitzer kann die Sache für sich nutzen (zB Gemeinschaftsküche)

    bb) **Qualifizierter Mitbesitz:** die Sache ist den Mitbesitzern nur gemeinsam zugänglich (zB der Wohnungssafe kann nur von allen Mitbesitzern gemeinsam mit unterschiedlichen Schlüsseln geöffnet werden); ua bezüglich § 1206 BGB relevant

b) **Rechtsfolge**

    aa) **Innenverhältnis**
- bei gänzlichem Ausschluss besteht ein voller Besitzschutz (zB Mitbewohner wechselt Schloss an Küchentür aus)
- bei bloßer Kontroverse über Grenzen gibt es keinen Besitzschutz (zB keine Gewaltrechte bei Streit um Benutzungszeiten der Küche)

    bb) **Außenverhältnis**
- voller Besitzschutz (zB gegen alle, die nicht zur WG gehören)
- bei einer Räumungsvollstreckung (§ 885 I ZPO) ist ein Vollstreckungstitel grundsätzlich auch gegen Mitbesitzer erforderlich; ob der nichteheliche Lebensgefährte Mitbesitzer (und nicht nur Besitzdiener) ist, muss sich aus den Umständen klar und eindeutig ergeben (*BGH* NJW 2008, 1959 f. Tz. 13 ff. zB durch Anzeige an Vermieter oder Anmeldung; nach *OLG Hamburg* NZM 2012, 387 auch durch Namensanbringung am Briefkasten); minderjährige Kinder haben keinen Mitbesitz an der Wohnung
- kein Abhandenkommen einer beweglichen Sache (Auto) gem. § 935 I BGB bei Aufgabe des unmittelbaren Besitzes (durch Ehemann = Eigentümer) ohne Willen des eigentumslosen Mitbesitzers (Ehefrau); vgl. BGHZ 199, 227 ff. sowie → Rn. 514

54   **6. Eigenbesitz gem. § 872 BGB**

Normalfall: E besitzt ein Fahrrad als ihm gehörend.

a) **Voraussetzung:** der Wille, eine Sache als einem selbst gehörend zu besitzen; dabei ist irrelevant, wer Eigentümer der Sache ist

b) **Bedeutung:** zB erforderlich für Ersitzung gem. §§ 900, 937 ff., 1033 BGB

c) **Gegenbegriff:** Fremdbesitz, dh es wird ein anderer als Eigenbesitzer oder sonst besser Berechtigter anerkannt (zB ist der Mieter oder Entleiher eines Fahrrads lediglich Fremdbesitzer; unterschlägt er das Rad, wird er Eigenbesitzer)

7. Annex: Besitzdienerschaft

55

Normalfall: Angestellter, Haushälterin, Kinder (hinsichtlich der von den Eltern überlassenen Sachen).

a) **Allgemeines**

aa) **Kennzeichen:** der Besitzdiener ist nicht selbst Besitzer; Besitzer ist allein der Besitzherr; auch die Eigentumsvermutung des § 1006 BGB spricht nicht zugunsten des Besitzdieners, sondern des Besitzherrn

bb) **Bedeutung:** in einer arbeitsteiligen Gesellschaft ist es zweckmäßig, dass andere die tatsächliche Gewalt ausüben, ohne zugleich Besitzer zu werden (Stellvertretung ist ja nur ausnahmsweise gem. § 854 II BGB möglich)

b) **Voraussetzungen**

aa) **Weisungsunterworfenheit** aufgrund eines sozialen Abhängigkeits- und Unterordnungsverhältnisses (auch leitende Angestellte, vgl. *BGH* NJW 2015, 1678 ff. bzw. → Rn. 84); das Rechtsverhältnis (zB Dienstvertrag) braucht nicht wirksam zu sein, solange die Beteiligten von einer Weisungsgebundenheit ausgehen

bb) Nach der Rspr. muss die Unterordnung **nach außen erkennbar** sein (BGHZ 27, 360 ff., 363; str.)

cc) Handeln **im Rahmen des Unterordnungsverhältnisses** ausreichend (Besitzdienerwille idR irrelevant)

Beispiel: Platzanweiserin findet Ring als Besitzdienerin für Kinoinhaber (BGHZ 8, 130 ff.[33])

Ausnahme: eigener Wille wird nach außen deutlich gemacht (zB Unterschlagung des Rings)

dd) **Gegenbeispiele:** Besitzmittler, Ehepartner

c) **Besitzerwerb**

aa) erfolgt unmittelbar für Besitzherrn (zB mit Übergabe einer Sache an Angestellten)

bb) zur Zurechnung bei Bösgläubigkeit analog § 166 BGB bzw. § 831 BGB s. unten Fall 4

d) **Besitzverlust**

aa) Der Besitzherr verliert den Besitz, wenn der Besitzdiener **äußerlich erkennbar** sich selbst die Sache zueignet, einem Dritten Besitz einräumt oder die Sache besitzlos werden lässt (zB das Wegwerfen einer Sache als Publizitätsakt).

bb) Erfolgt der Besitzverlust ohne Willen des Besitzherrn liegt nach hM ein **Abhandenkommen gem. § 935 BGB** vor (Ausnahme: § 56 HGB); zugleich liegt idR verbotene Eigenmacht gem. § 858 BGB vor; der Besitzherr hat dann ggf. auch gegenüber dem Besitzdiener Selbsthilfe- und Besitzansprüche.

Beispiel:[34] Hausmeister H veräußert die ihm vom Hauseigentümer E überlassene Bohrmaschine an den gutgläubigen D. Nach hM scheidet ein gutgläubiger Erwerb des D aus, weil E den unmittelbaren Besitz gegen seinen Willen verlor; E habe zudem den Rechtsschein nicht veranlasst. Nach der (zutreffenden) MM erwirbt D hingegen Eigentum, weil sich E durch eine hinreichende Kontrolle des H leichter vor Schaden schützen kann; außerdem bezieht sich § 855 BGB primär auf die Verteilung der Besitzfolgen zwischen Besitzdiener und Besitzherrn.[35]

---

[33] *BGH* NJW 1953, 419 f.
[34] Weiteres Beispiel bei *Kollhosser* JuS 1992, 393 ff. (393): Uhrenverkäufer A nimmt eine Uhr mit nach Hause und schenkt sie seiner Tochter T.
[35] Ausführlich *Gursky*, 20 Probleme aus dem BGB Sachenrecht, Ohne EBV, S. 65 ff.; *Witt* AcP 201 (2001), 165 ff. (169 ff.); *Neuner* JuS 2007, 401 ff. (405).

cc) Der Besitzdiener ist gem. §§ 860, 859 BGB befugt, **für den Besitzherrn das Selbsthilferecht auszu-üben** (Beispiel: Angestellter läuft Ladendieb hinterher und nimmt ihm die gestohlene Sache mit Gewalt ab); Ansprüche aus §§ 861, 862 BGB stehen dem Besitzdiener allerdings nicht zu.

Fall 3: „Die resolute Haushälterin"

Sachverhalt

Mitte Oktober 2016 verstarb E. Laut Testament vom 30.12.2015 hatte E seinen Neffen SE als Allein-erben eingesetzt. Da SE keine Verwendung für den hinterlassenen Pkw sah, veräußerte er diesen Ende Oktober 2016 an N. Einige Tage nach Verkauf und Übergabe wurde ein zweites Testament, datiert vom 1.10.2016 gefunden, in dem E nicht mehr SE, sondern seine Haushälterin H als Alleinerbin bestimmte. In dem Glauben, dass der Pkw von Rechts wegen ihr gehöre, begab sich H daraufhin zum Anwesen des N und entfernte sich mit dem vor dem Haus geparkten Wagen, den sie unschwer mit einem zufäl-lig im Nachlass gefundenen Zweitschlüssel bedienen konnte. N forderte den Pkw zwar noch lautstark zurück, konnte die Abfahrt der H aber nicht mehr verhindern. Die Spritztour wurde erst gegen Ende durch die leidige Suche nach einem Parkplatz etwas getrübt. H wusste sich freilich auch in dieser Situa-tion zu helfen und stellte den Pkw unverzagt auf einem von A angemieteten Privatparkplatz ab. A ließ den Pkw sofort abschleppen. H ist empört und verlangt von A Ersatz für die dadurch entstandenen Taxi-kosten iHv EUR 20,–. A seinerseits begehrt Kostenerstattung für die an den Abschleppunternehmer be-zahlten EUR 100,–.

Wie ist die Rechtslage?

Lösung

56 **A. Ansprüche N gegen H**

I. N könnte gegen H einen **Anspruch auf Herausgabe des Pkw gem. § 985 BGB** haben, wenn N Eigen-tümer und H Besitzerin des Wagens ist.

1. H ist im **Besitz** des Pkw, da sie die tatsächliche Herrschaftsgewalt über den Wagen ausübt. Entschei-dend ist die **rein faktische** Beziehung zu dem Gegenstand und nicht die Frage nach der rechtlichen Befugnis zur Einwirkung auf die Sache.[36]

2. Problematisch ist allerdings, ob N **Eigentümer** des Fahrzeugs ist.

a) Ursprünglich war E Eigentümer des Pkw (vgl. die Vermutung des § 1006 II BGB).

57 b) H könnte gem. **§ 1922 I BGB mit dem Tode** des E Eigentümerin des Pkw geworden sein.

Mit **Testament vom 30.12.2015** hatte E zunächst seinen Neffen SE wirksam als Alleinerben einge-setzt, § 1937 BGB. Dieses Testament könnte jedoch durch das spätere Testament vom 1.10.2016 **widerrufen** worden sein. Der Widerruf eines Testaments ist gem. **§ 2253 BGB ohne jeden Grund zu-lässig.** Ein solcher Widerruf kann gem. **§ 2258 I BGB auch konkludent** durch die Errichtung eines späteren Testaments erfolgen, wobei ein Widerruf selbst dann wirksam ist, wenn der Erblasser bei Errichtung des zweiten Testaments nicht mehr an die Existenz des ersten gedacht hat.[37] E hat mithin durch die letztwillige Verfügung am 1.10.2016 das frühere Testament vom 30.12.2015 widerrufen und **die H gem. § 1937 BGB zu seiner Erbin bestimmt.** An der Wirksamkeit dieser testamentari-schen Erbeinsetzung bestehen weder in materieller noch in formeller Hinsicht Zweifel; insbesondere ist keine Sittenwidrigkeit der Verfügung[38] erkennbar.

[36] Vgl. nur *Prütting*, Sachenrecht, Rn. 43.
[37] Vgl. nur *BGH* NJW 1985, 969 f. (969) mwN.
[38] S. dazu zB *Brox/Walker*, Erbrecht, 26. Aufl. 2014, Rn. 263 mwN.

c) N könnte das Eigentum somit nur durch **gutgläubigen Erwerb** von SE gem. §§ 929, 932 BGB erworben haben.   **58**

Es kann dahinstehen, ob N gutgläubig war,[39] weil ein gutgläubiger Erwerb gem. § 935 I 1 BGB jedenfalls daran scheitert, dass der **Pkw der H abhandengekommen ist**. Nach der Fiktion bzw. dem Verzicht auf eine tatsächliche Sachherrschaft des § 857 BGB ging der **Besitz des E mit dessen Erbfall auf den wahren Erben, also die H, über**. Da von einem ursprünglich unmittelbaren Besitz des E auszugehen ist, kam der H folglich bereits aufgrund der Inbesitznahme durch SE der Pkw abhanden. Es liegt also ein Fall verbotener Eigenmacht gem. § 858 BGB vor, der einen gutgläubigen Erwerb des N gem. §§ 929, 932, 935 I BGB ausschließt.

d) Zudem scheidet auch ein Erwerb des N gem. **§ 2366 BGB** aus, **da ein Erbschein nicht ausgestellt wurde**. Bei einem solchen Erwerb kraft öffentlichen Glaubens des Erbscheins käme es auf ein Abhandenkommen gem. §§ 857, 935 BGB nicht an.[40]

3. **Ergebnis:** N hat keinen Herausgabeanspruch gegen H gem. § 985 BGB.

II. Es könnten des Weiteren **Herausgabeansprüche aus § 1007 BGB** bestehen.   **59**

1. Nach **§ 1007 I BGB** kann der frühere Besitzer N von H die Herausgabe des Pkw verlangen, wenn diese bei dem Erwerb des Besitzes **nicht in gutem Glauben** war. Der böse Glaube muss sich bei § 1007 I BGB auf das fehlende Recht zum Besitz gegenüber dem früheren Besitzer beziehen.[41] Diesem Anspruch steht jedoch von vornherein entgegen, dass H als Eigentümerin des Pkw ein **petitorisches Besitzrecht** hat und sich deshalb auch die Frage der Bösgläubigkeit erledigt.

2. Auch nach **§ 1007 II BGB** steht dem N kein Herausgabeanspruch zu. Der Pkw ist dem N zwar abhandengekommen, doch ist die **H Eigentümerin** des Fahrzeugs. Zudem ist der H vor der Besitzzeit des N der Pkw **selbst abhandengekommen**, § 1007 II 1 aE BGB.

III. In Betracht kommt ferner ein Anspruch auf **Wiedereinräumung des Besitzes gem. § 861 I BGB**.   **60**

1. Voraussetzung ist, dass N der Besitz an dem Pkw durch verbotene Eigenmacht entzogen wurde und H ihm gegenüber fehlerhaft besitzt.

a) N hatte an dem Pkw **unmittelbaren Alleinbesitz** erlangt. Der Umstand, dass sich im Nachlass des H noch ein Zweitschlüssel befand, ist irrelevant, da von der Existenz dieses weiteren Schlüssels zunächst niemand etwas wusste.[42] Die H hatte ihren Erbenbesitz nach § 857 BGB im Übrigen schon durch die Inbesitznahme des Pkw durch SE verloren.

b) Nach der Legaldefinition des § 858 I BGB begeht **verbotene Eigenmacht**, wer dem Besitzer ohne dessen Willen den Besitz entzieht. Diesen Tatbestand hat die H **durch die Wegnahme des Pkw erfüllt**. Eine verbotene Eigenmacht wäre gleichwohl ausgeschlossen, wenn der H die Entziehung gestattet war. Eine solche Legitimation ist jedoch nicht ersichtlich. Insbesondere scheidet ein Selbsthilferecht nach § 859 IV, II BGB aus, weil der zeitliche Zusammenhang fehlt.   **61**

c) Die H besitzt, da sie die verbotene Eigenmacht gegen N selbst verübt hat, diesem gegenüber gem. § 858 II 1 BGB **fehlerhaft**.

2. Der Anspruch aus § 861 I BGB ist gem. **§ 861 II BGB** ausgeschlossen, wenn der entzogene Besitz (des N) dem **gegenwärtigen Besitzer (H)** gegenüber fehlerhaft war. N selbst hat jedoch keine verbotene Eigenmacht gem. § 858 I BGB begangen. Er muss zudem auch die Fehlerhaftigkeit des Besitzes   **62**

---

[39] Der Erwerber eines gebrauchten Pkw ist grundsätzlich bösgläubig, wenn er sich nicht aufgrund der Eintragung in der Zulassungsbescheinigung II überzeugt, dass der Veräußerer verfügungsbefugt ist, vgl. *OLG Koblenz* NJW-RR 2011, 555 f. (556); *BGH* NJW 2005, 1365 ff. (1366); Palandt/*Herrler*, BGB, § 932 Rn. 13; s. ferner → Rn. 199, 516.

[40] S. dazu auch den Übungsfall von *Konz* JuS 2007, 542 ff.

[41] S. näher Staudinger/*Gursky*, BGB, § 1007 Rn. 17.

[42] S. dazu im Einzelnen *Westermann/Gursky/Eickmann*, Sachenrecht, § 8 Rn. 7; Bamberger/Roth/*Fritzsche*, BGB, § 854 Rn. 40 mwN.

von SE **nicht gem. § 858 II 2 Alt. 2 BGB** gegen sich gelten lassen, denn er hatte **von der Fehlerhaftigkeit keine Kenntnis.**[43]

63   3. Schließlich kommt noch der **Einwand des Rechtsmissbrauchs gem. § 242 BGB** in Betracht, weil und sofern N arglistig handelt, indem er den Pkw aus § 861 BGB herausverlangt, den er aufgrund des Rechts der H zum Besitz sofort wieder herausgeben muss, § 985 BGB. Nach **§ 863 BGB** kann jedoch eine Einwendung gegen den in § 861 BGB bestimmten Anspruch nur zur Begründung der Behauptung geltend gemacht werden, **dass die Entziehung nicht verbotene Eigenmacht sei.** Es ist daher prinzipiell unzulässig, unter Berufung auf die Generalklausel des § 242 BGB, die klare gesetzliche Regelungsabsicht des § 863 BGB – **rasche Wiederherstellung des ursprünglichen Besitzstandes, Präventionsgedanke** – zu konterkarieren.[44] Demgemäß besteht also der Anspruch N gegen H auf Wiedereinräumung des Besitzes gem. § 861 I BGB.

Einschränkung: Nach der Rspr.[45] sind petitorische Einwendungen (§ 863 BGB) gegenüber dem Besitzentziehungsanspruch (§ 861 BGB) nicht ausgeschlossen, sofern über diesen letztinstanzlich entschieden wird und das Recht des Besitzers zum Besitz feststeht (§ 864 II BGB analog). Denn der Ausschluss petitorischer Einwendungen des Besitzers gem. § 863 BGB gilt seinem Sinn und Zweck nach bei Entscheidungsreife des von dem Besitzer beanspruchten Rechts zum Besitz nach dem Rechtsgedanken des § 864 II BGB jedenfalls dann nicht, wenn über das Besitzrecht letztinstanzlich – wenn auch incidenter – entschieden wird und der Herausgabekläger die Sache sogleich wieder an den Besitzberechtigten herausgeben müsste.

64   IV. Des Weiteren könnte ein Anspruch aus **§§ 823 I, 249 I BGB auf Herausgabe und Nutzungsersatz** bestehen.

Die Frage, ob der **Besitz ein „sonstiges Recht" iSv § 823 I BGB** verkörpert, ist einmal in Bezug auf die **Herausgabe des Pkw** bedeutsam, wenngleich die Rückgabe gem. § 861 I BGB schon unabhängig von einem Verschulden zu erfolgen hat (vgl. aber den Unterschied zwischen § 864 I BGB und §§ 195, 199 BGB). Von erheblich größerer praktischer Relevanz ist ein **Ersatz des Nutzungsentgangs.**

1.   Nach hM wird der Besitz als solcher nicht von § 823 I BGB geschützt, sondern grundsätzlich **nur der Besitz des zum Besitz Berechtigten.**[46] Diese Einschränkung des deliktischen Besitzschutzes ergibt sich neben der gesetzlichen Ausgestaltung des Besitzes gem. §§ 854 ff. BGB auch unmittelbar aus § 823 I BGB, wonach sich mit dem Besitz eine Befugnis verbinden muss, die dem **„Zuweisungsgehalt"** des Eigentums vergleichbar ist.[47]

2.   Ein solches eigentümerähnliches Nutzungsrecht steht regelmäßig dem rechtmäßigen Besitzer zu, doch kann nach *Medicus/Petersen* ausnahmsweise auch der unrechtmäßige Besitzer einen Anspruch auf Ersatz des Nutzungsausfallschadens haben, **wenn es sich um einen entgeltlichen redlichen Besitzer vor Rechtshängigkeit handelt, vgl. §§ 987, 988, 990, 993 I BGB.**[48] Dies gilt selbst dann, wenn der Eigentümer in den Besitz eingreift, da es keinen Grund gibt, ihn besser zu stellen als irgendeinen Dritten,[49] sodass N im vorliegenden Fall so lange einen Anspruch auf Ersatz des Nutzungsentgangs hat, bis entweder Rechtshängigkeit (§ 987 BGB) oder Unredlichkeit (§§ 990, 987 BGB) herbeige-

---

[43] Eine eventuelle Nichtvorlage der Zulassungsbescheinigung II – vgl. Fn. 39 – wäre hier irrelevant, weil nur positive Kenntnis schadet.

[44] Ausführlich dazu sowie zum Streit über die *Möglichkeit der petitorischen Widerklage Zeising* JURA 2010, 248 ff. (251 ff.); *Amend* JuS 2001, 124 ff. (127 ff.); nach hM ist eine Widerklage zulässig, weil der Richter die Möglichkeit der Trennung hat und damit sinnwidrige Belastungen verhindern kann; nach der Gegenansicht würde der Anreiz zu illegaler Selbsthilfe gefördert werden.

[45] Vgl. *BGH* NJW 1999, 425 ff. (427) = JuS 1999, 502 ff. mAnm *K. Schmidt*; BGHZ 73, 355 ff. (359) = NJW 1979, 1358 f.; s. ferner auch → Rn. 518.

[46] Vgl. *BGH* NJW 2015, 1174 ff. (Tz. 17); BGHZ 137, 89 ff. (98) = NJW 1998, 377 ff. (380); *Brox/Walker*, Besonderes Schuldrecht, § 45 Rn. 13; *Palandt/Sprau*, BGB, § 823 Rn. 11, 13 mwN; ähnlich *Larenz/Canaris*, Schuldrecht II/2, § 76 II 4 f, der allerdings nicht den berechtigten Besitz, sondern das obligatorische Recht zum Besitz als sonstiges Recht iSv § 823 I BGB anerkennen will; dazu wiederum kritisch *Staudinger/Hager*, BGB, § 823 B 170, mit dem Hinweis, dass derjenige schutzlos bleibe, dessen redlicher Erwerb nur an § 935 I BGB gescheitert ist.

[47] S. auch *Esser/Weyers*, Schuldrecht II/2, § 55 I 2 b mwN.

[48] *Bürgerliches Recht*, Rn. 607; zustimmend *Kollhosser* JuS 1992, 567 ff. (572); *Wolf/Wellenhofer*, Sachenrecht, § 5 Rn. 19.

[49] *Medicus* AcP 165 (1965), 115 ff. (134).

führt worden ist. Auch der Verweis in § 1007 III 2 BGB auf die §§ 986 ff. BGB belegt die prinzipielle Schutzwürdigkeit. Die Gegenansicht betont, dass dem nichtberechtigten Besitzer nur die bereits gezogenen Nutzungen endgültig zugewiesen sind, mit der Folge, dass dem N als nichtberechtigtem Besitzer kein Anspruch auf künftige, durch die Besitzverletzung entgangene Nutzungen zusteht.[50] Dieser Einwand überzeugt jedoch nicht.

3. **Ergebnis:** N hat gem. § 823 I BGB keinen Herausgabeanspruch, kann aber einen Nutzungsausfallschaden geltend machen, bis Rechtshängigkeit oder Bösgläubigkeit herbeigeführt worden ist.

V. Anspruch aus **§ 823 II iVm § 858 I BGB auf Herausgabe und Nutzungsersatz?**   65

Ein Anspruch aus §§ 823 II, 858 I BGB scheidet von vornherein aus, wenn man den Normzweck des § 858 I BGB nicht in der Erhaltung des individuellen Besitzstandes sieht, sondern allein in der Wahrung des allgemeinen Rechtsfriedens. § 858 I BGB soll nach dieser Ansicht nur spezial- und generalpräventiv eine Umgehung des Gerichtsweges verhindern und dient nicht dem Schutz des Besitzers.[51] Betrachtet man demgegenüber **§ 858 I BGB mit der hM als Schutzgesetz,**[52] muss man gleichwohl den Anspruch aus §§ 823 II, 858 I BGB systemkonform mit dem deliktischen Besitzschutz aus § 823 I BGB abstimmen, sodass zwar dem unverklagten redlichen N ein Anspruch auch aus §§ 823 II, 858 I BGB gewährt werden kann, sofern man einen Rückgriff auf die Wertung der §§ 987, 988, 990, 993 I BGB befürwortet, jedoch keinesfalls pauschal jedem unrechtmäßigen Besitzer.[53]

VI. Anspruch aus **§ 812 I 1 Alt. 2 BGB?**

Eine Eingriffskondiktion kommt ebenfalls nur in Betracht, soweit dem Besitz ein ausreichender Zuweisungsgehalt beigemessen werden kann.[54]

B. **Ansprüche H gegen A auf Ersatz der Taxikosten**   66

I. Es könnte ein **Anspruch aus Eigentumsverletzung gem. § 823 I BGB** gegeben sein.

1. Der Tatbestand der Eigentumsverletzung nach § 823 I BGB ist erfüllt. Zwar handelt es sich bei dem Abschleppen des Pkw um keinen Eingriff in die Sachsubstanz, doch ist anerkannt, dass bereits die **Beeinträchtigung der Eigentümerbefugnisse,** namentlich **durch Sachentziehung,** eine Eigentumsverletzung darstellt.[55] Der eingetretene Schaden (Taxikosten iHv EUR 20,–) ist auch adäquat kausal entstanden.

2. Fraglich ist allerdings, ob der Eingriff **rechtswidrig** erfolgte. Er könnte gem. § 859 III BGB gerechtfertigt sein.

a) Das unbefugte Abstellen des Pkw auf dem Stellplatz des A ist eine **Besitzentziehung** iSv § 858 I BGB.[56]

b) Dieser verbotenen Eigenmacht durfte sich A gem. **§ 859 III BGB** (als weitergehendem Recht gegenüber dem Selbsthilferecht des § 229 BGB) erwehren. Es besteht Einigkeit darüber, dass der Besitzer eines Parkplatzes sich sofort nach Entziehung des Besitzes durch Abschleppen des rechtswidrig abgestellten Fahrzeugs wieder des Besitzes bemächtigen darf.[57] Auf den Streit um die Auslegung des Tatbestandsmerkmals „sofort" iSv § 859 III BGB kommt es aufgrund der Sachverhaltsvorgabe

[50] Vgl. *Wieser* JuS 1970, 557 ff. (557 f.); *Larenz/Canaris*, Schuldrecht II/2, § 76 II 4 f.

[51] Vgl. *Medicus* AcP 165 (1965), 115 ff. (118 f., 137, 149).

[52] So *BGH* NJW 2014, 3727 ff. (Tz. 13); BGHZ 181, 233 ff. (Tz. 15) = NJW 2009, 2530 ff. (Tz. 15); *Larenz/Canaris*, Schuldrecht II/2, § 77 III 1 c m. umf. N.

[53] S. näher *Medicus/Petersen*, Bürgerliches Recht, Rn. 621.

[54] Vgl. Bamberger/Roth/*Wendehorst*, BGB, § 812 Rn. 126 mwN.

[55] Vgl. nur *BGH* NJW-RR 2005, 673 ff. (674); BGHZ 55, 153 ff. = NJW 1971, 886 ff.: eingeschlossenes Schiff; BGHZ 137, 89 ff. = NJW 1998, 377 ff.: Blockade von Baumaschinen (betr. berechtigten Besitz); *Larenz/Canaris*, Schuldrecht II/2, § 76 II 3 c.

[56] HM: *Baur/Stürner*, Sachenrecht, § 9 Rn. 15; Palandt/*Herrler*, BGB, § 858 Rn. 3 mwN; aber auch dann, wenn man von einer bloßen Besitzstörung ausgeht, gelten die Voraussetzungen des § 859 III BGB analog, vgl. *Paal/Guggenberger* NJW 2011, 1036 ff. (1037); *Schwarz/Ernst* NJW 1997, 2550 ff. (2550) mwN.

[57] Vgl. nur *BGH* NJW 2012, 528 ff. (Tz. 6); Palandt/*Herrler*, BGB, § 859 Rn. 4; eine besondere Wartefrist ist dabei nicht geboten, vgl. *AG München* NJW-RR 2002, 200.

nicht an.[58] Es ist des Weiteren auch nicht ersichtlich, dass A unverhältnismäßig reagiert hat.[59] **Ein Schadensersatzanspruch aus § 823 I BGB ist daher mangels Rechtswidrigkeit des Eingriffs** (zur unberechtigten GoA vgl. → Rn. 68 ff.) **nicht gegeben.**

II.   Mögliche Ansprüche aus § 823 II BGB iVm einem Schutzgesetz (§ 248b StGB, § 858 I BGB) oder aus § 678 BGB sind damit ebenfalls ausgeschlossen.

C.   **Ansprüche A gegen H auf Ersatz der Abschleppkosten**[60]

67   I.   In Betracht kommt zunächst ein **Anspruch aus § 823 I BGB.**

1.   Durch das unbefugte Parken hat H schuldhaft und rechtswidrig den **rechtmäßigen Besitz des A an dem Stellplatz verletzt.**

2.   Demnach ist H gem. § 823 I BGB dem A zum Ersatz des aus der Besitzentziehung entstandenen Schadens verantwortlich. Dabei sind die **Abschleppkosten zwar adäquat kausal verursacht,** doch erscheint eine Schadenszurechnung insofern problematisch, als der Schaden auf einem **eigenen Entschluss des A,** nämlich den Wagen abschleppen zu lassen, beruht. Es kommt daher auf ein weiteres normatives Kriterium an, ob die konkret getätigte Ausgabe tatsächlich der H zurechenbar ist. Dieser Zurechnungszusammenhang besteht, **weil § 859 BGB den von H herausgeforderten Entschluss prinzipiell gestattet**[61] und die konkrete Maßnahme in Form des Abschleppens auch nicht unverhältnismäßig war oder gegen Treu und Glauben verstieß.[62] A war somit gem. § 859 III BGB legitimiert, sich des Besitzes an dem Parkplatz mittels Entfernen des Pkw wieder zu bemächtigen, wozu er auch fremde Hilfe durch ein Abschleppunternehmen in Anspruch nehmen durfte.[63]

3.   **Ergebnis:** Es besteht ein Anspruch A gegen H auf Ersatz der Abschleppkosten gem. § 823 I BGB.

II.   In Betracht kommt ferner ein **Anspruch aus §§ 823 II, 858 I BGB.**

Sofern man mit der hM § 858 I BGB als Schutzgesetz betrachtet,[64] ist auch ein Anspruch aus § 823 II BGB gegeben.

68   III.   Des Weiteren könnte ein **Anspruch aus berechtigter GoA gem. §§ 683 S. 1, 677, 670 BGB** bestehen.

1.   Eine **Geschäftsbesorgung** ist jedes Handeln rechtlicher, tatsächlicher, wirtschaftlicher oder auch nichtwirtschaftlicher Art;[65] das Abschleppen eines Autos gehört dazu.

69   2.   Problematisch ist, ob A das Geschäft mit **Fremdgeschäftsführungswillen** besorgt hat.

Unter einem Fremdgeschäftsführungswillen versteht man den Willen und das Bewusstsein, die Angelegenheit eines anderen zu besorgen.[66] Beim **objektiv fremden Geschäft** wird der Fremdgeschäfts-

---

[58] Vgl. *AG München* NJW 1996, 853 f. (7 Stunden zu lange); *Baur/Stürner,* Sachenrecht, § 9 Rn. 15 (4 Stunden noch hinzunehmen); nach *LG Frankfurt a. M.* NJW-RR 2003, 311 ist eine Wiederbemächtigung zur Nachtzeit (21 Uhr bis 6 Uhr, § 758a ZPO) schon wegen der höheren Abschleppkosten nicht erforderlich.

[59] S. auch BGHZ 181, 233 ff. (Tz. 16 f.) = NJW 2009, 2530 ff. (Tz. 16 f.) speziell zum unbefugten Parken auf einem nur schwach ausgelasteten Parkplatz eines Supermarktes; Kurzdarstellung dieser Entscheidung → Rn. 87.

[60] *Exkurs:* Daneben kommt noch ein Anspruch auf Nutzungsersatz (für die Benutzung des Parkplatzes) gem. §§ 988, 812 ff., §§ 987, 990 bzw. §§ 687 II 1, 681 S. 2, 667 BGB in Betracht. Man kann den Fall auch variieren, indem A seine Ansprüche gegen H an den Abschleppunternehmer U abtritt, der den Pkw nur gegen Bezahlung der Abschleppkosten herauszugeben bereit ist. In dieser Konstellation wäre vor allem zu prüfen, ob U ein Zurückbehaltungsrecht gem. § 273 I BGB gegenüber den Herausgabeansprüchen der H hat (s. zu dieser Variante ausführlicher *Huneke* JURA 2010, 852 ff.; zur Sonderproblematik, ob das Zurückbehaltungsrecht gem. § 273 I BGB ein Recht zum Besitz iSv § 986 I 1 BGB begründet, s. → Rn. 104, 200). Des Weiteren kann man auch andersherum fragen, ob H gegen U einen Anspruch auf Ersatz des Nutzungsausfallschadens hat, wenn U den Pkw nicht herausgibt; die maßgebliche Anspruchsgrundlage wäre hier §§ 990 II, 280 I, II, 286 BGB (s. näher *K. Schmidt* JuS 2012, 358 ff.).

[61] Vgl. BGHZ 181, 233 ff. (Tz. 19) = NJW 2009, 2530 ff. (Tz. 19); *Pöschke/Sonntag* JuS 2009, 711 ff. (714); *Huneke* JURA 2010, 852 ff. (857); *Gottwald,* Sachenrecht, Fall 5 (mit zusätzlichen Fallvarianten); nach *Gsell* ZJS 2009, 572 f. (573) ist das Abschleppen als Schadensbeseitigung einzuordnen, bei der eine Nachfristsetzung gem. § 250 BGB ausnahmsweise entbehrlich erscheint.

[62] S. allgemein zu den sog Herausforderungsfällen auch *Grigoleit/Riehm,* Schuldrecht IV, Rn. 108 ff., 766 ff.

[63] Vgl. nur *St. Lorenz* NJW 2009, 1025 ff. (1026).

[64] Vgl. → Rn. 65.

[65] Vgl. nur *Medicus/Lorenz,* Schuldrecht II, Rn. 1109.

[66] Vgl. nur *Brox/Walker,* Besonderes Schuldrecht, § 36 Rn. 3.

führungswille grundsätzlich **vermutet**.[67] Das objektiv fremde Geschäft gehört schon seinem äußeren Erscheinungsbild nach zu einem fremden Rechtskreis, wie das etwa bei der Reparatur einer fremden Sache der Fall ist. Das **subjektiv fremde Geschäft** betrifft dem äußeren Erscheinungsbild nach den fremden Rechtskreis nicht (zB Kauf einer Sache). Seinen Fremdcharakter erhält das Geschäft erst durch den **konkret nachzuweisenden** Fremdgeschäftsführungswillen des Handelnden.[68] Der Abtransport eines auf einem Privatparkplatz oder etwa in einem Halteverbot befindlichen Autos ist in erster Linie Sache des Halters; es liegt also ein objektiv fremdes Geschäft vor. Sofern man wegen der Freisetzung des eigenen Parkplatzes lediglich von einem sog **auch-fremden Geschäft** ausgeht, wird der Fremdgeschäftsführungswille **in der Regel ebenfalls vermutet**.[69] Gegen diese Vermutung sprechen im vorliegenden Fall auch keine Indizien, da es aus Sicht des A allein Sache der H ist, den Parkplatz zu räumen und die entsprechenden Kosten zu tragen, wobei ein Eigeninteresse des A an seinem Fremdgeschäftsführungswillen nichts ändert.[70]

3. A handelte **ohne Auftrag** der H. Das Selbsthilferecht gem. § 859 BGB schließt die Anwendbarkeit der §§ 677 ff. BGB nicht aus, da § 859 BGB keine eigenständigen Ausgleichsregelungen enthält.[71]　　　　70

4. § 683 BGB fordert weiterhin, dass die Übernahme der Geschäftsführung **dem Interesse und dem wirklichen bzw. mutmaßlichen Willen des Geschäftsherrn entspricht**. Geht man davon aus, dass ein wirklicher Wille der H nicht feststellbar war, hat das Abschleppen des Pkw zumindest dem mutmaßlichen Willen der H nicht entsprochen, da ein solcher Wille nur dann anzunehmen gewesen wäre, wenn etwaige Schadensersatzverpflichtungen die Abschleppkosten überstiegen hätten.[72] Entsprechende Schadenspositionen sind beim widerrechtlichen Gebrauch eines fremden Parkplatzes indes nicht erkennbar, zumal davon auszugehen ist, dass die H nach kurzer Zeit den Pkw selbst entfernt hätte. Daran ändert auch die Überlegung nichts, dass A die Polizei hätte rufen können, denn nicht jede Disposition liegt schon allein deshalb im Interesse des Geschäftsherrn, weil eine uU noch nachteiligere Möglichkeit offen stand. Schließlich begründet auch § 679 BGB nicht die Unbeachtlichkeit des Willens der H, weil kein spezifisch öffentliches Interesse daran besteht, dass H ihrer Verpflichtung aus § 862 BGB nachkommt.[73] Durch das Falschparken wird grundsätzlich nur der jeweilige Eigentümer bzw. Besitzer des Standplatzes beeinträchtigt, es sei denn, der Pkw blockiert bspw. eine Feuerwehreinfahrt.

Sofern im Übrigen eingewandt wird, dass das Abschleppenlassen dem mutmaßlichen Willen des Geschäftsherrn entspreche,[74] handelt es sich um eine reine Unterstellung. Welcher Falschparker will denn allen Ernstes, dass sein Pkw (an einen unbekannten Ort) abgeschleppt wird? Auch dogmatisch geht es nicht an, das Recht der GoA als Auffangordnung für Billigkeitserwägungen zu instrumentalisieren.[75]

5. **Ergebnis:** Ein Anspruch aus berechtigter GoA scheidet aus.

IV. Anspruch aus unberechtigter GoA gem. §§ 684 S. 1, 812 ff., 818 II BGB?　　　　71

H hat durch das Abschleppenlassen des Pkw eine Befreiung von der Beseitigungspflicht gem. § 862 I 1 BGB erlangt. Da die Herausgabe wegen der Beschaffenheit des Erlangten nicht möglich ist, hat

---

[67] Vgl. nur *Grunewald*, Bürgerliches Recht, § 27 Rn. 2.

[68] Vgl. Palandt/*Sprau*, BGB, § 677 Rn. 5; *Medicus/Petersen*, Bürgerliches Recht, Rn. 408 f.

[69] Ausführlich *Brox/Walker*, Besonderes Schuldrecht, § 36 Rn. 6 ff.; *Medicus/Petersen*, Bürgerliches Recht, Rn. 410 ff.

[70] Vgl. *Dörner* JuS 1978, 666 ff. (668) mwN; anders gelagert ist die Problematik, wenn sich ein Abschleppunternehmer gegenüber der Polizei vertraglich zum Abschleppen von Pkw verpflichtet, s. *Medicus/Petersen*, Bürgerliches Recht, Rn. 414 sowie generell zum „pflichtengebundenen Geschäftsführer" *BGH* NZV 2012, 535 ff. (Tz. 16 ff.); Staudinger/*Bergmann*, BGB, vor §§ 677 ff. Rn. 309 ff.

[71] Vgl. MüKoBGB/*Seiler*, § 677 Rn. 43; Jauernig/*Mansel*, BGB, § 677 Rn. 7; aA Staudinger/*Bergmann*, BGB, vor §§ 677 ff. Rn. 293 („Kostenerstattungsanspruch als ungeschriebener Annex der Selbsthilferechte").

[72] Vgl. *Pöschke/Sonntag* JuS 2009, 711 ff. (713); *Martinek/Theobald* JuS 1997, 805 ff. (808 f.), mit dem Beispiel, dass jemand aus der versperrten Garage fahren will, um einen wichtigen Termin wahrzunehmen, von dem ein Gewinn iHv EUR 100.000,– abhängt.

[73] Vgl. *Gsell* ZJS 2009, 572 f. (573); *Martinek/Theobald* JuS 1997, 805 ff. (809); *Dörner* JuS 1978, 666 ff. (669); aA *St. Lorenz* NJW 2009, 1025 ff. (1027: „grassierende Unsitte").

[74] S. *Schwarz/Ernst* NJW 1997, 2550 ff. (2551) mwN.

[75] Vgl. *Falk* JuS 2003, 833 ff. (834 ff.) mit berechtigter Kritik an der exzessiven Heranziehung der Rechtsfigur des „auch-fremden" Geschäfts.

H grundsätzlich gem. § 818 II BGB den Wert zu ersetzen. Die Schuldbefreiung hat H indes keinen relevanten Vermögenszuwachs gebracht, weil sie den Pkw umgehend selbst entfernt hätte.[76]

---

72   **IV. Der Besitzschutz[77]**

Der Besitz erfährt einen umfassenden sachen- und schuldrechtlichen Schutz:

1. Die Gewaltrechte gem. § 859 BGB

Normalfall: E entreißt dem Dieb D das Fahrrad, das dieser ihm soeben gestohlen hat.

73   a) **Voraussetzungen**

   aa) **Verbotene Eigenmacht gem. § 858 BGB**
   - **Besitzentziehung** (zB Parken auf fremdem Stellplatz[78]) bzw. **Besitzstörung** (zB Parken vor Garagentor; Immissionen); dabei kommt es auf ein Verschulden oder eine Berechtigung des Besitzes nicht an
   - **ohne Willen** des unmittelbaren Besitzers (nicht notwendig gegen einen tatsächlich gebildeten Willen)
   - **keine ausnahmsweise gesetzliche Gestattung** (zB analog § 904 S. 1 BGB, wenn der Notarzt auf dem Stellplatz von Mieter M parkt; s. ferner §§ 227 ff., 859, 906 BGB); ob ein Herausgabeanspruch besteht, ist hingegen irrelevant
   - gem. § 859 IV iVm § 858 II BGB auch gegenüber **Nachfolger** (wenn dieser Erbe des Besitzers ist oder Kenntnis der Fehlerhaftigkeit beim Erwerb hatte)
   - auch der **Besitzdiener** ist gem. § 860 BGB zur Selbsthilfe berechtigt (s. bereits → Rn. 55)

   bb) **Eingesetztes Gewaltmittel**
   - Mittel muss **erforderlich** sein (zB kein Schuss auf Fahrraddieb, wenn Entreißen möglich)[79]
   - nach hM ist eine Wertabwägung zwischen dem gefährdeten Rechtsgut und den Gewaltfolgen nicht vorzunehmen (Konsequenz: E darf notfalls auf den fliehenden Fahrraddieb schießen, um wieder in den Besitz des Rads zu gelangen; iE zweifelhaft)

   cc) **Zeitliche Nähe**
   - bei beweglichen Sachen gem. § 859 II BGB „**auf frischer Tat**" (maximal wohl ca. 30 Minuten)
   - bei Immobilien gem. § 859 III BGB „**sofort**" (maximal wohl ca. 4 Stunden)

   dd) **Berechtigte**
   - unmittelbarer Besitzer
   - mittelbarer Besitzer str.; zT wird das Gewaltrecht des § 859 BGB zugesprochen, um einen lückenlosen Besitzschutz zu gewährleisten; die Gegenansicht beruft sich auf einen Umkehrschluss zu § 869 BGB (danach bleibt es bei den allgemeinen Rechten gem. §§ 227, 229 f. BGB)
   - soweit erforderlich, ist die Zuhilfenahme Dritter zulässig (Beispiel: Gehbehinderter bittet einen Passanten, den Dieb seines Rollstuhls aufzuhalten)[80]

---

[76] S. näher *Dörner* JuS 1978, 666 ff. (669 f.); *Martinek/Theobald* JuS 1997, 805 ff. (809); *Larenz/Canaris*, Schuldrecht II/2, § 69 III 2 d.

[77] Ausführlich *Omlor/Gies* JuS 2013, 12 ff., 1065 ff.; *Röthel/Sparmann* JURA 2005, 456 ff.

[78] Weiterer Beispielsfall bei *Kollhosser* JuS 1992, 567 ff. (568): Mieter K zieht aus der Wohnung aus, weil B, der das bessere Recht zu haben meint, ihm massive Gewalt androht.

[79] Andererseits ist ein gezielter Kartoffelwurf zur Verteidigung des Grundbesitzes nach *AG Hadamar* NJW 1995, 968 ff. gerechtfertigt.

[80] Vgl. *Müller/Gruber*, Sachenrecht, Rn. 321.

b) Rechte 74

aa) Besitzwehr gem. § 859 I BGB
- verbotene Eigenmacht ist hier noch nicht abgeschlossen (Beispiel: Fahrraddieb knackt gerade das Schloss)
- Recht zur Selbstverteidigung (besonderer Fall der Notwehr)

bb) Besitzkehr gem. § 859 II, III BGB
- vollendete Besitzentziehung durch Täter (Unterschied zu § 859 I BGB)
- zeitliche Nähe erforderlich (vgl. → Rn. 73)
- das eingesetzte Mittel muss zur Beseitigung der Besitzentziehung bzw. Besitzstörung geeignet sein (daran fehlt es, wenn zB an dem rechtswidrig abgestellten Pkw eine sog Parkkralle befestigt wird, die den störenden Zustand sogar noch verlängern kann[81])
- abstrakter Verdacht reicht nicht aus (zB keine routinemäßigen Taschenkontrollen im Kaufhaus ohne konkreten Diebstahlsverdacht; auch entsprechende AGB sind unwirksam, weil sie den Kunden unangemessen benachteiligen; vgl. BGHZ 133, 184 ff.[82])

c) Konkurrenzen 75

aa) § 859 I BGB ist lex specialis zu § 227 BGB (Notwehr)

bb) § 229 BGB (Selbsthilfe) gilt subsidiär

Voraussetzungen gem. § 229 BGB: obrigkeitliche Hilfe nicht rechtzeitig zu erlangen und bei Nichteingreifen besteht Gefahr der Anspruchsvereitelung

Beispiel: E sieht Dieb D eine Woche nach dem Diebstahl mit dem Fahrrad fahren; hier scheidet Besitzkehr gem. § 859 II BGB mangels zeitlicher Nähe aus und es kommt nur Selbsthilfe gem. § 229 BGB in Betracht.

2. Die possessorischen Ansprüche gem. §§ 861 f. BGB 76

Diese Ansprüche nennt man possessorisch, weil sie unmittelbar aus dem Besitz als tatsächlichem Verhältnis abgeleitet werden und unabhängig von einem Recht zum Besitz bestehen; sie können deshalb zB auch von einem Dieb geltend gemacht werden.

a) Anspruch aus § 861 I BGB auf Wiedereinräumung des Besitzes 77

Normalfall: B war Besitzer eines Fahrrads, das Dieb D entwendete.

aa) Voraussetzungen
- verbotene Eigenmacht gem. § 858 I BGB in Form des Besitzentzugs
- der Schuldner muss gem. § 858 II BGB fehlerhaft besitzen (das ist neben dem Besitzentzieher auch dessen Erbe oder ein Nachfolger, der die Fehlerhaftigkeit des Besitzes seines Vorgängers bei dem Erwerb kennt; Beispiel: Dieb D überträgt den Besitz an Hehler H)
- der Schuldner kann unmittelbarer oder mittelbarer Besitzer sein (anderenfalls bräuchte der Schuldner den Gegenstand nur an einen Gutgläubigen zu vermieten); vom mittelbaren Besitzer kann wahlweise Abtretung seines Herausgabeanspruchs oder Herausgabe der Sache verlangt werden

---

[81] Vgl. *Metz* DAR 1999, 392 ff. (393); MüKoBGB/*Joost*, § 859 Rn. 15 (ebenso Versperren der Ausfahrt des unberechtigt geparkten Pkw); eine Parkkralle eignet sich auch nicht zur Durchsetzung von Beseitigungsansprüchen (§§ 861 I, 1004 I 1 BGB ua) im Wege der Selbsthilfe gem. § 229 BGB (vgl. Bamberger/Roth/*Dennhardt*, BGB, § 229 Rn. 5); darüber hinaus fehlt es an einer Gefährdung des Anspruchs auf Nutzungsherausgabe (§§ 987, 990; 988, 812 ff. BGB ua), da polizeiliche Hilfe in Anspruch genommen werden kann und uU eine Übermittlung der Halterdaten gem. § 39 I StVG in Betracht kommt; der Einsatz von Parkkrallen ist somit grundsätzlich unzulässig und begründet Schadensersatzansprüche aus § 823 I BGB (Eigentum und berechtigter Besitz) bzw. § 823 II iVm § 858 I BGB (s. ausführlich *Paal/Guggenberger* NJW 2011, 1036 ff. mwN).
[82] *BGH* NJW 1996, 2574 ff.

■ der Gläubiger kann gem. § 869 BGB auch mittelbarer Besitzer (zB Verleiher) sein; mangels verbotener Eigenmacht bestehen allerdings keine Ansprüche gegen den unmittelbaren Besitzer; einem Besitzdiener stehen keinerlei Ansprüche zu

bb) Zulässige Einwendungen

■ **keine verbotene Eigenmacht** (weil Einverständnis des Beeinträchtigten oder Ausnahmefall einer gesetzlichen Gestattung)

■ **Ausschluss gem. § 861 II BGB** (zB Eigentümer E holt sich vom Dieb D die gestohlene Sache mittels verbotener Eigenmacht zurück; E kann dem Anspruch des D gem. § 861 I BGB den Ausschluss gem. § 861 II BGB entgegenhalten)

■ **§ 242 BGB**, wenn die Wiedereinräumung mit Gefahr für Leib und Leben verbunden ist (Beispiel: Kläger droht beklagtem Mitbewohner Gewalt an)

■ Erlöschen des Anspruchs gem. § 864 I, II BGB (Fristablauf ein Jahr nach verbotener Eigenmacht bzw. rechtskräftiges Urteil[83])

■ beachte im Übrigen den **grundsätzlichen Einwendungsausschluss gem. § 863 BGB** (Beispiel: Verleiher kann eine eigenmächtige Besitzergreifung nicht damit rechtfertigen, dass die Leihzeit bereits abgelaufen ist und eine Rückgabepflicht gem. § 604 BGB besteht; ebenso wenig vermag ein Käufer einzuwenden, dass der Kaufpreis bereits bezahlt wurde; s. zur Problematik näher Fall 3, → Rn. 63)

cc) Konkurrenzen

■ Anspruchskonkurrenz mit §§ 823 I u. II, 985, 1007 I u. II BGB

■ Anspruchskonkurrenz mit § 812 I 1 Alt. 1 BGB (Leistungskondiktion); hinsichtlich der Eingriffskondiktion nach hM nur bei einem Recht zum Besitz (Zuweisungsgehalt); der bloße (nichtberechtigte) Besitz wird von der Eingriffskondiktion überhaupt nicht erfasst und nur gem. § 861 I BGB geschützt

78 ### b) Anspruch aus § 862 I BGB auf Beseitigung der Störung

aa) Unterschiede zu § 861 I BGB

■ verbotene Eigenmacht in Form bloßer Besitzstörung

■ der Anspruch aus § 862 I BGB kann nur gemeinsam mit dem Besitz übertragen werden, weil bei der Besitzstörung der unmittelbare Besitzer seinen Besitz behält; hingegen ist der Anspruch nach § 861 I BGB abtretbar (keine Inhaltsänderung gem. § 399 BGB, vgl. *BGH* NJW 2008, 580 ff. Tz. 13 ff.)

bb) Definition: unter einer Besitzstörung versteht man die Beeinträchtigung der tatsächlichen Sachherrschaft ohne deren Entzug (weitgehende Übereinstimmung mit dem Störungsbegriff des § 1004 I BGB)

cc) Beispiele: Ablagern von Müll auf fremdem Grundstück; unzulässige Immissionen gem. § 906 BGB; unaufgeforderte E-Mail-Werbung; untersagte Postwurfsendungen

dd) Möglichkeit der Unterlassungsklage gem. § 862 I 2 BGB

■ vgl. Parallele zu § 1004 I 2 BGB bei Eigentumsstörung

■ analoge Anwendung von § 862 I 2 BGB bei drohender erstmaliger Störung

■ Beispiel: Gefahr des (wiederholten) Falschparkens auf fremder Stellfläche

79 ## 3. Die petitorischen Ansprüche gem. § 1007 BGB[84]

Neben den Herausgabeansprüchen gem. §§ 985, 861 BGB kommen auch petitorische Besitzschutzansprüche gem. § 1007 BGB in Betracht, die auf ein Recht zum Besitz gestützt werden.

---

[83] Ausführlich *Zeising* JURA 2010, 248 ff.
[84] Ausführlich *Wilhelm*, Sachenrecht, Rn. 1343 ff.

a) Allgemeines zu § 1007 BGB

- der praktische Anwendungsbereich ist wegen der Ansprüche aus §§ 985, 861, 823, 812 BGB sowie der Vermutungsregelung des § 1006 BGB gering
- betrifft nur bewegliche Sachen
- relativ besseres Recht zum Besitz maßgebend; früherer Besitz wird privilegiert
- im Unterschied zu § 861 BGB wird die Besitzlage endgültig geregelt
- beachte die Spezialregelungen in § 1007 III 1 BGB (Ausschluss bei Bösgläubigkeit) und § 1007 III 2 iVm §§ 986 ff. BGB (ua Nutzungsherausgabe, Schadensersatz)

b) Anspruch gegen den bösgläubigen Besitzer gem. § 1007 I BGB

Normalfall: E leiht sein Fahrrad dem B, der es an C weiterverleiht; C veräußert es an den bösgläubigen D. B hat einen Anspruch nur aus § 1007 I BGB, um seiner Ersatzpflicht gegen E zu entgehen.

c) Anspruch gegen den gutgläubigen Besitzer gem. § 1007 II BGB

Normalfall: E leiht sein Fahrrad dem B, der es verliert; Finder C veräußert das Fahrrad an den gutgläubigen D. B hat einen Anspruch gem. § 1007 II BGB gegen D, der wegen § 935 I 2 BGB kein Eigentum erwerben konnte.

4. Ansprüche aus unerlaubter Handlung[85]

80

a) Allgemeines

- im Vergleich zu § 823 BGB ist der Anspruch aus § 861 BGB wesentlich effizienter, da letzterer verschuldensunabhängig besteht (beachte aber den Unterschied zwischen der Jahresfrist gem. § 864 I BGB und der längeren Verjährung gem. § 823 iVm §§ 195, 199 BGB)
- Ansprüche gem. §§ 823 ff. BGB sind insbesondere für den Ersatz von Nutzungsschäden bedeutsam; Beispiel: S beschädigt die Wohnung des Mieters M, wodurch dieser an der Benutzung der Räume gehindert wird; Gegenbeispiel: bloße Nutzungseinschränkung durch Störung des Zufahrtswegs (vgl. *BGH* NJW 2015, 1174 ff. bzw. → Rn. 90)
- zu Einzelheiten s. auch Fall 3

b) Besitz als „sonstiges Recht" gem. § 823 I BGB

HM: nur der berechtigte Besitz (Entleiher, Mieter; nicht Dieb), weil dem Besitz, ähnlich wie dem Eigentum, ein Zuweisungsgehalt zukommen muss

MM: ausnahmsweise auch unrechtmäßiger Besitz, wenn entgeltlich, redlich und vor Rechtshängigkeit, vgl. §§ 987, 988, 990, 993 I BGB

c) § 858 BGB als Schutzgesetz gem. § 823 II BGB

HM: Schutzgesetzeigenschaft besteht entsprechend der gesetzgeberischen Regelungsabsicht und weil § 858 BGB auch der Erhaltung des individuellen Besitzstandes dient; allerdings mit § 823 I BGB zu harmonisieren

MM: kein Schutzgesetz, da § 858 BGB nur dem allgemeinen Rechtsfrieden dient

5. Ansprüche aus ungerechtfertigter Bereicherung[86]

81

a) Leistungskondiktion

Der Besitz kann das erlangte „Etwas" einer Leistungskondiktion gem. § 812 I 1 Alt. 1 BGB sein.

---

[85] Ausführlich *Wieser* JuS 1970, 557 ff.
[86] Ausführlich *Gerhardt*, Mobiliarsachenrecht, § 6 3 c.

Beispiel: V veräußerte an K seinen Sportwagen; ficht V seine Willenserklärung auf Abschluss des Kaufvertrages wirksam an, ist neben dem Besitz auch das Eigentum Kondiktionsgegenstand; ficht V die Willenserklärung des dinglichen Vertrages an, wird allein der Besitz kondiziert.

b) Eingriffskondiktion

Ebenso wie das Recht zum Besitz als „sonstiges Recht" iSv § 823 I BGB anzuerkennen ist, stellt es eine taugliche Grundlage für eine Eingriffskondiktion dar. Voraussetzung ist nach hM allerdings auch hier, dass ein berechtigter Besitz vorliegt.

Beispiel: M mietet von V Büroräume, einschließlich der zugehörigen Außenwand. Nutzt Nachbar N die Außenwand unbefugterweise zu Reklamezwecken, schuldet er M eine Nutzungsvergütung nach § 818 II BGB (und muss die Werbung gem. § 862 I BGB beseitigen).

V. Aktuelle Rechtsprechung

82 Ausgleichsansprüche des Besitzers (Mieters) analog § 906 II 2 BGB

BGHZ 147, 45 ff. = NJW 2001, 1865 ff.

S. → Rn. 296.

83 Besitzdienerschaft bei Probefahrt

OLG Köln MDR 2006, 90 f.

Sachverhalt: K erwarb von V einen VW Multivan. V hatte das Fahrzeug zuvor vom Autohaus A zu einer Probefahrt überlassen bekommen und nicht mehr zurückgebracht. Das Fahrzeug wurde später von der Polizei bei K beschlagnahmt und an A zurückgegeben. K verlangt Herausgabe des Fahrzeugs.

Gründe: Ein Herausgabeanspruch des K gem. § 985 BGB besteht nicht. Ein gutgläubiger Erwerb des K vom nichtberechtigten V gem. §§ 929 S. 1, 932 BGB scheitert daran, dass das Fahrzeug dem A iSv § 935 I 1 BGB abhandenkam. Ein Besitzmittlungsverhältnis iSv § 868 BGB ist nicht zustande gekommen. Mit der Überlassung, die dem ausschließlichen Zweck des Kennenlernens des Fahrzeugs zur Vorbereitung der Kaufentscheidung diente, ist nicht zugleich ein Besitzrecht übertragen worden. Insbesondere stellt die Gestattung einer Probefahrt nicht den Abschluss eines Leihvertrages dar. A übernahm keine echte Pflicht zur Gebrauchsüberlassung. V ist daher nicht als Besitzmittler, sondern lediglich als Besitzdiener iSv § 855 BGB anzusehen. Daran vermag auch die Tatsache nichts zu ändern, dass der Kaufinteressent im Hinblick auf die Nutzung des Fahrzeugs in begrenztem Umfang (etwa die Wahl der Fahrtroute) frei war. Denn eine ununterbrochene Einwirkungsmöglichkeit des Besitzherrn ist für § 855 BGB nicht erforderlich. Entscheidend ist vielmehr, dass der Fahrer grundsätzlich weisungsgebunden war. Die Unterschlagung durch den Besitzdiener V stellte für den Berechtigten daher einen unfreiwilligen Besitzverlust und ein Abhandenkommen des Fahrzeugs iSd § 935 I 1 BGB dar (str.; s. zur Problematik des Abhandenkommens durch den Besitzdiener auch unten Rn. 322; zur weiteren Problematik der Bösgläubigkeit bei fehlender Übergabe der Zulassungsbescheinigung II s. → Rn. 199, 516).

84 Besitzdienerschaft – Eigentumsvermutung

BGH NJW 2015, 1678 ff. (sehr komplexer Sachverhalt)

1. Leitsatz: § 1006 BGB findet auch dann Anwendung, wenn der Besitzer behauptet, das Eigentum im Wege der Schenkung erworben zu haben.

Normalfall: Der Vindikationsbeklagte V wendet ein, dass er die Sache vom Kläger K oder dessen Erblasser geschenkt bekommen habe; *Argumente:* Die Eigentumsvermutung zugunsten V entspricht dem Wortlaut der Norm und ihrem sachenrechtlichen Charakter; das Eigentum wird aufgrund des Besitzes und unabhängig von dem Erwerbstatbestand vermutet (*Gegenargument:* donatio non praesumitur = eine Schenkung wird nicht vermutet).

2. Leitsatz: Dass ein (leitender) Angestellter über Schlüssel zu Räumen oder Nebenräumen des Arbeitgebers verfügt, dient im Allgemeinen der Erfüllung seiner dienstlichen Aufgaben und führt nicht dazu, dass er selbst als Besitzer der Räumlichkeit anzusehen ist; er ist vielmehr Besitzdiener.

3. Leitsatz: Die tatsächliche Gewalt über Gegenstände, die sich in den Räumen des Arbeitgebers befinden, wird nach der Verkehrsanschauung im Zweifel nicht dem Arbeitnehmer, sondern dem Arbeitgeber als dem Besitzherrn zugeordnet und von dessen generellen Besitzbegründungswillen getragen; hiervon ausgenommen ist nur offenkundig persönlicher Besitz des Arbeitnehmers.

Beispiele (für persönlichen Besitz): Gegenstände, die in einem für private Zwecke zur Verfügung gestellten Schrank oder Spind verwahrt werden; des Weiteren private Kleidung, persönliches Schreibgerät oder für den eigenen Verzehr bestimmte Nahrungsmittel.

Vgl. auch JuS 2015, 937 ff. mAnm *K. Schmidt.*

Verbotene Eigenmacht mittels Einschaltung der Polizei – Beweislastgrundsätze   **85**

OLG Saarbrücken NJW-RR 2003, 1717

Sachverhalt: Frau F erwarb einen Mercedes SLK, der bei der Trennung von ihrem Lebensgefährten L in dessen Besitz verblieb. Einige Tage nach ihrem Auszug erstattete F gegen L eine polizeiliche Anzeige wegen Unterschlagung des Fahrzeugs. Der Mercedes wurde daraufhin von der Polizei sichergestellt und an F herausgegeben.

Gründe: L kann von F gem. §§ 861, 858 BGB Herausgabe des Wagens an sich selbst verlangen. Der Besitz der F ist fehlerhaft iSd § 858 II 1 BGB, da er durch verbotene Eigenmacht erlangt wurde. Hier lag verbotene Eigenmacht (§ 858 I BGB) seitens der F vor, weil sie dem unmittelbaren Besitzer L den Besitz ohne dessen Willen mit Hilfe amtlicher Organe entzogen hat. Eine eigenhändige Vornahme der Besitzentziehung ist nicht erforderlich; es genügt, wenn F die Polizei gewissermaßen als Werkzeug zur Erreichung ihrer Zwecke einsetzt. Das formell rechtmäßige Handeln der Polizei steht der Annahme verbotener Eigenmacht ebenso wenig entgegen wie der Anspruch der F auf Besitzeinräumung. Verbotene Eigenmacht läge nur dann nicht vor, wenn der Besitzer zugestimmt hat oder die Besitzentziehung gerechtfertigt war (zB aufgrund eines Selbsthilferechts nach § 229 BGB). Für beides trifft den Störer die Darlegungs- und Beweislast, der F aber nicht nachkam.

Vgl. auch JuS 2004, 250 f. mAnm *K. Schmidt.*

Verbotene Eigenmacht durch Mitnahme von Hausratsgegenständen   **86**

OLG Karlsruhe FamRZ 2007, 59 ff. (ähnl. *OLG Nürnberg* NJW-RR 2006, 149 f.)

Sachverhalt: M und F sind getrennt lebende Eheleute. F nahm den Fernseher ohne Willen des M aus der vormals ehelichen Wohnung mit und stellte ihn in ihrer neuen Wohnung auf. M verlangt Wiedereinräumung des (Mit-)Besitzes gem. § 861 BGB.

Gründe: § 1361a BGB ist lex specialis zu § 861 BGB, weil das Verfahren nach § 1361a BGB speziell auf die Situation der Trennung von Ehegatten ausgerichtet ist und somit erlaubt, dort statuierten Billigkeitserwägungen vorrangig Rechnung zu tragen. Eine freie Anspruchskonkurrenz zwischen § 861 BGB und § 1361a BGB, wie sie teilweise vertreten wird, würde das besondere Verhältnis zwischen den Ehegatten, das der Gesetzgeber durch die flexible Lösung in § 1361a BGB berücksichtigen wollte, ignorieren. Des Weiteren werden durch den Vorrang des § 1361a BGB mehrere Prozesse mit ggf. widersprüchlichen Ergebnissen vermieden. Diese Lösung scheint zwar auf den ersten Blick ein Faustrecht in das Hausratsverteilungsverfahren einzuführen und die verbotene Eigenmacht in diesem Zusammenhang sanktionslos zu lassen. Jedoch muss berücksichtigt werden, dass ein Herausgabeanspruch nach § 861 BGB zwar kurzzeitig die alten Besitzverhältnisse wiederherzustellen vermag, aber oftmals wegen einer anschließenden Korrektur durch § 1361a BGB nur von kurzer Dauer sein wird.

Abweichend *OLG Koblenz* NJW 2007, 2337 f.:

§ 1361a BGB ist nicht lex specialis zu § 861 BGB. Die gegenteilige Argumentation, dass hierdurch widersprüchliche Ergebnisse und ein Hin und Her im possessorischen und auf § 1361a BGB gestützten Besitzschutz vermieden würden, überzeugt nicht. Auch die Behauptung, dass das Verfahren nach § 1361a BGB speziell auf die Situation im Zusammenhang mit der Trennung ausgerichtet sei, kann einen Vorrang des § 1361a BGB nicht rechtfertigen. § 861 BGB und § 1361a BGB verfolgen unterschiedliche Zwecke. Während § 861 BGB einen schnellen Besitzschutz gewährleisten will, versucht § 1361a BGB einer ausgewogenen Verteilung des Hausrats nach Billigkeit Geltung zu verschaffen. Aufgrund der komplizierten Ausgestaltung des Hausratsverfahrens hat der Ehegatte, dessen (Mit-)Besitz von dem anderen Ehegatten durch verbotene Eigenmacht entzogen wurde, ein berechtigtes Interesse auf schnellen Besitzschutz, ohne seinerseits die Initiative eines Hausratsverfahrens ergreifen und alle Tatsachen darlegen zu müssen, die dem Richter eine Billigkeitsentscheidung iSv § 1361a BGB ermöglichen. Da dies grundsätzlich Sache des Ehegatten ist, der die Gegenstände für sich beansprucht, würden die Parteirollen auf den Kopf gestellt.

Abschleppkosten für unbefugt abgestellten Pkw   **87**

BGHZ 181, 233 ff. = NJW 2009, 2530 ff.

Sachverhalt: K parkte auf dem Firmenparkplatz der B unbefugt seinen Pkw, der daraufhin umgehend von dem beauftragten A abgeschleppt wurde und nur gegen Zahlung von EUR 150,– Abschleppkosten sowie EUR 15,– Inkassokosten von K ausgelöst werden konnte. Den Betrag von EUR 165,– verlangt K von B wieder zurück.

Gründe: Es kommt ein Anspruch gem. § 812 I 1 Alt. 1 BGB in Betracht, da K durch Zahlung an A eine Leistung gegenüber B erbrachte, um eine von B geltend gemachte Forderung zu erfüllen (A war nur Zahlstelle). Die Leistung erfolgte jedoch nicht ohne Rechtsgrund. Vielmehr stand B ein Schadensersatzanspruch gem. § 823 II iVm § 858 I BGB zu (s. zu potentiellen weiteren Anspruchsgrundlagen → Rn. 67 ff.). Durch das unbefugte Abstellen des Pkw beging K eine verbotene Eigenmacht nach § 858 I BGB, einem Schutzgesetz zugunsten des unmittelbaren Besitzers. In der Folge stand B ein Selbsthilferecht gem. § 859 I bzw. III BGB zu, je nachdem, ob man von einer Besitzstörung oder Besitzentziehung ausgeht. Das Selbsthilferecht wurde auch unter Wahrung des Verhältnismäßigkeitsgrundsatzes ausgeübt (Mittel-Zweck-Relation). Ebenso wenig wurde gegen den allgemeinen Gesichtspunkt von Treu und Glauben verstoßen. Dabei kommt es nicht darauf an, ob K den Pkw behindernd geparkt hat oder andere freie Parkplätze für Kunden vorhanden waren, denn der unmittelbare Besitzer darf sich verbotener Eigenmacht unabhängig davon erwehren, welches räumliche Ausmaß sie hat und ob sie die Nutzungsmöglichkeit von ihr nicht betroffener Grundstücksteile unberührt lässt. Schließlich sind die Abschleppkosten (EUR 150,–) auch ein erstattungsfähiger Schaden, der vom Schutzzweck der Norm erfasst wird, weil die Schadensfolge auf einer vom Gesetz gebilligten Reaktion beruht (§ 859 BGB), die K herausforderte. Die Inkassokosten (EUR 15,–) sind indes ein Folgeschaden, der K nicht zuzurechnen ist. Das Inkassoverfahren dient nicht der Schadensbeseitigung, sondern ausschließlich der Bearbeitung und außergerichtlichen Abwicklung des Schadensersatzanspruchs. Für einen Schadensersatzanspruch gem. §§ 280 I, II, 286 BGB fehlt es an den Verzugsvoraussetzungen.

Variante (*BGH* NJW 2012, 528 ff.): Da K sich weigerte, den Rechnungsbetrag zu begleichen, gab A den Standort des abgeschleppten Pkw nicht bekannt. K klagte daraufhin auf Ersatz des Nutzungsausfallschadens gem. §§ 990 II, 280 I, II, 286 BGB, doch stand A ein Zurückbehaltungsrecht aus § 273 BGB zu (ua gem. § 823 II iVm §§ 858 I, 398 BGB, da B den auf Freistellung von seiner Zahlungsverpflichtung gegenüber A gerichteten Schadensersatzanspruch wirksam an A abgetreten hat, wodurch dieser sich in einen Zahlungsanspruch umwandelte). Der Schadensersatzanspruch beschränkt sich dabei nicht auf die Kosten des reinen Abschleppens, sondern auch auf die Kosten, die im Zusammenhang mit der Vorbereitung des Abschleppens entstanden sind, etwa durch die Überprüfung des unberechtigt abgestellten Pkw, um den Halter ausfindig zu machen, die Zuordnung des Pkw in eine bestimmte Fahrzeugkategorie und durch die Anforderung eines geeigneten Abschleppfahrzeugs. Nicht erstattungsfähig (iSv § 249 I BGB) sind dagegen die Kosten, die nicht der Beseitigung der Besitzstörung dienen, sondern im Zusammenhang mit deren Feststellung angefallen sind, wie etwa die Kosten einer Parkraumüberwachung.

Vgl. auch JuS 2012, 358 f.; 2009, 762 f. jew. mAnm *K. Schmidt*; JA 2009, 732 ff. mAnm *Ch. Wolf.*

BGH NJW 2014, 3727 ff. (mAnm *R. Koch* NJW 2014, 3696 ff.): Die Höhe der erstattungsfähigen Kosten für das Entfernen eines unbefugt auf einem Privatgrundstück abgestellten Fahrzeugs bemisst sich nach den ortsüblichen Kosten für das Abschleppen und für die unmittelbar mit der Vorbereitung des Abschleppvorgangs verbundenen Dienstleistungen (und nicht pauschal nach dem Rahmenvertrag zwischen dem Grundstücksbesitzer und dem Abschleppunternehmen, der EUR 250,– netto vorsah).

88 **Besitzstörung durch Rauchen**

BGH NJW 2015, 2023 ff.

Sachverhalt: B ist Mieterin im Erdgeschoss, K im 1. Obergeschoss. Die Balkone der Wohnungen liegen übereinander. K verlangt von B, das Rauchen auf dem Balkon während bestimmter Stunden zu unterlassen.

Gründe: In Betracht kommt ein Abwehranspruch gem. §§ 862 I, 858 I BGB, falls der Gebrauch der Wohnung durch Immissionen iSd § 906 I 1 BGB beeinträchtigt wird. Eine Besitzstörung kann nicht nur durch Lärm, sondern ebenso durch Rauch und Ruß verursacht werden. Dabei ist grundsätzlich irrelevant, ob B das Rauchen von ihrem Vermieter gestattet wurde, weil Vereinbarungen des Störers mit Dritten eine Besitzstörung prinzipiell nicht zu rechtfertigen vermögen. Der Unterlassungsanspruch gem. § 862 I BGB besteht aber selbst gegenüber wesentlichen Beeinträchtigungen nicht uneingeschränkt, da K auf das Recht der B Rücksicht nehmen muss, ihre Wohnung vertragsgemäß zu nutzen, wozu auch das Rauchen gehört. Beide Rechtspositionen sind grundrechtlich geschützte Eigentumsrechte iSd Art. 14 I GG, weil jede Partei auf den Gebrauch der Wohnung zur Befriedigung elementarer Lebensbedürfnisse angewiesen ist. Sie müssen daher – auch unter Einbeziehung des Grundrechts des Rauchers aus Art. 2 I GG – in einen angemessenen Ausgleich in dem Sinne gebracht werden, dass für jene Zeiten, in denen beide Mieter ihre Balkone nutzen wollen, wechselseitig Zeiträume freizuhalten sind. Darüber hinaus kommt ein Abwehranspruch analog § 1004 I iVm § 823 I BGB wegen der Gefahr einer Gesundheitsverletzung in Betracht. Es muss allerdings K das sich aus den Nichtraucherschutzgesetzen ergebende Indiz erschüttern, dass mit dem Rauchen im Freien (konkret: auf dem Balkon der B) keine relevanten gesundheitlichen Gefahren einhergehen.

89 **Keine Besitzstörung durch Sperrung von Versorgungsleitungen**

BGHZ 180, 300 ff. = NJW 2009, 1947 ff.

Sachverhalt: Vermieter V sperrte die Versorgungsleitungen (Gas, Wasser, Strom) zu den Gewerberäumen des Mieters M, der sich in Zahlungsverzug befand und gem. § 543 II 1 Nr. 3 BGB fristlos gekündigt wurde.

Gründe: V ist aufgrund nachvertraglicher Pflichten aus Treu und Glauben nicht zur Aufrechterhaltung der Versorgung verpflichtet, da V dann Gefahr liefe, die von ihm verauslagten Kosten für die Versorgung nicht erstattet zu erhalten. Ein Unterlassungsanspruch nach § 862 I 2 BGB besteht ebenfalls nicht, weil die Einstellung der Versorgung keine Besitzstörung durch verbotene Eigenmacht iSv § 858 I BGB darstellt. Dies würde voraussetzen, dass der Besitzer in dem Bestand seiner tatsächlichen Sachherrschaft beeinträchtigt wird. Der Zufluss von Versorgungsleistungen ist hingegen nicht Bestandteil der tatsächlichen Sachherrschaft. Die Einstellung der Versorgungsleistungen beeinträchtigt weder den Zugriff des Besitzers auf die Mieträume noch schränkt sie die sich aus dem bloßen Besitz ergebende Nutzungsmöglichkeit ein. Die Unterbrechung von Versorgungsleistungen steht daher auch nicht auf einer Stufe mit psychisch beeinträchtigenden Einwirkungen wie etwa durch Lärm oder Lichtwerbung. Der Besitzschutz nach §§ 858 ff. BGB gewährt nur Abwehrrechte und keine Leistungsansprüche.

Vgl. auch JuS 2009, 865 ff. mAnm *Faust*; s. zu weiteren Varianten (Zahlungsverzug des Wohnungsinhabers bzw. des Vermieters gegenüber dem Versorgungsunternehmen sowie des Wohnungseigentümers gegenüber der Eigentümergemeinschaft) *Neuner*, in: Artz/Börstinghaus, 10 Jahre Mietrechtsreformgesetz, 2011, 267 ff.

90 **Kein Schadensersatz für bloße Nutzungseinschränkung (Autobahnraststätte)**

BGH NJW 2015, 1174 ff.

Sachverhalt: B fuhr mit seinem Sattelzug gegen eine Autobahnbrücke. Ein Teilstück der Autobahn musste deshalb für mehrere Tage gesperrt werden. K, der in der Nähe, aber außerhalb des gesperrten Teils, eine Autobahnraststätte betreibt, verlangt von B Ersatz des entgangenen Gewinns infolge der Sperrung und der Unerreichbarkeit der Anlage für den Durchgangsverkehr.

Gründe: Es besteht kein Schadensersatzanspruch gem. §§ 7, 18 StVG, weil lediglich der tatsächliche Bedarf für die an sich mögliche bestimmungsgemäße Verwendung eingeschränkt war (keine „Beschädigung"). Auch aus § 823 II BGB folgt kein Schadensersatzanspruch, da B kein Gesetz, insbesondere keine Vorschrift nach der StVO verletzt hat, die dem Schutz des K zu dienen bestimmt ist. Schließlich scheiden auch Schadensersatzansprüche gem. § 823 I BGB aus. Es ist allein das Vermögen und nicht der berechtigte Besitz betroffen. Für den Besitzschutz gelten die gleichen Grundsätze wie für die Annahme einer Eigentumsverletzung: Eine solche liegt vor, wenn die Beeinträchtigung der bestimmungsgemäßen Verwendung der Sache ihren Grund in einer unmittelbaren Einwirkung auf die Sache selbst hat, wobei diese Einwirkung tatsächlicher oder – wie im Falle eines Nutzungsverbots – rechtlicher Natur sein kann (vgl. zum „Einsperren" von Fahrzeugen BGHZ 55, 153 ff.; s. auch → Rn. 66). Keine Verletzung liegt vor, wenn die wirtschaftliche Nutzung einer Anlage nur deshalb vorübergehend eingeengt wird, weil sie von Kunden infolge einer Störung des Zufahrtswegs nicht erreichbar ist, ohne dass zugleich die Sachsubstanz oder technische Brauchbarkeit beeinträchtigt wird. Ebenso fehlt es an einem unmittelbaren, betriebsbezogenen Eingriff in den eingerichteten und ausgeübten Gewerbebetrieb.

3. Kapitel. Der Eigentumsschutz

Das Eigentum berechtigt in umfassender Weise zu tatsächlichen (zB Verbrauch, Benutzung) und rechtlichen (zB Veräußerung, Belastung) Herrschaftshandlungen über eine bewegliche oder unbewegliche Sache (vgl. § 903 BGB).[1] Das BGB kennt Eigentum lediglich an Sachen als körperliche Gegenstände (vgl. § 90 BGB), während die Eigentumsgarantie des Art. 14 GG auch Forderungen und sonstige Rechte umfasst. Die folgenden Abschnitte thematisieren schwerpunktmäßig das Verhältnis zwischen Eigentümer und nichtberechtigtem Besitzer sowie Unterlassungs- und Beseitigungsansprüche des Eigentümers. Zudem werden die Duldungspflichten des Eigentümers, namentlich im Bereich des Nachbarrechts, erörtert, da das Eigentum, ähnlich wie andere Rechtsprinzipien, Schranken zugunsten von Allgemeinwohl- und Drittinteressen unterliegt. **91**

1. Abschnitt. Das Eigentümer-Besitzer-Verhältnis

1. Unterabschnitt. Einführung

Normalfall: Der gutgläubige K erwirbt von V ein Fahrrad. In den nächsten zwei Wochen benutzt K das Fahrrad regelmäßig für Fahrten und beschädigt dabei das vordere Schutzblech. Andererseits hat K die Bremsen reparieren sowie eine stärkere Klingel anmontieren lassen. Nunmehr verlangt der wahre Eigentümer E, dem das Fahrrad von V gestohlen wurde, von K Herausgabe des Rades sowie überdies Schadensersatz für das demolierte Schutzblech und Ersatz für die Nutzungen. Umgekehrt begehrt K von E Ersatz sowohl für die Klingel als auch für die Reparaturkosten der Bremse.

Wertung: Aus rechtlicher Sicht ist zunächst offenkundig, dass K erhebliche Nachteile erleidet. Er muss das Fahrrad gem. § 985 BGB an E herausgeben, da dieser wegen § 935 I 1 BGB Eigentümer geblieben ist; zudem kann K auch den Kaufpreis nicht gegenrechnen, weil die Erwerbskosten keine Aufwendungen auf die Sache sind. K „verliert" also idR das Fahrrad ersatzlos (sofern V nicht ermittelbar oder insolvent ist). Zusätzliche Belastungen in Form einer Schadensersatzhaftung oder Nutzungsherausgabe sollen dem K deshalb grundsätzlich nicht mehr zugemutet werden (vgl. § 993 I aE BGB; Ausnahme: zB bei Bösgläubigkeit des K gem. § 990 I iVm §§ 987, 989 BGB). Außerdem erkennt das Gesetz das Interesse des K hinsichtlich des Ersatzes seiner Verwendungen prinzipiell an, wobei es zwischen notwendigen und nützlichen Verwendungen gem. §§ 994, 996 BGB differenziert (weitere Einschränkungen auch hier namentlich bei Bösgläubigkeit gem. § 994 II BGB). **92**

Zeitpunkt: Eine Vindikationslage muss nur zum Zeitpunkt der Entstehung des Anspruchs vorgelegen haben. Die Grundsätze des EBV sind demnach zum Beispiel auch dann anzuwenden, wenn K das Fahrrad mittlerweile an D weiterveräußerte. Um ein solches EBV (zwischen E und K) nicht zu übersehen, empfiehlt sich, stets gedanklich zu prüfen, ob zunächst einmal ein Herausgabeanspruch gem. § 985 BGB bestand, mag dieser infolge Besitzaufgabe zwischenzeitlich auch offenkundig nicht mehr existieren. **93**

Zweck: Die Regelungen über das EBV dienen primär dem Schutz des redlichen (unrechtmäßigen) Besitzers vor Bereicherungs- und Deliktsansprüchen. Gleichwohl gelten die §§ 987 ff. BGB auch für unredliche Besitzer. Da eine Gleichbehandlung aller nichtberechtigten Besitzer aber inadäquat wäre, gibt es systemimmanente Differenzierungen, bspw. durch die verschärfte Haftung des bösgläubigen Besitzers **94**

---

[1] Zur geschichtlichen Entwicklung des Privateigentums siehe näher *Olzen* JuS 1984, 328 ff.; *Kroeschell* FS Thieme, 1977, 34 ff. mwN; rechtsphilosophisch lautet die Kernfrage, ob es überhaupt Privateigentum geben soll und wie dieses zu legitimieren ist; gute Einführung bei *Dreier*, Recht – Staat – Vernunft, 1991, S. 168 ff.; *Eckl/Ludwig* (Hrsg.), Was ist Eigentum? Philosophische Positionen von Platon bis Habermas, 2005.

gem. §§ 990 I, 987, 989 BGB. Der berechtigte Besitz (Leihe, Miete usw) fällt hingegen grundsätzlich nicht unter die Vorschriften über das EBV. Dies ist nur folgerichtig, weil der entsprechende Vertrag bereits Regelungen über den Umgang mit der Sache enthält und potentielle Ansprüche zwischen den Beteiligten festlegt (zB Unentgeltlichkeit der Leihe; Verwendungsersatz gem. § 601 BGB).

2. Unterabschnitt. Übersicht zum EBV[2]

A. Anwendungsbereich

I. Direkter Anwendungsbereich

95 **1. Grundsatz**

Die §§ 985 ff. BGB sind nur bei Bestehen einer Vindikationslage, dh auf nichtberechtigte Besitzer anwendbar; die Art des Besitzes ist unerheblich.

2. Sonderkonstellationen[3]

96 a) „Nicht mehr berechtigter Besitzer" (vgl. näher Fall 6, → Rn. 188 f.)

Beispiel: E verleiht sein Fahrrad an D; nach Ablauf der Leihzeit gibt D das Rad nicht zurück. Besteht neben dem Rückgabeanspruch aus § 604 I BGB ein weiterer Herausgabeanspruch gem. § 985 BGB?

MM: Nein, nach Beendigung eines Besitzrechtsverhältnisses sind die §§ 985, 987 ff. BGB subsidiär gegenüber anderen vertraglichen oder gesetzlichen Rückabwicklungsansprüchen.

HM: Es besteht Anspruchskonkurrenz, weil für § 985 BGB sonst nur bei unfreiwilligem Besitzverlust Raum bliebe; hier greift aber schon § 1007 II BGB ohne Rücksicht auf das Eigentum ein.

97 b) „Nicht so berechtigter Besitzer"

Beispiel: E verleiht sein Fahrrad an D; D zerstört vorsätzlich das Rad.

MM: Die §§ 987 ff. BGB sind auch auf einen berechtigten Besitzer anwendbar, der die inhaltlichen Grenzen seines Besitzrechts überschreitet.

HM: Die beabsichtigte Privilegierung des gutgläubigen unrechtmäßigen Besitzers durch die §§ 987 ff. BGB passt schon für den unrechtmäßigen Fremdbesitzer nicht uneingeschränkt und daher erst recht nicht für den berechtigten Fremdbesitzer; des Weiteren dürfen Haftungsprivilegien des berechtigten Besitzers (zB die kurze Verjährung gem. §§ 548 I, 606 BGB) durch die §§ 987 ff. BGB nicht unterlaufen werden.

II. Indirekter Anwendungsbereich

1. Legalverweisungen

98 a) Beschränkte dingliche Rechte

Bei beschränkten dinglichen Rechten erfolgt ua in § 1065 BGB (Nießbrauch), § 1227 BGB (Mobiliarpfandrecht) eine Verweisung auf die §§ 985, 987 ff. BGB.

---

[2] Ausführliche argumentative Darstellung aller zentraler Streitfragen bei *Gursky*, 20 Probleme aus dem EBV; knapper Überblick bei *St. Lorenz* JuS 2013, 495 ff.; *Schmolke* JA 2007, 101 ff.
[3] Zum „Fremdbesitzerexzess" s. näher → Rn. 118 ff.

Beispiel: E übergibt G zur Sicherung einer Darlehensschuld sein Fahrrad als Pfand; später stiehlt D das Fahrrad bei G. Herausgabeanspruch G gegen D ua aus §§ 1227, 985 BGB sowie Schadensersatzanspruch gem. §§ 1227, 990 I, 989 BGB, falls das Sicherungsinteresse betroffen ist (vgl. auch Fall 6 Frage 2).

b) Besitzschutz

99

Beim Besitzschutz erfolgt in § 1007 III 2 BGB eine Verweisung auf die §§ 986 ff. BGB.

Beispiel: E leiht L sein Fahrrad; später stiehlt D das Fahrrad und beschädigt es. Schadensersatzanspruch L gegen D gem. § 1007 III 2 iVm §§ 990 I, 989 BGB sowie § 1007 III 2 iVm §§ 992, 823 BGB (berechtigter Besitz; beachte auch § 848 BGB bezüglich Haftung für Zufall).

c) Rechtshängigkeitshaftung

100

Bei Rechtshängigkeit eines Herausgabeanspruchs verweist § 292 BGB auf die §§ 987 ff. BGB; die Verweisung wird aber nur relevant, wenn keine Vindikationslage besteht; auf dingliche Herausgabeansprüche sind die §§ 987 ff. BGB unmittelbar anwendbar.

Beispiel: M mietet ein Fahrrad von E; anschließend verleiht M das Fahrrad an L; da L das Fahrrad nicht fristgerecht zurückgibt, klagt M seinen Herausgabeanspruch aus § 604 I BGB ein. L ist gem. §§ 292 I, 989 BGB schadensersatzpflichtig, wenn vom Zeitpunkt der Rechtshängigkeit an das Fahrrad durch ein Verschulden des L untergeht.

Extension: Aufgrund der Verweisung in § 818 IV BGB gilt § 292 BGB auch für bereicherungsrechtliche Ansprüche; hat der verschärft haftende Bereicherungsschuldner zB ein Fahrrad herauszugeben, ist er gem. §§ 292 I, 989 BGB schadensersatzpflichtig, wenn er den Untergang verschuldet hat.

Beachte: Befindet sich der Herausgabeschuldner auch in Verzug, geht die verzugsrechtliche Haftung (vgl. § 287 S. 2 BGB bei Zufall) über die Mindesthaftung gem. § 292 BGB hinaus.

2. Analoge Anwendung

a) Anspruch aus § 894 BGB

101

Auf den Anspruch aus § 894 BGB sind die §§ 987 ff., 994 ff. BGB analog anwendbar, da dieser einem Herausgabeanspruch gem. § 985 BGB ähnlich ist und zudem die Stellung des Bucheigentümers der des unrechtmäßigen Besitzers gleicht.

Beispiel: Ein bösgläubiger Bucheigentümer kann aus §§ 990 I, 989 BGB analog auf Schadensersatz haften, wenn das Grundstück gutgläubig erworben wird (vgl. auch Fall 5, → Rn. 182 f.).

b) Grundsätzlich keine analoge Anwendung auf den berechtigten Besitz.

B. Ansprüche des Eigentümers gegen den Besitzer

I. Der Herausgabeanspruch gem. § 985 BGB[4]

102

Normalfall: Eigentümer E verlangt von Dieb D Herausgabe des gestohlenen Fahrrads.

1. Voraussetzungen

103

a) Eigentum des Anspruchstellers
- auch Sicherungseigentum
- bei Miteigentum besteht ein Anspruch gegen Miteigentümer gem. § 985 BGB sowie gegen Dritte gem. §§ 1011, 985 BGB

---

[4] S. auch *Schreiber* JURA 2005, 30 ff.; *Kindl* JA 1996, 23 ff.; *Roth* JuS 1997, 518 ff.

- bei Übereignung nach Rechtshängigkeit der Herausgabeklage gilt § 265 ZPO und der Antrag muss auf Herausgabe an den Erwerber umgestellt werden

b) Besitz des Anspruchgegners
- alle Besitzarten (nicht Besitzdiener)
- bei Besitzverlust nach Rechtshängigkeit beachte §§ 265, 325 ZPO (Rechtskrafterstreckung)

104 **c) Kein Recht zum Besitz gem. § 986 BGB**

aa) Dogmatische Einordnung

MM: bloße Einrede (dh Geltendmachung erforderlich) wegen Wortlaut („kann verweigern")

HM: Einwendung (dh von Amts wegen zu berücksichtigen) wegen Regelungszusammenhang mit den unstreitig Einwendungen enthaltenden §§ 1004 II, 1007 III BGB (vgl. auch Fall 6, → Rn. 200)

Beispiel: E vermietet sein Fahrrad an D; noch vor Ende der Mietzeit klagt er gegen D auf Herausgabe gem. § 985 BGB. Ein Versäumnisurteil gegen D kann hier nicht ergehen, wenn man § 986 BGB als Einwendung erachtet.

105 **bb) Die verschiedenen Besitzrechte gem. § 986 BGB**

Das Recht zum Besitz muss gerade dem vindizierenden Eigentümer gegenüber bestehen.

(1) Eigenes Besitzrecht gem. § 986 I 1 Alt. 1 BGB

(a) Dingliche Besitzrechte

Wirkung: absolut, dh gegenüber jedem potentiellen Eigentümer

Beispiele: beschränkte dingliche Rechte, namentlich des Nießbrauchers gem. § 1036 I BGB sowie des Pfandgläubigers gem. §§ 1205, 1207 BGB; nach hL auch das Anwartschaftsrecht des Vorbehaltskäufers (vgl. → Rn. 452 ff.); umstritten ist das Besitzrecht des Verbrauchers bei zugesandten Sachen gem. § 241a BGB (vgl. MüKoBGB/*Finkenauer*, § 241a Rn. 35 mwN)

(b) Relative Besitzrechte

Wirkung: grundsätzlich nur gegenüber dem eigenen Vertragspartner; ausnahmsweise Erstreckung auf Rechtsnachfolger gem. §§ 566, 986 II BGB

Beispiele: Kauf (§ 433 I BGB), Leihe (§ 598 BGB) oder das Recht jenes Ehegatten, der nicht Eigentümer ist, auf Mitbesitz an Hausrat und Wohnung (§ 1353 I BGB). Die Zurückbehaltungsrechte gem. §§ 273, 1000 BGB begründen nach hL hingegen kein Recht zum Besitz, sondern sind selbständige Gegenrechte, weil sie lediglich der Sicherung von Gegenansprüchen (vgl. § 274 BGB) dienen (vgl. → Rn. 200)

(2) Abgeleitetes Besitzrecht gem. § 986 I 1 Alt. 2 BGB

Voraussetzungen: unmittelbarer Besitzer muss gegenüber Zwischenmann zum Besitz berechtigt sein (Zwischenmann muss – entgegen dem zu engen Wortlaut von § 986 I 1 Alt. 2 BGB – nicht mittelbarer Besitzer sein) und Zwischenmann muss gegenüber Eigentümer zum Besitz berechtigt und zur Besitzüberlassung legitimiert sein

Beispiele: erlaubte Untervermietung, Weiterverkauf

(3) Drittwirkendes Besitzrecht gem. § 986 II BGB

Wirkung: Besitzer einer nach § 931 BGB veräußerten Sache (also keine Immobilie; diesbezüglich nur Schutz gem. § 566 BGB) kann sein relatives Besitzrecht auch dem neuen Eigentümer entgegenhalten

Beispiel: E vermietet sein Fahrrad für ein Jahr an M; kurze Zeit später veräußert E das Fahrrad gem. §§ 929, 931 BGB an D. Gegenüber dem Herausgabeanspruch des D aus § 985 BGB kann M § 986 II BGB geltend machen; hinsichtlich des abgetretenen Anspruchs aus § 546 BGB greift der Einwendungserhalt gem. § 404 BGB.

Analogie: § 986 II BGB gilt analog bei einer Veräußerung durch den mittelbar besitzenden Eigentümer nach §§ 930, 870 BGB, da auch in diesem Fall das Eigentum „über den Kopf des unmittelbaren Besitzers hinweg" übertragen wird.

d) Verjährung

106

- **absolute Rechte** wie das Eigentum **können nicht verjähren**, sondern **nur Ansprüche** wegen einer entsprechenden Rechtsverletzung
- der Anspruch aus § 985 BGB verjährt gem. § 197 I Nr. 2 BGB in 30 Jahren
- unverjährbar ist hingegen der Herausgabeanspruch des Grundstückseigentümers gem. § 902 I 1, II BGB (*BGH* NJW 2007, 2183 f.: Verwirkung nur, wenn Herausgabe schlechthin unerträglich)
- beachte die Sonderregelung des § 198 BGB bei Rechtsnachfolge

2. Rechtsfolgen

107

a) Herausgabepflicht

aa) Ort: dort, wo sich die Sache gerade befindet; dies ist allerdings umstritten, wenn der bösgläubige oder verklagte Besitzer die Sache an einen neuen Ort bringt
- nach einer Ansicht bleibt Leistungsort, wo sich die Sache bei Eintritt der Haftungsverschärfung befand; notwendige Transportkosten kann der Eigentümer gem. § 684 S. 1 iVm §§ 812 ff. BGB ersetzt verlangen
- nach der vorzugswürdigen Gegenansicht ist auch hier Leistungsort, wo sich die Sache befindet, doch besteht für den unredlichen Besitzer eine Schadensersatzpflicht analog §§ 989, 990 BGB hinsichtlich der Transportkosten

bb) Gegenstand: die Sache in ihrem jeweiligen Zustand
- keine Surrogate (zB nicht das Fahrrad, das der Dieb für das gestohlene tauschte)
- nach hM gibt es auch bei Geld keine Wertvindikation; selbst wenn der Wert noch in anderen Noten beim Besitzer unterscheidbar ist (zB geschuldeter 100,– EUR-Schein wurde in 10 Scheine zu EUR 10,– gewechselt), da sonst in der Insolvenz der Geldeigentümer gegenüber dem Sacheigentümer bevorzugt würde

cc) Empfänger: herauszugeben ist die Sache grundsätzlich an den Eigentümer; nur ausnahmsweise gem. § 986 I 2 Alt. 1 BGB an den mittelbaren Besitzer

dd) Schuldner:
- unmittelbarer Alleinbesitzer: Übergabe der Sache; bei Grundstück Räumung
- einzelner Mitbesitzer: nur Herausgabe des Mitbesitzes
- mittelbarer Besitzer: neben Übertragung des mittelbaren Besitzes (vgl. § 870 BGB) wird nach hM auch Herausgabe des unmittelbaren Besitzes geschuldet, weil ein lediglich auf Abtretung des Herausgabeanspruchs gerichtetes Urteil ins Leere ginge, wenn der mittelbare Besitzer die Sache vom unmittelbaren Besitzer zurückerhält

b) Allgemeines Schuldrecht

108

Die Regeln des allgemeinen Schuldrechts sind nur ausnahmsweise analog anwendbar.

aa) Abtretung

Keine isolierte Abtretbarkeit des Anspruchs aus § 985 BGB, denn der Anspruch ist nichts anderes als das Eigentum selbst in seiner speziellen Abwehrfunktion. Möglich ist allerdings eine Ermächtigung zur Geltendmachung (prozessual: gewillkürte Prozessstandschaft), weil der Anspruch hier weiterhin dem Eigentümer zusteht.

Beispiel: D stiehlt das Fahrrad des E; E vermietet das Rad an F und ermächtigt ihn zur Geltendmachung des Herausgabeanspruchs.

bb) Unmöglichkeit

Insbesondere ist § 285 BGB (Herausgabe des stellvertretenden commodums) unanwendbar, da § 816 I 1 BGB eine abschließende Regelung enthält und auch die „Opfergrenze" sonst überschritten wird (vgl. → Rn. 30, 46).

Beispiel: D stiehlt das Fahrrad des E und veräußert es mit Gewinn an G. Kein Anspruch auf Erlös analog § 285 iVm § 985 BGB; beachte aber § 816 I 1 BGB sowie §§ 687 II, 681 S. 2, 667 BGB.

cc) Leistungsverzögerung

Verzögerungsschaden: die §§ 280 II, 286 ff. BGB sind nur im Rahmen von § 990 II BGB anwendbar.

Schadensersatz statt der Leistung: str. ist die analoge Anwendbarkeit von § 281 BGB; *pro:* dinglicher Gläubiger soll nicht schlechter gestellt werden als schuldrechtlicher; Fristsetzung bei Ungewissheit über Unmöglichkeit geboten; *contra:* bloße Rechtsverwirklichungsfunktion von § 985 BGB; die §§ 989, 990 BGB sind Spezialregelungen; s. näher Bamberger/Roth/*Fritzsche*, BGB, § 985 Rn. 30; Staudinger/*Gursky*, BGB, § 985 Rn. 79 ff.; differenzierend *BGH* NJW 2016, 3235 ff. (Tz. 16; s. auch → Rn. 211): Der Eigentümer einer Sache kann, wenn der bösgläubige oder verklagte Besitzer seine Herausgabepflicht nach § 985 BGB nicht erfüllt, unter den Voraussetzungen der § 280 I, III, 281 I, II BGB Schadensersatz statt der Leistung verlangen.

dd) Gläubigerverzug

Die §§ 293 ff. BGB sind anwendbar.

Beispiel: Eigentümer E verweigert bei der Abholung den Ersatz entstandener Verwendungskosten.

109   II. Die Ansprüche auf Schadensersatz und Nutzungsherausgabe[5]

Normalfall: Der Besitzer eines gestohlenen Fahrrads beschädigt das Vorderrad und nutzt das Rad vorübergehend.

1. Anspruch auf Schadensersatz

Schutzwürdig ist grundsätzlich nur der unverklagte gutgläubige Besitzer, vgl. § 993 I aE BGB.

a) Haftung des verklagten Besitzers gem. § 989 BGB

aa) Voraussetzungen

(1) **Vindikationslage** zur Zeit der schädigenden Handlung (aber nicht notwendig bei Geltendmachung)

(2) **Rechtshängigkeit**, dh zum Zeitpunkt der schädigenden Handlung muss bereits eine Klage auf Herausgabe gem. § 985 BGB erhoben worden sein, vgl. § 261 ZPO; ratio: Besitzer weiß nunmehr, dass er gegenüber dem Kläger unter Umständen herausgabepflichtig ist

(3) **Schaden**
- Verschlechterung (zB Beschädigung, Abnutzung)
- Untergang (zB Zerstörung, Verbrauch)
- sonstige Unfähigkeit zur Herausgabe (zB Besitzweitergabe im Rahmen einer Veräußerung)
- auch entgangener Gewinn (vgl. *BGH* NJW 2014, 2790 ff. bzw. → Rn. 218).

---

[5] S. auch *Ebenroth/Zeppernick* JuS 1999, 209 ff.; *Kindl* JA 1996, 115 ff.; speziell zu § 991 II BGB *Moebus/Schulz* JURA 2013, 189 ff.

(4) Verschulden

- nach hM technisches Verschulden gem. § 276 BGB (MM: Verschulden gegen sich selbst)
- Beweislast gem. § 280 I 2 BGB

bb) Rechtsfolge: Schadensersatz gem. §§ 249 ff. BGB

b) Haftung des bösgläubigen Besitzers gem. §§ 990, 989 BGB   110

aa) Voraussetzungen

Es gelten die Grundvoraussetzungen des § 989 BGB (Vindikationslage, Schaden, Verschulden), allerdings wird statt Rechtshängigkeit die Bösgläubigkeit des Besitzers verlangt.

(1) Maßgeblicher Zeitpunkt

(a) Bösgläubigkeit bei Besitzerwerb gem. § 990 I 1 BGB

- es gilt der Maßstab des § 932 II BGB: Kenntnis oder grobe Fahrlässigkeit (beachte auch § 142 II BGB)
- spätere grob fahrlässige Unkenntnis irrelevant
- bei Umwandlung von rechtmäßigem Fremd- in unrechtmäßigen Eigenbesitz erfolgt kein erneuter Besitzerwerb, weil die Sachherrschaft von der Exzesshandlung unberührt bleibt (str.); Beispiel: rechtmäßiger Entleiher eines Fahrrads veräußert dieses an X

(b) Nachträgliche Bösgläubigkeit gem. § 990 I 2 BGB

- nur mehr positive Kenntnis schadet
- vgl. die Parallele bei der Ersitzung gem. § 937 II Alt. 2 BGB

(2) Maßgebliche Person

(a) Grundsatz: Bösgläubigkeit des Besitzers maßgebend

(b) Bösgläubigkeit nicht voll Geschäftsfähiger

Problem: Minderjähriger M erwirbt von Dieb D grob fahrlässig ein gestohlenes Fahrrad. Haftung des M gegenüber dem Eigentümer E gem. §§ 990 I, 989 BGB für das von M demolierte Schutzblech?

HM: analog §§ 827, 828 BGB (d.h. Einsichtsfähigkeit des M maßgebend)

AA: analog § 166 BGB (dh Haftung nur bei Bösgläubigkeit der Eltern)

AA: bei fehlgeschlagenem Vertrag gilt § 166 BGB analog; bei deliktsähnlicher Haftung gelten die §§ 827 f. BGB

Beachte: der Minderjährige haftet uU auch gem. §§ 992, 823 iVm §§ 827 f. BGB analog

Beachte: Bösgläubigkeit des gesetzlichen Vertreters ist unstreitig zuzurechnen, wenn dieser für den Minderjährigen Besitz erwirbt

(c) Bösgläubigkeit des Gehilfen

Beispiel: Angestellter nimmt eine Sache für den Geschäftsinhaber in Empfang (vgl. Fall 4, → Rn. 148 ff.)

HM: analog § 166 BGB, wenn der Gehilfe ähnlich wie ein Stellvertreter selbständig und eigenverantwortlich tätig ist

MM: analog § 831 BGB (mit Exkulpationsmöglichkeit)

bb) Rechtsfolge gem. §§ 990 I, 989 BGB: Schadensersatz nach §§ 249 ff. BGB

cc) Zusätzliche Verzugshaftung gem. §§ 990 II, 280 II, 286 ff. BGB

- § 990 II BGB ist keine selbständige Anspruchsgrundlage, sondern eine Rechtsgrundverweisung auf §§ 280 I, II, 286 ff. BGB
- gilt nur bei Bösgläubigkeit (nicht bei Rechtshängigkeit)

- Mahnung und/oder Klageerhebung machen nicht notwendig bösgläubig
- Beachte: Haftung für zufälligen Sachuntergang gem. § 287 S. 2 BGB

111   c) **Haftung des deliktischen Besitzers gem. § 992 iVm §§ 823 ff. BGB**

aa) **Allgemeines**
- § 992 BGB ist **keine selbstständige Anspruchsgrundlage**, sondern eine **Rechtsgrundverweisung** auf §§ 823 ff. BGB
- **Ratio:** Aufhebung der Sperrwirkung des EBV gegenüber dem Deliktsrecht
- **Beachte:** kein Ausschluss der §§ 987 ff. BGB (Anspruchskonkurrenz)

bb) **Voraussetzungen**

(1) **Verschulden bei verbotener Eigenmacht**

Teleologische Reduktion des § 992 BGB bezüglich Verschuldenserfordernis, dh auch die **verbotene Eigenmacht muss schuldhaft begangen worden sein**; arg.: anderenfalls Wertungswiderspruch zur Alternative „Straftat" (hM)

Beispiel: E verwechselt schuldlos den Schirm an der Garderobe; auf der Straße stürzt er (durch Nachlässigkeit) und beschädigt dabei den Schirm.

(2) **Besitzverschaffung durch Straftat**

Beispiele: §§ 240, 242, 249, 259, 263 StGB

(3) Die Eigentumsverletzung muss **nach der Besitzerlangung** erfolgt sein (arg.: Wortlaut und EBV erforderlich); erfolgt die Verletzung beim Erlangen des Besitzes, gilt § 823 BGB unmittelbar (hM).

cc) **Rechtsfolge:** Schadensersatz gem. §§ 823 ff., 249 ff. BGB (einschließlich Haftung für Zufall gem. § 848 BGB)

112   d) **Haftung des redlichen Besitzmittlers gem. §§ 991 II, 989 BGB**

aa) **Beispiel:** Dieb D vermietet das Fahrrad des E an den redlichen M, der das Vorderrad fahrlässig beschädigt.

bb) **Ratio:** eine Privilegierung des redlichen unverklagten Fremdbesitzers, der sein vermeintliches Besitzrecht überschreitet, wäre unbillig, weil dieser mit seiner Verantwortlichkeit gegenüber dem mittelbaren Besitzer rechnen muss

cc) **Rechtsfolge:** Rechtsgrundverweisung auf § 989 BGB (also insbesondere Verschulden erforderlich); Haftungsmilderungen aus dem Besitzmittlungsverhältnis können auch E entgegengehalten werden

dd) **Beachte:** leistet M an D, weil er diesen für den Eigentümer hält, greift § 851 BGB analog ein (vgl. Fall 2, → Rn. 41); bei unbeweglichen Sachen (zB Wohnungsmieter beschädigt Mietsache) ist ein entsprechender Schutz über § 893 BGB zu gewähren

113   **2. Anspruch auf Nutzungsherausgabe**

a) **Haftung des verklagten oder unredlichen Besitzers gem. §§ 987, 990 BGB**

aa) **Herausgabe gezogener Nutzungen gem. § 987 I BGB**

(1) **Voraussetzungen**

(a) Vindikationslage zum Zeitpunkt der Nutzungsziehung

(b) Nutzungen, dh Früchte und Gebrauchsvorteile, vgl. § 100 BGB

(c) Anfall (vgl. §§ 993 II, 101 BGB) nach Rechtshängigkeit (§ 987 BGB) oder Bösgläubigkeit (§ 990 I BGB)

(2) **Rechtsfolge**

(a) Herausgabe von Früchten (zB die Jungen eines Tieres; Ernte); beachte: die Eigentumsverhältnisse werden in den §§ 953 ff. BGB geregelt (vgl. → Rn. 354 ff.)

(b) Wertersatz bei Gebrauchsvorteilen (zB Nutzung des Fahrrads, der Wohnung usw); nach hM ist idR der objektive Wert zu ersetzen; str. ist Herausgabepflicht bei Nutzungssteigerung durch (nicht zu ersetzende) Verwendungen

bb) Wertersatz für schuldhaft nicht gezogene Nutzungen gem. § 987 II BGB

(1) **Voraussetzungen**

(a) Vindikationslage zum Zeitpunkt der Nicht-Ziehung

(b) objektiver Verstoß gegen Regeln ordnungsgemäßer Bewirtschaftung (zB Ernte wird nicht eingefahren)

(c) Verschulden gem. §§ 276, 278 BGB

(2) **Rechtsfolge:** Ersatz des objektiven Werts der nicht gezogenen Nutzungen 114

b) Haftung des deliktischen Besitzers gem. § 992 BGB

Der schuldhaft eigenmächtige oder pönale Besitzer muss alle in den Zuweisungsgehalt des Eigentums fallende Nutzungen gem. §§ 823, 249 ff. BGB erstatten; mangels Schadens nur nicht jene, die der Eigentümer selbst nicht gezogen hätte (str.).

c) Haftung des unentgeltlichen Besitzers gem. § 988 BGB 115

aa) Beispiel: D stiehlt das Fahrrad des E und schenkt es anschließend dem redlichen B. Anspruch E gegen B gem. § 988 iVm §§ 812 ff. BGB.

bb) Ratio: § 988 BGB durchbricht die Privilegierung des § 993 I aE BGB, weil ein unentgeltlicher Besitzer weniger schutzwürdig ist; vgl. Parallele zu §§ 816 I 2, 822 BGB

cc) Voraussetzungen: nichtberechtigter gutgläubiger und unverklagter Besitz (vermeintliches Besitzrecht kann dinglicher oder schuldrechtlicher Natur sein) und unentgeltliche Besitzerlangung

dd) Rechtsfolge: Rechtsfolgenverweisung auf §§ 818 f., 822 BGB, dh grundsätzlich ist Herausgabe der Nutzungen in Natur oder Wertersatz gem. § 818 II BGB geschuldet; ggf. Entreicherung in den Grenzen der §§ 818 III, IV, 819 BGB

ee) Problem: rechtsgrundloser Besitzerwerb (vgl. Fall 5, → Rn. 185 f.)

(1) **Beispiel:** D stiehlt das Fahrrad des E und veräußert es anschließend an den redlichen B, wobei jedoch der Kaufvertrag nichtig ist.

(2) **Kontroverse** (ähnlich wie bei § 816 I 2 BGB)

Rspr.: Anspruch E gegen B analog § 988 BGB

AA: Zulässigkeit einer Leistungskondiktion D gegen B (als Ausnahme zu § 993 I aE BGB); dadurch behält B seine Einwendungen (aus dem Verhältnis zu D) und das Insolvenzrisiko wird sachgerecht verteilt (Abwicklung übers Eck)

d) Haftung für Übermaßfrüchte gem. § 993 I Hs. 1 BGB 116

aa) Beispiel: übermäßige Waldabholzung

bb) Ratio: Übermaßfrüchte werden materiell auf Kosten der Sachsubstanz entnommen

cc) Voraussetzungen: Übermaßfrüchte (nicht übermäßige Gebrauchsvorteile), die gutgläubiger, unverklagter und entgeltlicher Besitzer gezogen hat

dd) Rechtsfolge: Rechtsfolgenverweisung auf §§ 818 f., 822 BGB; bei Eigentumserwerb gem. § 955 BGB ist zu übereignen

117 **e) Das Haftungsprivileg gem. § 991 I BGB**

    aa) Beispiel: Der gutgläubige B erwirbt ein Fahrrad von Dieb D; anschließend vermietet B das Fahrrad an den unredlichen M. Es besteht kein Anspruch des Eigentümers E gegen M auf Nutzungsherausgabe.

    bb) Ratio: § 991 I BGB will den gutgläubigen Oberbesitzer (B) vor dem die Privilegierung des § 993 I aE BGB entwertenden Regress des Besitzmittlers (M) schützen (zB gem. § 536 BGB; beachte aber § 536b BGB)

    cc) Haftung: der bösgläubige unverklagte Besitzmittler haftet gem. §§ 990 I, 987 BGB nur dann auf Nutzungsherausgabe, wenn der Oberbesitzer selbst wegen Bösgläubigkeit gem. § 990 I BGB haftet oder auf Herausgabe verklagt ist

118 **3. Konkurrenzen**

    a) Vertragliche Ansprüche

        aa) Beispiel: Mieter M beschädigt das Vorderrad.

        bb) Grundsatz: wirksames Vertragsverhältnis schließt bereits Vindikationslage aus (Recht zum Besitz gem. § 986 I BGB; s. auch schon → Rn. 95 ff.)

        cc) Sonderkonstellationen

            (1) „Nicht mehr berechtigter Besitzer"

            Beispiel: Mieter M beschädigt das Vorderrad nach Ablauf der Mietzeit.

            Rechtsfolge: Anspruchskonkurrenz zwischen §§ 987 ff. BGB und vertraglichen Ansprüchen; arg.: Vermieter V darf nicht schlechter gestellt werden, wenn er zugleich Eigentümer ist.

            (2) Fremdbesitzerexzess

            Beispiel: Mieter M beschädigt das Vorderrad, wobei der Mietvertrag unwirksam ist.

            Rechtsfolge: Anspruchskonkurrenz zwischen §§ 987 ff. BGB und §§ 280 I, 241 II, 311 II Nr. 3 BGB; arg.: M konnte nicht annehmen, er dürfe sanktionslos das Rad beschädigen.

119 **b) Deliktische Ansprüche**

    aa) Beispiel: K erwirbt das Fahrrad von Dieb D und beschädigt anschließend das Vorderrad.

    bb) Grundsatz: Ausschließlichkeitstheorie, dh keine Anwendung der §§ 823 ff. BGB; dies gilt auch für den verklagten oder bösgläubigen Besitzer; arg.: § 993 I aE BGB und Umkehrschluss aus § 992 BGB (hM, wenngleich rechtspolitisch umstritten); der Ausschluss kann zB für die Zufallshaftung (vgl. § 848 BGB) praktisch relevant werden.

    cc) Ausnahmen

        (1) Haftung des deliktischen Besitzers gem. § 992 iVm §§ 823 ff. BGB

        (2) Haftung gem. § 826 BGB, weil vorsätzlich sittenwidrig Handelnder ebenfalls keine Privilegierung verdient

        (3) Fremdbesitzerexzess

        Beispiel: Mieter M beschädigt das Vorderrad, wobei der Mietvertrag unwirksam ist

        Rechtsfolge: Anspruchskonkurrenz nicht nur zwischen §§ 987 ff. BGB und §§ 280 I, 241 II, 311 II Nr. 3 BGB, sondern auch mit §§ 823 ff. BGB

120 **c) Bereicherungsrechtliche Ansprüche**

    aa) Beispiel: nichtberechtigter Besitzer B benutzt das Fahrrad

bb) Grundsatz: die §§ 987 ff. BGB sind abschließende Regelungen und haben wiederum das Ziel, den gutgläubigen unverklagten Besitzer, der die Sache ohnehin herausgeben muss, zu schützen

cc) Abgrenzung: die Sachsubstanz selbst und ihre Surrogate stehen dem Eigentümer zu

(1) **Verfügung über Sache** (vgl. Fall 4, → Rn. 142, 152)

Beispiel: nichtberechtigter Besitzer veräußert Fahrrad an D

Rechtsfolge: Anspruch des Eigentümers gem. § 816 I 1 BGB auf Herausgabe des Erlangten

(2) **Verbrauch der Sache**

Beispiel: gutgläubiger Besitzer trinkt gestohlene Flasche Wein aus

Rechtsfolge: Anspruch des Eigentümers auf Wertersatz gem. § 812 I 1 Alt. 2 iVm § 818 II BGB

(3) **Verbindung, Vermischung, Verarbeitung** (vgl. Fall 4, → Rn. 142 ff.)

Beispiel: gestohlenes Leder wird vom Besitzer zu Taschen verarbeitet

Rechtsfolge: Anspruch des Eigentümers auf Wertersatz gem. §§ 951 I 1, 812 I 1 Alt. 2 iVm § 818 II BGB

dd) Ausnahmen: Nutzungsherausgabe gem. §§ 812 ff. BGB

(1) **Unentgeltlicher Besitzer** sowie **Übermaßfrüchte** gem. §§ 988, 993 I Hs. 1 BGB

(2) **Rechtsgrundloser Erwerb** (vgl. → Rn. 115)

(3) **Fremdbesitzerexzess** (vgl. → Rn. 118 f.)

d) Geschäftsführung ohne Auftrag   121

aa) Beispiel: V veräußert ein Buch seiner Freundin an K.

bb) Grundsatz: kein Konkurrenzverhältnis
- bei **berechtigter GoA** besteht ein **Recht zum Besitz gem. § 986 BGB**
- bei **unberechtigter GoA** sind die **§§ 677 ff. BGB Spezialregelungen**; arg.: Besitz ist völlig nebensächliches Element in Bezug auf altruistisches Handeln

cc) Ausnahme: Unerlaubte Eigengeschäftsführung gem. § 687 II BGB; arg.: ähnlich wie bei § 826 BGB verdient eine angemaßte Eigengeschäftsführung keinerlei Privilegierung

C. Verwendungsersatzansprüche des Besitzers[6]   122

I. Allgemeines

Neben den Verwendungsersatzansprüchen gem. §§ 994 ff. BGB besteht wahlweise ein **Wegnahmerecht gem. § 997 I BGB** (beachte aber die Ausschlusstatbestände gem. Abs. 2), und zwar auch bezüglich solcher Sachen, die durch Verbindung mit der Hauptsache als deren wesentlicher Bestandteil (§§ 93, 94 BGB) in das Eigentum des Vindikanten übergegangen sind (§§ 946, 947 BGB).

1. Begriff der Verwendung   123

a) Abstrakter Verwendungsbegriff

aa) Definition: Verwendungen sind alle willentlichen Vermögensaufwendungen des Besitzers, die einer Sache zugutekommen, indem sie sie wiederherstellen, erhalten oder verbessern

---

[6] S. auch *Hähnchen* JuS 2014, 877 ff.; *Kindl* JA 1996, 201 ff.; *Roth* JuS 1997, 1087 ff.; *Musielak* JuS 2006, 50 ff. (Übungsfall).

bb) **Beispiele:** Reparatur oder Neulackierung des Fahrrads; Fütterungskosten für ein Tier; nach hM jedoch nicht das Hinzufügen unwesentlicher Bestandteile (austauschbares Autoradio), da diese im Eigentum des Besitzers verbleiben und entfernt werden können.

cc) **Problem:** eigene Arbeitsleistung des Verwenders; nach der Rspr. ersatzfähig, wenn für sie ein Marktwert besteht; arg.: parallele Behandlung im Schadensrecht

b) **Konkreter Verwendungsbegriff gem. §§ 994 ff. BGB** (vgl. Fall 5, → Rn. 165 ff.)

aa) **Enger Verwendungsbegriff:** nach der Rspr. sind die §§ 994 ff. BGB auf grundlegend umgestaltende Verwendungen nicht anwendbar (zB Bau auf Grundstück)

bb) **Weiter Verwendungsbegriff:** nach der hL fallen unter die §§ 994 ff. BGB alle Verwendungen im Sinne der abstrakten Definition

124 **2. Vindikationslage**

a) **Grundsatz:** im Zeitpunkt der Verwendungsvornahme muss eine Vindikationslage bestehen

b) **Sonderkonstellation: „Nicht mehr berechtigter Besitzer"** (vgl. Fall 6, → Rn. 201 ff.)

aa) **Beispiel:** Werkunternehmer W reparierte den von L geleasten Pkw als berechtigter Besitzer; später wird der Leasingvertrag gekündigt und W will Verwendungsersatz vom Eigentümer E

bb) **Rspr.:** analoge Anwendung der §§ 994 ff. BGB, da berechtigter Besitzer nicht schlechter stehen dürfe als gutgläubiger unberechtigter Besitzer

cc) **HL:** §§ 994 ff. BGB sind unanwendbar wegen ihrer systematischen Stellung; auch teleologisch, weil der Werkunternehmer sich an seinen Vertragspartner wenden kann

125 **II. Anspruch des verklagten oder bösgläubigen Besitzers gem. § 994 II BGB iVm GoA**

Normalfall: Dieb D lässt defekte Bremse am Fahrrad reparieren.

1. Voraussetzungen

a) **Vindikationslage** im Zeitpunkt der Verwendungsvornahme

b) **Bösgläubigkeit** oder **Rechtshängigkeit**

c) **Notwendige Verwendungen**

aa) **Definition:** Verwendungen, die objektiv erforderlich sind, um die Sache in ihrem wirtschaftlichen Bestand einschließlich ihrer Nutzungsfähigkeit zu erhalten; nach hM ist eine ex-ante-Beurteilung geboten, sodass Verwendungen auch dann zu ersetzen sind, wenn der intendierte Erfolg ausbleibt (Tierarztkosten, obwohl die Behandlung zu keiner Gesundung führte)

bb) **Beispiele:** Fütterungskosten eines Tieres; Reparatur eines Hausdachs

cc) **Lasten:** gem. § 995 S. 1 BGB sind notwendige Verwendungen auch Aufwendungen, die der Besitzer zur Bestreitung von Lasten der Sache macht (zB Grundpfandrechte)

d) **Einschränkungen**

aa) gem. § 994 I 2 BGB kein Ersatz für gewöhnliche Erhaltungskosten, soweit dem Besitzer die Nutzungen verbleiben (zB Wartungskosten für Pkw)

bb) gem. § 995 S. 2 BGB nicht solche Aufwendungen, die nicht den Stammwert betreffen, soweit dem Besitzer die Nutzungen verbleiben (zB Grundsteuer, Versicherungsprämie)

cc) **Beachte:** diese Einschränkungen gelten idR nicht für bösgläubige oder verklagte Besitzer, da ihnen die Nutzungen normalerweise nicht verbleiben; einen Ausnahmefall bildet § 991 I BGB

2. Rechtsfolge

126

a) **Generell:** partielle Rechtsgrundverweisung auf GoA (Fremdgeschäftsführungswille irrelevant, da bei Eigenbesitz unmöglich)

b) **Wille des Eigentümers**

aa) **Berechtigte GoA**

Beispiel: Reparatur des Fahrrads entspricht dem Willen des Eigentümers

Anspruchsgrundlage: § 994 II iVm §§ 683 S. 1, 670 BGB auf Ersatz der Reparaturkosten

bb) **Unberechtigte GoA**

Beispiel: Reparatur entspricht nicht dem Willen des Eigentümers

Anspruchsgrundlage: § 994 II iVm § 684 S. 1 iVm §§ 818 ff. BGB

Problem: aufgedrängte Bereicherung (Eigentümer wollte zB Fahrrad ausschlachten); Lösung zT durch subjektive Bestimmung des Wertes gem. § 818 II BGB; nach aA Kondiktionssperre gem. § 818 III BGB bis zur Realisierung der Vermögensmehrung durch den Bereicherten (zB durch Veräußerung)

III. Ansprüche des gutgläubigen unverklagten Besitzers

127

Normalfall: Reparatur der Bremse sowie Verstärkung der Klingel durch den redlichen unverklagten Besitzer des gestohlenen Fahrrads.

1. Anspruch auf Ersatz notwendiger Verwendungen gem. § 994 I 1 BGB

a) **Voraussetzungen**

aa) **Vindikationslage** zum Zeitpunkt der Verwendungsvornahme

bb) **Fehlen von Bösgläubigkeit oder Rechtshängigkeit**

cc) **Notwendige Verwendungen** (vgl. → Rn. 125)

dd) **Einschränkung:** idR kein Ersatz gewöhnlicher Erhaltungskosten gem. § 994 I 2 BGB sowie gewöhnlicher Lasten gem. § 995 S. 2 BGB, da dem redlichen Besitzer gem. § 993 I aE BGB die Nutzungen ohnehin grundsätzlich verbleiben (zB die routinemäßigen Kosten für die Kfz-Inspektion muss der Besitzer selbst tragen, weil ihm auch die Nutzung des Autos verbleibt). Die §§ 994 I 2, 995 S. 2 BGB sind deshalb nur bei unentgeltlichem Erwerb gem. § 988 BGB sowie rechtsgrundlosem Erwerb nicht einschlägig.

b) **Rechtsfolge:** Ersatzanspruch gem. § 994 I 1 BGB (ohne Rücksicht auf fortbestehende Erhöhung des Sachwerts)

2. Anspruch auf Ersatz nützlicher Verwendungen gem. § 996 BGB

128

a) **Voraussetzungen:** wie bei § 994 I 1 BGB, allerdings nützliche statt notwendige Verwendungen; nützlich sind Verwendungen, wenn sie den Wert der Sache erhöhen (sonst bloße Luxusverwendung mit Wegnahmerecht gem. § 997 BGB)

b) **Rechtsfolge**

aa) **Ersatzanspruch**, soweit Wert der Sache infolge Verwendung im Zeitpunkt der Wiedererlangung noch erhöht ist

bb) **Problem:** Wertmaßstab (vgl. Fall 5, → Rn. 168 f.)

(1) **Beispiel:** Eigentümer will keine stärkere Klingel am Fahrrad

(2) **M:** objektiver Wertmaßstab (höherer Wert durch stärkere Klingel), weil der Eigentümer nicht einmal vor Zerstörung geschützt ist

(3) **AA:** subjektive Wertbestimmung (für Eigentümer kein höherer Wert); ähnlich der aufgedrängten Bereicherung

129   IV. Rechtsnachfolge gem. § 999 BGB

1. Besitzerwechsel gem. § 999 I BGB

Normalfall: Nichtberechtigter Besitzer repariert das Fahrrad und veräußert es anschließend (dinglich unwirksam) an D.

Voraussetzung: Gesamtrechts- oder Einzelrechtsnachfolge durch ein Veräußerungsgeschäft (nicht bloße Übertragung der tatsächlichen Gewalt, sondern auf Eigentumsübertragung gerichtetes Geschäft)

Rechtsfolge: Übergang der Verwendungsersatzansprüche auf Rechtsnachfolger (D)

130   2. Eigentümerwechsel gem. § 999 II BGB

Normalfall: Nichtberechtigter Besitzer repariert das Fahrrad; anschließend veräußert der Eigentümer E das Rad gem. §§ 929, 931 BGB an D.

Rechtsfolge: Der neue Eigentümer (D) haftet gem. § 999 II BGB für alle Verwendungen ohne Rücksicht auf die Zeit der Vornahme; nach hM ist er allerdings an eine vom früheren Eigentümer erteilte Genehmigung nicht gebunden, sodass er sich gem. § 1001 S. 2 BGB durch Rückgabe befreien kann. Die Haftung des früheren Eigentümers (E) erlischt, es sei denn, er hatte die Verwendungen bereits genehmigt.

131   V. Durchsetzung des Verwendungsersatzanspruchs

1. Zurückbehaltungsrecht gem. § 1000 S. 1 BGB

a) **Kennzeichen:** § 1000 S. 1 BGB gewährt dem Besitzer über § 273 II BGB hinaus bereits vor Fälligkeit des Verwendungsersatzanspruchs (vgl. § 1001 BGB) ein Zurückbehaltungsrecht (s. auch Fall 5)

b) **Ausnahme:** gem. § 1000 S. 2 BGB bei Besitzverschaffung durch eine vorsätzliche unerlaubte Handlung (ein Fahrraddieb hat zB kein Zurückbehaltungsrecht wegen notwendiger Reparaturkosten)

132   2. Klage auf Verwendungsersatz gem. § 1001 BGB

a) **Voraussetzung**
   - **Genehmigung** durch Eigentümer; es handelt sich hierbei um eine einseitige, empfangsbedürftige Willenserklärung; sie gilt gem. § 1001 S. 3 BGB als erteilt, wenn der Eigentümer die ihm vom Besitzer unter Vorbehalt des Anspruchs angebotene Sache annimmt.
   - **Wiedererlangung** durch Eigentümer (irgendwie; aber nicht iSv § 1001 S. 3 BGB); Eigentümer kann sich von dem Anspruch gem. § 1001 S. 2 BGB befreien, indem er die Sache zurückgibt (aber nicht

bei Genehmigung). Nach Rückgabe gem. § 1001 S. 2 BGB hat der Besitzer wieder die Rechte aus §§ 1000, 1003 BGB.

- ■ **Problem:** Der Eigentümer veräußert die Sache an einen Dritten; nach einer MM gilt § 1001 S. 1 BGB analog, weil in der Veräußerung eine Zueignung liegt; nach der hM keine Analogie, weil § 999 II BGB sonst leer läuft.

b) **Erlöschen:** bei Herausgabe bestehen Ausschlussfristen gem. § 1002 BGB (1 Monat bzw. 6 Monate bei Grundstücken)

3. Befriedigungsrecht gem. § 1003 BGB   133

a) **Beispiel:** Nichtberechtigter Besitzer B repariert das Rad. Gegenüber dem Herausgabeverlangen des Eigentümers E kann B ein Zurückbehaltungsrecht wegen Verwendungen gem. § 1000 S. 1 BGB geltend machen. Eine Verwendungsersatzklage ist allerdings nur bei Genehmigung oder Besitzerlangung durch E gem. § 1001 BGB möglich. Was kann B tun, wenn E nicht genehmigt?

b) **Rechte:** Nach fruchtlosem Verstreichen einer dem Eigentümer zur Genehmigung gesetzten Frist kann sich der Besitzer durch Verwertung der Sache befriedigen. Bei beweglichen Sachen gelten hierfür die Regelungen über den Pfandverkauf gem. §§ 1234–1247 BGB. Reicht der erzielte Erlös nicht aus, besteht selbstverständlich kein Anspruch gegen den (früheren) Eigentümer. Bei einem Mehrerlös erwirbt gem. § 1247 S. 2 BGB der Eigentümer den Erlös, soweit er nicht dem Besitzer wegen dessen Verwendungen gebührt.

VI. Konkurrenzen

1. Vertragliche Ansprüche   134

a) **Beispiel:** Mieter M repariert Fahrrad

b) **Grundsatz:** wirksames Vertragsverhältnis schließt Vindikationslage aus

c) **Sonderkonstellationen**

aa) Verwendungen nach Besitzrechtsende: es gelten die §§ 994 ff. BGB, sofern nicht spezielle vertragliche Abwicklungsregelungen (zB Ausschluss des § 1000 BGB durch § 570 BGB) bestehen

bb) Verwendungen vor Besitzrechtsende

Beispiel: Werkunternehmer W war zum Zeitpunkt der Reparatur noch berechtigter Besitzer (vgl. Fall 6, → Rn. 201 ff.)

Rspr.: §§ 994 ff. BGB anwendbar, da berechtigter Besitzer nicht schlechter gestellt werden darf als nichtberechtigter Besitzer

HL: W muss sich mit seinen vertraglichen Ansprüchen gegen den Besteller begnügen (sonst unzulässige Versionsklage[7]), zumal der Werkunternehmer nicht Verwender ist

cc) Verwendungen des anfänglich nichtberechtigten Besitzers
- ■ nach hM darf keine Besserstellung gegenüber der vertraglichen Ausgestaltung des Besitzrechts erfolgen
- ■ im Drei-Personen-Verhältnis ist zB eine Konkurrenz zwischen §§ 994 ff. BGB und vertraglichen Ansprüchen denkbar, wenn der Besteller gegenüber dem Eigentümer von vornherein

---

[7] Unter einer *Versionsklage* versteht man eine Klage, die sich im Drei-Personen-Verhältnis nicht gegen den Mittelsmann (Vertragspartner), sondern den Hintermann (Geschäftsherrn) richtet; sie geht zurück auf das römische Recht, wo namentlich Rechtsgeschäfte, die Hauskinder oder Sklaven abschlossen, eine Klage gegen den dominus (Hausherrn) begründen konnten; historische Details bei *Chiusi*, Die actio de in rem verso im römischen Recht, 2001; zur Rezeption im gemeinen Recht *Kupisch*, Die Versionsklage, 1965.

nicht zum Besitz berechtigt war (Modifikation von Fall 6); entgegen der Rspr. ist aber auch hier nicht der Werkunternehmer, sondern der Besteller als Verwender zu betrachten

135   2. Bereicherungsrechtliche Ansprüche

a) **Beispiel:** Nichtberechtigter Besitzer repariert Fahrrad

b) **Grundsatz:** die §§ 994 ff. BGB sind abschließende Sonderregelungen

c) **Sonderkonstellationen**

aa) **Leistungskondiktion des Fremdbesitzers**

(1) **Beispiel:** Verwendungen aufgrund eines unwirksamen Werkvertrages

(2) **Vorrang:** sofern die Verwendung zugleich eine Leistung darstellt, erfolgt die Rückabwicklung allein mittels Leistungskondiktion, da Besitz nebensächlich; im Übrigen ist der Werkunternehmer richtigerweise gar nicht Verwender (vgl. → Rn. 134)

bb) **Aufwendungskondiktion des Besitzers**

(1) **Beispiel:** Hausbau auf fremdem Grund (vgl. Fall 5, → Rn. 172 f.)

(2) **HM:** die §§ 994 ff. BGB schließen Ansprüche aus §§ 951 I, 812 I 1 Alt. 2 BGB aus, weil differenzierte Spezialregelung

(3) **MM:** Anspruchskonkurrenz, weil sonst der besitzende gegenüber dem nichtbesitzenden Verwender benachteiligt würde

136   3. Geschäftsführung ohne Auftrag

a) **Beispiel:** Nichtberechtigter Besitzer repariert Fahrrad

b) **Grundsätze:**
- idR sind die §§ 677 ff. BGB mangels Fremdgeschäftsführungswillens unanwendbar
- im Übrigen besteht bei berechtigter GoA ein Recht zum Besitz
- bei unberechtigter GoA sind die §§ 677 ff. BGB Spezialvorschriften (vgl. → Rn. 121)

c) **Ausnahme:** bei angemaßter Eigengeschäftsführung ist gem. § 687 II 2 iVm § 684 S. 1 BGB die Aufwendungskondiktion neben den §§ 994 ff. BGB anwendbar

Fall 4: „Einer wird kein Verlierer"

Sachverhalt

Dieb (D) entwendete aus der Textilfabrik des Einer (E) Seidenstoffe im Wert von EUR 2.500,– und veräußerte diese an den Stoffgroßhändler G. Den Ankauf der Stoffe hat indes nicht der Firmeninhaber G persönlich getätigt, sondern allein der zuständige Einkaufsleiter A, der schon bei Anwendung geringster Sorgfalt hätte erkennen müssen, dass es sich höchstwahrscheinlich um Diebesware handelt. Der Firmeninhaber G wusste hiervon aber nichts und hatte bislang auch noch keinen Grund, an der Redlichkeit seines langjährigen Mitarbeiters A zu zweifeln. Die Seidenstoffe wurden sodann von G zum Preis von EUR 4.000,– an den gutgläubigen Fabrikanten H weiterveräußert, der aus den Stoffen umgehend Hemden anfertigte.

Welche Ansprüche hat E gegen H und G?

Lösung

A. Ansprüche E gegen H 137

I. Ansprüche auf Herausgabe der Stoffe

1. Anspruch aus § 985 BGB

E war zunächst **Eigentümer** der Stoffe (vgl. § 1006 I BGB) und hat das Eigentum aufgrund des Diebstahls gem. § 935 I 1 BGB auch nicht an H verloren. Des Weiteren war H **nichtberechtigter Besitzer** der Stoffe. Der Anspruch des E scheidet jedoch aus, falls die Stoffe **gem. § 950 I BGB zu einer neuen Sache verarbeitet wurden** und damit gem. § 950 II BGB die bislang bestehenden Rechte an den Stoffen erloschen sind. Ob durch die **Verarbeitung** eine neue Sache entsteht, bestimmt sich nach der Verkehrsauffassung. Ein Indiz hierfür ist, inwieweit das Verarbeitungsprodukt einen neuen Namen erhält; auch eine Formveränderung bildet ein Indiz.[8] Beide Kriterien sind im vorliegenden Fall erfüllt.[9] Der Wert der Verarbeitung ist außerdem nicht wesentlich geringer als der Wert der ursprünglichen Stoffe. E hat folglich **gem. § 950 II BGB seine Rechte an den Stoffen verloren** und ein Anspruch aus § 985 BGB ist nicht (mehr) gegeben.

2. Auch Besitzschutzansprüche gem. §§ 861, 1007 I, II BGB scheiden schon deshalb aus, weil die Stoffe nicht mehr als selbständige Objekte existieren.

II. Ansprüche auf Herausgabe der Hemden 138

1. Ein Herausgabeanspruch gem. § 985 BGB ist nicht gegeben, da H gem. § 950 I BGB (originäres) Eigentum an den Hemden erwarb (beachte: Gutgläubigkeit des H ist hierfür irrelevant).

2. Besitzschutzansprüche gem. §§ 861, 1007 I, II BGB scheiden ebenfalls aus, weil E zu keiner Zeit Besitzer der Hemden war.

III. Ansprüche auf Schadensersatz 139

1. Anspruch aus §§ 990 I, 989 BGB

a) Nach § 951 II 1 BGB bleiben Schadensersatzansprüche, auch solche aus §§ 990, 989 BGB, bei einem Eigentumserwerb nach § 950 BGB **unberührt**.

b) Zum Zeitpunkt der haftungsbegründenden Handlung (Verarbeitung) war E **Eigentümer** und H **unberechtigter Besitzer** (vgl. oben).

c) Durch die Verarbeitung der Stoffe zu Hemden sind die Stoffe als selbständiges Rechtsobjekt gem. § 989 BGB **untergegangen**.

d) Beim Erwerb des Besitzes ist positive Kenntnis oder grob fahrlässige Unkenntnis vom fehlenden Besitzrecht eine haftungsbegründende Voraussetzung gem. § 990 I 1 BGB. Es gilt der Maßstab des § 932 II BGB (beachte: nach Besitzerwerb nur positive Kenntnis gem. § 990 I 2 BGB schädlich). H hat den Besitz an den Stoffen indes **gutgläubig** von G erworben. Ein Anspruch aus §§ 990 I, 989 BGB ist somit nicht gegeben.

2. Anspruch aus § 823 I, II BGB 140

a) Die Verarbeitung der Stoffe zu Hemden bedeutet zwar einen Eingriff in das Eigentum des E, doch ist eine Anwendung dieser Norm durch § 993 I Hs. 2 BGB grundsätzlich ausgeschlossen.

b) Eine verschärfte Haftung nach § 992 iVm § 823 BGB scheidet aus, da H den Besitz weder durch verbotene Eigenmacht noch durch eine Straftat, sondern gutgläubig erworben hat.

---

[8] Vgl. Palandt/*Herrler*, BGB, § 950 Rn. 3.
[9] Andere Beispiele RGZ 72, 281 ff. (285): Ziegel, die aus Ton hergestellt werden, sind eine neue Sache; *OLG Stuttgart* NJW 2001, 2889 f.: Bei Herstellung eines großen Gemäldes entsteht mit jeder höheren Entwicklungsstufe eine neue Sache im Eigentum des Künstlers; Gegenbeispiel nach *OLG Stuttgart* WM 2011, 809 ff. (810): Das Einschmelzen von Feinsilber bewirkt eine bloße Umformung; BGHZ 206, 211 ff.: Keine Herstellung einer neuen Sache durch Bespielen eines Tonbands; s. dazu auch → Rn. 346.

141   **3. Anspruch aus §§ 280 I, III, 283 iVm § 985 BGB**

Dieser Anspruch setzt einen vertraglichen Primäranspruch des E gegen H voraus, dessen Erfüllung unmöglich geworden ist. In Betracht kommt allenfalls der Anspruch auf Herausgabe der Stoffe aus § 985 BGB, auf den die §§ 280 I, III, 283 BGB jedoch weder direkt noch analog anwendbar sind. Der direkten Anwendung steht die systematische Natur des § 985 BGB als dinglicher Anspruch entgegen. Die entsprechende Anwendung scheidet mangels einer Regelungslücke aus, da das EBV für die Frage der nachträglichen Unmöglichkeit in §§ 989, 990 BGB eine spezielle Regelung enthält.

IV. Ansprüche auf Wertersatz und Surrogatherausgabe

1. Anspruch aus §§ 950 I, 951 I 1, 812 ff. BGB

142   a) **§ 951 BGB ist neben den §§ 987–993 BGB anwendbar**, da diese gem. § 993 I aE BGB nur im Bereich von Schadensersatz und Nutzungsherausgabe eine abschließende Sonderregelung darstellen, jedoch nicht hinsichtlich Wertersatzansprüchen für den **Verlust der Sachsubstanz**. Neben den Rechtsverlusten gem. § 951 iVm §§ 946 ff. BGB gilt dies auch dann, wenn der Besitzer eine fremde Sache für sich **verbraucht** und dadurch Aufwendungen erspart[10] oder eine fremde Sache **veräußert** und sich dadurch ihren Wert zuführt.[11] Der gemeinsame Grund hierfür liegt darin, dass „der gutgläubige Besitzer durch die Regelungen der §§ 987–993 BGB zwar – in gewissen Grenzen – von als unbillig angesehenen Schadensersatzansprüchen des Eigentümers freigestellt werden soll, nicht aber soll er den Wert der Sache behalten dürfen, soweit er sich ihn durch einen objektiv unberechtigten Eingriff in das Eigentum verschafft hat".[12] Mit anderen Worten: Die §§ 987 ff. BGB schützen den Besitzer nicht davor, dass er die gestohlene Sache (hier: die Stoffe) gem. § 985 BGB an den Eigentümer herausgeben muss; kann der Besitzer dies nicht mehr tun, weil er die Sache verarbeitet, verbraucht oder veräußert hat, muss er dem Eigentümer in der Folge grundsätzlich Wertersatz leisten. Ansprüche aus ungerechtfertigter Bereicherung sind also immer dann zuzulassen, wenn der Besitzer sich die **Sache selbst** – im Gegensatz zu den Nutzungen, die allein in den §§ 987 ff. BGB behandelt werden – zuführt.[13]

b) E hat nach § 950 II BGB das **Eigentum an den Stoffen verloren**; umgekehrt hat H gem. § 950 I 1 BGB Eigentum an den Hemden erlangt.

143   c) Als Ausgleich für den Rechtsverlust **verweist § 951 I 1 BGB auf das Bereicherungsrecht.**

aa) **§ 951 I 1 BGB** enthält nach ganz hM eine **Rechtsgrundverweisung** auf § 812 BGB, weil die §§ 946 ff. BGB lediglich sachenrechtliche Zuordnungen treffen, ohne zu bestimmen, wem der Substanzwert der Sache zusteht. Ob Wertersatz zu leisten ist, hängt somit insbesondere von der Rechtsgrundlosigkeit des gesetzlichen Eigentumserwerbs ab (zB nicht bei einem wirksamen Werkvertrag). Die Annahme einer bloßen Rechtsgrundverweisung verhindert vor allem auch, dass das Verhältnis von Eingriffs- und Leistungskondiktion präjudiziert wird. Umstritten ist allerdings, ob der Rechtsgrundverweis alle Alternativen des § 812 BGB erfasst oder lediglich die Eingriffskondiktion.[14] Dies kann hier aber offen bleiben,[15] weil eine Leistungskondiktion des E mangels einer Leistungsbeziehung zwischen E und H ohnehin ausscheidet.

bb) Hinsichtlich der Voraussetzungen einer Eingriffskondiktion gem. § 812 I 1 Alt. 2 BGB hat H zunächst **„etwas erlangt"**, nämlich Eigentum und Besitz an den Hemden. H hat ferner **„auf Kosten"** des E erworben, dh unter unmittelbarer Inanspruchnahme einer dem E zugewiesenen Rechtsposition, da dieser vor der Verarbeitung Eigentümer der Stoffe war. Dies geschah zuletzt **„ohne rechtlichen Grund"**; insbesondere schafft § 951 BGB keinen Rechtsgrund zum Behaltendürfen.

cc) Problematisch ist allerdings, ob die Eingriffskondiktion nicht durch eine **vorrangige Leistung** des G an H ausgeschlossen wird.[16] Dagegen spricht jedoch, dass dem H von G lediglich der Besitz geleistet

---

[10] Zur Anwendbarkeit von § 812 I 1 BGB vgl. BGHZ 14, 7 ff. (8 f.) = NJW 1954, 1194 f. (1195).
[11] Zur Anwendbarkeit von § 816 I 1 BGB vgl. *BGH* NJW 1953, 58 f.
[12] BGHZ 55, 176 ff. (179) – Jungbullen-Fall = NJW 1971, 612 ff. (614 f.); ausführlich hierzu *Hombrecher* JURA 2003, 333 ff.
[13] Vgl. *Larenz/Canaris*, Schuldrecht II/2, § 74 I 2 a; Staudinger/*Gursky*, BGB, vor §§ 987–993 Rn. 41, 43.
[14] Vgl. Palandt/*Herrler*, BGB, § 951 Rn. 2 ff.
[15] Weitere Fallkonstellationen → Rn. 352.
[16] S. zur Lehre vom Vorrang der Leistungskondiktion näher *Larenz/Canaris*, Schuldrecht II/2, §§ 67 IV 3, 70 III 2.

werden konnte; der **Eigentumserwerb erfolgte „in sonstiger Weise"**, nämlich durch Verarbeitung.[17] Gegen die Anerkennung der Verfügung des G als vorrangige Leistung spricht zudem entscheidend die **Wertung der §§ 932 ff. BGB**: Da die Stoffe dem E abhandengekommen sind, hätte E diese bis zur Verarbeitung von H herausverlangen können. Die untergegangene Vindikation setzt sich deshalb in der Eingriffskondiktion fort (**Gedanke der Rechtsfortwirkung** bzw. **des Vindikationsersatzes**).

d) Die **Rechtsfolge des Anspruchs aus § 951 BGB richtet sich nach §§ 818 ff. BGB**, allerdings mit der Modifizierung gem. § 951 I 2 BGB.   **144**

aa) Dies bedeutet, dass die Herausgabe der Stoffe in natura gem. § 812 I 1 Alt. 2 iVm § 951 I 2 BGB nicht verlangt werden kann. Geschuldet ist stattdessen gem. § 818 II BGB **Ersatz des objektiven Wertes** der Stoffe, den diese vor der Verarbeitung hatten, also EUR 2.500,–.

bb) Fraglich ist, ob H den an G **gezahlten Kaufpreis** gem. § 818 III BGB bereicherungsmindernd geltend machen kann. Hiergegen spricht aber, dass die Eingriffskondiktion den verlorenen **Vindikationsanspruch** aus § 985 BGB schuldrechtlich **fortsetzt**.[18] Was also dem § 985 BGB nicht entgegengesetzt werden kann, kann auch dem Anspruch aus §§ 951, 812 BGB nicht entgegengehalten werden. Darüber hinaus ist der gezahlte Kaufpreis kein **infolge** der Bereicherung erlittener Nachteil. Der Kaufpreis wurde zum Erwerb des Stoffes eingesetzt und steht in keinem unmittelbaren Zusammenhang mit der Verarbeitung der Hemden. Zuletzt bleibt H auch nicht rechtlos, da er sich wegen der mangelnden Eigentumsverschaffung an G halten kann.

e) **Zwischenergebnis:** E kann von H EUR 2.500,– verlangen.

2. **Anspruch aus § 816 I 1 BGB**   **145**

a) Auch § 816 I 1 BGB ist als Wertersatzanspruch neben den Ansprüchen aus §§ 987 ff. BGB **anwendbar** (vgl. → Rn. 142).

b) Der Anspruch aus § 816 I 1 BGB setzt eine **Verfügung durch einen Nichtberechtigten** voraus, die dem Berechtigten gegenüber wirksam ist. In Betracht kommt hier lediglich die Verarbeitung des Stoffes zu Hemden. Verfügungen sind aber Rechtsgeschäfte, die unmittelbar darauf gerichtet sind, auf ein bestehendes Recht einzuwirken, es zu verändern, zu belasten, zu übertragen oder aufzuheben.[19] Die **Verarbeitung** eines Stoffes zu Hemden ist überhaupt kein Rechtsgeschäft, sondern eine rein **tatsächliche Handlung**. Dass hierdurch das Eigentum am Rohmaterial übergeht, beruht auf einer gesetzlichen Anordnung und fällt ebenfalls nicht unter den Begriff der Verfügung. § 816 I 1 BGB scheidet damit aus.

3. **Anspruch aus § 285 analog iVm § 985 BGB**   **146**

§ 285 BGB ist auf den dinglichen Anspruch aus § 985 BGB **nicht anwendbar**, da das Surrogat nicht auf dem Besitz, sondern dem Eigentum beruht; hinzu kommt, dass § 816 I 1 BGB eine abschließende Regelung enthält und sonst auch die Opfergrenze überschritten wäre.[20]

B. **Ansprüche des E gegen G**

Ansprüche auf Herausgabe kommen nicht in Betracht, da G nicht mehr in Besitz des Stoffes ist. Es stehen also lediglich Ansprüche auf Schadensersatz und Wertersatz in Rede.

I. **Ansprüche auf Schadensersatz**   **147**

1. **Anspruch aus §§ 990 I, 989 BGB**

a) Zwischen E und G müsste ein **Eigentümer-Besitzer-Verhältnis** bestanden haben. E war bis zu der Verarbeitung durch H Eigentümer der Stoffe; G konnte wegen des Diebstahls der Stoffe von D kein Eigentum gem. § 935 I BGB erwerben, zumal A grob fahrlässig handelte, §§ 932 II, 166 I BGB. G

---

[17] Vgl. auch BGHZ 55, 176 ff. (178) = NJW 1971, 612 ff. (614).
[18] Vgl. nur BGHZ 55, 176 ff. (179 f.) = NJW 1971, 612 ff. (615).
[19] Vgl. → Rn. 2.
[20] Vgl. bereits → Rn. 30, 46.

war ferner Besitzer, da er von D, vermittelt durch den Besitzdiener A (§ 855 BGB), die tatsächliche Gewalt über die Stoffe erlangte. G hatte auch kein Recht zum Besitz, insbesondere wirkt der mit D abgeschlossene Kaufvertrag nicht im Verhältnis zu E.

148 b) Fraglich ist allerdings, ob G beim Erwerb des Besitzes gem. § 990 I BGB **bösgläubig** hinsichtlich der Berechtigung zum Besitz war. G selbst wusste zwar von dem zweifelhaften Erwerb nichts, doch könnte ihm das Verhalten bzw. das **Wissen seines Einkaufsleiters A zurechenbar** sein, der laut Sachverhalt grob fahrlässig handelte (§ 932 II BGB).

aa) **Die Zurechnung des bösen Glaubens von Hilfspersonen** bei § 990 I BGB ist im Gesetz nicht ausdrücklich geregelt. **§ 278 BGB** gilt nur innerhalb bestehender Schuldverhältnisse; das gesetzliche Schuldverhältnis der §§ 987 ff. BGB wird jedoch erst durch den Besitzerwerb begründet. Des Weiteren kommt auch eine direkte Anwendung des **§ 166 BGB** nicht in Betracht; § 166 BGB gilt zwar unmittelbar für rechtsgeschäftliches Handeln (rechtliche Folgen einer Willenserklärung), also insbesondere für den dinglichen Vertrag und die Redlichkeitsvorschriften (§§ 892 f., 932 ff. BGB), doch handelt es sich beim Besitzerwerb um einen rein tatsächlichen Vorgang.[21] Auch eine direkte Anwendung von § 831 BGB scheidet aus, da es bei dieser Norm um die deliktische Haftung des Geschäftsherrn für den Verrichtungsgehilfen geht und nicht um Zurechnungsprobleme beim Besitzerwerb.

bb) Es wird kontrovers diskutiert, wie diese Regelungslücke auszufüllen ist:[22]

149 (1) **Analoge Anwendung des § 831 BGB**

Nach einer Ansicht ist § 831 BGB analog heranzuziehen.[23] Zum einen enthielten die §§ 989, 990 BGB mit den Elementen der Bösgläubigkeit des Besitzers und der schuldhaften Beschädigung der Sache einen **deliktsähnlichen Tatbestand**. Zum anderen gebiete ein **Erst-recht-Schluss aus § 992 BGB** die Anwendung von § 831 BGB auch im Rahmen von § 990 BGB, da selbst in den „schweren" Fällen des § 992 BGB anerkanntermaßen auf § 831 BGB, mit der Möglichkeit eines Exkulpationsbeweises, abzustellen sei. Ein weiteres Argument erwähnen *Medicus/Petersen*:[24] Beschädigt A die Ware vor Besitzergreifung, haftet G gem. § 831 BGB. Es sei daher ein **Wertungswiderspruch**, wenn G gem. §§ 166, 990 BGB ohne Exkulpationsmöglichkeit zum Schadensersatz verpflichtet ist, sofern A die Ware nach dem Besitzerwerb beschädigt. Vor diesem Hintergrund könnte sich G also exkulpieren, da ihn hinsichtlich A weder ein Auswahl- noch ein Überwachungsverschulden trifft.

Gegen eine Analogie zu § 831 BGB spricht, dass der Besitzerwerb als solcher keine Unrechtshandlung darstellt; des Weiteren verlangt § 831 BGB kein subjektiv vorwerfbares Verhalten des Verrichtungsgehilfen und ist überdies eine rechtspolitisch zweifelhafte Norm. Eine analoge Anwendung von § 831 BGB ist deshalb abzulehnen.

150 (2) **Analoge Anwendung des § 166 BGB**

Die **Rspr.** und **hL** bejahen eine Analogie zu § 166 BGB jedenfalls dann, wenn der Besitzherr „den Besitzdiener im Rechtsverkehr vollkommen selbständig für sich hat handeln lassen und der Besitzdiener im Rahmen der ihm zur freien Entscheidung zugewiesenen Tätigkeit den Besitz für den Besitzherrn erworben hat".[25] Dies gelte typischerweise in Großbetrieben, wo der Besitzherr dem Besitzdiener regelmäßig **bei dem Besitzerwerb freie Hand lasse**. Für eine analoge Anwendung des § 166 BGB spricht hier, dass der Besitzherr, „ähnlich wie im Falle der Stellvertretung der Vertretene durch seine Vollmacht, die Voraussetzung dafür geschaffen hat, dass der Besitzdiener zugunsten des Besitzherrn tätig geworden ist".[26] Hinzu kommt, dass in einer solchen Konstellation der Besitzdiener mittels seines guten Glaubens den Geschäftsherrn **zum Eigentümer einer nicht abhanden gekommenen Sache machen kann** und es daher nur konsequent erscheint, wenn sein böser Glaube

---

[21] Vgl. dazu nur *Medicus/Petersen*, Bürgerliches Recht, Rn. 581.
[22] Ausführlich Staudinger/*Gursky*, BGB, § 990 Rn. 43 ff.
[23] Vgl. *Baur/Stürner*, Sachenrecht, § 5 Rn. 15 mwN.
[24] *Medicus/Petersen*, Bürgerliches Recht, Rn. 581.
[25] BGHZ 32, 53 ff. (53) = NJW 1960, 860 ff. (860); vgl. auch *Gursky* JZ 1997, 1154 (1159 f.) speziell zur Hereinnahme von Schecks durch Angestellte einer Bank.
[26] BGHZ 32, 53 ff. (57) = NJW 1960, 860 ff. (861).

dann auch bei der Frage des Besitzerwerbs durchschlägt. Nach der Lehre der analogen Anwendung von § 166 BGB muss sich G somit das grob fahrlässige Handeln des A zurechnen lassen.

c) Die **Unmöglichkeit der Herausgabe** der Stoffe hat G infolge der freiwilligen Weiterveräußerung gem. §§ 990 I, 989 BGB **verschuldet**.[27] Sofern der Mitarbeiter A auch hieran beteiligt war, ist dessen Verschulden gem. §§ 276, 278 I BGB dem G zuzurechnen.

d) Im **Ergebnis** hat E daher einen Anspruch gegen G auf Zahlung von EUR 2.500,– aus §§ 990 I, 989 BGB (bzw. §§ 1007 I, II, III 2, 990 I, 989 BGB bzgl. Besitzinteresse).[28]

2. Anspruch aus §§ 992, 823 II BGB iVm § 259 StGB   151

a) § 992 Alt. 1 BGB ist nicht erfüllt, da sich G den Besitz weder selbst noch über seinen Besitzdiener A durch verbotene Eigenmacht verschafft hat. Die Handlung des D kann G nicht zugerechnet werden.

b) § 992 Alt. 2 BGB scheidet ebenfalls aus, da sich G keiner vorsätzlichen Hehlerei schuldig gemacht hat. Auch für A scheidet dies mangels Vorsatzes aus; im Übrigen könnte sich G in diesem Fall nach § 831 BGB exkulpieren.

II. Ansprüche auf Wertersatz und Surrogatherausgabe   152

1. Anspruch aus § 816 I 1 BGB

a) § 816 BGB ist neben §§ 987 ff. BGB **anwendbar** (s. → Rn. 142).

b) G müsste über die Stoffe als **Nichtberechtigter verfügt** haben. G war **Nichtberechtigter**, da er wegen § 935 I BGB sowie §§ 932 II, 166 I BGB kein Eigentum an den Stoffen erwerben konnte. In der versuchten Übereignung an H liegt eine **Verfügung** iSv § 816 I 1 BGB, obgleich H wegen § 935 I BGB zunächst kein Eigentum erwerben konnte. Für § 816 I 1 BGB genügt auch eine unwirksame Verfügung, weil diese – wie aus § 185 II BGB ersichtlich – durch **Genehmigung** noch wirksam werden kann.

c) Diese Verfügung müsste tatsächlich dem **Berechtigten gegenüber wirksam** sein. An sich ist dies hier nicht erfüllt, da H wegen § 935 I BGB kein Eigentum an den Stoffen erwerben konnte. In Betracht kommt aber eine **Genehmigung der Übereignung** von G an H gem. § 185 II 1 Alt. 1 BGB.   153

aa) Dieser Option steht zwar auf den ersten Blick entgegen, dass G mit der Genehmigung rückwirkend zum Berechtigten würde und somit gar kein Anspruch mehr aus § 816 I 1 BGB bestünde. Da es aber gerade der Sinn der nachträglichen Zustimmung ist, dem E den Zugriff auf den Erlös zu ermöglichen, wird richtigerweise angenommen, dass die Genehmigung sich **lediglich auf die Rechtsfolgen** auswirkt. G bleibt also für die Zwecke des § 816 I 1 BGB Nichtberechtigter.

bb) Zweifel an der Genehmigungsfähigkeit ergeben sich außerdem daraus, dass E zum **Zeitpunkt der Genehmigung** sein **Eigentum** infolge der **Verarbeitung** bereits **verloren** hatte. Grundsätzlich ist nämlich die Rechtsmacht zur Genehmigung zum Zeitpunkt ihrer Vornahme erforderlich. Für den Fall des § 816 I 1 BGB machen jedoch der *BGH* und die **hL** eine Ausnahme, da anderenfalls der durch § 816 I 1 BGB bezweckte Schutz, der die verlorene Vindikation aus § 985 BGB ersetzen soll, unvollkommen wäre. Sie bejahen deshalb die Möglichkeit einer Genehmigung auch dann, wenn die Herausgabe aus rechtlichen Gründen nicht mehr möglich ist.[29] Nach hL und Rspr. hat E gegen G somit einen **Herausgabeanspruch Zug-um-Zug gegen Erteilung der Genehmigung**. Die Genehmigung wird dabei erst dann wirksam, wenn G den Erlös herausgibt, da E andernfalls seinen Wertersatzanspruch gegen H verlieren und zudem das Insolvenzrisiko des G tragen würde (die alternative

---

[27] Vgl. auch Staudinger/*Gursky*, BGB, § 989 Rn. 16, 18.

[28] Es besteht Streit, ob G gem. § 255 BGB nur Zug-um-Zug gegen Abtretung der Ansprüche E gegen H zur Zahlung verpflichtet ist. Nach wohl hM bedarf § 255 BGB einer teleologischen Reduktion bezüglich desjenigen Ersatzpflichtigen, der dem Schaden näher steht (MüKoBGB/*Oetker*, § 255 Rn. 3). Eine Abtretung mache insoweit keinen Sinn, als H entgegnen könnte, dass G ihn von dem abgetretenen Anspruch freihalten muss (Palandt/*Grüneberg*, BGB, § 255 Rn. 4; *Medicus/Petersen*, Bürgerliches Recht, Rn. 927). Nach der Gegenansicht hat G einen Anspruch aus § 255 BGB, weil es für die Annahme eines Gesamtschuldverhältnisses an einer Mitverursachung eines Schädigers fehlt (Staudinger/*Bittner*, BGB, § 255 Rn. 10, 25 f.).

[29] BGHZ 56, 131 ff. (134 f.) = NJW 1971, 1452 f.; s. zugleich abgrenzend BGHZ 107, 340 ff. = NJW 1989, 2049 f.; *Medicus/Petersen*, Bürgerliches Recht, Rn. 598.

Konstruktion einer auflösenden Bedingung wird von der hM abgelehnt, da einseitige Rechtsgeschäfte, durch die ein Dritter betroffen wird, grundsätzlich bedingungsfeindlich sind).

d) Gem. § 816 I 1 BGB kann E sonach von G **Herausgabe des durch die Verfügung Erlangten** verlangen. Problematisch ist jedoch, worauf sich diese Herausgabepflicht bezieht:[30]

154 aa) **Herausgabe des objektiven Werts**

Nach einer Ansicht ist die Herausgabepflicht des Nichtberechtigten der Höhe nach durch den **objektiven Wert des veräußerten Gegenstands begrenzt**, im vorliegenden Fall also auf den Betrag von EUR 2.500,–. Diese Begrenzung sei deshalb geboten, weil der Gewinn ausschließlich auf der **Geschäftstüchtigkeit** des Nichtberechtigten beruht und daher prinzipiell diesem zusteht. Ferner entstünde ein **Wertungswiderspruch zu §§ 687 II 1, 681 S. 2, 667 BGB**, die bei wissentlicher Eigengeschäftsführung eine Pflicht zur Gewinnherausgabe anordnen; es wäre daher systemwidrig, wenn ein schuldlos handelnder Nichtberechtigter über § 816 I 1 BGB auf dieselbe Rechtsfolge haften würde. Ferner sei das durch die Verfügung Erlangte die **Befreiung** des Nichtberechtigten von seiner **Verbindlichkeit** aus dem Grundgeschäft mit dem Dritten. Da diese Befreiung nicht herausgegeben werden kann, muss der Veräußerer nach § 818 II BGB ihren **objektiven Wert** ersetzen. Schließlich sollen auch **Wertungswidersprüche** mit der Herausgabepflicht des objektiven Werts **gem. § 818 I BGB** vermieden werden.

155 bb) **Herausgabe des Gewinns**

Nach der von der Rspr. und hL vertretenen Gegenansicht umfasst die Herausgabepflicht **auch das commodum ex negotiatione**, vorliegend also EUR 4.000,–. Diese Auffassung ist aus folgenden Gründen vorzugswürdig: Der Berechtigte trägt unstreitig das **Risiko eines Unter-Wert-Verkaufs** und daher ist es nur folgerichtig, ihm gegebenenfalls einen Mehrerlös zu überlassen. Dies entspricht auch der **gesetzgeberischen Regelungsabsicht.**[31] Zudem ermöglicht diese Auslegung eine Harmonisierung mit der Herausgabepflicht des commodum ex negotiatione bei § 285 BGB. Gegen das Argument eines Wertungswiderspruchs zu § 818 I BGB lässt sich anführen, dass dort nur ein obligatorischer Rückübertragungsanspruch betroffen ist, während bei § 816 I 1 BGB ein **dinglicher Anspruch** verloren geht.

Einschränkung: Der Anspruch auf Gewinnherausgabe ist allerdings gem. § 242 BGB zu versagen, wenn der Durchsetzung des Anspruchs aus § 985 BGB gegen den Erwerber keine wesentlichen Schwierigkeiten entgegenstehen und eine Genehmigung nur dazu dienen soll, den von dem Verfügenden erzielten Gewinn zu erlangen.

156 e) Fraglich ist schließlich, ob sich G gegenüber dem Anspruch aus § 816 I 1 BGB **bereicherungsmindernd** auf den an **D gezahlten Kaufpreis** berufen kann, § 818 III BGB. Dies ist jedoch vor allem deshalb abzulehnen, weil der Anspruch aus § 816 I 1 BGB als schuldrechtlicher **Vindikationsersatz** dient (s. → Rn. 144).

f) **Zwischenergebnis:** E hat gegen G einen Anspruch gem. § 816 I 1 BGB in Höhe von EUR 4.000,–.

2. **Anspruch aus § 812 I 1 Alt. 2 BGB**

Dieser Anspruch tritt als gegenüber § 816 I 1 BGB subsidiär zurück.

157 3. **Anspruch aus §§ 687 II, 681 S. 2, 667 BGB**

Dieser Anspruch scheidet ebenfalls aus, da G keine positive Kenntnis des fehlenden Eigentums hatte.

4. **Anspruch aus § 285 BGB**

Eine direkte Anwendung des § 285 BGB scheidet aus, weil er einen schuldrechtlichen Anspruch voraussetzt. E hat aber gegen G nur den dinglichen Anspruch aus § 985 BGB, auf den § 285 BGB auch nicht analog anwendbar ist (s. → Rn. 146).

---

[30] Dazu eingehend *Larenz/Canaris*, Schuldrecht II/2, § 72 I 2; Staudinger/*Lorenz*, BGB, § 816 Rn. 23 ff.
[31] Mot. III, S. 224.

C. Ergebnis

E kann von G EUR 4.000,– aus § 816 I 1 BGB verlangen, wenn er die Veräußerung der Stoffe von G an H genehmigt. Genehmigt E die Verfügung nicht, hat er gegen H einen Anspruch aus §§ 951 I, 812 ff. BGB in Höhe von EUR 2.500,–. Daneben besteht alternativ ein Anspruch E gegen G aus §§ 990 I, 989 BGB auf Zahlung von EUR 2.500,–.

Fall 5: „Von indisponierten Notaren und Rechtspflegern"[32]

Sachverhalt

Der Monat Mai brachte für *Ernst* (E) scheinbar doppeltes Glück: Zunächst erbte er ein unbebautes Grundstück im Schwarzwald und sodann stellte ihm seine *Victoria* (V) die Heirat für das nächste Jahr in Aussicht. E war über den Vorschlag von V hocherfreut und beschloss, das Grundstück der V zur geplanten Hochzeit zu schenken. Noch Ende Mai 2016 begaben sich E und V deshalb zum Notar, ließen die Grundstücksschenkung beurkunden und erklärten die Auflassung. E war freilich vorsichtig genug, um gegenüber dem Notar und der V klarzustellen, dass Schenkung und Auflassung natürlich erst zum Zeitpunkt der standesamtlichen Trauung wirksam werden sollen. Anfang Juni wurde V als Eigentümerin des Grundstücks ins Grundbuch eingetragen.

Nachdem V noch im Juni unerwartet in finanzielle Schwierigkeiten geraten war, fasste sie den Entschluss, das Grundstück, das sie infolge Auflassung und Eintragung für ihr Eigentum hielt, bereits jetzt zu Geld zu machen. Sie verpachtete das Grundstück daher zunächst für die Dauer des Monats Juli an den Landwirt L zum verkehrsüblichen Pachtzins von EUR 500,–. Ende Juli gelang es der V, das Grundstück zum Preis von EUR 250.000,– an B zu verkaufen. Nachdem sich B am 1. August 2016 durch einen Blick ins Grundbuch von der Berechtigung der V überzeugt hatte, erklärten sie am 6. August vor einem Notar die Auflassung. Noch am selben Tag beantragte B daraufhin beim zuständigen Grundbuchamt die Eintragung. Zwischenzeitlich war E indes nach einer heftigen Beziehungskrise sowie Einholung juristischen Rats unsicher geworden und erwirkte schließlich eine einstweilige Verfügung, aufgrund derer am 3. August 2016 ein Widerspruch gegen die Eintragung der V ins Grundbuch aufgenommen wurde. Ungeachtet dieses Widerspruchs kam es am 15. August infolge eines Versehens des Grundbuchamtes zur Eintragung des B.

Im Oktober 2016 ließ B auf dem Grundstück einen Tennisplatz errichten. Anfang November wurde E durch Zufall auf die Bebauung aufmerksam und stellt nunmehr fest, dass B als Grundstückseigentümer eingetragen ist. Empört verlangt er von B die sofortige Richtigstellung des Grundbuches. B erklärt, das komme überhaupt nicht in Frage, schließlich habe er Eigentum an dem Grundstück erworben. Im Übrigen sei er zur Berichtigung jedenfalls nur dann bereit, wenn E ihm den Kaufpreis sowie die Herstellungskosten für die Tennisanlage von EUR 50.000,– erstatte. Es ginge doch nicht an, dass E sich durch die Wertsteigerung des Grundstücks iHv EUR 50.000,– auf seine Kosten auch noch bereichere. E erwidert, die Tennisanlage interessiere ihn nicht. Er wolle vielmehr deren Beseitigung durch B, da sich die Verbindung mit V mittlerweile endgültig gelöst habe und E das Grundstück nunmehr zum Hausbau verwenden werde. Die Geschäfte der V gingen ihn außerdem überhaupt nichts an.

1. Hat das Berichtigungsbegehren des E mit Rücksicht auf die Einwände des B Erfolg?

2. Kann E den Pachtzins von EUR 500,– von V herausverlangen? Ändert sich an dem Ergebnis etwas, wenn E das Grundstück der V nicht geschenkt, sondern verkauft hätte und der Kaufvertrag sowie die Auflassung aus irgendeinem Grund nichtig sind?

---

[32] Sachenrechtliche Probleme im Zusammenhang mit der Unrichtigkeit des Grundbuchs lassen sich häufig nur veranschaulichen, wenn man den juristischen Akteuren – nolens volens – ein hohes Maß an Inkompetenz unterstellt.

Lösung

Frage 1:

158 I. **Als Anspruchsgrundlage für das Berichtigungsbegehren des E kommt zunächst § 894 BGB in Betracht.** Danach kann derjenige, dessen Recht an einem Grundstück im Grundbuch nicht richtig eingetragen ist, die Zustimmung zu der Berichtigung des Grundbuches von demjenigen verlangen, dessen Recht durch die Berichtigung betroffen wird. E, der für sich das Eigentum an dem Grundstück beansprucht, begehrt von B, der derzeit als Eigentümer eingetragen ist und daher von der Berichtigung betroffen wäre, **die Abgabe der nach § 19 GBO zur Richtigstellung des Grundbuches erforderlichen Bewilligung.** Der Grundbuchberichtigungsanspruch gem. § 894 BGB hätte dann Erfolg, wenn das Grundbuch hinsichtlich der Eigentumsrechte an dem Grundstück zu Lasten des E unrichtig und B nicht zur Verweigerung der Bewilligung berechtigt wäre.

1. Zu prüfen ist demnach als Erstes, **ob B anstelle des E zu Unrecht als Eigentümer** des Grundstücks im Grundbuch eingetragen ist.

a) **E war ursprünglich Eigentümer** des Grundstücks (als Gesamtrechtsnachfolger gem. § 1922 I BGB). Er könnte das Grundstück **jedoch auf V übertragen** haben.

aa) Die **Übertragung von Grundstückseigentum** erfordert die **Einigung** des Veräußerers und des Erwerbers des Grundstücks über den Eigentumsübergang, §§ 873, 925 BGB, die **Eintragung** des Erwerbers ins Grundbuch sowie die **Verfügungsberechtigung** des Veräußerers, § 873 BGB. Problematisch ist vorliegend bereits die Einigung.

159 bb) Die **Einigung** über den Eigentumsübergang an einem Grundstück (Auflassung) muss **gem. § 925 I 1 BGB bei gleichzeitiger Anwesenheit beider Teile** vor einer zuständigen Stelle erklärt werden. E und V haben die Auflassung vor einem Notar erklärt, der gem. § 925 I 2 BGB zur Entgegennahme der Einigungserklärungen zuständig war. Die Auflassung sollte allerdings erst mit der standesamtlichen Hochzeit wirksam werden, also aufschiebend bedingt sein, § 158 I BGB. Eine solche **bedingte Auflassung ist nach § 925 II BGB unwirksam.** Trotz der Eintragung der V ins Grundbuch **hat V mithin gem. § 873 I BGB kein Eigentum** an dem Grundstück erworben.

b) E könnte aber durch Übereignung des Grundstücks von **V an B gem. §§ 873, 925, 892 BGB** das Eigentum an dem Grundstück verloren haben.

aa) V und B haben sich am 6. August 2016 wirksam vor einem Notar über den Eigentumsübergang an dem Grundstück **geeinigt**; zudem wurde B am 15. August in das Grundbuch als Eigentümer des Grundstücks **eingetragen**. V verfügte jedoch **als Nichtberechtigte**, da sie infolge der unwirksamen Auflassung nicht Grundstückseigentümerin geworden ist und die Verfügung über das Grundstück auch nicht mit Einwilligung des E (§ 185 I BGB) erfolgte.

160 bb) Es ist somit fraglich, **ob B gutgläubig Eigentum von der nichtberechtigten V erworben hat.** Nach § 892 I BGB gilt gegenüber demjenigen, der ein Recht an einem Grundstück erwirbt, der Inhalt des Grundbuches als richtig, es sei denn, dass ein Widerspruch gegen die Richtigkeit eingetragen oder die Unrichtigkeit dem Erwerber bekannt ist. Hier war V zur Zeit der Veräußerung des Grundstücks an B als Eigentümerin im Grundbuch eingetragen. Diese Eintragung war falsch, da V wegen der unwirksamen Auflassung kein Eigentum von E erworben hatte. Dem B war die Unrichtigkeit dieser Eintragung jedoch nicht bekannt, zumal er das Grundbuch sogar auf die Berechtigung der V hin überprüft hatte. B war folglich zu dem nach § 892 II BGB maßgeblichen Zeitpunkt, nämlich als er am 6. August 2016 seine Eintragung ins Grundbuch beantragte, **gutgläubig.**

161 Indessen scheitert ein gutgläubiger Eigentumserwerb des B gem. § 892 BGB daran, dass im Moment der Vollendung des Rechtserwerbs am 15. August 2016 ein **Widerspruch** gegen die Richtigkeit des Grundbuchs eingetragen war. Aufgrund einstweiliger Verfügung des E wurde am 3. August 2016 der Widerspruch (§ 899 I BGB) gegen die Eigentümerstellung der V im Grundbuch verzeichnet. Der Widerspruch konnte kraft einstweiliger Verfügung auch ohne Bewilligung der V in das Grundbuch aufgenommen werden, § 899 II BGB. Aufgrund dieses Widerspruchs ist ein gutgläubiger Rechtserwerb des B nach § 892 I 1 BGB ausgeschlossen. Maßgeblich ist dabei, dass der Wider-

spruch **zum Zeitpunkt der Vollendung des Rechtserwerbs durch B,** nämlich mit dessen Eintragung am 15. August 2016, im Grundbuch vermerkt war. Der Moment der Antragstellung am 6. August 2016 ist daneben ohne Bedeutung. Insbesondere **gilt § 892 II BGB** im Falle der Eintragung eines Widerspruchs nach Antragstellung des Erwerbers **nicht analog,**[33] worauf es im vorliegenden Fall aber ohnehin nicht ankommt, da der Widerspruch schon vor Stellung des Eintragungsantrags aufgenommen wurde. B ist mithin zu Unrecht als Eigentümer eingetragen.

2. Das Berichtigungsbegehren des E gem. § 894 BGB wäre jedoch nur dann erfolgreich, **wenn dem B kein Recht zur Verweigerung der Bewilligung zusteht.** **162**

a) Fraglich ist zunächst, **ob B wegen der Tennisanlage einen Zahlungsanspruch iHv EUR 50.000,– gegen E hat** und ob ihn dieser Anspruch zur Verweigerung der begehrten Bewilligung berechtigt.

aa) Ein solches **Zurückbehaltungsrecht könnte aus den §§ 994, 996 iVm § 1000 S. 1 BGB analog (bzw. § 273 II BGB) folgen.**

(1) Als erstes Problem ist hierbei zu klären, **ob § 1000 S. 1 BGB analoge Anwendung auf den Berichtigungsanspruch aus § 894 BGB findet,** da das Zurückbehaltungsrecht des § 1000 BGB dem Wortlaut und seiner systematischen Stellung nach nur für den Herausgabeanspruch aus § 985 BGB gilt. Bei dem Anspruch aus § 894 BGB handelt es sich aber **ebenfalls um einen dinglichen Anspruch,** der die Beseitigung einer Beeinträchtigung des Eigentums erfasst. Während § 985 BGB der Besitzverschaffung dient, **verschafft sich der Eigentümer aufgrund des § 894 BGB den richtigen Grundbucheintrag.** Es erscheint daher sachgerecht, dem unrechtmäßigen Besitzer das Zurückbehaltungsrecht aus § 1000 BGB auch dann zu gewähren, wenn der Eigentümer Berichtigung des Grundbuches verlangt.[34] **163**

Sofern man demgegenüber eine analoge Anwendung des § 1000 BGB ablehnt, kommt ein **Zurückbehaltungsrecht gem. § 273 II BGB** in Betracht.[35] Diese Bestimmung setzt zwar einen **fälligen Gegenanspruch** voraus, während der Verwendungsersatzanspruch gem. § 1001 BGB an sich erst mit Wiedererlangung der Sache oder Genehmigung der Verwendung fällig wird. Der *BGH*[36] nimmt jedoch hinsichtlich der Grundbuchberichtigung schon bei der hierauf gerichteten Klage ein Zurückbehaltungsrecht nach § 273 II BGB an, weil der Bucheigentümer die Verwendungen gerade auf das von diesem Recht betroffene Eigentum gemacht hat und ihm daher bereits mit der Zustimmung zur Eigentumsumschreibung ein Sicherungsmittel für seine Verwendungen entzogen wird. In der Konsequenz dieser Auffassung wäre die Sonderregelung des § 1000 S. 1 BGB neben § 273 II BGB eigentlich entbehrlich.[37] § 1000 S. 1 BGB ist jedoch richtigerweise als die speziellere Vorschrift vorrangig heranzuziehen.

Von der hier erörterten Frage der Anwendbarkeit des § 1000 BGB auf den Anspruch aus § 894 BGB ist das Problem zu unterscheiden, ob die §§ 987 ff. BGB allgemein auf den nicht besitzenden Buchberechtigten analog anwendbar sind.[38] Da B nicht nur Buchberechtigter, sondern auch Besitzer war, als er den Tennisplatz errichtete, kommt es hierauf im vorliegenden Fall jedoch nicht an.

(2) Die §§ 1000 S. 1, 996 BGB begründen ferner nur dann ein Leistungsverweigerungsrecht des B, wenn er **während des Bestehens eines EBV** Verwendungen auf das Grundstück gemacht hat. Ein EBV lag hier vor, da E Eigentümer des Grundstücks geblieben ist und B zum Zeitpunkt der Errichtung des Tennisplatzes unrechtmäßiger Besitzer des Grundstücks war. Gegenüber E stand B kein Besitzrecht zu, weil der Kaufvertrag mit V nur ein relatives Besitzrecht dieser gegenüber begründet, § 986 BGB. **164**

(3) § 1000 S. 1 BGB setzt weiterhin voraus, dass der Besitzer **Verwendungen auf die Sache gemacht hat.** Es ist somit zu prüfen, ob es sich bei der Errichtung des Tennisplatzes um eine Verwendung auf das **165**

---

[33] Vgl. MüKoBGB/*Kohler*, § 892 Rn. 45; *Wieling,* Sachenrecht, § 20 II 4 c ee.
[34] Vgl. Staudinger/*Gursky*, BGB, § 1000 Rn. 15; *Medicus/Petersen,* Bürgerliches Recht, Rn. 454.
[35] So BGHZ 75, 288 ff. (293) = NJW 1980, 833 ff. (834); BGHZ 150, 138 ff. (144) = NJW 2002, 2313 ff. (2315).
[36] Vgl. BGHZ 75, 288 ff. (293) = NJW 1980, 833 ff. (834).
[37] Staudinger/*Gursky*, BGB, § 1000 Rn. 3; anders Palandt/*Herrler,* BGB, § 1000 Rn. 1.
[38] Vgl. Palandt/*Herrler,* BGB, § 894 Rn. 10; *Wolf/Wellenhofer,* Sachenrecht, § 20 Rn. 9.

Grundstück iSd §§ 994 ff. BGB handelt. **Verwendungen sind alle willentlichen Vermögensaufwendungen des Besitzers, die einer Sache zugutekommen, indem sie sie wiederherstellen, erhalten oder verbessern.**[39] Insoweit handelte es sich hier um eine Verwendung, da der Tennisplatz dem ursprünglich unbebauten Grundstück zu einer Wertsteigerung verhilft, ihm also wirtschaftlich gesehen zugutekommt. Es ist jedoch strittig, ob auch dann noch von einer Verwendung auf die Sache gesprochen werden kann, wenn die Maßnahme des Besitzers zu einer **grundlegenden Veränderung oder Umgestaltung der Sache** führt. Diese Kontroverse betrifft insbesondere die Errichtung einer baulichen Anlage auf einem bisher unbebauten Grundstück, weil das Grundstück infolge der Bebauung einer anderen als der bisherigen Zweckbestimmung unterworfen wird:

166 (a) **Der enge Verwendungsbegriff der Rechtsprechung**

Nach der Rspr. kann nur dort von einer Verwendung gesprochen werden, wo die Sache als solche erhalten bleibt, also **weiterhin wie bisher verwendet werden kann.** Eine verändernde Maßnahme, wie zB die Bebauung eines bisher unbebauten Grundstücks, stelle keine Verwendung dar.[40] Nach Auffassung des *BGH* würde bei Zugrundelegung des weiten Verwendungsbegriffs der Anwendungsbereich der §§ 994 ff. BGB in einer Weise extendiert, „die ersichtlich nicht mehr dem Zweck der gesetzlichen Regelung entspräche und für die auch kein vernünftiges wirtschaftliches Bedürfnis bestünde".[41]

Konsequenz: Sofern man diesem engen Verwendungsbegriff des *BGH* folgt, kommt ein Ersatz der Aufwendung für den Tennisplatz bereits deshalb nicht in Betracht, weil es sich um keine Verwendung auf das Grundstück handelt. Infolge der Errichtung des Tennisplatzes wird das bisher unbebaute Grundstück einer anderen als der bisherigen Zweckbestimmung unterworfen. Dementsprechend scheidet auch ein Zurückbehaltungsrecht nach den §§ 1000 S. 1, 996 BGB aus.

167 (b) **Der weite Verwendungsbegriff des Schrifttums**

Nach der Gegenauffassung, die heute überwiegend im Schrifttum vertreten wird,[42] liegt auch im Falle einer verändernden Maßnahme eine Verwendung vor. Entscheidend ist danach allein, dass die Maßnahme der Sache irgendwie zugutekommt. Diese Definition der „Verwendung" entspricht dem **traditionellen Begriffsverständnis**, so wie es auch der Gesetzgeber hatte. Teleologisch ist zudem kennzeichnend, dass sich der enge Verwendungsbegriff der Rechtsprechung **über das differenzierte System der §§ 994 ff. BGB hinwegsetzt** und zu unsachgerechten Lösungen führt. Weder das Bereicherungsrecht noch das in der Regel wertlose Wegnahmerecht gem. § 997 BGB bilden adäquate Alternativen. Daher erscheint es richtig, der hL zu folgen und **auch Umgestaltungsaufwendungen als Verwendungen iSd §§ 994 ff. BGB anzusehen.**

(4) Des Weiteren ist zu prüfen, ob die Errichtung des Tennisplatzes eine nach den §§ 994 ff. BGB ersatzfähige Verwendung darstellt. Da es sich jedenfalls um **keine notwendige Verwendung iSv § 994 BGB** handelt, kommt nur ein **Aufwendungsersatz gem. § 996 BGB** in Betracht. Die Tennisplatzerrichtung müsste demnach eine **nützliche (wertsteigernde) Verwendung** sein. Dabei ist strittig, ob die Wertsteigerung objektiv oder subjektiv zu bestimmen ist:

168 (a) **MM: Subjektive Wertsteigerung**

Ein Teil der Literatur stellt den **Eigentümerschutz** in den Vordergrund und plädiert dafür, die Wertsteigerung aus dem Blickwinkel des Eigentümers zu bestimmen.[43] Der Eigentümer solle nicht für solche Verwendungen Wertersatz leisten müssen, die ihm nichts nützen. Es müssten hier die **gleichen Grundsätze wie bei der aufgedrängten Bereicherung** gem. § 818 II BGB zur Geltung kommen, wo ebenfalls die Ansicht vertreten wird, dass die subjektive Brauchbarkeit das entscheidende Krite-

---

[39] Vgl. nur BGHZ 166, 364 ff. (Tz. 9) = NJW 2006, 1729 ff.; Palandt/*Herrler*, BGB, § 994 Rn. 2.

[40] Vgl. BGHZ 41, 157 ff. (160 f.) = NJW 1964, 1125 ff. (1127); 10, 171 ff. (171, 178) = NJW 1953, 1466 f. (1466 f.); offen gelassen in *BGH* NJW 2015, 229 ff. (Tz. 16).

[41] BGHZ 41, 157 ff. (161) = NJW 1964, 1125 ff. (1127).

[42] Vgl. Staudinger/*Gursky*, BGB, vor §§ 994–1003 Rn. 5 ff.; *Medicus/Petersen*, Bürgerliches Recht, Rn. 877; *Larenz/Canaris*, Schuldrecht II/2, §§ 74 I 3, 72 IV 3 b aE; *Wieling*, Sachenrecht Bd. I, § 12 V 3 c; *Kindl* JA 1996, 201 ff. (202).

[43] Vgl. etwa Palandt/*Herrler*, BGB, § 996 Rn. 2; *Wieling*, Sachenrecht, § 12 V 3 b aa (mit dem Beispiel, dass der Besitzer eines Blindenhundes diesen zum Jagdhund ausbildet, wovon aber der blinde Eigentümer keinen Nutzen hat).

rium bildet. Folgt man dieser Auffassung, so scheidet im vorliegenden Fall ein Ersatzanspruch nach § 996 BGB aus, da E das Grundstück zum Hausbau verwenden will und den Tennisplatz ohnehin beseitigen wird.

(b) **HM: Objektive Wertsteigerung**   169

Nach herrschender und richtiger Ansicht ist die Wertsteigerung iSv § 996 BGB objektiv zu bestim-men.[44] Die hM stützt sich dabei zum einen auf den **Wortlaut** der Vorschrift. Zum anderen wird argu-mentiert, dass auch die **Entschädigungsinteressen des Besitzers** Beachtung finden müssen. De lege lata stelle **§ 993 I aE BGB den Besitzer weitgehend von Schadensersatzansprüchen frei**, sodass es in-konsequent wäre, ihm Nachteile bezüglich der Zwecksetzung aufzuerlegen. Der Eigentümer sei nicht einmal vor einer Zerstörung oder Verschlechterung der Sache durch den gutgläubigen Erwerber ge-schützt. Eine objektive Bestimmung der Wertsteigerung bei § 996 BGB mute dem Eigentümer hinge-gen allenfalls eine **Umstrukturierung seines Vermögens** oder einen faktischen Veräußerungzwang zu, jedoch keine echte Vermögenseinbuße. Diese relativ milderen Eingriffe in seine Rechtsposition hat der Eigentümer demnach erst recht hinzunehmen. Schließlich bestimmt **§ 994 II BGB**, dass nur beim bös-gläubigen Besitzer über die Anwendung der Regeln der GoA das Interesse bzw. der Wille des Eigen-tümers maßgeblich ist. Im Ergebnis handelt es sich vorliegend also um nützliche Verwendungen.

(5) Ersatz seiner nützlichen Verwendungen kann aber nur der **redliche und unverklagte Besitzer** verlan-gen. Beim Erwerb des Besitzes schadet gem. § 990 I 1 BGB Kenntnis und grob fahrlässige Unkennt-nis vom fehlenden Besitzrecht,[45] später nach S. 2 nur noch positive Kenntnis. Hier hatte B beim Be-sitzerwerb keine positive Kenntnis von seinem fehlenden Besitzrecht. Auch die Tatsache, dass er am 6. August 2016 vor der Erklärung der Auflassung nicht ein zweites Mal Einsicht in das Grundbuch genommen hat, wodurch er den zwischenzeitlich eingetragenen Widerspruch hätte erkennen kön-nen, begründet nicht den Vorwurf grober Fahrlässigkeit.   170

(6) **Zwischenergebnis:** B kann gem. § 996 BGB EUR 50.000,– Verwendungsersatz von E verlangen, da er sich zum Zeitpunkt der Tennisplatzerrichtung für besitzberechtigt hielt und der Wert des Grund-stücks durch die Anlage noch im Moment der Rückgabe des Grundstücks an E objektiv erhöht ist. Entsprechend den §§ 996, 1000 S. 1 BGB ist er somit berechtigt, die Zustimmung zur Grundbuch-berichtigung solange zu verweigern, bis E ihm EUR 50.000,– bezahlt.

bb) B könnte des Weiteren **wegen eines Bereicherungsanspruchs gegen E gem. §§ 273, 951 I, 946, 812 I 1 Alt. 2 BGB zur Verweigerung der Bewilligung der Grundbuchberichtigung berechtigt sein.**   171

(1) B hat infolge der Errichtung des Tennisplatzes auf dem Grundstück des E einen **Rechtsverlust gem. § 951 I iVm § 946 BGB erlitten**. Die Sportanlage ist als bauliche Anlage mit dem Grundstück fest verbunden worden. Der Tennisplatz bildet demnach einen **wesentlichen Bestandteil des Grund-stücks, §§ 93, 94 I 1 BGB**. In der weiteren Folge hat E als Eigentümer des Grundstücks gem. § 946 BGB auch das Eigentum an der Sportanlage erhalten. Als Ausgleich für den Rechtsverlust kann nunmehr B grundsätzlich eine Vergütung in Geld gem. § 951 I 1 iVm §§ 812 ff. BGB verlangen. Sofern B nicht Eigentümer der mit dem Grundstück verbundenen Materialien war, weil diese von einem Dritten (Bauunternehmer) direkt eingebaut wurden, kommt gleichermaßen eine Aufwen-dungskondiktion gem. § 812 I 1 Alt. 2 BGB in Betracht.

(2) Zu klären ist jedoch, **ob die §§ 812 ff. BGB neben den Sonderregelungen der §§ 994 ff. BGB über-**haupt zur Anwendung gelangen können:

(a) **MM: Kumulative Anwendbarkeit**   172

Teilweise wird vertreten, dass die §§ 994 ff. BGB und die §§ 951, 812 BGB nebeneinander ange-wandt werden können:[46] Die strengeren Voraussetzungen für den Wertersatzanspruch der §§ 994 ff.

---

[44] Vgl. Staudinger/*Gursky*, BGB, § 996 Rn. 5 ff.; *Larenz/Canaris*, Schuldrecht II/2, § 72 IV 3 b; *Medicus/Petersen*, Bürgerliches Recht, Rn. 879; *Brehm/Berger*, Sachenrecht, 8.72 (mit dem Beispiel, dass der redliche Besitzer ein Haus behindertengerecht umbaut).
[45] Dies gilt auch bei Grundstücken, vgl. BGHZ 184, 358 ff. (Tz. 11) = NJW 2010, 2664 ff.; Staudinger/*Gursky*, BGB, § 990 Rn. 10; Palandt/*Herrler*, BGB, § 990 Rn. 4 mwN.
[46] Vgl. *Larenz/Canaris*, Schuldrecht II/2, § 74 I 3; *Medicus/Petersen*, Bürgerliches Recht, Rn. 897.

BGB begründeten sich damit, **dass dieser Anspruch im Unterschied zum Kondiktionsanspruch das Herausgabeverlangen des Eigentümers blockiere**; im Übrigen könne der Kondiktionsanspruch nach den Regeln über die aufgedrängte Bereicherung korrigiert werden.

173 (b) **HM: §§ 994 ff. BGB Spezialbestimmungen**

Nach der zutreffenden hM[47] verdrängen die §§ 994 ff. BGB die §§ 951, 812 BGB als Sonderregelungen jedenfalls insoweit, als eine Aufwendung als Verwendung iSd §§ 994 ff. BGB zu verstehen ist. Anderenfalls würde vor allem **das differenzierte Haftungssystem der §§ 994 ff. BGB gestört.** Denn während der Besitzer aufgrund des Bereicherungsrechts auch bei grob fahrlässiger Unkenntnis vom Mangel seines Besitzrechts Wertersatz vom Eigentümer verlangen kann, kommt nach den §§ 994 ff. BGB in diesem Fall lediglich ein Ersatz für notwendige Verwendungen in Betracht, § 994 II BGB.

b) Fraglich ist des Weiteren, ob B die Grundbuchberichtigung verweigern kann, bis ihm E den an V gezahlten Kaufpreis erstattet. Ein solches Zurückbehaltungsrecht ist indessen nicht ersichtlich. Ein Zurückbehaltungsrecht nach § 1000 S. 1 BGB scheidet bereits deshalb aus, weil die **Erwerbskosten für das Grundstück keine Verwendung** auf die Sache sind.[48] Weiterhin ist auch kein Zurückbehaltungsrecht nach § 273 BGB denkbar, da kein Erstattungsanspruch des B gegen E besteht.

3. **Ergebnis zu § 894 BGB:**

E kann von B gem. § 894 BGB die Zustimmung zur Berichtigung des Grundbuches nur Zug-um-Zug gegen Zahlung von EUR 50.000,– Verwendungsersatz verlangen.

174 4. **Exkurs (Lösung nach *BGH*):**

Die Problematik des Konkurrenzverhältnisses zwischen dem Bereicherungsrecht und den §§ 994 ff. BGB stellt sich anders dar, wenn man dem engen Verwendungsbegriff des *BGH* folgt.

a) Dabei ist fraglich, **ob die §§ 994 ff. BGB die §§ 951, 812 BGB auch dann verdrängen, wenn eine Aufwendung keine Verwendung iSd §§ 994 ff. BGB darstellt.**

175 aa) Der *BGH* und Teile des Schrifttums halten die §§ 994 ff. BGB auch in diesem Fall für eine **abschließende Regelung.**[49] Aufwendungen, die der Besitzer im EBV gemacht hat, kann er demnach schlechthin nur unter den Voraussetzungen der §§ 994 ff. BGB ersetzt verlangen. Damit wird vermieden, **dass der unredliche Besitzer entgegen § 996 BGB auch für nützliche Verwendungen Ersatz erlangt.**

176 bb) Im Schrifttum wird demgegenüber zT die Auffassung vertreten, dass der unrechtmäßige Besitzer seine Aufwendungen dann **nach den allgemeinen Vorschriften** ersetzt verlangen kann, wenn die Aufwendung – wie im Fall des engen Verwendungsbegriffs des *BGH* – nicht zugleich eine Verwendung im Sinne der §§ 994 ff. BGB darstellt.[50] Ansonsten entstünde eine **unbillige Haftungslücke,** wenn – wie hier – ein redlicher unrechtmäßiger Besitzer nützliche Aufwendungen auf die Sache macht, die nicht dem engen Verwendungsbegriff des *BGH* unterfallen. Dem Besitzer bliebe dann nur das meist wertlose Wegnahmerecht gem. § 997 I BGB. Im Übrigen führte die Ausschließlichkeit der §§ 994 ff. BGB dazu, dass der **besitzende Verwender wesentlich schlechter steht** als der nichtbesitzende. Andererseits sei auch der Eigentümer gegenüber dem Kondiktionsanspruch des Besitzers nach den Grundsätzen über die aufgedrängte Bereicherung ausreichend geschützt.

177 b) Nach der Rspr. scheidet eine Anwendung der §§ 951, 812 ff. BGB somit aus. Folgt man dagegen der zuletzt genannten Minderansicht im Schrifttum, hat B einen **Bereicherungsanspruch gegen E gem. § 812 I 1 Alt. 2 BGB.** E hat nach den §§ 946, 94 BGB in sonstiger Weise Eigentum an dem Tennisplatz erlangt. Die Begründung von Eigentum an der Sportanlage geschah zudem auf Kosten des B und ohne Rechtsgrund. B könnte von E gem. §§ 812 I 1 Alt. 2, 818 II BGB mithin Ersatz des ob-

---

[47] Vgl. Staudinger/*Gursky,* BGB, vor §§ 994–1003 Rn. 43; *Wieling,* Sachenrecht Bd. I, § 12 V 6; *Prütting,* Sachenrecht, Rn. 567.
[48] Vgl. nur Palandt/*Herrler,* BGB, § 994 Rn. 3; MüKoBGB/*Baldus,* § 994 Rn. 23 mwN.
[49] Vgl. BGHZ 41, 157 ff. (162): „Die Beziehungen zwischen Eigentümer und nichtberechtigtem Besitzer haben (…) durch die §§ 987 ff. BGB eine erschöpfende Sonderregelung erfahren, die dem allgemeinen Bereicherungsrecht und damit zugleich dem § 951 BGB vorgeht und seine Anwendung ein für allemal ausschließt." = *BGH* NJW 1964, 1125 ff. (1128); bestätigt durch *BGH* NJW 1996, 52 f.; s. auch Staudinger/*Gursky,* BGB, vor §§ 994–1003 Rn. 44 mwN.
[50] Vgl. *Schapp/Schur,* Sachenrecht, Rn. 145, 259; *Schreiber,* Sachenrecht, Rn. 234.

jektiven Wertes der Anlage, also EUR 50.000,– verlangen. Die Tennisanlage des B ist für E jedoch **ohne jedes subjektive Interesse,** da er das Grundstück zum Hausbau verwenden möchte. Hinsichtlich des Kondiktionsanspruchs des B sind deshalb die Grundsätze der aufgedrängten Bereicherung zu beachten.

aa) Hierbei kommt ein **Rechtsmissbrauchseinwand des E nach § 242 BGB** in Betracht. Den Ausgangspunkt bildet die Erwägung, dass B gegenüber dem E nach § 1004 I 1 BGB zur Beseitigung der Sportanlage verpflichtet ist, weil B den Platz ohne Berechtigung gegenüber E errichtet hat. Sofern B dieser Beseitigungspflicht nachkommt, besteht auch der Bereicherungsanspruch wegen § 818 III BGB nicht mehr. Es würde daher gegen die Grundsätze von Treu und Glauben verstoßen, wenn B vor der – auch von E geforderten – Beseitigung einen Bereicherungsanspruch wegen Errichtung der Anlage durchsetzen könnte.[51]

178

bb) Dieser Ansatz, der aufgedrängten Bereicherung mit den §§ 242, 1004 BGB zu begegnen, wird vielfach kritisiert.[52] § 1004 BGB gebe keinen Anspruch auf Beseitigung des Verwendungserfolges, da die abgeschlossene Veränderung keine Eigentumsbeeinträchtigung der Sache darstelle. Der Kondiktionsschuldner könne trotzdem geschützt werden, indem die **Bereicherung nach § 818 II BGB subjektiv,** nach der Wertigkeit der Verwendung für den Bereicherungsschuldner, bestimmt wird.[53] Diese Korrektur des § 818 II BGB in den Fällen aufgedrängter Bereicherung gebiete der Schuldnerschutz. Sie sei zudem **in § 818 III BGB angelegt** (§§ 812 ff. BGB als Bereicherungs- und nicht als Entreicherungsrecht).

179

c) **Ergebnis des Exkurses:** Nach der Rspr. handelt es sich bei dem Tennisplatz um keine Verwendung iSd §§ 994 ff. BGB (enger Verwendungsbegriff). Da die §§ 994 ff. BGB nach dieser Meinung eine abschließende Regelung bilden, scheidet auch eine Anwendung der §§ 951, 812 ff. BGB aus. Nach der Gegenansicht besteht zwar ein Anspruch aus §§ 951, 812 I 1 Alt. 2 BGB, doch greifen die Grundsätze der aufgedrängten Bereicherung ein, entweder über §§ 242, 1004 BGB oder über § 818 II, III BGB.

II. **E könnte sein Berichtigungsbegehren des Weiteren auf einen schuldrechtlichen Berichtigungsanspruch aus § 812 I 1 Alt. 2 BGB stützen.** Dieser Anspruch zielt auf Herausgabe der Buchberechtigung durch Bewilligung der Grundbuchberichtigung.[54]

180

1. Die tatbestandlichen Voraussetzungen einer Eingriffskondiktion des E gegen B liegen prinzipiell vor. B hat **auf Kosten des E** durch die unrichtige Grundbucheintragung eine **vorteilhafte Rechtsstellung erlangt.** Diese Rechtsstellung erwarb er gegenüber E **ohne Rechtsgrund.** Die Bereicherung geschah zudem „auf sonstige Weise", da E keine Leistung an B (in Gestalt einer Bewilligung nach § 19 GBO) erbracht hat.

2. Problematisch ist hingegen, dass B die Eintragung ins Grundbuch durch die Leistung der V (Bewilligung der Eintragung) und V die Eintragung (wohl) durch eine entsprechende Leistung des E erlangt hat. In der Folge kann die Grundbuchberichtigung nach § 812 I 1 Alt. 2 BGB wegen des **Vorrangs der Leistungskondiktion** grundsätzlich nur entlang der Leistungsverhältnisse verlangt werden.[55] Indessen handelt es sich bei dem Prinzip des Vorrangs der Leistungskondiktion lediglich um ein „Wertungskürzel". Das Prinzip erfährt dann eine Ausnahme, wenn – wie hier – der Kondiktionsschuldner den Kondiktionsgegenstand nicht gutgläubig erwerben konnte. Er ist dann zum einen gegenüber dem Kondiktionsgläubiger **nicht schützenswert.** Zum anderen bedeutet der schuldrechtliche Bereicherungsanspruch nur eine **Fortsetzung der Vindikationslage.** Im Ergebnis ist eine Durchgriffskondiktion des E gegen B hier möglich. B konnte das Grundstück wegen des Widerspruchs im Grundbuch nicht gutgläubig erwerben. Er ist deshalb auch hinsichtlich der Grundbucheintragung nicht vor einer Eingriffskondiktion des E geschützt.

---

[51] Vgl. *BGH* NJW 1965, 816.
[52] Vgl. zB Staudinger/*Gursky,* BGB, § 996 Rn. 11 mwN.
[53] So etwa Palandt/*Herrler,* BGB, § 951 Rn. 21 mwN.
[54] Vgl. zum schuldrechtlichen Berichtigungsanspruch nach § 812 BGB auch Palandt/*Sprau,* BGB, § 812 Rn. 92; *Wolf/Wellenhofer,* Sachenrecht, § 20 Rn. 11.
[55] Vgl. dazu auch schon oben Fall 4, → Rn. 143.

3. B ist somit grundsätzlich nach § 812 I 1 Alt. 2 BGB zur Bewilligung der Berichtigung verpflichtet. **Gem. § 818 III BGB** kann er die Bewilligung jedoch so lange verweigern, **bis E ihm die EUR 50.000,– erstattet**, die er zur Errichtung des Tennisplatzes ausgegeben hat. Denn diese Aufwendung machte B **im Vertrauen auf die Beständigkeit des Eigentumserwerbs an dem Grundstück.**[56] Dagegen sind die Erwerbskosten für das Grundstück von EUR 250.000,– auch nach § 818 III BGB nicht in Rechnung zu stellen, weil es sich insoweit um keinen nach § 818 III BGB berücksichtigungsfähigen Folgenachteil aus dem rechtsgrundlosen Eigentumserwerb handelt.[57]

181   III. **Weitere Berichtigungsansprüche** aufgrund anderer Anspruchsgrundlagen scheiden aus.

1. Der Berichtigungsanspruch kann zum einen nicht auf § 1004 I BGB gestützt werden. Zwar ist § 1004 BGB seinem Wortlaut nach im Zusammenhang mit der Grundbuchberichtigung einschlägig, doch wird **§ 1004 BGB nach ganz hM durch § 894 BGB verdrängt.**[58]

2. Der Berichtigungsanspruch kann ferner **auch nicht auf §§ 823, 249 BGB** gestützt werden. Ein Schadensersatzanspruch auf Herausgabe des Buchbesitzes ist zwar grundsätzlich möglich, doch ging B **schuldlos** von der Rechtmäßigkeit des Eigentumserwerbs aus.

3. Hingegen ist denkbar, dass E **gem. §§ 22, 29 GBO auch ohne Bewilligung** des B eine Berichtigung des Grundbuches beim Grundbuchamt betreibt. Einer Bewilligung gem. § 19 GBO bedarf es zur Grundbuchberichtigung dann nicht, wenn die Unrichtigkeit nachgewiesen wird, § 22 GBO. Der Nachweis kann im Grundbuchrecht nur gem. § 29 GBO, also grundsätzlich allein durch öffentliche oder öffentlich beglaubigte Urkunden geführt werden. Hier kommt ein Nachweis durch die notarielle Urkunde, in der die Auflassung von E an V verzeichnet ist, in Betracht. Aus der Urkunde müsste sich die Bedingung der Auflassung und damit auch deren Ungültigkeit nach § 925 II BGB ergeben. Der Ausschluss eines gutgläubigen Erwerbs des B folgt ebenfalls unmittelbar aus dem Inhalt des Grundbuches, weil ein Widerspruch eingetragen war (vgl. § 29 I 2 GBO).

Da in der Aufgabenstellung jedoch nur nach den Berichtigungsansprüchen des E gefragt ist, kann diese Möglichkeit hier außer Betracht bleiben. Es kann ferner außer Betracht bleiben, dass für die Klage gem. § 894 BGB uU das Rechtsschutzbedürfnis fehlt, wenn der Nachweis nach § 22 GBO problemlos zu führen ist.[59] Denn unabhängig davon, dass diesbezüglich der Sachverhalt zu wenig aussagt, ist jedenfalls nur nach den materiell-rechtlichen Ansprüchen des E und nicht nach deren gerichtlicher Durchsetzbarkeit gefragt. Gegenüber einem Berichtigungsantrag gem. § 22 GBO kann sich der Buchberechtigte allerdings nicht auf ein Zurückbehaltungsrecht berufen.[60]

Frage 2:

I. **Ein Anspruch des E gegen V auf Herausgabe des Pachtzinses könnte sich aus §§ 990 I, 987 BGB ergeben.**

182   1. Zwischen E und V lag ein **EBV** vor, wobei V durch die Verpachtung des Grundstücks an L mittelbare Besitzerin wurde. Ungeachtet dessen wären die Regelungen der §§ 987 ff. BGB aber auch deshalb anzuwenden, weil Buchposition und Sachbesitz ähnliche Funktionen, etwa im Hinblick auf den gutgläubigen Erwerb, haben, sodass eine analoge Anwendung der Vorschriften gerechtfertigt ist.[61]

183   2. Die **Pachtzinsen**, die L an V zahlte, **sind mittelbare Sachfrüchte gem. § 99 III BGB** und mithin **Nutzungen gem. § 100 iVm § 987 BGB.**

---

[56] Vgl. *Larenz/Canaris*, Schuldrecht II/2, § 73 I 1 b, 2 d und 4.
[57] Vgl. nur Palandt/*Sprau*, BGB, § 818 Rn. 34; *Grigoleit/Auer*, Schuldrecht III, Rn. 138, 498.
[58] Vgl. nur Palandt/*Herrler*, BGB, § 1004 Rn. 3.
[59] Kritisch *Brehm/Berger*, Sachenrecht, 10.22.
[60] Vgl. BayObLGZ 1959, 223 ff. (227), mit dem Argument, dass das Grundbuchamt sonst das Bestehen eines Verwendungsanspruchs prüfen müsste, was völlig außerhalb seines Aufgabenbereichs liege.
[61] Vgl. → Rn. 101, 163.

3. Der Anspruch aus §§ 990 I, 987 BGB setzt ferner Bösgläubigkeit der V voraus, worunter sowohl positive Kenntnis als auch grob fahrlässige Unkenntnis zu verstehen ist. Grobe Fahrlässigkeit könnte man der V deshalb vorhalten, weil E ausdrücklich sowohl die Schenkung als auch die Auflassung nur unter der aufschiebenden Bedingung der Hochzeit erklärt hat, sodass für die V zunächst kein Anlass bestand, entgegen der Regelung des § 925 II BGB, auf eine wirksame Eigentumsübertragung zu vertrauen. Andererseits ist zu bedenken, dass ein Notar mitgewirkt hat und V tatsächlich als Eigentümerin ins Grundbuch eingetragen wurde. Man wird daher (wohl) noch nicht den Vorwurf grober Fahrlässigkeit erheben können.

II. Ungeachtet der Frage der Bösgläubigkeit im Sinne von § 990 I BGB besteht auf jeden Fall ein **Anspruch auf Herausgabe des Pachtzinses gem. § 988 iVm § 818 I BGB** (Rechtsfolgenverweisung), da V den Besitz unentgeltlich erlangt hat.   **184**

III. Ein weiterer Anspruch aus § 812 I 1 Alt. 1 BGB oder § 816 I 1 BGB analog scheidet aus, da die §§ 987 ff. BGB grundsätzlich eine abschließende Sonderregelung darstellen.[62]

IV. Schließlich besteht mangels Kenntnis der V auch kein Anspruch aus §§ 687 II 1, 681 S. 2, 667 BGB.

Zusatzfrage:

Sieht man von dem Anspruch aus §§ 990 I, 987 BGB ab, stellt sich hier das Problem, ob der rechtsgrundlose Erwerb dem unentgeltlichen Erwerb gleichgestellt werden kann.[63]

I. **Anspruch aus § 988 BGB analog**   **185**

Für eine analoge Anwendung von § 988 BGB (iVm §§ 100, 99 III BGB) spricht, dass der rechtsgrundlose Besitzer ebenso wie der unentgeltliche Besitzer keine Gegenleistung zu erbringen braucht.[64] Des Weiteren wird für diese Position ein argumentum a maiore ad minus in dem Sinne angeführt, dass derjenige, der ohne jeden Rechtsgrund erworben hat, nicht besser stehen könne als ein Eigentümer, der nach § 818 I BGB herausgabepflichtig ist.

Gegen diese Ansicht lässt sich (ähnlich wie bei § 816 I 2 BGB[65]) der gravierende Einwand erheben, dass grundlegende Wertungskriterien missachtet werden. Eine Gleichsetzung von rechtsgrundlosem und unentgeltlichem Erwerb ist schon deshalb verfehlt, weil der **rechtsgrundlose Besitzer in der Regel einen Gegenwert für die Leistung hingegeben hat**. Eine analoge Anwendung von § 988 BGB würde daher nicht nur das **Insolvenzrisiko** sachwidrig verteilen, sondern darüber hinaus auch dem Besitzer mögliche **Einwendungen** gegenüber seinem Vertragspartner abschneiden.[66] Dies wird offenkundig, wenn der Besitzer die Sache nicht vom Eigentümer, sondern von einem Dritten erhalten hat, also zum Beispiel V die Sache des E unwirksam an K verkauft sowie übereignet, und E nunmehr von K Nutzungsherausgabe begehrt.

II. **Anspruch aus §§ 812 I 1 Alt. 1, 818 I BGB**   **186**

E hat an V mit Abgabe der Auflassungserklärung eine Leistung erbracht. Nach § 818 I BGB erstreckt sich die Verpflichtung zur Herausgabe auch auf die gezogenen Nutzungen gem. §§ 100, 99 III BGB, sodass V bei Anwendung der Regelungen über die Leistungskondiktion zur Herausgabe des Pachtzinses verpflichtet ist. Gegen diese Ansicht wird zwar wiederum angeführt, dass sie im Widerspruch zur Regelung des § 993 I BGB stehe,[67] doch trägt dieses Argument nicht, weil der Schutzzweck des § 993 I BGB den Sonderfall eines nichtigen Vertrages mit dem Eigentümer nicht erfasst und die Norm insofern teleologisch zu reduzieren ist.[68]

---

[62] Vgl. Staudinger/*Gursky*, BGB, vor §§ 987–993, Rn. 39 ff.
[63] Vgl. ausführlich *Larenz/Canaris*, Schuldrecht II/2, § 74 I 1 a; *Lange/Schiemann*, Fälle zum Sachenrecht, S. 94.
[64] Eine Anwendung von § 988 BGB bejaht (ohne nähere Begründung) auch BGHZ 184, 358 ff. (Tz. 21 mwN).
[65] Vgl. → Rn. 20.
[66] Vgl. auch *Medicus/Petersen*, Bürgerliches Recht, Rn. 600 mwN.
[67] Vgl. *Wieling* AcP 169 (1969), 137 ff. (138 ff.).
[68] Vgl. nur *Larenz/Canaris*, Schuldrecht II/2, § 74 I 1; *Lange/Schiemann*, Fälle zum Sachenrecht, S. 95.

187   **III. Anspruch aus § 816 I 1 BGB analog**

V war zwar Nichtberechtigte, doch ist zweifelhaft, ob sie durch die Verpachtung eine „Verfügung" über das Grundstück getroffen hat. Nach Teilen der Literatur ist eine Analogie geboten, weil V sich durch den Erlös aus der Verpachtung den Gebrauchswert der Sache nicht weniger zugeführt habe als den Substanzwert bei einem Verkauf.[69] Diese Auffassung ist nicht nur abzulehnen, weil es an einer Verfügung fehlt, sondern weil die vermeintliche Verfügung dem Berechtigten gegenüber auch nicht „wirksam" iSv § 816 I 1 BGB war.[70] L hatte das Grundstück nicht gutgläubig erworben und sah sich potentiellen Herausgabeansprüchen des E ausgesetzt.

IV. Ergebnis

E kann von V gem. §§ 812 I 1 Alt. 1, 818 I BGB Herausgabe des Pachtzinses iHv EUR 500,– verlangen.

Fall 6: „Ein Kleinbus in der Reparaturwerkstatt"[71]

Sachverhalt

V hat an K einen gebrauchten Kleinbus unter Eigentumsvorbehalt zum Preis von EUR 8.000,– (zahlbar in Monatsraten von EUR 500,–) verkauft und ihm den Bus, unter Einbehaltung der Zulassungsbescheinigung II, übergeben. Nach einem Unfall ließ K den Bus in der Werkstatt des U reparieren. Die Kosten hierfür betrugen EUR 1.860,–. Die Rechnung wurde von K allerdings nicht beglichen. Da K infolge Liquiditätsschwierigkeiten auch die fälligen Kaufpreisraten nicht bezahlte, trat V, nach erfolgloser zweiwöchiger Nachfristsetzung mit Androhung der Gesamtfälligstellung, vom Vertrag zurück.

1. Kann V von U die Herausgabe des Busses verlangen?

2. Nehmen Sie im Ausgangsfall an, dass die wirksam einbezogenen AGB des U unter Nr. VII folgende Bestimmung enthalten: „Dem Auftragnehmer steht wegen seiner Forderungen aus dem Auftrag ein Zurückbehaltungsrecht sowie ein vertragliches Pfandrecht an den aufgrund des Auftrages in seinen Besitz gelangten Gegenständen zu". Kann U unter dieser Voraussetzung von V die Herausgabe der Zulassungsbescheinigung II verlangen?

Lösung

Frage 1:

I.   **V könnte einen Anspruch gegen U auf Herausgabe des Busses gem. § 985 BGB haben.**

1.   Problematisch ist bereits, **ob § 985 BGB anwendbar ist,** wenn der Eigentümer die Sache freiwillig aus der Hand gegeben hat.

188   a)   Nach einer Mindermeinung, die namentlich von *Raiser*[72] begründet wurde, **tritt der Eigentumsanspruch hinter Rückgabeansprüchen aus vertraglichen oder gesetzlichen Schuldverhältnissen,** durch die der Besitzer gegenüber dem Eigentümer ein Recht zum Besitz erworben hat, **zurück.** Das gelte auch für mehrstufige Besitzverhältnisse, wenn die Sache befugtermaßen (vgl. sonst § 986 I 2 BGB) weitergegeben wird. Hauptargument ist, dass § 986 BGB den Besitzer privilegiert und deshalb der

---

[69] Vgl. *Esser/Weyers,* Schuldrecht II/2, § 50 II 2 a mwN.
[70] Vgl. *BGH* NJW 2007, 216 f. (217); *Larenz/Canaris,* Schuldrecht II/2, § 69 II 1 d.
[71] Grundkonstellation nach BGHZ 34, 122 ff. = NJW 1961, 499 ff.; s. auch die Besprechung von *Gursky,* Klausurenkurs im Sachenrecht, Fall 17 (Rn. 257 ff.), mit der zusätzlichen Problematik einer „*Verpflichtungsermächtigung*", die nach hM gegen das stellvertretungsrechtliche Offenkundigkeitsprinzip verstößt; vgl. *Gursky,* Klausurenkurs im Sachenrecht, Fall 17 (Rn. 262); *Bork,* AT, Rn. 1737; *Wolf/Neuner,* AT, § 54 Rn. 31.
[72] *Raiser* FS M. Wolff, 1952, 123 ff.

Eigentümer durch schuldrechtliche Vereinbarungen seine Rechtsstellung ganz generell einschränkt. Dies würde für den vorliegenden Fall bedeuten, dass V (als Unternehmer) lediglich gem. §§ 498, 508 iVm §§ 346 ff. BGB gegen K vorgehen könnte. Der Anspruch wäre auf eine Abtretung der Ansprüche des K gegen U aus dem Werkvertrag gerichtet, wogegen U dann gem. §§ 404, 320 BGB die Einrede des Vergütungsanspruchs hätte.[73]

b) Die Lehre von der Subsidiarität des Vindikationsanspruchs wird von der ganz **hL** und **Judikatur** zu Recht nicht geteilt. Vielmehr ist entsprechend der Systematik der §§ 985, 986 BGB davon auszugehen, dass **ein vertraglicher Rückgabeanspruch und ein Vindikationsanspruch nebeneinander bestehen** können.[74] Der **Wortlaut des § 986 BGB** bestätigt dieses Ergebnis, da er einen Anspruch aus § 985 BGB nur dann ausschließt, wenn der Besitzer „zum Besitze berechtigt *ist*" und nicht lediglich *war*. Gegen die Position von *Raiser*, die für die Vindikation nur noch bei unfreiwilligem Besitzverlust Raum lässt, spricht des Weiteren, dass in einer solchen Konstellation schon **§ 1007 II BGB** ohne Rücksicht auf das Eigentum hilft und demzufolge die Vindikation für bewegliche Sachen ihren Sinn verlieren würde.[75] § 985 BGB ist daher im vorliegenden Fall anwendbar.[76]   **189**

2. V ist aufgrund des Eigentumsvorbehalts gem. § 449 I BGB **Eigentümer** des Wagens geblieben. V hat dem K das Eigentum an dem Wagen nur unter der Bedingung vollständiger Zahlung des Kaufpreises übertragen (§§ 929 S. 1, 158 I BGB). Diese Bedingung ist nicht eingetreten.

3. U ist **unmittelbarer Besitzer**, weil er die tatsächliche Herrschaft über den Bus ausübt und mangels sozialer Abhängigkeit des U von K eine bloße Besitzdienerschaft (§ 855 BGB) ausscheidet.

4. Fraglich ist jedoch, **ob U dem V gegenüber nicht gem. § 986 I 1 BGB zum Besitz berechtigt ist.**

a) **Besitzrechtskette V-K-U?**   **190**

Die Ableitung eines Besitzrechts aus dem Kaufvertrag (§ 433 I 1 BGB) bzw. Kreditvertrag zwischen V und K sowie dem Werkvertrag zwischen K und U (§ 986 I 1 Alt. 2 BGB) scheidet von vornherein aus, da V gem. §§ 498, 508 iVm §§ 346 ff. BGB wirksam vom Vertrag zurückgetreten ist. Durch den **wirksamen Rücktritt** des V ist somit das Besitzrecht des K und damit ein Glied der Besitzrechtskette zwischen U und V unterbrochen.

b) **Besitzrecht aus Unternehmerpfandrecht an der Anwartschaft** des K?   **191**

Aufgrund des wirksamen Rücktritts des V lässt sich des Weiteren auch kein Recht zum Besitz aus einem Unternehmerpfandrecht an dem **Anwartschaftsrecht** des K ableiten. Das Anwartschaftsrecht stellt zwar ein wesensgleiches Minus zum Volleigentum dar, sodass sich auch gesetzliche Pfandrechte wie das Recht aus § 647 BGB hierauf erstrecken.[77] Durch den Rücktritt des V ist jedoch mit dem Anwartschaftsrecht zwangsläufig auch das Pfandrecht erloschen.[78]

c) **Besitzrecht aus Unternehmerpfandrecht an dem Bus?**   **192**

Ein Recht des U zum Besitz des Busses könnte sich allerdings aus dem Erwerb eines gesetzlichen Unternehmerpfandrechts an dem **Wagen** gem. § 647 BGB ergeben. Nach § 647 BGB erlangt ein Unternehmer für seine Forderung ein Pfandrecht an den ausgebesserten **Sachen des Bestellers**. Problematisch ist hier, dass der im Rahmen des zwischen K und U abgeschlossenen Werkvertrages (§ 631 BGB) in Reparatur gegebene Wagen nicht dem Besteller K gehörte.

aa) Zu erwägen ist zunächst, ob U ein **Unternehmerpfandrecht analog §§ 185 I, 183 BGB** erworben hat, weil es dem Willen des V entsprach, dass K den Kleinbus reparieren ließ. U hätte demnach das Pfandrecht des § 647 BGB schon deshalb erworben, weil V mit der Zustimmung zur Repa-

---

[73] Zur Anwendbarkeit von § 285 BGB (bzw. § 281 BGB aF) auf den Rückgewähranspruch vgl. *BGH* NJW 1983, 929 ff.; *St. Lorenz* NJW 2015, 1725 ff. (1727 f.) mwN.

[74] Vgl. BGHZ 34, 122 ff. (124) = NJW 1961, 499 ff. (499); *BGH* NZM 2014, 582 ff. (582) mwN.

[75] Vgl. Staudinger/*Gursky*, BGB, § 985 Rn. 34 mwN, der ua noch auf zusätzliche Schwierigkeiten hinweist, die dann eintreten, wenn K insolvent geworden ist, bevor er seinen Rückgabeanspruch an V abgetreten hat.

[76] Ausführliche Darstellung der Argumente pro und contra bei *Gursky*, 20 Probleme aus dem EBV, S. 1 ff.

[77] Vgl. nur *Baur/Stürner*, Sachenrecht, § 55 Rn. 41 mwN.

[78] S. nur BGHZ 34, 122 ff. (125) = NJW 1961, 499 ff. (499 f.); *Medicus/Petersen*, Bürgerliches Recht, Rn. 589 und 590.

ratur zugleich in die Begründung der Situation einwilligte, in der das Pfandrecht kraft Gesetzes entsteht.[79]

Gegen eine analoge Anwendung von §§ 185 I, 183 BGB spricht aber, dass V gerade nicht für die Werklohnforderung haften und in keiner Weise ein Pfandrecht begründen wollte. Der Rückgriff auf die §§ 185 I, 183 BGB ist daher im Regelfall eine **reine Fiktion**, zumal das Werkunternehmerpfandrecht gem. § 647 BGB kraft Gesetzes, also unabhängig vom Willen des Bestellers entsteht.[80]

bb) Im Folgenden stellt sich die Frage nach der Möglichkeit eines gutgläubigen Erwerbs des Unternehmerpfandrechts gem. § 647 BGB.

193 (1) In Betracht kommt zum einen ein **gutgläubiger Erwerb gem. §§ 1257, 1207, 932 BGB analog**.

(a) Nach § 1257 BGB finden die Vorschriften über das durch Rechtsgeschäft bestellte Pfandrecht auf ein kraft Gesetzes entstandenes Pfandrecht entsprechend Anwendung. Es wären demnach gem. § 1207 BGB auch die Gutglaubensvorschriften der §§ 932, 934, 935 BGB zu berücksichtigen. Die Verweisung in § 1257 BGB stellt indes explizit auf ein bereits „entstandenes" Pfandrecht ab und gilt daher ihrem **Wortlaut** nach gerade nicht für die Entstehung gesetzlicher Pfandrechte.

194 (b) § 1207 BGB könnte folglich allenfalls im Wege einer **Analogie** Anwendung finden.

Zugunsten einer Analogie wird angeführt, dass das Werkunternehmerpfandrecht und das Vertragspfandrecht im Hinblick auf den Entstehungstatbestand vergleichbar seien, weil beide die Übergabe der Sache erfordern. Im Gegensatz zu den gesetzlichen Pfandrechten, die durch bloßes Einbringen begründet werden, handelt es sich beim **Werkunternehmerpfandrecht** ebenso wie beim Vertragspfandrecht um ein **Besitzpfandrecht**.[81] Hinzu komme, dass es sich bei § 647 BGB in Wahrheit um ein „**durch Gesetz typisiertes rechtsgeschäftliches Pfandrecht**" handele, also § 647 BGB nur das anordnet, was die Parteien typischer- und vernünftigerweise selbst vereinbaren würden.[82] Da der Werkunternehmer seine Leistung nicht Zug um Zug gegen Bezahlung erbringen könne und er zudem auch in der Regel die Eigentumsverhältnisse nicht kenne, läge eine entsprechende Vereinbarung – sofern es § 647 BGB nicht gäbe – nahe.[83]

195 **Gegen** eine Analogie wird eingewandt, dass die Annahme einer solchen Verkehrsanschauung über die Vereinbarung eines vertraglichen Pfandrechts eine **reine Fiktion** darstelle. Die handelsübliche Aufnahme von Verpfändungsklauseln in AGB mache deutlich, dass selbst die Unternehmer von keiner konkludenten rechtsgeschäftlichen Pfandrechtsbestellung ausgingen.[84] Eine **rechtsgeschäftliche Einigung** sei aber gem. § 1205 BGB gerade **unverzichtbar**. Der bloße Besitz des Pfandgläubigers reiche für einen gutgläubigen Erwerb nicht aus. In diesem Sinne argumentiert auch der *BGH*:[85] „In derartigen Fällen, in denen der rechtsgeschäftliche Wille der handelnden Personen ohne Einfluss auf die Entstehung des Rechtes ist, kann die Vorstellung eines Beteiligten über die Berechtigung des anderen, der keine rechtsbegründende Verfügung trifft, nicht bedeutsam werden. Das gesetzliche Pfandrecht entsteht unabhängig davon, ob es der Pfandgläubiger erwerben will oder nicht, allein aufgrund der vom Gesetz geregelten objektiven Tatbestände. Fehlt es aber an einer gesetzlichen Voraussetzung, gehört also bspw. die zur Reparatur gegebene Sache nicht dem Besteller, so kann ein gesetzliches Pfandrecht auch dann nicht entstehen, wenn der Unternehmer den Besteller aufgrund seines Besitzes gutgläubig für den Eigentümer der Sache hält".

Letztlich entscheidend ist die **Regelungsabsicht** des historischen Gesetzgebers, die einem gutgläubigen Erwerb entgegensteht.[86] Die Motive zum BGB (II S. 405) bemerken ausdrücklich, dass der

---

[79] Vgl. *Medicus/Petersen*, Bürgerliches Recht, Rn. 594; *Picker* NJW 1978, 1417 f. (1418).
[80] Vgl. *Gursky*, Klausurenkurs im Sachenrecht, Rn. 263; *Baur/Stürner*, Sachenrecht, § 55 Rn. 40; *Kindl* JA 1996, 201 ff. (207).
[81] Vgl. *Baur/Stürner*, Sachenrecht, § 55 Rn. 40.
[82] *Canaris* FS Medicus, 1999, 25 ff. (48).
[83] Ausführlich *Hager*, Verkehrsschutz durch redlichen Erwerb, 1990, S. 101 f., 107 ff. mwN.
[84] *Gursky*, Klausurenkurs im Sachenrecht, Rn. 266.
[85] BGHZ 34, 153 ff. (158) = NJW 1961, 502 ff. (504).
[86] Zu folgen ist mithin der „*subjektiven Auslegungstheorie*", weil diese den Prinzipien der Demokratie und Gewaltenteilung am besten entspricht; ausführlich *Neuner*, Die Rechtsfindung contra legem, 2. Aufl. 2005, S. 111 ff.

Grundsatz „Hand wahre Hand"[87] auf gesetzliche Pfandrechte überhaupt keine Anwendung findet. Die restriktive Haltung der Gesetzesverfasser bezieht sich danach nicht nur auf das Pfandrecht des Vermieters an eingebrachten Sachen, sondern auf das gesetzliche Pfandrecht schlechthin.[88]

(2) Des Weiteren könnte aber eine **Analogie zu § 366 III HGB** den gutgläubigen Erwerb eines Unternehmerpfandrechts rechtfertigen. Nach dieser Bestimmung steht das gesetzliche Pfandrecht des Kommissionärs, des Frachtführers, des Spediteurs und des Lagerhalters hinsichtlich des Schutzes des guten Glaubens einem gem. § 366 I HGB durch Vertrag erworbenen Pfandrecht grundsätzlich gleich.   **196**

Für eine Analogie wird geltend gemacht, dass die **Interessenlage** beim Werkunternehmer prinzipiell dieselbe sei wie bei den unter § 366 III HGB fallenden Pfandrechten: anonymer Kundenkreis, unklare Eigentumsverhältnisse, kaum Möglichkeiten einer Bonitätsprüfung, Zug-um-Zug-Leistung ausgeschlossen.[89] Des Weiteren erschöpfe sich die **Bedeutung des § 366 III HGB** im Wesentlichen darin, dass bereits der gute Glaube an die Verfügungsmacht für einen gutgläubigen Erwerb ausreicht, woraus mittelbar die Möglichkeit einer rechtsgeschäftlichen Begründung von gesetzlichen Pfandrechten an Sachen Dritter folge.   **197**

Gegen eine analoge Anwendung von § 366 III HGB lässt sich zunächst einwenden, dass es sich um eine „**wesensverschiedene Regelung**" handelt.[90] Die Ausgangslage von Werkunternehmer und den im HGB geschützten Personen ist nur schwer vergleichbar, da es zugunsten letzterer um eine notwendige Beschleunigung des oftmals internationalen Handels geht, der durch die vielfach aussichtslose Rechtsverfolgung im Ausland von vornherein erschwert ist, während der Kfz-Handwerker einen angemessenen Vorschuss oder die Vorlage der Zulassungsbescheinigung II verlangen kann. Das entscheidende Argument gegen eine Anwendung von § 366 III HGB ergibt sich aber wiederum aus der **gesetzgeberischen Regelungsabsicht**. Prinzipiell sind zwar auch handelsrechtliche Sondernormen einer Analogie zugänglich, eine Regelungslücke liegt ausweislich der Gesetzesmaterialien im vorliegenden Fall indes gerade nicht vor. Sieht man davon ab, dass § 366 III HGB ohnehin auf einem Redaktionsversehen beruht,[91] ergibt sich aus der Denkschrift zur Novelle zum HGB von 1897 eindeutig, dass der gutgläubige Erwerb gesetzlicher Pfandrechte ein rein handelsrechtliches Charakteristikum bildet: „Nach Art. 306 III des ADHGB (= § 366 III HGB) gilt der Grundsatz des Schutzes des guten Glaubens auch in Ansehung solcher gesetzlicher Pfandrechte (nämlich des Kommissionärs, Spediteurs und Frachtführers), und hieran wird im Gegensatz zum bürgerlichen Recht festgehalten werden müssen" (S. 100). Es fehlt daher nicht nur aus Sicht des BGB an einer Regelungslücke, sondern auch aus handelsrechtlicher Sicht ist § 366 III HGB systemkonform als abschließende Regelung zu verstehen.[92]   **198**

d) **Zwischenergebnis:**

Nach der hier vertretenen subjektiven Auslegungstheorie ist ein gutgläubiger Erwerb gesetzlicher Pfandrechte nicht möglich. Ein Recht zum Besitz des U an dem Bus gem. § 986 I BGB scheidet somit aus.

e) **Exkurs: Gutgläubigkeit?**   **199**

Bejaht man demgegenüber auf der Grundlage der objektiven Auslegungstheorie die Möglichkeit des gutgläubigen Erwerbs eines Unternehmerpfandrechts analog § 1207 BGB oder analog § 366 III HGB, stellt sich das zusätzliche Problem, ob U gem. § 1207 BGB, § 366 III HGB iVm § 932 BGB gutgläubig war. Dies ist deshalb nicht unzweifelhaft, weil U sich die Zulassungsbescheinigung II von K nicht vorlegen ließ und man sich nicht ohne weiteres darauf verlassen kann, dass ein Pkw

---

[87] Wonach der Eigentümer einer beweglichen Sache diese nur von demjenigen herausverlangen kann, dem er sie anvertraut hat (und nicht von einem Dritten); s. näher *Wieling*, Sachenrecht Bd. I, § 3 II 4.

[88] Vgl. auch Mot. III, S. 797; BGHZ 34, 153 ff. (155) = NJW 1961, 502 ff. (503).

[89] Vgl. im Einzelnen *Canaris*, Handelsrecht, § 27 Rn. 36 ff.

[90] BGHZ 34, 153 ff. (156) = NJW 1961, 502 ff. (503).

[91] S. dazu im Einzelnen *Gursky*, Klausurenkurs im Sachenrecht, Rn. 264.

[92] Vgl. auch BGHZ 34, 153 ff. (154 ff.) = NJW 1961, 502 ff. (502 ff.); *Neuner* ZHR 157 (1993), 243 ff. (254); *Wolf/Wellenhofer*, Sachenrecht, § 16 Rn. 43; aA *Canaris* FS Medicus, 1999, 25 ff. (45 ff.); *Habersack*, Sachenrecht, Rn. 194.

auch demjenigen gehört, der ihn fährt oder zur Reparatur bringt. Zumindest beim Kauf eines Gebrauchtwagens ist die Vorlage der Zulassungsbescheinigung II daher grundsätzlich unverzichtbar für die Annahme einer Gutgläubigkeit.[93] Dies gilt jedoch nach der zutreffenden hM nicht bei einem Unternehmerpfandrecht: Zum einen verbietet sich ein Vergleich mit dem Eigentumsverlust bei Veräußerungen, weil bei einer Belastung mit einem Pfandrecht in aller Regel ein Wertzuwachs an dem Pkw eintritt. Zum anderen würde das Erfordernis der Vorlage der Zulassungsbescheinigung II gerade dem Sicherungszweck der Bescheinigung zuwiderlaufen. Die Folge wäre entweder das ständige Mitführen der Zulassungsbescheinigung II, verbunden mit dem entsprechenden Verlustrisiko, oder eine „Lahmlegung der Reparaturtätigkeit".[94]

Sofern man eine analoge Anwendung von § 366 III HGB beim Unternehmerpfandrecht grundsätzlich bejaht, ist konsequenterweise bereits der gute Glaube an das Einverständnis des Eigentümers mit dem Vertragsabschluss und der Besitzüberlassung schutzwürdig.[95] Daher ist insbesondere die Kenntnis des Unternehmers über das Bestehen eines Eigentumsvorbehalts prinzipiell unschädlich.

5. In Betracht kommt ferner ein **Zurückbehaltungsrecht des U gem. §§ 1000 S. 1, 994 BGB (verbunden mit einem Befriedigungsrecht nach § 1003 BGB)**.

200 a) Problematisch ist dabei zunächst, ob das Zurückbehaltungsrecht nach § 1000 S. 1 BGB ein Recht zum Besitz gem. § 986 BGB begründet oder als selbständige Verteidigungsmöglichkeit zu qualifizieren ist.

aa) Insbesondere die Rspr. geht von einem **Recht zum Besitz** aus,[96] da § 986 BGB eine abschließende Regelung der Besitzberechtigung gegenüber dem Vindikationsanspruch aus § 985 BGB darstelle und § 1000 S. 1 BGB in Bezug auf die angeordnete Rechtsfolge mit dem Wortlaut des § 986 BGB übereinstimme. Folgt man dieser Ansicht, wäre die Frage eines Zurückbehaltungsrechts mithin (bereits) im Rahmen von § 986 BGB zu prüfen. Es ergäbe sich sodann das Folgeproblem, ob § 986 BGB eine Einrede oder Einwendung begründet,[97] was primär freilich nur von prozessualer Bedeutung ist (Einwendungen werden von Amts wegen berücksichtigt!).

bb) Demgegenüber sieht die hL im Zurückbehaltungsrecht des § 1000 S. 1 BGB ein **eigenständiges Gegenrecht (Einrede)**. Die besseren Argumente sprechen für diese Ansicht: Das Besitzrecht legitimiert zur Gewaltausübung über die Sache, während der Inhaber eines Zurückbehaltungsrechts sich in dauernder Leistungsbereitschaft halten muss. Das Besitzrecht schützt den Besitzer gegen den Vindikationsanspruch, während das Zurückbehaltungsrecht der Sicherung von Ansprüchen dient. Darüber hinaus stellt § 1000 S. 1 BGB eine bloße Einrede dar, während § 986 BGB nach richtiger Ansicht eine Einwendung konstituiert.[98]

201 b) Grundsätzlich kommt ein Verwendungsersatzanspruch nach §§ 994 ff. BGB nur in Betracht, **wenn zum Zeitpunkt der Verwendungsvornahme eine Vindikationslage bestand**. Als U den Kleinbus reparierte, war er jedoch noch berechtigter Besitzer (Besitzrechtskette U-K-V). Erst dadurch, dass V den Rücktritt vom Kaufvertrag erklärte, erlosch sein Besitzrecht.

202 aa) Der *BGH* will auch in dieser Konstellation einen Verwendungsersatzanspruch aus §§ 994 ff. BGB geben, **denn ein zum Besitz berechtigter Fremdbesitzer könne nicht schlechter gestellt werden** als ein gutgläubiger, zum Besitz nicht berechtigter Fremdbesitzer in entsprechender Lage.[99] Entscheidend ist nur, dass irgendwann eine Vindikationslage entsteht, sei es vor oder nach der Vornahme der Verwendungen.

[93] Vgl. *BGH* NJW 2006, 3488 ff. (3489) = JuS 2007, 286 f. mAnm *K. Schmidt*; NJW 1996, 2226 ff. (auch unter Kfz-Händlern); s. ferner → Rn. 516.
[94] Vgl. BGHZ 68, 323 ff. (328) = NJW 1977, 1240 ff. (1241); *Schwerdtner* JURA 1988, 251 ff. (255) mwN.
[95] Vgl. *Canaris*, Handelsrecht, § 27 Rn. 41 f.
[96] Vgl. nur *BGH* NJW 2002, 1050 ff. (1052); *BGH* NJW-RR 1986, 282 f. (283) mwN.
[97] S. zu diesem Streitpunkt im Einzelnen Staudinger/*Gursky*, BGB, § 986 Rn. 1 mwN.
[98] Vgl. Staudinger/*Gursky*, BGB, § 986 Rn. 28; MüKoBGB/*Baldus*, § 986 Rn. 32 f.
[99] Vgl. *BGH* NJW 2002, 2875 ff. (2875 f.); BGHZ 100, 95 ff. (101 f.) = NJW 1987, 1880 ff. (1881 f.) = JuS 1987, 655 ff. mAnm *K. Schmidt*; BGHZ 34, 122 ff. (127 ff.); prinzipiell zustimmend *Prütting*, Sachenrecht, Rn. 557 mwN.

bb) Diese Judikatur ist mit der herrschenden Auffassung in der Literatur abzulehnen. Der **Erst-recht-Schluss erweist sich als irreführend.** Die weitgehenden Privilegierungen des gutgläubigen unrechtmäßigen Besitzers passen schon auf den unrechtmäßigen Fremdbesitzer nicht und müssen auf den Rahmen des vermeintlichen Besitzrechts reduziert bleiben. Auf den rechtmäßigen Fremdbesitzer passen die §§ 987 ff. BGB überhaupt nicht. Die analoge Anwendung auf den berechtigten Besitzer macht die §§ 987 ff. BGB zu Auffangtatbeständen für **nicht berechenbare Billigkeitsentscheidungen.**[100]

203

c) **Exkurs: Ist U Verwender?**

Der *BGH* geht im Weiteren davon aus, dass vorliegend nicht nur K, sondern auch U Verwender iSd §§ 994 ff. BGB ist.[101] Diese Auffassung ist ebenfalls abzulehnen. Richtigerweise ist Verwender nur derjenige, der den Verwendungsvorgang auf eigene Rechnung veranlasst und steuert, hier also der Besteller K. Die Leistungen des Werkunternehmers sind hingegen nicht sach-, sondern entgeltbezogen. Ein Verwendungsersatzanspruch des Werkunternehmers gegen den Eigentümer verstößt ferner gegen den Grundsatz der Relativität der Schuldverhältnisse und das Verbot der exceptio ex iure tertii. Außerdem führt die Auffassung des *BGH* zu erheblichen Systembrüchen im Recht des EBV, da sie den Werkunternehmer nur dann schützen kann, wenn man auf das Erfordernis einer Vindikationslage im Zeitpunkt der Verwendungsvornahme verzichtet.[102]

204

6. Ferner besteht **auch kein Zurückbehaltungsrecht gem. § 273 BGB.** Ein Aufwendungsersatzanspruch U gegen V gem. §§ 683 S. 1, 670 BGB scheitert schon daran, dass U nicht für V tätig werden wollte. Ein Anspruch aus §§ 951, 812 BGB ist ebenfalls ausgeschlossen, da U die Reparatur aufgrund des wirksamen Werkvertrages mit K durchführte.

7. **Ergebnis:** Das Herausgabeverlangen des V gegen U gem. § 985 BGB ist begründet (nach der Rspr. hat U allerdings ein Zurückbehaltungsrecht gem. §§ 1000 S. 1, 994 BGB).

II. Ein weiterer Anspruch V gegen U gem. § 812 I 1 Alt. 2 BGB scheitert an der Subsidiarität der Eingriffskondiktion. Auch Besitzschutzansprüche gem. §§ 861, 1007 I, II, 823 I BGB scheiden aus, da U den Besitz vom berechtigten K erwarb.

205

Frage 2:

I. **Es könnte ein Anspruch auf Herausgabe der Zulassungsbescheinigung II gem. §§ 1231, 952 I 2 BGB analog gegeben sein.**

206

Die Regelung des § 1231 BGB besagt, dass dem Pfandgläubiger gegen den Verpfänder oder gegenüber demjenigen, dem der Verpfänder seinen gesamthänderischen Mitbesitz übertragen hat, ein Herausgabeanspruch zusteht. Die Intention dieser Vorschrift liegt darin, dem Verpfänder die aufgrund der besonderen Art der Verpfändung gem. § 1206 BGB mögliche Berufung auf ein Recht zum Mitbesitz abzuschneiden.[103] Da **Eigentümer und Verpfänder im vorliegenden Fall nicht identisch** sind, kommt ein Anspruch aus § 1231 BGB nur in Betracht, wenn die Verpfändung berechtigterweise, dh mit Einverständnis des Eigentümers (§ 185 BGB) vorgenommen wurde.[104] Diese Voraussetzung ist im Ausgangsfall jedoch gerade nicht gegeben.

II. **Es könnte aber ein Herausgabeanspruch nach den allgemeinen Vorschriften gem. §§ 1227, 985, 952 I 2 BGB analog gegeben sein.**

207

Nach § 1227 BGB werden dem Pfandgläubiger die gleichen Schutzrechte wie dem Eigentümer zugebilligt. Er kann daher bei Besitzentziehung zum Zwecke der Verwertung gem. §§ 1228, 1233 ff.

[100] Vgl. Staudinger/*Gursky,* BGB, vor §§ 994–1003 Rn. 31; *Schwerdtner* JURA 1988, 251 ff. (254); *Medicus/Petersen,* Bürgerliches Recht, Rn. 591.
[101] Vgl. *BGH* NJW 2002, 2875 ff. (2875 f.); BGHZ 34, 122 ff. (127 ff.) = NJW 1961, 499 ff. (500 ff.).
[102] Vgl. Staudinger/*Gursky,* BGB, vor §§ 994–1003 Rn. 20 ff. mwN.
[103] Staudinger/*Wiegand,* BGB, § 1231 Rn. 1.
[104] Soergel/*Habersack,* BGB, § 1231 Rn. 2; Staudinger/*Wiegand,* BGB, § 1231 Rn. 1.

BGB die Herausgabe der Sache nach § 985 BGB verlangen. Problematisch ist, ob ein Werkunternehmerpfandrecht des U überhaupt entstanden ist und inwieweit sich dieses gegebenenfalls auch auf die Zulassungsbescheinigung II erstreckt.

208   1.   In Abweichung zum Ausgangsfall könnte ein **Werkunternehmerpfandrecht hier bereits aufgrund der vereinbarten AGB-Klausel bestehen.**

a)   Der Sinn und Zweck einer solchen AGB-Pfandklausel liegt auf der Hand und ist als Reaktion der Kautelarjurisprudenz auf die Rechtsprechung des *BGH* zu verstehen: Bezweckt wird die vertragliche Bestellung eines Pfandrechts gem. § 1205 BGB mit der unstrittigen Möglichkeit eines gutgläubigen Erwerbs gem. § 1207 BGB. Fraglich ist allerdings, ob eine solche Klausel rechtswirksam ist. Dies ist insofern zweifelhaft, als der Sinn jener Regelung einzig und allein darin bestehen kann, **für den Fall der Nichtberechtigung des Bestellers ein Pfandrecht zu begründen.** Anderenfalls greift ja ohnehin § 647 BGB ein. Zieht man in Parallele dazu die Rechtsprechung des *BGH* zur Sittenwidrigkeit bei der Bewertung von Sicherungsabreden heran,[105] spricht vieles dafür, einen **Verstoß gegen § 307 BGB** anzunehmen.[106] Lehnt man eine Anwendung von § 307 BGB ab, weil die Klausel nicht den Vertragspartner K, sondern V benachteiligt, kommt mit der gleichen Argumentation ein Verstoß gegen § 138 BGB in Betracht.[107] Demgegenüber geht die Rechtsprechung[108] und zum Teil auch die Literatur[109] von der **Wirksamkeit der Klausel** aus, weil es nicht verwerflich sei, zusätzlich zu einem gesetzlichen Pfandrecht ein vertragliches zu vereinbaren.

209   b)   Zweifelhaft ist bei Bejahung einer wirksamen Pfandrechtsvereinbarung aber außerdem die **Gutgläubigkeit des U.** Nach Ansicht des *BGH* scheitert der gutgläubige Erwerb auch in diesem Fall nicht schon daran, dass die Zulassungsbescheinigung II nicht vorgelegt wurde, sondern es bedarf besonderer Anhaltspunkte für die Annahme einer Bösgläubigkeit.[110]

210   2.   Geht man mit der Rechtsprechung davon aus, dass U ein **Unternehmerpfandrecht** wirksam erwerben konnte, stellt sich des Weiteren die Frage, **ob sich dieses auch auf die Zulassungsbescheinigung II bezieht.** Eine unmittelbare Anwendung von § 647 BGB scheidet aus, da lediglich der Bus in den Besitz des U gelangte. Da U indes gem. §§ 1227, 985 BGB einen potentiellen Herausgabeanspruch bezüglich des Busses hat, könnte sich dieser **analog § 952 I 2 BGB auch auf die Bescheinigung** beziehen. Dem Wortlaut nach ist § 952 I 2 BGB zwar nicht einschlägig,[111] doch greift nach der ganz hM die ratio dieser Norm ein: „Schon aus straßenverkehrsrechtlichen Erwägungen muss das Eigentum am Fahrzeug und das Eigentum am Brief zusammenfallen, weil anderenfalls der Kraftfahrzeugbrief seine Beweisfunktion gegenüber der Zulassungsbehörde verlieren würde. Könnte am Kraftfahrzeugbrief unabhängig vom Fahrzeug selbständiges Eigentum erworben werden, dann würde dadurch der von der Rechtsprechung geschaffene Schutz des Eigentümers vor gutgläubigem Fremderwerb am Fahrzeug ohne Kraftfahrzeugbrief wesentlich entwertet. Auch die Funktion des Kraftfahrzeugbriefes als Sicherungsmittel bei finanziertem Fahrzeugkauf würde weitgehend aufgehoben. Diese Erwägungen sprechen dafür, das rechtliche Schicksal eines Kraftfahrzeuges und des dazugehörigen Kfz-Briefes so miteinander zu verknüpfen, dass das Eigentum am Brief in entsprechender Anwendung des § 952 BGB dem Eigentum am Fahrzeug folgt (*BGH* NJW 1964, 1413)".[112]

3.   **Ergebnis:** Analog § 952 I 2 BGB erstreckt sich das Pfandrecht des U am Bus mithin auch auf die Zulassungsbescheinigung II, sodass U gem. §§ 1227, 985 BGB die Herausgabe zum Zwecke der Befriedigung gem. §§ 1228, 1233 ff. BGB verlangen kann.

---

[105] S. dazu auch *Picker* NJW 1978, 1417 f. (1417).
[106] Vgl. *Reinicke/Tiedtke* JA 1984, 202 ff. (210); *Habersack,* Sachenrecht, Rn. 195.
[107] Vgl. *Picker* NJW 1978, 1417 f. (1417).
[108] BGHZ 101, 307 ff. = NJW 1987, 2818 ff.; 68, 323 ff. = NJW 1977, 1240 ff.
[109] Vgl. zB Bamberger/Roth/*Voit*, BGB, § 647 Rn. 11 mwN.
[110] BGHZ 68, 323 ff. (326 ff.) = NJW 1977, 1240 ff. (1241); vgl. auch schon → Rn. 199.
[111] § 952 I 1 BGB besagt, dass das *Recht am Schuldschein dem Recht aus dem Papier folgt,* dh der Forderung; der Inhaber der Forderung ist also automatisch Eigentümer des Schuldscheins. § 952 I 2 BGB besagt, dass sich das Recht eines Dritten (ein Pfandrecht oder ein Nießbrauch) an der Forderung auch auf den Schuldschein erstreckt.
[112] *OLG Köln* DB 1976, 2204 f. (2205); s. ferner *BGH* NJW 2007, 2844 f. (2844) mwN.

3. Unterabschnitt. Aktuelle Rechtsprechung

Schadensersatzanspruch statt der Leistung bei Nichterfüllung des Herausgabeanspruchs **211**

BGH NJW 2016, 3235 ff.

Sachverhalt: Kl. verlangte die Herausgabe von 15 Videogerätsystemen. Nachdem die Bekl. dies verweigerte, begehrt Kl. Schadensersatz statt der Leistung (EUR 7500,–).

Gründe: Der *BGH* verneint einen Anspruch aus §§ 989, 990 I BGB, weil es sich um eine bloße Vorenthaltung des Besitzes handelt, und bejaht sodann die grundsätzliche Anwendbarkeit der §§ 280, 281 BGB (Tz. 19 ff.): „Anhaltspunkte dafür, dass mit der Einführung der §§ 280, 281 BGB, die an die Stelle von § 283 BGB aF getreten sind (…), ein Übergang vom Herausgabeanspruch nach § 985 BGB zum Schadensersatz mittels der Vorschriften des allgemeinen Leistungsstörungsrechts nicht mehr möglich sein soll, finden sich in den Gesetzgebungsmaterialien nicht. Hiergegen spricht vielmehr, dass mit der Einfügung von § 281 BGB die Gläubigerrechte gerade gestärkt werden sollten (…). Der Anwendung der §§ 280, 281 BGB auf den Herausgabeanspruch aus § 985 BGB steht, anders als das Berufungsgericht meint, nicht entgegen, dass es auf eine Art ‚Zwangskauf‘ hinausliefe, wenn der Gläubiger Schadensersatz statt der Leistung anstelle der Herausgabe der Sache verlangen könnte. Der Schuldner wird rechtlich nicht gezwungen, die Sache zu erwerben. Gibt er sie nach einer – für einen Anspruch aus §§ 280, 281 BGB grundsätzlich erforderlichen – Fristsetzung nicht freiwillig heraus, läuft er allerdings Gefahr, dass der Gläubiger schon vor einer rechtskräftigen Entscheidung über den Anspruch aus § 985 BGB Schadensersatz statt der Leistung verlangt; er kann seine Verpflichtung aus § 985 BGB dann nicht mehr durch die Herausgabe der Sache erfüllen (…). Der Eigentümer hat gleichermaßen wie ein obligatorischer Herausgabegläubiger, insbesondere bei Ungewissheit über die Erfolgsaussichten der Vollstreckung des Herausgabeanspruchs, ein Interesse an der Möglichkeit eines rechtssicheren Übergangs zum Schadensersatz (…). Diesen könnte der Eigentümer andernfalls, von dem Tatbestand des § 992 BGB abgesehen, bei einer bloßen Herausgabeverweigerung mit gleichzeitiger Unauffindbarkeit der Sache für den Gerichtsvollzieher nicht verlangen. Bei fehlgeschlagener Vollstreckung des Herausgabetitels bliebe ihm nur ein neuer, nunmehr auf die §§ 989, 990 BGB gestützter (Schadensersatz-)Prozess (…). Dies widerspräche den Vorstellungen des Gesetzgebers. Danach soll der Gläubiger nach Setzung einer angemessenen Frist zur Erbringung der Leistung sicher sein, bei Vorliegen der weiteren Voraussetzungen Schadensersatz statt der Leistung verlangen zu können (…). Dieses für die Anspruchsdurchsetzung wichtige Instrument muss auch dem Vindikationsgläubiger zur Verfügung stehen; der dingliche Gläubiger ist bei seiner Rechtsverfolgung nicht schlechter zu stellen als der schuldrechtliche (…). Allerdings darf die Anwendung der §§ 280, 281 BGB auf den vindikatorischen Herausgabeanspruch nicht dazu führen, dass die verschärften Haftungsvoraussetzungen der §§ 989, 990 BGB mit ihrer Privilegierung des gutgläubigen, unverklagten Besitzers unterlaufen werden. Deren Wertungen sind vielmehr einschränkend zu berücksichtigen, so dass Schadensersatz gemäß § 280 I und III, § 281 BGB nur im Falle der Rechtshängigkeit des Herausgabeanspruchs oder der Bösgläubigkeit des Besitzers gewährt werden kann."

Vgl. auch JuS 2016, 1024 ff. mAnm *Riehm*.

Genehmigung von Verwendungen **212**

BGH NJW 2002, 2875 ff.

Sachverhalt: Leasingnehmer O bringt ein bei einem Unfall beschädigtes Fahrzeug des Leasinggebers L in die Werkstatt des B. L schrieb – noch bevor O das Fahrzeug zu B gebracht hatte – an die Versicherung des Unfallverursachers sowie an B, dass er mit einer Weiterleitung von Entschädigungsleistungen an O oder B nach Vorlage der Reparaturrechnung einverstanden sei. Nach Durchführung der Reparaturen gab B den Pkw an O zurück. Wenig später bringt O das Fahrzeug aus anderem Grund erneut in die Werkstatt des B. Anschließend wird O zahlungsunfähig. L kündigt den Leasingvertrag mit O wirksam und verlangt von B Herausgabe des Kfz. B verweigert die Herausgabe im Hinblick auf noch ausstehende Zahlungen, da die Reparaturrechnung von der Versicherung nicht vollständig beglichen worden war. Erst ein halbes Jahr später gibt B das Fahrzeug an L heraus. L verlangt aufgrund der Vorenthaltung des Pkw Nutzungsentschädigung von B.

Gründe: Als Anspruchsgrundlage kommen §§ 990 II, 280 II, 286, 252 BGB in Betracht: Dazu müsste B mit der Herausgabepflicht aus § 985 BGB in Verzug geraten sein, was wegen eines möglichen Zurückbehaltungsrechts aber fraglich ist. Ein Gegenanspruch des B ergibt sich nach Ansicht des *BGH* aus § 994 I 1 BGB, weil B Verwender ist (s. → Rn. 204) und es ausreicht, wenn eine Vindikationslage nach Vornahme der Verwendungen entsteht (s. → Rn. 202). Allerdings scheidet ein Zurückbehaltungsrecht gem. § 1000 BGB aus, da B zwischenzeitlich, nämlich nach der Reparatur des Unfallschadens, das Kfz an O herausgegeben hatte, sodass mittlerweile ein neues EBV entstanden war. Es verbleibt aber ein Zurückbehaltungsrecht aus § 273 II BGB, wenn B einen fälligen Anspruch gegen L hat. Dazu müsste L die Verwendungen des B genehmigt haben (§ 1001 S. 1 Alt. 2 BGB). Unter einer Genehmigung versteht man, wie sich aus der Legaldefinition des § 184 I BGB ergibt, grundsätzlich nur die nachträgliche Zustimmung. Hier hatte der Eigentümer L bereits vor der Vornahme der Verwendungen zumindest konkludent sein Einverständnis erklärt. Entsprechend der gesetzgeberischen Regelungsabsicht stellt auch eine Einwilligung (vgl. § 183 S. 1 BGB) eine ausreichende Form der Zustimmung iSd §§ 1001, 1002 BGB dar. Zudem kommt es nach Sinn und Zweck des Gesetzes nur darauf an, den Eigentümer vor überraschend aufgedrängten Verwendungsersatzansprüchen zu schützen.

Vgl. auch JuS 2002, 1230 f. mAnm *K. Schmidt*.

Ersatz des durch Verzögerung eines Bauvorhabens entstehenden Schadens im EBV **213**

BGHZ 156, 170 ff. = NJW 2003, 3621 f.

Sachverhalt: Der Beklagte B überbaute einen Teil des Grundstücks des Klägers K. Trotz einer Mahnung des K, den Überbau zu beseitigen, blieb B zunächst untätig. Dadurch verzögerte sich ein Bauvorhaben des K auf dessen Grundstück.

Gründe: B hat dem K den gesamten Vermögensschaden als Verzugsschaden gem. § 990 I, II iVm §§ 280 II, 286 I BGB zu ersetzen. K konnte von B Beseitigung des Überbaus verlangen. Eine Duldungspflicht gem. § 912 I BGB bestand nicht, weil B grob fahrlässig handelte: Wer bewusst im Bereich der Grundstücksgrenze baut, muss sich über den exakten Grenzverlauf – notfalls durch Hinzuziehung eines Vermessungsingenieurs – vergewissern. Aus demselben Grund war B auch bereits bei Besitzerwerb bösgläubig iSd § 990 BGB, sodass er nach § 990 II BGB für Verzugsschäden haftet. Dieser Schadensersatzanspruch wird durch die Vorschriften der §§ 912 ff. BGB nicht verdrängt. Die Vorschriften des EBV bleiben neben den §§ 912 ff. BGB anwendbar, solange keine Duldungspflicht iSd § 912 I BGB besteht.

Vgl. auch JuS 2004, 165 mAnm *K. Schmidt.*

214   **Funktion der Rechtshängigkeit iSd § 987 I BGB**

BGH NJW-RR 2005, 965 ff.

Sachverhalt: Kläger K ist Eigentümer eines Grundstücks in Thüringen, das nach der Wiedervereinigung der beklagten Kommune B zugeordnet wurde. B nutzte das Grundstück seitdem zum Betrieb eines Kindergartens. Bereits im September 1998 erhob K gegen B Klage auf Grundbuchberichtigung (§ 894 BGB), um seine Eintragung im Grundbuch zu erreichen. Im September 2002 forderte K die B zur Zahlung einer Nutzungsentschädigung seit Rechtshängigkeit der Grundbuchberichtigungsklage im September 1998 auf.

Gründe: Ein Anspruch auf Herausgabe der seit September 1998 gezogenen Nutzungen aus § 987 I BGB besteht nicht. K hat keinen Anspruch auf Herausgabe des Grundstücks rechtshängig gemacht. Die Rechtshängigkeit der Grundbuchberichtigungsklage reicht im vorliegenden Fall nicht für die Rechtshängigkeit iSd § 987 I BGB aus. Sinn und Zweck des Rechtshängigkeitserfordernisses iSd § 987 I BGB ist es, den unrechtmäßigen Besitzer auf die Herausgabepflicht hinzuweisen und vor der verschärften Haftung zu warnen. Die Grundbuchberichtigungsklage iSd § 894 BGB erfüllt diese Funktion aber nur dann, wenn Eigenbesitz vorliegt, der Besitzer sich m. a. W. für den Eigentümer des Grundstücks hält. Nimmt der Besitzer jedoch unabhängig von der Frage des Eigentums ein Recht zum Besitz an (hält er sich – wie hier – für einen rechtmäßigen Fremdbesitzer), wird die erforderliche Warnfunktion nur durch die Rechtshängigkeit einer Herausgabeklage erfüllt, da eine Klage auf Grundbuchberichtigung das Recht zum Besitz nicht berührt. Mangels Herausgabeklage durfte B sich weiterhin für zum Besitz berechtigt halten und schuldet keinen Nutzungsersatz.

215   **EBV im Zwangsversteigerungsverfahren**

BGHZ 184, 358 ff. = NJW 2010, 2664 ff.

Sachverhalt: Am 19.6.2007 erhielt B in einem Grundstücks-Zwangsversteigerungsverfahren den Zuschlag erteilt. Auf die Beschwerde der K hob das LG mit Beschluss vom 17.9.2007, der K am 10.10.2007 zugestellt wurde, den Zuschlagsbeschluss auf und erteilte K den Zuschlag. Die dagegen gerichtete Rechtsbeschwerde der B wies der Senat mit Beschluss vom 15. 5. 2008 zurück. K verlangt nun von B für den Zeitraum vom 19.6.2007 bis 31.5.2008 (Besitzbeendigung) Nutzungsersatz.

Gründe: Zwischen dem 10.10.2007 und 31.5.2008 bestand zwischen K und B ein EBV, da B durch den Beschluss vom 15.5.2008 ihr Eigentum rückwirkend zum 19.6.2007 verlor und K mit Zustellung des Beschlusses am 10. 10. 2007 Eigentümerin wurde. Die Vorschriften über das EBV sind auch dann anwendbar, wenn der Eigenbesitzer von Anfang an nicht zum Besitz berechtigt war, weil sein Eigentum zB nach § 142 I BGB oder – wie hier – nach § 90 I Hs. 2 ZVG rückwirkend entfallen ist. Ein Anspruch aus § 990 I BGB scheidet allerdings aus, weil B weder beim Erwerb des Besitzes bösgläubig war noch später Kenntnis von der fehlenden Besitzberechtigung erlangte. Hingegen besteht ein Anspruch analog § 987 I BGB. Die in der Beschwerdeentscheidung enthaltene Zuschlagsentscheidung ist ein Vollstreckungstitel, aus dem K gegen B die Zwangsvollstreckung auf Räumung und Herausgabe des Grundstücks betreiben konnte (§ 93 I 1 ZVG). Insoweit hatte K sogar eine stärkere Rechtsstellung als ein Herausgabekläger. Des Weiteren besteht auch ein Anspruch aus § 988 BGB, weil zur Herausgabe von Nutzungen nicht nur der nichtberechtigte Besitzer verpflichtet ist, der seinen Besitz unentgeltlich erworben hat, sondern auch der Besitzer, der seinen Besitz ohne Rechtsgrund (hier: wegen der rückwirkenden Aufhebung der Zuschlagsentscheidung) erlangt hat (sehr str., vgl. → Rn. 185). Wegen der Haftung der B auch nach § 987 BGB betrifft der Anspruch der K nach § 988 BGB den Zeitraum, der zwischen dem Entstehen des EBV (10.10.2007) und dem Entstehen des Anspruchs nach § 987 BGB (Zustellung der Beschwerdeentscheidung an B) liegt.

Vgl. auch JA 2010, 659 ff. mAnm *Ch. Wolf.*

216   **Nutzungsersatz bei formnichtigem Kaufvertrag nach Eröffnung des Insolvenzverfahrens über das Vermögen des Bauträgers**

BGHZ 149, 326 ff. = NJW 2002, 1050 ff.

Sachverhalt: B hatte mit der W-GmbH einen Kaufvertrag über eine Eigentumswohnung abgeschlossen. Der Vertragsgegenstand war zum Zeitpunkt des Vertragsschlusses noch nicht fertiggestellt und in der notariellen Urkunde nur unter Hinweis auf die Bauunterlagen und -zeichnungen, die jedoch der Urkunde nicht beigefügt waren, spezifiziert. Zugunsten des B wurde eine Auflassungsvormerkung bestellt. B zahlte in der Folge insgesamt etwa EUR 200.000,– an die W-GmbH und bekam die Schlüssel zur Wohnung ausgehändigt. Zur Auflassung kam es nicht mehr, denn die W-GmbH war insolvent geworden. Der Insolvenzverwalter klagt nun gegen B auf Nutzungsersatz für die ungenutzte Wohnung.

Gründe: Es besteht ein Nutzungsersatzanspruch gem. § 987 II BGB ab Rechtshängigkeit der Klage. Zum einen blieb die W-GmbH Eigentümerin der Wohnung, da eine Übertragung gem. §§ 873, 925 BGB nicht stattfand. Zum anderen war B ab Übergabe der Schlüssel Besitzer der Wohnung gem. § 854 I BGB, hatte aber kein Besitzrecht gem. § 986 BGB. Der schuldrechtliche Vertrag war nämlich gem. § 125 S. 1 iVm § 311b I 1 BGB, § 9 I 2, 3 BeurkG nichtig, weil die Ausgestaltung und Ausstattung einer im Zeitpunkt des Vertragsschlusses noch nicht fertiggestellten Eigentumswohnung zu den wesentlichen Elementen des Vertrages gehören und eine Heilung nach § 311b I 2 BGB nicht stattgefunden hat. Die Berufung auf den Formmangel ist auch nicht gem. § 242 BGB ausgeschlossen. Allein die Tatsache, dass eine (vollständige) Rückzahlung des Kaufpreises nicht zu erwarten ist, führt zu keinem „schlechthin untragbaren Ergebnis". Im Weiteren wäre an sich nach den Grundsätzen der Saldotheorie zu verfahren, dh dem B steht ein Bereicherungsanspruch gem. §§ 812 I 1 Alt. 1, 818 BGB zu, soweit die geleisteten Zahlungen den Anspruch auf Nutzungsersatz gem. § 987 II BGB übersteigen. Nach Eröffnung des Insolvenzverfahrens ist eine solche Verrechnung mit Gegenansprüchen, die auf vorkonkurslichen Kaufpreiszahlungen des Käufers beruhen, jedoch ausgeschlossen (zu insolvenzrechtlichen Einzelheiten s. auch *Höhn/Kaufmann* JuS 2003, 751 ff.). Ergebnis: B hat auf eigenes Risiko EUR 200.000,– vorgeleistet und muss außerdem Nutzungsersatz leisten.

Herausgabe von Nutzungen des „nicht so berechtigten" Besitzers nach der Eingriffskondiktion

217

BGH NJW 2002, 60 ff.

Sachverhalt: E ist als Rechtsnachfolgerin eines VEB nach § 11 II TreuhandG im Jahre 1990 Eigentümerin eines Grundstücks mit einer Berufsschule und einem Lehrlingswohnheim geworden. Aufgrund § 8 III DDR-Berufsschulgesetz wurde das Gelände dem Landkreis (K) kostenlos zur Benutzung zu öffentlichen Zwecken überlassen. K allerdings vermietete Gebäudeteile als Arztpraxis sowie als Wohnungen. E verlangt Nutzungsersatz sowohl für die vermieteten als auch für die unvermieteten Teile des Grundstücks.

Gründe: Hinsichtlich der Mieteinnahmen zieht der *BGH* zunächst § 988 BGB analog als Anspruchsgrundlage in Betracht (→ Rn. 185). Voraussetzung hierfür ist, dass K rechtsgrundloser Besitzer, also § 8 III DDR-BerufsschulG unwirksam war. Diese Frage hat der *BGH* offen gelassen, weil sich für den Fall der Wirksamkeit der Norm ein inhaltsgleicher Anspruch gegen K als „nicht-so-berechtigten" Besitzer" aus § 812 I 1 Alt. 2 BGB (Eingriffskondiktion) ergibt: Durch die Bindung der Überlassung an eine Benutzung zu öffentlichen Zwecken blieb jede andere Nutzung dem Eigentümer vorbehalten, sodass K die Mieteinnahmen „auf Kosten" der E erlangte. Durch die gesetzliche Beschränkung der Überlassung zur öffentlichen Nutzung unterscheidet sich der vorliegende Fall auch von der unberechtigten Untervermietung (vgl. § 540 BGB), bei der ein Bereicherungsanspruch nicht besteht. Weiter scheidet ein Anspruch hinsichtlich der unvermieteten Teile gem. § 987 II BGB mangels Rechtshängigkeit oder Bösgläubigkeit (§ 990 I BGB) bzw. Verschuldens (§ 987 II BGB) aus. Dagegen greift wiederum die Anspruchsgrundlage des § 988 BGB ein. Als Rechtsfolge sind hier aber, in Abgrenzung zu § 987 II BGB, grundsätzlich nicht der objektive Ertragswert, sondern nur die tatsächlich gezogenen Nutzungen zu erstatten. Eine Ausnahme gilt lediglich für die Vorteile bei Eigengebrauch.

Vgl. auch JuS 2002, 291 mAnm *K. Schmidt*.

Bestimmung der Schadensersatzpflicht gem. § 989 BGB nach dem subjektiven Interesse des Eigentümers

218

BGH NJW 2014, 2790 ff.

„[33](1) Nach der früher im Schrifttum herrschenden Auffassung haftete der Besitzer nach § 989 BGB allerdings nicht auf den Ersatz des subjektiven Interesses des Eigentümers, sondern – an Stelle der ihm nicht möglichen Herausgabe – allein auf den objektiven Verkehrswert der Sache (...). Der Besitzer sollte aus dem Eigentümer-Besitzerverhältnis nicht zum Ersatz weitergehender Schäden – wie eines dem Eigentümer entgangenen Gewinns – verpflichtet sein (...). [34](2) Nach heutiger Auslegung der Vorschrift hat der auf Herausgabe verklagte Besitzer dem Eigentümer jedoch sämtliche Vermögensschäden zu ersetzen, die diesem daraus entstehen, dass er die Sache nicht herausgeben kann. Der Eigentümer kann den vollen Ersatz seines Schadens einschließlich eines entgangenen Gewinns verlangen (...). Dem verklagten Besitzer ist die Pflicht auferlegt, sich als Verwalter einer fremden Sache zu betrachten und dafür zu sorgen, dass sie an den Eigentümer herausgegeben werden kann (Motive III, 3408 und Denkschrift zum Sachenrecht, 132 = Mugdan, Materialien zum BGB, III, 227 und 978). Verletzt der Besitzer diese Pflicht, haftet er – wie bei der Verletzung anderer schuldrechtlicher Pflichten – dem Eigentümer auf den Ersatz der diesem daraus entstandenen Vermögensschäden. Der Besitzer hat danach bspw. auch Ersatz für eine dem Eigentümer entgangene staatliche Subvention (Milchprämie) zu leisten, die der Eigentümer erhalten hätte, wenn der Besitzer ihm die Sache (Viehbestand) hätte herausgeben können (*Senat* NJW-RR 1993, 626 (627)). Gemessen daran hat der Bekl. der Kl. nach § 989 BGB auch den auf den besonderen Verhältnissen des Zeitschriftenvertriebs beruhenden Vertriebsschaden zu ersetzen, welcher daraus entsteht, dass die Kl. – weil der Bekl. die von ihm verkauften Zeitschriften nicht herausgeben kann – von ihren Lieferanten auf Rückvergütung der erstatteten Einkaufspreise wegen erneuten Vertriebs dieser Zeitschriften in Anspruch genommen wird."

Vgl. auch JuS 2015, 73 ff. mAnm *K. Schmidt*.

Herausgabe des objektiven Ertragswerts nach §§ 990 I 2, 987 BGB (Untervermietung)

219

BGH NJW-RR 2005, 1542 f.

Sachverhalt: E ist Eigentümerin eines größeren Grundstücks. U ist Untermieterin des Grundstücks, das sie teilweise selbst nutzt, teilweise nicht nutzt und teilweise weitervermietet. Im Hinblick auf die Beendigung des zwischen E und der Hauptmieterin H bestehenden Mietverhältnisses verhandelten E und U über den Abschluss eines eigenständigen Mietvertrages. Eine Einigung kam jedoch nicht zustande. E wies deshalb U darauf hin, dass die weitere Nutzung des Grundstücks rechtsgrundlos erfolgt. Ein halbes Jahr später verlangt E von U ein „Nutzungsentgelt" in Höhe des objektiven Mietwerts des Grundstücks.

Gründe: Die §§ 987 ff. BGB finden auf den Besitzer Anwendung, dessen ursprüngliches Besitzrecht entfallen ist und damit auch auf die infolge des Wegfalls des Hauptmietvertrages nicht mehr zum Besitz berechtigte U. U ist von dem Zeitpunkt der Kenntnis ihres fehlenden Besitzrechts an verpflichtet, die gezogenen Nutzungen herauszugeben (§§ 990 I 2, 987 I BGB) und die schuldhaft nicht gezogenen Nutzungen zu ersetzen (§§ 990 I 2, 987 II BGB). Ein Ersatz des objektiven Ertragswerts des Grundstücks kann allerdings nur nach § 987 II BGB verlangt werden, wenn tatsächlich Nutzungen in Form von Früchten, hier dem Mietzins, aus dem Grundstück gezogen worden sind. Ansonsten entstünde ein Widerspruch zu § 987 II BGB, der einen Anspruch auf Ersatz des objektiven Ertragswerts der Sache nur bei Verschulden des Besitzers gewährt. Ermöglicht der Besitz – wie hier – objektiv eine Nutzung, handelt der bösgläubige bzw. verklagte Besitzer regelmäßig schuldhaft, wenn er seine Pflicht zur ordnungsgemäßen Bewirtschaftung nicht erfüllt. Die Darlegungs- und Beweislast hinsichtlich des fehlenden Verschuldens trägt der Besitzer entsprechend § 280 I 2 BGB. Eine Pflicht der U zum Ersatz des objektiven Ertragswerts – unabhängig davon, wie U das Grundstück nutzt – ergibt sich daraus, dass E ihren Anspruch alternativ auf § 987 I BGB und § 987 II BGB stützen kann. Bei einer Vermietung unter Wert schuldet U die Herausgabe der Mieteinnahmen nach § 987 I BGB und Ersatz der Differenz zum üblichen Mietzins nach § 987 II BGB. Bei einer Eigennutzung der U wird der objektive Mietwert geschuldet, da hiernach ihre Gebrauchsvorteile zu bewerten sind. Zieht U keine Nutzungen, so ist der übliche Mietzins nach § 987 II BGB zu ersetzen. Eine Haftung der U kann sich darüber hinaus aus den §§ 990 I, II, 280 II, 286 ff. BGB ergeben.

S. auch *BGH* NZM 2014, 582 ff. (mAnm *Riehm* JuS 2014, 940 ff.): „1. Der Eigentümer kann von einem – bösgläubigen bzw. auf Herausgabe verklagten – Untermieter, der lediglich einen Teil des dem Hauptmieter überlassenen Hauses in Besitz hat(te), nur die auf diesen Teil entfallenden Nutzungen herausverlangen. 2. Nimmt der Eigentümer sowohl den mittelbaren als auch den unmittelbaren Besitzer auf Herausgabe von Nutzungen in Anspruch, finden die Vorschriften über die Gesamtschuld entsprechende Anwendung."

220   **Versehentlicher Rollentausch zwischen Grundstückseigentümer und Mieter**

BGH NJW 2008, 221 f.

Sachverhalt: Mit Vertrag vom 15. 1. 1992 vermietete der Bekl. ein Grundstück an den Kl. Am 16. 12. 2002 wurde festgestellt, dass nicht der Bekl., sondern der Kl. Eigentümer des Grundstücks ist.

Gründe: Der Kl. kann von dem Bekl. nach § 988 BGB Herausgabe der gezahlten, um die Unterhaltskosten bereinigten Mieten verlangen. Dem Anspruch des Kl. aus § 988 BGB steht der Mietvertrag nicht entgegen. In diesem Mietvertrag hat nicht der Kl. dem Bekl. den Besitz überlassen, sondern umgekehrt der Bekl. dem Kl. Als mittelbarer Besitzer ist der Bekl. zwar nicht in jedem Fall, wohl aber dann zur Herausgabe unberechtigt gezogener Mieten verpflichtet, wenn er, wie hier, nicht gem. § 986 BGB zum Besitz berechtigt und damit auch selbst zur Herausgabe der Sache verpflichtet ist. Des Weiteren legt der *BGH* hinsichtlich der Besitzlage vor und nach dem 15. 1. 1992 dar, dass die Verpflichtung aus § 988 BGB auch den rechtmäßigen Besitzer trifft, der seinen Besitz nach Ablauf der Besitzzeit gutgläubig und unentgeltlich fortsetzt.

S. auch die kritische Anm. von *Kahmann* NJW 2008, 192 ff. sowie JuS 2008, 378 ff. mAnm *K. Schmidt*.

221   **Herausgabe von Nutzungen an den Vormerkungsberechtigten**

BGHZ 144, 323 ff. = NJW 2000, 2899 ff.

Sachverhalt: V hatte der T ein Hausgrundstück übereignet. Der notarielle Vertrag beinhaltete ein relatives Verfügungsverbot (§ 137 BGB), wonach die T zu Lebzeiten des V das Grundstück weder belasten noch veräußern durfte; anderenfalls war das Grundstück zurückzuübereignen. Zur Sicherung dieses Rückübertragungsanspruchs wurde eine Vormerkung eingetragen. Später überträgt T das Grundstück an B. V, der nicht zugestimmt hat, macht seinen Rückübertragungsanspruch gegenüber T klageweise geltend. Zwei Jahre nach Klageerhebung wird V wieder als Eigentümer eingetragen und verlangt von B Nutzungsersatz.

Gründe: B war in dem fraglichen Zeitraum Eigentümer des Grundstücks, sodass ein unmittelbarer Anspruch aus §§ 987, 990 I BGB mangels Vindikationslage ausscheidet. Auch die Verweisungsnorm des § 292 BGB hilft nicht weiter, weil B nicht verklagt war und die besondere Voraussetzung der Rechtshängigkeit nicht durch eine analoge Anwendung des § 292 BGB umgangen werden darf. Allerdings wendet der *BGH* § 987 BGB analog an, weil die Position des Vormerkungsberechtigten mit der Rechtsposition des Eigentümers vergleichbar ist. Kennzeichnend sei, dass B gegenüber V zu Unrecht als Eigentümer eingetragen war (§ 883 II 1 BGB). Zwar berechtigt ein schuldrechtlicher Anspruch noch nicht zur Ziehung der Nutzungen (vgl. auch § 446 BGB), doch war auch T, die auf Herausgabe verklagt wurde, wegen §§ 292, 987 BGB nicht zur Ziehung der Nutzungen berechtigt. Ein im Wege der Eventualaufrechnung geltend gemachter Verwendungsersatzanspruch scheiterte an §§ 999 I, 994 II BGB analog, da die T bösgläubig war.

Vgl. auch JuS 2000, 1119 f. mAnm *K. Schmidt*; grundlegend zur Anwendung der §§ 987 ff. BGB auf den Vormerkungsberechtigten BGHZ 87, 296 ff. = NJW 1983, 2024 f.; s. ferner auch den Übungsfall von *Auer* JuS 2007, 1122 ff.

222   # 2. Abschnitt. Die negatorische Haftung gem. § 1004 BGB[113]

I. Allgemeines

1. Systematik

Der Beseitigungs- und Unterlassungsanspruch gem. § 1004 BGB komplettiert den Schutz des Eigentümers. Während der Vindikationsanspruch gem. § 985 BGB die Entziehung oder Vorenthaltung des Besitzes erfasst, betrifft die actio negatoria gem. § 1004 BGB **sonstige Beeinträchtigungen des Eigentums**. Vergleichbare Regelungen finden sich für den Besitz in § 862 BGB sowie für den Namen in § 12 BGB.

---

[113] Ausführlich *Neuner* JuS 2005, 385 ff.; 487 ff.; s. ferner *Lettl* JuS 2005, 871 ff.

2. Anwendungsbereich

Der Anwendungsbereich des § 1004 BGB wird zunächst über die **Legalverweisungen gem. §§ 1027, 1065, 1090 II und 1227 BGB** erweitert. Darüber hinaus kann nicht nur bei Verletzung des Eigentums, sondern auch hinsichtlich **der anderen durch § 823 I BGB geschützten Rechtsgüter in analoger Anwendung von § 1004 BGB** auf Beseitigung und Unterlassung geklagt werden. Ein praktisch sehr bedeutsamer Bereich ist der Schutz des allgemeinen Persönlichkeitsrechts (zB bei unzutreffenden Pressedarstellungen). Des Weiteren gilt **§ 1004 BGB analog für die durch §§ 823 II, 824, 825, 826 BGB** geschützten Rechtsgüter.

3. Nachbarrechtliche Sonderregelungen

Die **§§ 907 ff. BGB** geben bei gefahrdrohenden Anlagen, bei drohendem Gebäudeeinsturz sowie bei Vertiefung selbständige Unterlassungs- und Beseitigungsansprüche, die unabhängig von § 1004 BGB bestehen.[114] Zu beachten sind außerdem die **landesgesetzlichen Vorschriften** zum Nachbarrecht (zB bzgl. Mindestabstand von Pflanzen zur Grundstücksgrenze).[115]

II. Der Beseitigungsanspruch

223

Normalfall: Ein Baugerüst fällt bei einem Sturm auf das Nachbargrundstück. Es besteht ein Anspruch des Nachbarn auf Beseitigung des Gerüsts gem. § 1004 I 1 BGB.

1. Abgrenzung

Der Beseitigungsanspruch gem. § 1004 I 1 BGB ist **streng von der deliktischen Verschuldenshaftung zu unterscheiden.** Wurde das Baugerüst unsachgemäß aufgestellt oder sonst fahrlässig zum Einsturz gebracht, besteht bereits ein Beseitigungsanspruch gem. §§ 823 I, 836 I iVm § 249 I BGB (neben der negatorischen Haftung aus § 1004 I 1 BGB). Das dogmatische Interesse konzentriert sich deshalb auf Fallkonstellationen, bei denen ein (uU vermutetes) Verschulden fehlt, also das Baugerüst durch einen unvorhersehbar starken Orkan einstürzt.

2. Kernprobleme

Die wissenschaftliche Kontroverse um den Normzweck des § 1004 I 1 BGB wird leichter nachvollziehbar, wenn man sich vorab einige zentrale Fragen stellt: Was legitimiert überhaupt eine Inanspruchnahme des Störers, wenn dieser die Beeinträchtigung nicht verschuldet hat? Erfasst der Beseitigungsanspruch am Beispiel des Baugerüsts auch die Reparatur des beim Einsturz beschädigten Garagendaches oder besteht ein Ersatzanspruch lediglich bei (vermutetem) Verschulden gem. §§ 823 I, 836 I, 249 I BGB? Kann der Eigentümer des Baugerüsts schließlich seiner verschuldensunabhängigen Haftung gem. § 1004 I 1 BGB dadurch entgehen, dass er das Eigentum an dem Gerüst gem. § 959 BGB aufgibt?

3. Normzweck

224

a) HM: (Modifizierte) Kausalitätstheorie[116]

Nach dieser Ansicht beruht die negatorische Haftung gem. § 1004 I 1 BGB maßgeblich auf dem **Verursachungsprinzip.** Da die bloße Äquivalenz aber noch keine hinreichende Haftungsvoraussetzung begründet, wird zum Teil ergänzend für die **Handlungshaftung,** neben dem Korrelat zum Notwehr-

---

[114] Ausführlich *Wieling,* Sachenrecht, § 23 II 5 a–c.
[115] Einzelheiten bei Palandt/*Herrler,* BGB, Art. 124 EGBGB Rn. 1 ff.
[116] Vgl. *Baur/Stürner,* Sachenrecht, § 12 Rn. 1 ff.; *Habersack,* Sachenrecht, Rn. 129 ff.; *Wolf/Wellenhofer,* Sachenrecht, § 24 Rn. 35 ff. mwN.

und Selbsthilferecht, auf eine Rechtspflicht aus vorangegangenem Tun (actus-contrarius-Lehre) sowie für die **Zustandshaftung** auf eine Risikohaftung für den eigenen Rechtskreis verwiesen.[117] Tatbestandlich wird der Unterschied zur deliktischen Schadensersatzhaftung darin gesehen, dass die **Beeinträchtigung noch andauern muss** (zB durch das herumliegende Gerüst, wohingegen der Schaden am Garagendach bereits abgeschlossen ist). Die Möglichkeit einer Eigentumsaufgabe gem. § 959 BGB wird regelmäßig verneint, weil sich der Störer nicht seiner Verantwortlichkeit entziehen dürfe.

Gegen diese Theorie spricht, dass sie die Handlungshaftung weder als solche noch im zivilrechtlichen System befriedigend zu erklären vermag. So leuchtet nicht ein, weshalb zB ein 6-jähriger Junge, der die Scheibe im Nachbarhaus einschießt, für den Schaden höchstens ausnahmsweise gem. § 829 BGB haftet, für die Beseitigungskosten (Entfernung der Steine) jedoch voll aufkommen soll. Des Weiteren ist auch das Abgrenzungskriterium der Fortdauer der Störung angreifbar.[118] Zum einen ist unklar, wann ein Ereignis als abgeschlossen betrachtet werden kann, und zum anderen verstehen sich die unterschiedlichen Haftungsfolgen nicht von selbst.

225   **b) MM: Usurpationstheorie**[119]

Ausgangspunkt dieser Lehre ist der Grundsatz „casum sentit dominus", dh der Eigentümer spürt den Zufall und muss entsprechende Risiken selbst tragen. Ein Beseitigungsanspruch ist danach nur gerechtfertigt, **wenn Eigentumsbefugnisse usurpiert werden**, also wenn jemand durch sein Handeln (zB Gehen über fremdes Grundstück) oder den Zustand seiner Sachen (zB Parken auf fremdem Grundstück) fremdes Eigentum für sich in Anspruch nimmt. In der Folge entfällt eine **Handlungshaftung** für ein vergangenes, bereits abgeschlossenes Verhalten und eine **Zustandshaftung** kann durch Dereliktion gem. § 959 BGB vermieden werden.

Nach dieser Theorie besteht die ratio des § 1004 I 1 BGB in der **Wahrung der Freiheit des Eigentums** und nicht in einem Vermögensschutz. Systematisches Hauptargument hierfür ist die Stellung des § 1004 BGB **im Anschluss an § 985 BGB**. Des Weiteren spricht für diese Lehre, dass ihr eine klare, widerspruchsfreie Abgrenzung zur Deliktshaftung gelingt; der Beseitigungsanspruch umfasst nämlich lediglich den **Rückzug aus dem fremden Rechtskreis**.

Gegen diese Theorie lässt sich anführen, dass sie die praktisch sehr bedeutsamen Widerrufsansprüche gem. § 1004 I 1 BGB nicht erfasst, weil die ursprüngliche Äußerung bereits getätigt wurde. Schwierigkeiten ergeben sich auch bei Immissionen, an denen der Emittent weder Eigentum noch Besitz hat. Ferner entstehen analoge Probleme bei § 862 I BGB, wo der Gedanke der „Rechtsusurpation" von vornherein nicht greift. Hiergegen wird wiederum repliziert, dass eine Besitzstörung nur dann vorliege, wenn durch ein Verhalten oder durch den Zustand einer Sache die Schutzgrenzen der Besitzsphäre dergestalt überschritten werden, dass – unterstellt der Besitzer wäre auch Eigentümer – eine faktische Rechtsusurpation vorliege.[120] Im Hinblick auf Immissionen gebe es zwar keine dinglichen Rechte, doch maße sich der Emittent eine dem § 903 BGB widersprechende Rechtsposition an, da er sich so verhalte, als stünde ihm eine Dienstbarkeit an dem Grundstück (vgl. §§ 1018 Alt. 3, 1090 I BGB) zu.[121]

Hauptkritikpunkt ist schließlich die **Option der Dereliktion**. Es wirkt in der Tat missbräuchlich, wenn die Pflicht zum Rückzug aus dem fremden Rechtskreis durch Aufgabe des Eigentums umgangen wird. In letzter Konsequenz, dh wenn zusätzlich auch der belastete Grundstückseigentümer sein Eigentum aufgeben könnte, würde dies zu einer „Sozialisierung" eigentumsimmanenter Risiken (zB der Dekontamination eines verseuchten Grundstücks) führen. Dieser Einwand widerlegt allerdings nicht das Verständnis des § 1004 I 1 BGB als Eigentumsfreiheitsanspruch im Sinne der Usurpations-

[117] Vgl. *Larenz/Canaris*, Schuldrecht II/2, § 86 II 1, 2, V 3 a; ähnlich auch *Wenzel* NJW 2005, 241 ff. (242): „Entscheidend ist (…), ob der Störer durch eigene Handlungen objektiv eine *konkrete Gefahrenlage* geschaffen hat, die sich später verwirklicht, und ob sich aus dem nachbarlichen Gemeinschaftsverhältnis eine ‚Sicherungspflicht', also eine Pflicht zur Verhinderung möglicher Beeinträchtigungen ergibt."
[118] Vgl. *Buchholz/Radke* JURA 1997, 454 ff. (457).
[119] Vgl. *Picker*, Der negatorische Beseitigungsanspruch, 1972; *Picker* FS Gernhuber, 1993, 315 ff.; Staudinger/*Gursky*, BGB, § 1004 Rn. 4 ff., 96 ff.; *Katzenstein* AcP 211 (2011), 58 ff. (74 ff.) mwN.
[120] *Gursky* JR 1989, 397 ff. (400); *Buchholz/Radke* JURA 1997, 454 ff. (463).
[121] *Gursky* JR 1989, 397 ff. (398 f.).

theorie, sondern betrifft in erster Linie die §§ 928, 959 BGB. Die entscheidende Frage lautet daher, ob man Eigentum aufgeben kann mit dem Ziel, sich eigentumsimmanenter Belastungen zu entziehen. Eine teleologische Einschränkung der §§ 928, 959 BGB erscheint in solchen Missbrauchsfällen in der Tat geboten[122] und zwar wiederum anknüpfend an den Gedanken der Verantwortlichkeit für den Zustand einer Sache als Korrelat für die Zuweisung der vollen Sachherrschaft.[123]

4. Voraussetzungen

226

Nach der **herrschenden Kausalitätslehre** sind für einen Beseitigungsanspruch gem. § 1004 I 1 BGB folgende Voraussetzungen erforderlich:

a) Eigentum

Gläubiger des Anspruchs ist der Eigentümer; der Besitzer wird hingegen durch § 862 I BGB geschützt.

b) Beeinträchtigung

Definition: Jeder Eingriff in die rechtliche oder tatsächliche Herrschaftsmacht des Eigentümers. Sofern es sich um eine Entziehung oder Vorenthaltung des Besitzes handelt, greift allerdings § 985 BGB ein.

Beispiele: Betreten des Grundstücks durch Mensch oder Tier; Immissionen iSv § 906 I BGB;[124] Berührung, dh jemand gibt sich zu Unrecht als Eigentümer einer Sache aus und behindert dadurch deren Verkauf.

Gegenbeispiele: Bei **negativen oder nur ideellen Einwirkungen** verneint die hM grundsätzlich den Tatbestand einer Beeinträchtigung. Nicht unter § 1004 I 1 BGB fällt danach etwa die Störung des Fernsehempfangs oder die Entziehung von Licht durch den Bau eines mehrstöckigen Hauses auf dem Nachbargrundstück; des Weiteren auch nicht die Lagerung von Schrottfahrzeugen neben einem Schlosshotel oder die Eröffnung eines Bordells in einer Reihenhaussiedlung (vgl. auch → Rn. 232, 262 ff.).

c) Fortdauer

Die Beeinträchtigung muss noch andauern, die Störungsquelle also noch fortwirken. Handelt es sich um einen bereits abgeschlossenen Tatbestand der Gütereinbuße, liegt ein Schaden vor, der nur bei schuldhaftem Handeln gem. § 823 BGB zu ersetzen ist.

d) Störer

Die Beseitigung kann nur vom Störer verlangt werden. Entsprechend der öffentlich-rechtlichen Begriffsbildung kann Störer sein, wer durch eine Handlung fremdes Eigentum verletzt oder für eine Sache verantwortlich ist, die fremdes Eigentum beeinträchtigt.

aa) Handlungsstörer

Hierunter fällt derjenige, der durch seine Handlung die Beeinträchtigung verursacht, also bspw. der Klavierspieler im Nachbarhaus oder der Journalist, der eine unwahre Behauptung aufstellt. Dazu gehört ferner auch der **mittelbare Störer**: zB der Bordellbesitzer bezüglich Besucherlärm auf der Straße; Flughafenunternehmen für Startlärm; Automatenaufsteller bezüglich Lärm durch Benutzer.

bb) Zustandsstörer

Darunter fällt der Eigentümer oder Besitzer einer Sache, von der eine Beeinträchtigung ausgeht.

---

[122] Vgl. auch *BGH* NJW 2007, 2182 f. (Kurzdarstellung → Rn. 289); MüKoBGB/*Baldus*, § 1004 Rn. 79 ff., 88 ff.
[123] In JuS 2005, 385 ff. (389 f.) habe ich vorgeschlagen, als Kompensation für den Dereliktionsausschluss die Beseitigungskosten entsprechend dem Halbteilungsgrundsatz des § 426 I 1 BGB zwischen Grundstückseigentümer und Störer aufzuteilen.
[124] Ausführlich zu Lärmbeeinträchtigungen *Röthel* JURA 2000, 617 ff.

Beispiele: Umstürzen von Bäumen auf Nachbargrundstück; Eindringen von Wurzeln in Abwasserleitung; Rechtsnachfolger, der die störende Sache oder Anlage nicht selbst geschaffen hat. **Einschränkung**: reine Naturereignisse sind dem Störer nicht zurechenbar; so ist z.B. ein Grundstück
in Hanglage zwangsläufig Abschwemmungen von oberliegenden Grundstücken ausgesetzt.[125]

e) Rechtswidrigkeit

Die Rechtswidrigkeit wird idR durch die Beeinträchtigung indiziert. Zu beachten ist insbesondere
die **Duldungspflicht gem. § 1004 II BGB**. Diese kann auf einem beschränkten dinglichen Recht
(zB Dienstbarkeit), auf einem Vertrag (zB Pacht) oder auf Gesetz (zB §§ 904 ff. BGB) beruhen.[126]

f) Beachte: Ein Verschulden ist nicht erforderlich!

227 ## 5. Rechtsfolge

a) Anspruchsinhalt

Nach wohl hL besteht nur die Pflicht, **die primäre Störungsquelle zu beseitigen**. Der Anspruch darf
nicht auf die Störungsfolgen ausgedehnt werden. Ist der Tatbestand der Gütereinbuße bereits abgeschlossen, gibt lediglich § 823 iVm § 249 I BGB einen Anspruch auf Wiederherstellung des ursprünglichen Zustands (Naturalrestitution). Beispiel: Der Stein, der auf das Nachbargrundstück fällt, muss
gem. § 1004 I 1 BGB beseitigt werden; die zerbrochene Scheibe ist hingegen nur bei Verschulden
gem. §§ 823, 249 I BGB zu ersetzen.

Die **Rechtsprechung** geht mitunter über diese Position hinaus und verbindet mit dem Beseitigungsanspruch auch das Ziel, **den Zustand der Benutzbarkeit wiederherzustellen**. Die Beeinträchtigung wird
danach nicht nur in dem eigentlichen Einwirkungsvorgang gesehen; vielmehr kann auch der durch
den Einwirkungsvorgang herbeigeführte Neuzustand eine fortdauernde Eigentumsbeeinträchtigung
bilden. In der Folge hat das *RG* zB in dem „Haldenbrandfall"[127] neben dem Anspruch auf Löschung
des Brandes aus § 1004 I 1 BGB auch einen Anspruch auf Ersatz der verbrannten Schwellen abgeleitet. Ebenso hat der *BGH* in einer neueren Entscheidung hervorgehoben, dass die Beseitigungspflicht
nicht nur das Entsorgen des verunreinigten Erdreichs erfasst, sondern auch die Wiederherstellung des
ursprünglichen Zustands des beeinträchtigten Grundstücks.[128] Es ist offenkundig, dass dieser weit-
gefasste Beseitigungsanspruch mit dem verschuldensabhängigen Schadensersatzanspruch aus unerlaubter Handlung kollidiert und sich zudem in einen Wertungswiderspruch zur Gefährdungshaftung
setzt, die auf dem Enumerationsprinzip aufbaut.

Die restriktive Gegenposition verkörpert die **Usurpationstheorie**. Nach dieser Ansicht ist ein eigen-
tumswidriger Zustand nur gegeben, wenn und solange der Störer durch sein Verhalten oder durch
die räumliche Lage seiner eigenen Sache auf die fremde Sache einwirkt; gefordert wird demnach
lediglich der **Rückzug aus dem fremden Rechtskreis**.

b) Kosten der Beseitigung

Die Kosten der Beseitigung der Beeinträchtigung treffen den Störer. Beseitigt der Eigentümer selbst
die Beeinträchtigung, hat der Störer diese **gem. § 812 I 1 Alt. 2 BGB (Rückgriffskondiktion)** oder
über die **Grundsätze der GoA** zu erstatten.[129] Im Übrigen gelten nach hM (**§ 251 II BGB** bzw.) **§ 275
II BGB** (bloße Entschädigungspflicht bei unzumutbarem Missverhältnis zwischen Beseitigungskos-

---

[125] Vgl. *BGH* NZM 2014, 366 f.; s. auch *OLG Nürnberg* NZM 2014, 367 f.: Überflutungsschäden auf einem Grundstück,
die durch einen zugewanderten Biber verursacht werden, begründen keine Störerhaftung des Nachbarn.

[126] S. näher → Rn. 229 ff.

[127] RGZ 127, 29 ff.

[128] *BGH* NJW 2005, 1366 ff. (Kurzdarstellung → bei Rn. 287); s. ferner auch *BGH* NJW 2004, 603 ff. (604: Wiederherstellung des durch störende Baumwurzeln beschädigten Wegs).

[129] Für eine schadensersatzrechtliche Lösung entsprechend §§ 280, 281 BGB *Bezzenberger* JZ 2005, 373 ff.; ausführlicher
Übungsfall bei *Gursky*, Klausurenkurs im Sachenrecht, Rn. 81 ff., mit dem zusätzlichen Problem, ob das Selbsthilferecht des
Grundstückseigentümers gem. § 910 I BGB bei Beeinträchtigungen durch Wurzeln den Anspruch aus § 1004 I BGB ausschließt
(verneinend *BGH* NJW 2004, 603 ff., 603 f.; s. auch → Rn. 288).

ten und Interesse des Gestörten)[130] sowie **§ 254 BGB** (Einwand der Mitverursachung sowie ein Abzug unter dem Gesichtspunkt „neu für alt")[131] **analog**, auch wenn es sich bei § 1004 I BGB um keinen Schadensersatzanspruch handelt.

III. Der Unterlassungsanspruch

228

Normalfall: N plant ein weiteres 24-stündiges Heavy-Metal-Konzert in seinem Garten.

1. Normzweck

Präventiver Schutz für die Zukunft; es ist besser, Beeinträchtigungen und Schäden schon im Vorfeld zu verhindern.

2. Voraussetzungen

Grundsätzlich dieselben wie für einen Beseitigungsanspruch, allerdings Erfordernis „weiterer Beeinträchtigungen" (Wiederholungsgefahr); entgegen dem Wortlaut reicht es aber aus, dass ein erster Eingriff drohend bevorsteht (vgl. auch § 907 BGB); bereits die Premiere des Heavy-Metal-Konzerts kann folglich untersagt werden (sog **„vorbeugender Unterlassungsanspruch"**).

3. Rechtsfolge

Anspruch auf Unterlassung bzw. Verhinderung (vgl. auch § 908 BGB).

IV. Duldungspflichten

229

Duldungspflichten können einer negatorischen Haftung gem. § 1004 II BGB entgegenstehen und namentlich auch eine verbotene Eigenmacht gem. § 858 BGB sowie eine Widerrechtlichkeit gem. § 823 BGB ausschließen.

Normalfall: Nachbar N möchte gegen üblichen Kinderlärm vorgehen.
Rechtslage: Kein Unterlassungsanspruch gem. § 1004 I 2 BGB (Eigentumsstörung) wegen unwesentlicher Beeinträchtigung gem. § 1004 II iVm § 906 I BGB (vgl. zudem § 22 Ia BImSchG). Auch kein Unterlassungsanspruch gem. § 862 I 2 BGB (Besitzstörung) mangels verbotener Eigenmacht gem. § 858 I iVm § 906 I BGB analog.

1. Arten von Duldungspflichten

230

a) Beschränkte dingliche Rechte

Beispiel: Der Eigentümer muss die Benutzung seines Grundstücks aufgrund einer Dienstbarkeit oder die Bebauung aufgrund eines Erbbaurechts dulden.

b) Obligatorische Rechte

Beispiel: Der Eigentümer muss die Benutzung seines Grundstücks durch Mieter oder Pächter dulden.

---

[130] Vgl. *BGH* JZ 2010, 631 ff. (Tz. 13 ff.); NJW 2008, 3122 f. (Tz. 16 ff.) mit Bspr. von *Korth* ZJS 2008, 647 ff.; *Stürner* JURA 2015, 164 ff.
[131] Vgl. *BGH* NJW 2012, 1080 f. (Tz. 7 ff.) mit Bspr. von *Dornis* ZJS 2012, 270 ff.

231   c) **Gesetzliche Duldungspflichten**

aa) **Öffentlich-rechtliche Bestimmungen**

Beispiele:
- Das Quaken von Fröschen auf dem Nachbargrundstück kann aufgrund naturschutzrechtlicher Normen zu dulden sein;[132] nach aA[133] gilt dies nur für die Zustandshaftung (also nicht, wenn der Nachbar einen Teich anlegt und dadurch Frösche anlockt).
- Gem. § 14 S. 1 BImSchG sind privatrechtliche Ansprüche auf Einstellung des Betriebs einer genehmigungsbedürftigen Anlage nach Ablauf der Einwendungsfrist ausgeschlossen.
- Ferner kommt nach st. Rspr. eine Duldungspflicht in Betracht, wenn die Eigentumsstörung von einem lebenswichtigen, unmittelbar dem öffentlichen Interesse dienenden Betrieb ausgeht und ohne Betriebseinstellung nicht beseitigt werden kann (ua Omnibusbetrieb,[134] Klärwerk[135]).

232   bb) **Privatrechtliche Bestimmungen**

(1) **Allgemeine Duldungspflichten**
- Verteidigungsnotstand gem. § 228 BGB (Beispiel: D erschlägt den tollwütigen Hund des E, der ihn anfällt.)
- Angriffsnotstand gem. § 904 BGB (Beispiel: D benutzt den Mantel des X, um das Feuer an der Kleidung des Y zu ersticken.)

(2) **Nachbarrechtliche Duldungspflichten**[136]

(a) **Unwägbare Stoffe gem. § 906 BGB**
- „unwägbare Stoffe" sind Rauch, Dämpfe, Geräusche, Blendwirkung einer Photovoltaikanlage etc
- **feinkörperliche Immissionen** (zB Laub, kleine Tiere) sind „ähnliche Einwirkungen" iSv § 906 I BGB
- gem. § 906 I BGB besteht eine Duldungspflicht bei **unwesentlichen Beeinträchtigungen** (zB gelegentliches Grillen; nach hM auch Mobilfunksender[137]); Maßstab ist der „verständige Durchschnittsmensch" (→ Rn. 267)
- gem. § 906 II 1 BGB besteht eine Duldungspflicht auch bei **wesentlichen, ortsüblichen Beeinträchtigungen**, sofern Maßnahmen zur Verhinderung nicht zumutbar sind (zB Mülldeponie)
- Spezialproblem: **summierte Immissionen**[138] (nach hM kann von jedem Emittenten Unterlassung verlangt werden, bis Unwesentlichkeit erreicht ist)

(b) **Nachbarliches Gemeinschaftsverhältnis**
- Nach hM besteht zwischen Grundstücksnachbarn keine Sonderverbindung. Es besteht allerdings ein „nachbarliches Gemeinschaftsverhältnis", das gem. § 242 BGB in **Ausnahmefällen** bestehende Rechte beschränken oder ausschließen und stattdessen Ausgleichsansprüche gewähren kann (s. dazu auch → Rn. 250, 279 ff.)
- **grobkörperliche Immissionen** (zB Steinbrocken, größere Tiere) fallen nicht unter § 906 BGB; nach der Rspr. kommt deshalb eine Duldungspflicht nur ausnahmsweise gem. § 242 BGB aufgrund des „nachbarlichen Gemeinschaftsverhältnisses" in Betracht; idR besteht ein Abwehranspruch aus § 1004 I BGB

---

[132] Vgl. BGHZ 120, 239 ff. – Froschteich-Fall = NJW 1993, 925 ff. = JuS 1993, 691 ff. mAnm *K. Schmidt*; mittlerweile hält der *BGH* allerdings eine Ausgleichspflicht analog § 906 II 2 BGB für möglich, wenn der Grundstückseigentümer eine Gefahrenlage geschaffen hat, an deren Beseitigung er durch Naturschutzvorschriften gehindert ist; vgl. BGHZ 160, 232 ff. = NJW 2004, 3701 ff. (Kurzdarstellung → Rn. 294).

[133] Vgl. *Larenz/Canaris*, Schuldrecht II/2, § 86 IV 2 a.

[134] *BGH* NJW 1984, 1242 f. (1243).

[135] *BGH* NJW 1976, 1204 f. (1205).

[136] Ausführlicher *Röthel* JURA 2005, 539 ff. (542 ff.); *Hennig/Honer* JuS 2016, 591 ff. (592 ff.).

[137] *BGH* NJW 2004, 1317 ff.; *OLG Frankfurt a.M.* NJW-RR 2005, 1544 f.: Bei Einhaltung der Grenzwerte der 26. BImSchVO bzgl. elektromagnetischer Strahlungen wird indiziert, dass es sich nur um unwesentliche Beeinträchtigungen handelt (vgl. § 906 I 2 BGB); *BGH* NJW-RR 2006, 879 f.: Bei Mietwohnungen auch kein Sachmangel gem. § 536 BGB.

[138] Ausführlich *Larenz/Canaris*, Schuldrecht II/2, § 85 II 1 c.

- **ideelle Immissionen** (zB Bordell) und **negative Immissionen** (zB Lichtentzug durch hohe Hecke) fallen nicht unter § 906 BGB und sind nach der Rspr. grundsätzlich auch nicht abwehrfähig gem. § 1004 I BGB; ein Abwehranspruch besteht nur ausnahmsweise gem. § 242 BGB aufgrund des „nachbarlichen Gemeinschaftsverhältnisses"

(c) **Entschuldigter Überbau gem. § 912 I BGB**[139]
- beim **entschuldigten Überbau** gem. § 912 I BGB erlangt der überbauende Grundstückseigentümer das Eigentum auch an dem hinübergebauten Gebäudeteil analog § 95 BGB (nicht aber am Boden);[140] als Ausgleich besteht ein Rentenanspruch gem. § 912 II BGB
- beim **unentschuldigten Überbau** (dh bei Vorsatz oder grober Fahrlässigkeit) wird das Eigentum am Gebäude nach hM auf der Grenzlinie lotgerecht geteilt (§§ 946, 94 BGB); außerdem besteht ein Beseitigungsanspruch (ua) gem. § 1004 I 1 BGB

(d) **Notweg gem. § 917 I BGB**

Voraussetzung ist, dass einem Grundstück die zur ordnungsmäßigen Benutzung notwendige Verbindung mit einem öffentlichen Wege fehlt und die Notlage nicht willkürlich herbeigeführt wurde (§ 918 I BGB)

(e) **Landesgesetzliche Duldungspflichten**

Nach Art. 124 I 1 EGBGB haben die Länder die Kompetenz zur Schaffung nachbarrechtlicher Sonderregelungen; hierzu gehört namentlich das Hammerschlags- und Leiterrecht (zB Aufstellen eines Baugerüsts auf Nachbargrundstück, wenn das Haus auf der Grundstücksgrenze steht); s. ua Art. 46b bayer. AGBGB, § 7d BWNRG, § 24 NRWNachbG, § 21 ThürNRG

2. Aufopferungshaftung 233

Als Ausgleich für erhebliche Duldungspflichten besteht in der Regel ein Aufopferungsanspruch.

a) **Beispiele**
- § 912 II BGB für einen Überbau
- § 917 II BGB für einen Notweg
- § 14 S. 2 BImSchG für Immissionen bei genehmigten Anlagen

b) **Nachbarrechtlicher Ausgleichsanspruch gem. § 906 II 2 BGB** 234
- **Grundkonstellation:** Nach § 906 II 1 BGB müssen ausnahmsweise auch wesentliche, ortsübliche Immissionen geduldet werden, sofern deren Verhinderung wirtschaftlich unzumutbar ist. Als Kompensation sieht § 906 II 2 BGB einen Ausgleichsanspruch in Geld vor (Beispiel: Landwirt L kann wegen des Schadstoffausstoßes der Chemiefabrik C keinen ökologischen Anbau mehr betreiben).
- **Grobimmissionen:** Besteht ausnahmsweise eine Duldungspflicht, kann analog § 906 II 2 BGB ein Ausgleich verlangt werden (Beispiel: Niederschlags- oder Leitungswasser).
- **gemeinwichtige Betriebe:** Auch hier gilt § 906 II 2 BGB analog (Beispiel: Drogenhilfezentrum, dessen Besucher das Nachbargrundstück regelmäßig betreten und verunreinigen).
- **sog faktischer Duldungszwang:** Nach der Rspr.[141] (sehr str.) besteht ein weiterer Entschädigungsanspruch analog § 906 II 2 BGB, sofern von einem Grundstück im Rahmen seiner privatwirt-

---

[139] Ausführlich *Wilhelm*, Sachenrecht, Rn. 1121 ff.; *Meder/Flick* JuS 2011, 160 ff. (Übungsfall).

[140] *BGH* NZM 2013, 875 ff. (Tz. 17 f.): „Mit der Pflicht zur Duldung eines Überbaus soll die Zerstörung wirtschaftlicher Werte verhindert werden (...). Die Regelung in § 912 I BGB ist für den Fall gedacht, dass sich eine Beseitigung des Überbaus nicht auf diesen beschränken lässt, sondern die Gebäudeeinheit beeinträchtigt und auf diese Weise zwangsläufig zu einem Wertverlust der innerhalb der Grundstücksgrenzen befindlichen Gebäudeteile führt. Daran fehlt es insbesondere bei Gebäudeteilen wie Fensterläden und Markisen, weil bei deren Beseitigung nicht von der Zerstörung wirtschaftlicher Werte gesprochen werden kann (...). Für einen Öltank, der nicht in das Gebäude eingefügt ist, dessen Beheizung er dient, gilt nichts anderes. Ein solcher Tank lässt sich von dem Nachbargrundstück entfernen, ohne dass das Wohngebäude ganz oder teilweise zerstört wird oder auch nur in Mitleidenschaft gerät. Er kann – wie im vorliegenden Fall auch geschehen – durch einen Tank auf dem eigenen Grundstück ersetzt oder an eine andere Stelle auf dem eigenen Grundstück verlegt werden."

[141] S. im Einzelnen → Rn. 291 ff.

schaftlichen Nutzung Einwirkungen auf ein anderes Grundstück ausgehen, die das zumutbare Maß einer entschädigungslos hinzunehmenden Beeinträchtigung übersteigen und der betroffene Eigentümer aus rechtlichen oder tatsächlichen Gründen gehindert war, die Einwirkungen gem. § 1004 I BGB zu unterbinden. Das bedenkliche Charakteristikum dieser Judikatur besteht darin, dass bei den zugrunde liegenden Sachverhalten ein deliktischer Anspruch gem. §§ 823 ff. BGB mangels Verschuldens regelmäßig ausschied und stattdessen eine Aufopferungshaftung analog § 906 II 2 BGB angenommen wurde (Beispiel: Überschwemmungsschaden infolge einer defekten Rohrleitung).

- **hoheitliche Tätigkeit:** Bei Immissionen, die auf hoheitlicher Betätigung beruhen, kommt ein Anspruch aus enteignendem oder enteignungsgleichem Eingriff in Betracht.

c) Gläubiger
- Eigentümer; uU auch Besitzer
- bezüglich § 906 II 2 BGB, § 14 BImSchG ist fraglich, inwieweit auch bloße Nutzer anspruchsberechtigt sind; nach der „Kupolofenentscheidung"[142] haben Arbeitnehmer, die ihr Auto auf dem Betriebsparkplatz abstellen, keinen Ausgleichsanspruch, weil sie weder Grundstückseigentümer noch -besitzer sind; nach aA besteht ein Anspruch, weil die Betroffenen eine ähnlich enge Beziehung zu dem Immissionsgebiet haben wie ein Immobiliarberechtigter

d) Schuldner
- bei § 904 S. 2 BGB muss nicht der Retter, sondern der Gerettete den Schaden erstatten (arg.: der Gerettete ist der Begünstigte; sachgerechte Verteilung des Insolvenzrisikos; Haftung des Retters würde uU § 828 BGB zuwiderlaufen; str.)
- Spezialproblem: summierte Immissionen[143] (grundsätzlich gesamtschuldnerische Haftung; Einzelheiten komplex und str.)

Fall 7: „Streit unter Nachbarn"

Sachverhalt

N ist Eigentümer eines Grundstücks in einem Wohngebiet. Das Grundstück ist mit einem Einfamilienhaus bebaut und verfügt über eine Terrasse sowie einen gepflegten Garten. In unmittelbarer Nachbarschaft befindet sich ein Haus, das der B-e.V. vor einiger Zeit angemietet hat. Er unterhält dort eine Wohneinrichtung für sieben geistig schwer behinderte Erwachsene, die weder geschäfts- noch deliktsfähig sind. Bei schönem Wetter benutzt N gerne seine Terrasse und den Garten. Auch die behinderten Nachbarn halten sich vorzugsweise in dem zu ihrem Haus gehörenden Garten auf.

N ist die neue Nachbarschaft sehr unangenehm: Bereits der dauernde Anblick geistig behinderter Menschen sei eine große Belastung; besonders störend seien zudem die unartikulierten Laute, die die Heimbewohner regelmäßig von sich geben; die Art und Weise dieser Geräusche mache ihm eine Nutzung seines Gartens praktisch unmöglich.

Nach einem besonderen Vorfall hat N für seine Nachbarn definitiv kein Verständnis mehr: Einer der Bewohner des Heims, Herr F, war in einem kurzen, unbeobachteten Moment auf die Idee gekommen, im Garten etwas Ordnung zu schaffen, und raffte größere Mengen Laub zusammen, die er über den Zaun in den Garten des N auf ein dort angelegtes Blumenbeet warf. Die frisch eingepflanzten Rosen des N im Wert von EUR 80,– wurden dadurch unrettbar zerstört.

1. N verlangt nunmehr sowohl von F als auch vom B-e.V. Schadensersatz für die zerstörten Rosen sowie Beseitigung des Laubhaufens. Der B-e.V. wendet ein, dass F zwar unter seiner Obhut stehe, doch habe es einen vergleichbaren Vorfall in der Vergangenheit noch nie gegeben. Zudem sei F fortlaufend, wenn auch nicht lückenlos, überwacht worden.

---

[142] BGHZ 92, 143 ff. = NJW 1985, 47 ff.; ausführliche Besprechung von *Hager* JURA 1991, 303 ff.
[143] Ausführlich *Larenz/Canaris*, Schuldrecht II/2, § 85 II 1 c.

2. Zusätzlich verlangt N vom B-e.V., dafür zu sorgen, dass zukünftig keine unartikulierten Laute der behinderten Menschen mehr in seinem Garten zu hören sind und diese sich nicht mehr im Sichtfeld seines Gartens aufhalten. Auch von dem behinderten Bewohner F begehrt N ein entsprechendes persönliches Unterlassen.

Bearbeitervermerk:

Es ist von der baurechtlichen Zulässigkeit des Heims auszugehen. Spezielle öffentlich-rechtliche Grenz- und Richtwerte sind für die Falllösung nicht heranzuziehen.

Lösung

1. Komplex: Ansprüche auf Ersatz für die zerstörten Rosen

A. Ansprüche N gegen F

I. Es kommt ein Anspruch N gegen F gem. **§ 823 I BGB** in Betracht, weil F durch sein Handeln das Eigentum des N an den Rosen verletzte. Dieser Anspruch scheitert aber daran, dass F als Deliktsunfähiger gem. **§ 827 S. 1 BGB** nicht für den eingetretenen Schaden verantwortlich ist.

235

II. Auch eine Haftung des F aus **§ 823 II BGB iVm § 303 I StGB** scheidet mangels Vorsatzes oder zumindest wegen § 827 S. 1 BGB aus.[144]

III. Eine Billigkeitshaftung des Deliktsunfähigen gem. **§ 829 BGB** kommt nur in besonderen Ausnahmefällen in Betracht. Nach dem Sachverhalt ergeben sich hierfür keine Anhaltspunkte.

B. Ansprüche N gegen den B-e.V.

I. N könnte einen Schadensersatzanspruch gegen den B-e.V. aus **§ 280 I iVm § 241 II BGB** haben.

1. Grundvoraussetzung für einen Anspruch aus § 280 I BGB ist das Bestehen eines Schuldverhältnisses. Eine rechtsgeschäftliche oder geschäftsähnliche Begründung iSv § 311 II BGB scheidet von vornherein aus. **Fraglich ist, ob die nachbarliche Beziehung ein Schuldverhältnis** konstituiert.

236

a) Nach einer Mindermeinung handelt es sich zwischen benachbarten Grundstückseigentümern nicht nur um eine tatsächliche Nutzungsgemeinschaft; vielmehr ist diese Beziehung nach dem Inhalt und den Personen bereits so konkretisiert, dass sich daraus auch eine rechtliche Sonderbeziehung ergibt.[145] Gegen die Annahme eines entsprechenden Schuldverhältnisses spricht, dass es grundsätzlich jedem Dritten deliktsrechtlich untersagt ist, fremdes Grundstückseigentum zu beeinträchtigen, und sich auch die Sonderbestimmungen der §§ 907 ff. BGB **prinzipiell an jedermann richten**. Ein Beispiel bildet das Verbot der Grundstücksvertiefung gem. § 909 BGB, das namentlich auch für den ausführenden Bauunternehmer sowie den planenden Architekten gilt. Im Übrigen **reicht die erhöhte Schädigungsgefahr** unter Nachbarn **in keiner Weise aus**, um die Verletzung allgemeiner Pflichten solchen aus einem Schuldverhältnis gleichzustellen.[146]

237

b) Vor allem die **Rechtsprechung** lehnt daher die Annahme eines Schuldverhältnisses zur Gänze ab. Das Rechtsinstitut des „nachbarlichen Gemeinschaftsverhältnisses" wird von der Rechtsprechung nur ausnahmsweise zur Begründung besonderer Duldungs-, Unterlassungs- sowie Ausgleichspflichten herangezogen.

238

c) Eine vermittelnde Ansicht nimmt die **hL** ein. Maßgebend ist die Überlegung, dass allein die aus der tatsächlichen Nutzungsgemeinschaft folgende erhöhte Schädigungsgefahr nicht ausreicht, damit aus allgemeinen Pflichten solche aus einem Schuldverhältnis werden. Anders ist die Rechtslage hingegen, wenn **das Gesetz selbst** auf die Vorschriften über die Gemeinschaft und damit inzidenter

239

---

[144] Nach hM bestimmt sich hier ebenfalls die Deliktsfähigkeit nach § 827 BGB und nicht nach § 20 StGB, weil sich die Verweisung des § 823 II BGB nur auf den Tatbestand des Schutzgesetzes und nicht auf die dahinterstehenden allgemeinen Normen bezieht; vgl. Staudinger/*Hager*, BGB, § 823 G Rn. 36 mwN.

[145] *Westermann* JZ 1963, 407 f. (408).

[146] Vgl. *Brox* JA 1984, 182 ff. (186 f.) mwN.

auf ein Schuldverhältnis zwischen den Beteiligten verweist. Zu denken ist an Grenzeinrichtungen (Mauer, Hecke), für die gem. § 922 S. 4 BGB die Vorschriften über die Gemeinschaft gem. §§ 741 ff. BGB gelten.[147] Auch nach dieser Ansicht ist somit vorliegend ein Schuldverhältnis abzulehnen, weil die Pflicht, das Eigentum an den Rosen des N nicht zu verletzen, sich gegen jedermann richtet.

2. Nach der Rechtsprechung sowie der hL kommt es auf ein Verschulden des B.-e.V. gem. § 280 I 2 BGB im Weiteren nicht mehr an, da bereits ein Schuldverhältnis fehlt.[148] Ein Anspruch aus §§ 280 I, 241 II BGB scheidet somit aus.

240   II. Fraglich ist aber ein Anspruch des N gegen den B-e.V. gem. **§ 832 II, I 1 BGB.**

Der B-e.V. hat durch Vertrag die Führung der Aufsicht über F übernommen.[149] Es besteht also eine Pflicht iSd § 832 II BGB. Des Weiteren hat F das Eigentum des N widerrechtlich verletzt. In der Folge beinhaltet § 832 BGB zwei Vermutungen, nämlich dass der Aufsichtspflichtige seine Aufsichtspflicht schuldhaft verletzt hat und dass die Verletzung der Aufsichtspflicht für den Schaden kausal ist. Möglicherweise kann sich der B-e.V. allerdings **gem. § 832 I 2 BGB exkulpieren.** Hierbei ist zu berücksichtigen, dass F nur für einen kurzen Moment unbeaufsichtigt gelassen wurde. Es stellt sich deshalb die Frage, ob eine ständige Überwachung des F notwendig war. Gegen eine solche Totalüberwachung spricht, dass eine besondere Gefährdung für Personen oder Sachen durch den kurzen unbeaufsichtigten Aufenthalt im Garten – auch im Hinblick auf das dort herumliegende Laub – nicht zu erwarten war, zumal es bislang vergleichbare Vorfälle noch nicht gab. Zudem ist bei der Betreuung behinderter Personen deren Menschenwürde zu achten und ihre Selbstbestimmung zu fördern.[150] Vor diesem Hintergrund war eine lückenlose Überwachung des F nicht angezeigt. Auch andere Alternativen der Aufsichtspflichterfüllung wie Verbot, Belehrung oder Unmöglichmachen waren nach Lage des Falls vom B-e.V. nicht zu treffen.[151]

Ein Anspruch des N gegen den B-e.V. gem. § 832 II, I 1 BGB scheidet somit infolge Exkulpation aus.

241   III. Es könnte ferner ein Anspruch des N gegen den B-e.V. gem. **§ 823 I BGB** wegen Eigentumsverletzung gegeben sein.

Die Eigentumsverletzung müsste auf eine Handlung, also entweder positives Tun oder pflichtwidriges Unterlassen, des B-e.V. zurückzuführen sein. Der Verein als juristische Person handelt grundsätzlich durch seine Organe. Eine Zurechnung über § 31 BGB scheidet aus, da F weder Organ bzw. Repräsentant des Vereins noch besonderer Vertreter gem. § 30 BGB ist. Auch für eine Haftung des Vereins für Organisationsmängel oder die Verletzung einer besonderen Verkehrspflicht aus § 823 I BGB[152] sind keine konkreten Anhaltspunkte ersichtlich.

242   IV. Ein **Schadensersatzanspruch aus § 1004 I 1 BGB** kommt schon deshalb nicht in Frage, weil als Rechtsfolge des § 1004 I 1 BGB lediglich die Störung zu beseitigen ist. Darunter ist die Beseitigung der Beeinträchtigung zu verstehen, also der „Störungs**quelle**" für die Zukunft, **nicht** jedoch die Rückgängigmachung der Störungs**folgen**. Diese Einschränkung ergibt sich insbesondere aus der Abgrenzung zum (verschuldensabhängigen) Schadensersatzanspruch. Geschuldet wird mithin nur der „actus contrarius" der Störung, dh die Beseitigung der primären Störungsquelle.[153] Zum Ausschluss

---

[147] Vgl. *Baur/Stürner*, Sachenrecht, § 5 Rn. 16; *Medicus/Petersen*, Bürgerliches Recht, Rn. 799; *Brox* JA 1984, 182 ff. (186 f.) mwN.

[148] Würde man hingegen der (unzutreffenden) Mindermeinung folgen, wäre im Weiteren zu prüfen, ob dem B-e.V. ein eigenes Verschulden gem. § 280 I 2 BGB zur Last fällt (s. dazu auch → Rn. 240) oder ob eine Zurechnung des Verhaltens des F als Erfüllungsgehilfe gem. § 278 BGB veranlasst ist; nach hM hat der Mieter gem. § 278 BGB das Verschulden von Personen zu vertreten, die auf seine Veranlassung hin mit der Mietsache in Berührung kommen, worunter namentlich Verwandte, Gäste und Kunden fallen; vgl. *BGH* NJW 2010, 2341 ff. (Tz. 19); Palandt/*Grüneberg*, BGB, § 278 Rn. 18; vorliegend fehlt es indes auch an einem Verschulden des F.

[149] Ein solcher Vertrag kann auch konkludent geschlossen werden; vgl. nur *BGH* NJW 1968, 1874 f. (1874); Bamberger/Roth/*Spindler*, BGB, § 832 Rn. 13.

[150] Vgl. *OLG Hamm* NJW-RR 1994, 863 f.; s. auch §§ 2 I Nr. 2, 11 I Nr. 2 HeimG.

[151] Ausführlich zur Bestimmung von Aufsichtspflichten iRd § 832 BGB *Schmid* VersR 1982, 822 ff.

[152] Zum Verhältnis von § 832 zu § 823 I BGB vgl. Staudinger/*Belling*, BGB, § 832 Rn. 205 f.

[153] Die vom Reichsgericht im „Haldenbrandfall" (RGZ 127, 29 ff.) unter den Beseitigungsanspruch gefassten Folgeschäden fallen hingegen nach überwiegender und richtiger Ansicht nicht unter § 1004 I 1 BGB, sondern unter § 823 BGB; vgl. → Rn. 224, 227.

des Schadensersatzanspruchs gelangt auch die Usurpationstheorie, die lediglich den Rückzug aus dem fremden Rechtskreis verlangt.

V. Zu erwägen ist schließlich noch ein **nachbarrechtlicher Ausgleichsanspruch analog § 906 II 2 BGB.**   243

Nach der Rechtsprechung besteht ein solcher verschuldensunabhängiger Entschädigungsanspruch, wenn rechtswidrige Einwirkungen auf ein Grundstück erfolgen, die der Eigentümer des betroffenen Grundstücks nicht dulden muss, aus besonderen Gründen jedoch nicht gem. §§ 1004 I, 862 I BGB unterbinden kann.[154] Vorliegend könnte man argumentieren, dass für N ein faktischer Duldungszwang bestand, weil er die von F ausgehende Gefahr nicht erkennen konnte und deshalb auch keine vorbeugende Unterlassungsklage erhob. Die von dem behinderten Nachbarn ausgehende Gefahr lässt sich indes nicht gleichsetzen mit jenen technischen Gefahren, die von elektrischen Leitungen oder von Wasserrohren ausgehen. Das Handeln des F ist vielmehr als **schicksalhaft** zu betrachten und mit einem von niemandem zu beherrschenden Naturereignis zu vergleichen.[155] Anderenfalls käme man zu einer **Quasi-Gefährdungshaftung** für behinderte Menschen und Kinder, die mit den Grundprinzipien unserer gesamten Rechtsordnung nicht zu vereinbaren wäre.[156]

VI. **Ergebnis**: N hat gegen den B-e.V. weder Schadensersatz- noch Entschädigungsansprüche.

2. Komplex: Ansprüche auf Beseitigung des Laubs

A. Ansprüche N gegen F

I. Ein Anspruch auf Beseitigung könnte sich aus §§ 823 I, 249 I BGB wegen einer Eigentumsverletzung ergeben.   244

Der Begriff der Eigentumsverletzung iSd § 823 I BGB ist weit zu verstehen und umfasst prinzipiell jede Beeinträchtigung des bestimmungsgemäßen Gebrauchs.[157] Demgemäß liegt hinsichtlich des Laubhaufens eine Eigentumsverletzung am Grundstück vor. Der Anspruch aus § 823 I BGB scheitert allerdings wieder an der fehlenden Verschuldensfähigkeit des F gem. § 827 S. 1 BGB.

II. Es könnte des Weiteren ein **Beseitigungsanspruch** des N gegen F gem. **§ 1004 I 1 BGB** bestehen.

1. Voraussetzungen des § 1004 I 1 BGB

a) Der Tatbestand des § 1004 I 1 BGB verlangt zunächst eine **Beeinträchtigung des Eigentums**, die nicht in einer Vorenthaltung oder Entziehung des Besitzes besteht (vgl. sonst § 985 BGB). Angesichts des Wortlauts der Norm ist der Begriff der Eigentumsbeeinträchtigung in § 1004 I BGB (ähnlich wie bei § 823 I BGB) weit aufzufassen. Demnach fallen grundsätzlich **alle dem Inhalt des § 903 BGB widersprechenden Eingriffe, die nicht von § 985 BGB erfasst werden, unter § 1004 I BGB.**[158] Das Verbringen von Laub auf ein fremdes Grundstück stellt als grobkörperliche Immission eine Beeinträchtigung der Befugnisse des betroffenen Eigentümers iSd § 1004 I BGB dar.   245

b) Schuldner des Beseitigungsanspruchs ist nach § 1004 I 1 BGB der „Störer", also nur derjenige, dem die Beeinträchtigung zugerechnet werden kann.[159]

aa) In Betracht kommt zunächst eine Haftung des F als Handlungsstörer. Dazu reicht es nach der herrschenden **Lehre von der negatorischen Kausalhaftung** aus, wenn die Handlung adäquat kausal auf eine Willensbetätigung des „Störers" zurückzuführen ist.[160] F haftet als Handlungsstörer auch   246

---

[154] Vgl. zuletzt *BGH* NJW-RR 2016, 588 ff. (Tz. 20) sowie die Rspr.-Übersicht → Rn. 291 ff.

[155] In diesem Fall verneint auch der *BGH* nachbarrechtliche Ansprüche; vgl. BGHZ 155, 99 ff. (105) = NJW 2003, 2377 ff. (2379) mwN.

[156] S. dazu auch → Rn. 258.

[157] Vgl. nur Palandt/*Sprau*, BGB, § 823 Rn. 7 ff.

[158] Vgl. nur Palandt/*Herrler*, BGB, § 1004 Rn. 5 f.

[159] Während im Polizei- und Sicherheitsrecht mittlerweile vom „Verantwortlichen" gesprochen wird, ist die Terminologie im Zivilrecht beim „Störer" geblieben; vgl. zB Art. 7 ff. BayPAG, Art. 9 BayLStVG.

[160] Vgl. *BGH* NJW-RR 2001, 232 f. (232) mwN.

dann, wenn man mit *Canaris*[161] im Falle einer abgeschlossenen Störungshandlung eine Rechtspflicht für vorangegangenes Tun postuliert, da F das Laub auf das Nachbargrundstück warf. Problematisch könnte lediglich sein, dass F geistig schwer behindert ist. Nach hM reicht allerdings ein natürlicher Wille aus, auf eine Geschäfts- oder Deliktsfähigkeit kommt es nicht an. Nur vereinzelt wird das Vorliegen von „Handlungsfähigkeit" gefordert.[162] Daran soll es fehlen, wenn eine freie Willensbildung der betroffenen Person durch immanente Störungen oder durch eine äußere Beschränkung des Aktionsbereichs[163] beeinträchtigt ist. Im Rahmen des Störerbegriffs überzeugt jedoch die Bezugnahme auf innere Mängel nicht, weil § 1004 I 1 BGB gerade kein Verschulden voraussetzt.[164] Demgemäß haftet F grundsätzlich als unmittelbarer Handlungsstörer.

247   bb) Vertritt man hingegen die **Usurpationstheorie**, entfällt eine Handlungshaftung des F, da die störende Handlung nicht mehr andauert. F hat das Laub auf dem Nachbargrundstück „entsorgt" und nicht nur vorübergehend gelagert. Des Weiteren entfällt auch eine Haftung des F als Zustandsstörer, weil er nicht Besitzer des Laubs war. Selbst wenn man Gegenteiliges annehmen wollte, könnte F nach Auffassung der Vertreter der Usurpationstheorie der Haftung aus § 1004 I 1 BGB durch Besitzaufgabe entgehen.[165] Ebenso wie der Eigentümer durch Dereliktion kann auch der Besitzer durch freiwillige Aufgabe seiner Beziehung zu der störenden Sache eine negatorische Haftung vermeiden.

248   c) Folgt man der **hM**, besteht eine Haftung des F als Handlungsstörer gem. § 1004 I 1 BGB, falls der Eigentümer N nicht **gem. § 1004 II BGB zur Duldung** verpflichtet ist.[166]

       aa) Eine **rechtsgeschäftliche Duldungspflicht** scheidet aus, da sich N weder schuldrechtlich noch dinglich verpflichtet hat.

249   bb) Zu erwägen ist ferner eine **Duldungspflicht gem. § 906 I, II BGB**. Da das Laub keinem der explizit genannten Stoffe gem. § 906 I BGB zurechenbar ist, kommt nur eine Subsumtion unter den Begriff der „ähnlichen von einem anderen Grundstück ausgehenden Einwirkungen" in Betracht. Wertungsmäßig stellt Laub grundsätzlich eine derartige Einwirkung dar. Dies gilt jedoch nur in solchen Fällen, in denen zB durch Naturkräfte wie Wind und ohne weitere menschliche Einwirkung Stoffe auf das Grundstück gelangen.[167] Aus dem auch für „ähnliche Stoffe" geltenden Erfordernis der Unkontrollierbarkeit[168] folgt, dass bei einem vom Menschen kontrollierten Verbringen von Gegenständen keine Einwirkung aus dem Grundstück vorliegt. § 906 I BGB greift somit schon tatbestandlich nicht ein; auf das Wesentlichkeitskriterium kommt es nicht mehr an.

250   cc) Auch eine **Duldungspflicht aufgrund des „nachbarlichen Gemeinschaftsverhältnisses" gem. § 242 BGB** kommt nicht in Frage. Es ist offenkundig, dass Abfall nicht auf dem Nachbargrundstück entsorgt werden darf.

       2. Als **Rechtsfolge des § 1004 I 1 BGB** ist die Störung zu beseitigen. Nach hM kann N folglich von F gem. § 1004 I 1 BGB die Entfernung des Laubs verlangen.

251   III. Es könnte ein **weiterer Beseitigungsanspruch** des N gegen F **gem. § 862 I 1 BGB** gegeben sein.

       1. § 862 BGB ist neben § 1004 BGB **anwendbar**. Dies folgt schon aus dem possessorischen Charakter des § 862 BGB.

252   2. Tatbestandlich müsste eine **Besitzstörung durch verbotene Eigenmacht** vorliegen. Als Störung des Besitzes iSd § 862 I BGB gilt jede Beeinträchtigung des unmittelbaren Besitzes in der Weise, dass ein

---

[161] *Larenz/Canaris*, Schuldrecht II/2, § 86 II 1, 2, V 3a.
[162] Vgl. RGRK/*Pikart*, BGB, 12. Aufl. 1979, § 1004 Rn. 59.
[163] Vgl. hierzu BGH NJW 1955, 1474f. (Handeln auf Befehl der Besatzungsmacht).
[164] Vgl. nur BGH NJW-RR 2006, 270ff. (271); Bamberger/Roth/*Fritzsche*, BGB, § 1004 Rn. 6.
[165] Staudinger/*Gursky*, BGB, § 1004 Rn. 120.
[166] Nach hM ist die Duldungspflicht gem. § 1004 II BGB, ebenso wie § 986 BGB, eine materiell-rechtliche Einwendung (vgl. Palandt/*Herrler*, BGB, § 1004 Rn. 34; *Baur/Stürner*, Sachenrecht, § 12 Rn. 11), die im Übrigen entsprechend § 986 I 1 Alt. 2 BGB auch von einem Dritten ableitbar ist.
[167] Regelmäßig muss der Eigentümer den Laubwurf als „unwesentlich" iSd § 906 I BGB dulden, vgl. Palandt/*Herrler*, BGB, § 906 Rn. 11, 17; *Müller* NJW 1988, 2587ff. mwN; nicht aber bei Verstopfung der Dachrinne, vgl. BGH NJW 2004, 1037ff. (1040).
[168] Vgl. BGHZ 117, 110ff. – Blütenbefruchtung durch Bienen = NJW 1992, 1389f. = JuS 1992, 795f. mAnm *K. Schmidt*.

befriedeter Zustand in einen solchen der Rechtsunsicherheit verwandelt wird.[169] Davon erfasst werden offenkundig die Fälle des Ablagerns von Abfall auf einem fremden Grundstück. Ferner liegen mangels Einwilligung und mangels gesetzlicher Duldungspflichten die Voraussetzungen der verbotenen Eigenmacht gem. § 858 I BGB vor.

3. Für die Ermittlung des „Störers" in § 862 BGB gelten die gleichen Grundsätze wie bei § 1004 I BGB.[170]

4. **Einwendungen** des Störers F sind nicht ersichtlich. Ein fehlerhafter Besitz des N nach Maßgabe des § 862 II BGB liegt nicht vor. Im Übrigen kann F gem. § 863 BGB nur geltend machen, dass sein Verhalten keine verbotene Eigenmacht darstellt.[171]

IV. **Ergebnis:**

Nach hM besteht ein Beseitigungsanspruch des N gegen F nicht nur gem. § 1004 I 1 BGB, sondern auch aus § 862 I 1 BGB. Die Usurpationstheorie führt hingegen mangels Rechtsanmaßung (störende Handlung bereits abgeschlossen bzw. kein Besitz am Laub) weder zu einem Anspruch aus § 1004 I 1 BGB noch aus § 862 I 1 BGB. Sie vermeidet damit die schwer nachvollziehbare Differenzierung[172] der hM, wonach F für die zerstörten Rosen keinen Ersatz zu leisten braucht, jedoch hinsichtlich der Beseitigung in Anspruch genommen werden kann.

B. **Ansprüche N gegen B-e.V.**

I. Ein **Beseitigungsanspruch gem. § 280 I iVm § 249 I BGB** scheitert an dem erforderlichen Schuldverhältnis. Auch Ansprüche gem. **§§ 823, 832 iVm § 249 I BGB** scheiden mangels Verschuldens aus (→ Rn. 240).   253

II. In Betracht kommt aber ein **Beseitigungsanspruch gem. § 1004 I 1 BGB.**

1. Das Entsorgen des Laubs auf dem Grundstück stellt eine **Eigentumsbeeinträchtigung** dar (→ Rn. 245).

2. Fraglich ist die Störereigenschaft des B-e.V. Der Verein könnte **Handlungsstörer** sein. Handlungsstörer ist, wer fremdes Eigentum durch positives Tun oder pflichtwidriges Unterlassen verletzt.   254

a) Eine Zurechnung positiven Tuns über § 31 BGB (analog) scheidet aus, da F weder Organ noch Repräsentant des Vereins war. Des Weiteren liegt auch hinsichtlich der Organe des Vereins kein nach § 31 BGB zurechenbares haftungsbegründendes Verhalten, insbesondere keine Verkehrspflichtverletzung, vor.   255

b) Der B-e.V. könnte aber **Störer durch Unterlassen** sein. Dies ist der Fall, wenn er Einwirkungen auf eine Sache des Berechtigten hat geschehen lassen, zu deren Verhinderung er verpflichtet war. Weitgehende Einigkeit besteht dahingehend, dass die Haftungsgrundlage des § 832 BGB, also die kraft Gesetzes oder Vertrages bestehende Aufsichtspflicht, eine Störerhaftung des Aufsichtspflichtigen begründen kann.[173] Konstruktiv wird dies teilweise mit einer analogen Anwendung der §§ 831 f. BGB[174] begründet, während andere unmittelbar mit dem Störerbegriff (Verursachung einer Rechtsbeeinträchtigung) argumentieren.[175] **Problematisch** ist hier aber, dass dem B-e.V. überhaupt **keine Pflichtverletzung** vorgeworfen werden kann.   256

aa) Nach hM kommt es für § 1004 BGB gerade nicht darauf an, ob gegen eine Handlungspflicht verstoßen wurde, maßgeblich ist nur, **dass eine solche bestand.**[176] Folgerichtig scheidet auch die Mög-   257

[169] Vgl. Palandt/*Herrler*, BGB, § 862 Rn. 2.

[170] Vgl. nur MüKoBGB/*Joost*, § 862 Rn. 9; Palandt/*Herrler*, BGB, § 862 Rn. 8; dies gilt für die Usurpationstheorie genauso wie für die Lehre von der negatorischen Kausalhaftung, da anderenfalls die bei § 1004 BGB gelösten Probleme iRd § 862 BGB wieder auftauchen.

[171] Vgl. → Rn. 63, 77.

[172] Vgl. Staudinger/*Gursky*, BGB, § 1004 Rn. 7, 97, 142; s. ferner auch schon → Rn. 224.

[173] Vgl. nur Palandt/*Herrler*, BGB, § 1004 Rn. 18.

[174] Vgl. *Larenz/Canaris*, Schuldrecht II/2, § 86 III 2c.

[175] Vgl. *Fritzsche*, Unterlassungsanspruch und Unterlassungsklage, 2000, S. 426 ff.; *Herrmann*, Der Störer nach § 1004 BGB, 1987, S. 488 f.

[176] Vgl. *Münzberg*, Verhalten und Erfolg als Grundlagen der Rechtswidrigkeit und Haftung, 1966, S. 389; *Herrmann*, Der Störer nach § 1004 BGB, 1987, S. 489.

lichkeit eines Exkulpationsbeweises aus, weil die Haftung des Handlungsstörers kein Verschulden voraussetzt und zudem nicht auf einer Verkehrspflichtverletzung beruht.[177]

258   bb) Diese Auffassung erscheint nicht unproblematisch, da sie § 1004 I BGB auf eine reine Kausalhaftung reduziert. Leitet man stattdessen mit *Canaris* die Rechtspflicht zur Beseitigung aus dem Gedanken des vorangegangenen Tuns ab,[178] erscheint ebenfalls fragwürdig, worin das haftungsbegründende Tun normativ liegen soll. Hinsichtlich der parallelen verschuldensunabhängigen Haftung eines Geschäftsherrn analog §§ 1004 I, 831 BGB kann man anführen, dass der Dritte zu einer Verrichtung bestellt wurde und daraus resultierende Unternehmensrisiken nicht der Allgemeinheit auferlegt werden dürfen; die Einstandspflicht für die Hilfsperson ist hier also das Pendant zu der umfassenden Beherrschungs- und Nutzungsmöglichkeit, wie sie sich in der Innehabung eines Unternehmens verkörpert.[179] Diese Überlegung lässt sich indes nicht ohne weiteres auf die Haftung Aufsichtspflichtiger gem. §§ 1004 I, 832 BGB übertragen. So besteht das **vorangegangene Tun** der Eltern lediglich darin, ein Kind in die Welt gesetzt zu haben. Die Sorge um Nachwuchs ist jedoch keine reine Privatangelegenheit, sondern zugleich von **hohem gesamtgesellschaftlichen Interesse**. Zu denken ist nur daran, dass Kinder die zukünftigen Träger des sozialen Systems sind. Nicht zuletzt deshalb wird die Familie gem. **Art. 6 GG** auch unter einen besonderen Schutz gestellt. Es ist daher **nicht gerechtfertigt, den Eltern eine Art „Gefährdungshaftung" für ihre Kinder aufzuerlegen**, zumal Eltern ohnehin schon zahlreiche gesellschaftliche Sonderlasten zu tragen haben.[180] Folgerichtig muss daher auch eine **Haftung desjenigen entfallen**, welcher – wie der B-e.V. – die Führung der Aufsicht durch Vertrag und nicht kraft Gesetzes übernommen hat.

259   3. In Betracht kommt ferner eine Haftung des B-e.V. als **Zustandsstörer**. Kennzeichnend ist jedoch, dass der B-e.V. das Haus nur gemietet hat und daher grundsätzlich der Vermieter für das Laub verantwortlich ist. Berücksichtigt man die Wertungen der §§ 907 f., 836 ff. BGB, trifft die Beseitigungspflicht gem. § 1004 I 1 BGB prinzipiell den Vermieter als Eigentümer und (mittelbaren) Eigenbesitzer und nicht den Mieter.[181] Nach der Usurpationstheorie erledigt sich eine Haftung ohnehin durch Eigentums- bzw. Besitzaufgabe.

260   III. Mit der gleichen Argumentation wie zu § 1004 I 1 BGB entfällt schließlich auch ein Beseitigungsanspruch des N gegen den B-e.V. gem. § 862 I 1 BGB (anders aber wiederum die hM).

3. Komplex: Ansprüche auf Unterlassung bzw. Unterbindung zukünftiger Geräusche sowie des Aufenthalts im Sichtfeld des Gartens

A. Ansprüche des N gegen den B-e.V.

261   I. Es könnte ein **Unterlassungsanspruch gem. § 1004 I 2 BGB** gegeben sein.[182] Voraussetzung hierfür ist die Gefahr der Wiederholung einer rechtswidrigen Beeinträchtigung des Eigentums.

     1. Fraglich ist zunächst, ob das **Eigentum des N beeinträchtigt** wird.

262   a) Die Laute, die die behinderten Nachbarn von sich geben, sind akustische Einwirkungen, dh **Geräuschimmissionen**[183] iSd § 906 I BGB. Sie stellen demnach eine Beeinträchtigung gem. § 1004 I BGB dar.

---

[177] Vgl. *Larenz/Canaris*, Schuldrecht II/2, § 86 III 2 c; *Fritzsche*, Unterlassungsanspruch und Unterlassungsklage, 2000, S. 424.
[178] Vgl. → Rn. 224.
[179] So *Pleyer* AcP 161 (1962), 500 ff. (509 f.).
[180] Vgl. näher *Neuner*, Privatrecht und Sozialstaat, 1998, S. 271 ff. mwN.
[181] Vgl. *Larenz/Canaris*, Schuldrecht II/2, § 86 III 3 a.
[182] Um einen möglichst raschen Schutz zu erreichen, wird in der Praxis oft eine *einstweilige Verfügung gem. §§ 935 ff. ZPO* begehrt. Hinsichtlich deren Begründetheit müssen gem. §§ 936, 920 I, II ZPO Verfügungsanspruch und Verfügungsgrund angegeben und glaubhaft gemacht werden; Einzelheiten bei *Musielak/Voit*, Grundkurs ZPO, 13. Aufl., 2016, Rn. 776 ff.
[183] In der Praxis treten hier häufig Beweisschwierigkeiten auf. Vielfach werden – wie auch in dem zugrunde liegenden, vom *OLG Köln* (NJW 1998, 763 ff.) zu entscheidenden Fall – Tonbandaufnahmen von den Geräuscheinwirkungen angefertigt. Es ist allerdings insbesondere bei der Aufnahme von Stimmen das informationelle Selbstbestimmungsrecht des Aufgezeichneten zu beachten. Bei einem Verstoß ist die Aufnahme regelmäßig nicht als Beweis zugelassen (vgl. BVerfGE 34, 239 ff. (245 ff.) = NJW 1973, 891 ff. (892 f.); *Baumbach/Lauterbach/Albers/Hartmann*, Zivilprozessordnung, 74. Aufl., 2016, Übers. § 371 Rn. 12 ff. mwN). In der Originalentscheidung des *OLG Köln* wurde ein solches Beweisverwertungsverbot hinsichtlich vom Kläger angefertigter Videoaufnahmen ausgesprochen, mit denen er von den behinderten Heimbewohnern im Garten vorgenommene „geschlechtsbezogene Handlungen" belegen wollte.

b) Zweifelhaft ist, ob auch „ideelle Immissionen" in Form von Vorgängen oder Zuständen auf einem Grundstück, die das seelische Empfinden des Nachbarn tangieren, eine Beeinträchtigung iSd § 1004 I BGB darstellen können. Vorliegend betrifft dies die Frage, **ob der Anblick behinderter Menschen als Beeinträchtigung aufgefasst werden kann.**

aa) Die Rspr. verneint eine Beeinträchtigung von vornherein, da derartige „ideelle Immissionen" in **keiner Weise das Eigentum einschränken.** Es sei schon keine direkte Beeinträchtigung des Besitzes feststellbar und typischerweise auch keine Gesundheitsbeeinträchtigung zu erwarten. Zudem stehe anderenfalls eine uferlose Ausweitung der Ansprüche zu befürchten.[184] § 906 BGB sei insoweit eine abschließende Regelung.   263

bb) Zahlreiche Stimmen aus der Literatur wenden hiergegen ein, dass § 906 BGB nur Duldungspflichten statuiere, hingegen nichts über Abwehrrechte aussage.[185] Vielmehr sei im Zweifel eine Beeinträchtigung zu bejahen und die Frage eines Abwehranspruchs erst nach Prüfung der Wesentlichkeit bzw. Ortsüblichkeit gem. § 906 BGB differenziert zu beantworten.[186] Teleologisch spricht für diese Ansicht insbesondere die allgemeine Tendenz zur Stärkung des Persönlichkeitsschutzes. Allerdings ist es dann auch konsequent, ideelle Immissionen nur als Beeinträchtigungen gem. § 1004 I BGB zu betrachten, wenn sie tatsächlich eine Verletzung des **allgemeinen Persönlichkeitsrechts** darstellen.[187] Dafür ist aber bereits **tatbestandlich nichts ersichtlich.**[188] Zudem würde eine Argumentation, die an das Erscheinungsbild der behinderten Menschen anknüpft, gerade deren Persönlichkeitsrecht verletzen und das **Diskriminierungsverbot gem. Art. 3 III 2 GG**, das auch in den Privatrechtsverkehr einwirkt, missachten.[189]   264

c) Als Zwischenergebnis ist somit festzuhalten, dass **lediglich die Geräuscheinwirkungen eine Beeinträchtigung iSd § 1004 I BGB** darstellen.

2. Es besteht ferner die **Gefahr weiterer Geräuschimmissionen.**

3. Als Träger des Heims ist der B-e.V. auch **mittelbarer Handlungsstörer.**

4. Es könnte aber eine **Duldungspflicht gem. § 1004 II iVm § 906 I BGB** bestehen. Danach scheidet ein Anspruch gem. § 1004 I BGB aus, wenn es sich um unwesentliche Beeinträchtigungen iSv § 906 I 1 BGB handelt.   265

a) Fraglich ist zunächst, nach welchem Maßstab sich die „**Wesentlichkeit**" bestimmt:

aa) Die früher hM stellte **objektiv-differenzierend** auf den „**normalen**" Durchschnittsmenschen ab. In die Beurteilung mit einbezogen wurde auch die Natur- und Zweckbestimmung des Grundstücks. Nach diesem strengen Maßstab der Rspr. galt eine Beeinträchtigung nur dann als unwesentlich, wenn sie von einem durchschnittlichen Grundstücksbenutzer kaum noch empfunden wurde.[190]   266

bb) Nach der heute hM ist das Empfinden des „**verständigen**" Durchschnittsmenschen maßgeblich. Demnach kommt es nicht mehr allein auf das Maß der objektiven Beeinträchtigung an, sondern es sind auch **wertende Momente** wie bspw. Belange des Umweltschutzes[191] oder das öffentliche Interesse an einer kinderfreundlichen Umgebung[192] mit in die Beurteilung einzubeziehen. Außerdem wird dadurch ein Gleichlauf von öffentlichem und privatem Nachbarrecht erreicht, wobei im Rahmen verfassungskonformer Auslegung auch die Wertungen und Prinzipien des Grundgesetzes mit zu berücksichtigen sind. Aus verfassungsrechtlicher Sicht ist im Nachbarkonflikt regelmäßig auf Seiten des Emittenten ein Abwehrrecht (zumindest aus Art. 2 I GG) und auf Seiten des Eigentümers   267

---

[184] Vgl. RGZ 76, 130 ff. – Nacktbaden; 57, 239 ff. – Bordell; BGHZ 51, 396 ff. – Lagerplatz = NJW 1969, 1208 ff.

[185] Vgl. *Loewenheim* NJW 1975, 826 f. (827) mwN.

[186] Vgl. *Prütting*, Sachenrecht, Rn. 330.

[187] So zB Staudinger/*Gursky*, BGB, § 1004 Rn. 78 mwN.

[188] Ein Beispiel bilden sexuelle Handlungen auf dem einsehbaren Nachbargrundstück, vgl. *Larenz/Canaris*, Schuldrecht II/2, § 80 II 7 d; ein weiteres bizarres Exempel bilden sog „Frustzwerge", die dem Nachbarn ua den erhobenen Mittelfinger zeigen; Einzelheiten bei *AG Grünstadt* NJW 1995, 889 f.

[189] Vgl. *Neuner* NJW 2000, 1822 ff. (1833).

[190] Vgl. *BGH* NJW 1982, 440 f. (441); *OLG Stuttgart* NJW-RR 1986, 1339 ff. (1339).

[191] Vgl. BGHZ 120, 239 ff. (255) – Froschteich = NJW 1993, 925 ff. (929).

[192] *LG Münster* NJW 2009, 3730 ff. (3731).

eine grundrechtliche Schutzpflicht (zumindest aus Art. 14 GG) betroffen.[193] Im vorliegenden Fall ist darüber hinaus insbesondere das Diskriminierungsverbot nach Art. 3 III 2 GG zu beachten.[194]

b)   In concreto gilt es somit abzuwägen zwischen dem **Recht des N auf Ruhe** und dem **Interesse der behinderten Menschen, den Garten – ebenso wie andere Nachbarn – nutzen zu können.**

268   Das *OLG Köln* hat in einem ähnlichen Fall judiziert, dass für die Frage der Zumutbarkeit seitens des N neben der Dauer und Lautstärke auch die Art der Geräusche mitentscheidend sei. Es müsse demnach besonders berücksichtigt werden, „dass Lautäußerungen geistig schwer behinderter Menschen (…) als sehr belastend empfunden werden können".[195] Diese Auffassung verstößt gegen Art. 3 III 2 iVm Art. 1 I 1 GG.[196] Selbstverständlich müssen auch behinderte Personen Lärmgrenzen, insbesondere während der Nachtzeit einhalten, doch ist die **behindertenspezifische Artikulation als solche gänzlich irrelevant**, ebenso wie der preußische, bayerische oder sonstige Dialekt eines Nachbarn.[197]

269   c)   Im Ergebnis ist dem N somit aufzutragen, unter Beachtung des Anknüpfungsverbots des Art. 3 III 2 GG darzulegen, inwieweit die Wesentlichkeitsschwelle des § 906 I BGB hinsichtlich Lautstärke und Dauer der Emissionen überschritten wird. Dabei ist zusätzlich gegenüber behinderten Menschen eine **erhöhte Toleranzbereitschaft**, wie sie auch bei normalen Kindergeräuschen besteht, zu fordern.[198] Dieses erhöhte Toleranzgebot ergibt sich aus Art. 3 III 2 GG sowie einfachgesetzlich namentlich aus dem Anspruch geistig behinderter Menschen auf Eingliederung in die Gesellschaft (s. etwa §§ 53 f. SGB XII).[199]

Im Sachverhalt sind keine konkreten Umstände angegeben, die eine wesentliche Beeinträchtigung gem. § 906 I BGB begründen würden. Daher hat N die Geräuschemissionen seitens des B-e.V. **gem. § 1004 II iVm § 906 I BGB grundsätzlich zu dulden.** Ein Anspruch aus § 1004 I 2 BGB scheidet damit aus.

270   II.   Auch ein Anspruch aus § 862 I BGB scheidet wegen der bestehenden Duldungspflicht gem. § 858 I iVm § 906 I BGB analog aus.

III.   Ein weiterer potentieller Unterlassungsanspruch gem. §§ 1004 I 2, 823 I BGB analog wegen einer Gesundheitsbeeinträchtigung ist bereits deshalb abzulehnen, weil N durch die Geräusche lediglich in seiner Ruhe gestört wird.

B.   Ansprüche N gegen F

I.   Aufgrund der **Duldungspflicht gem. § 906 I BGB** scheiden auch gegenüber F Unterlassungsansprüche gem. §§ 1004 I 2, 862 I 2 BGB sowie gem. §§ 1004 I 2, 823 I BGB analog aus.

271   II.   Im Übrigen ist fraglich, **ob F überhaupt als Schuldner** eines Unterlassungsanspruchs in Betracht kommt. § 1004 I BGB setzt zwar kein Verschulden voraus, doch muss der persönlich Verpflichtete in der Lage sein, sein Verhalten dem Unterlassungsanspruch gemäß zu steuern. Vorliegend ist zweifelhaft, inwieweit die behinderten Nachbarn überhaupt im Stande sind, ihren Aufenthaltsort sowie die Lautstärke ihrer Artikulation selbst zu bestimmen. Da zu einer unmöglichen Leistung niemand verpflichtet werden kann („ultra posse nemo obligatur"; vgl. § 275 I BGB), kann folgerichtig auch **niemand auf Unterlassung verklagt werden, wenn er dazu nicht in der Lage ist.**

---

[193] Vgl. *Viehweg/Röthel* NJW 1999, 969 ff. (971 f.).

[194] Obwohl der B-e.V. als juristische Person grundsätzlich nicht in den persönlichen Anwendungsbereich des Art. 3 III 2 GG fällt (vgl. *Jarass/Pieroth*, GG, 14. Aufl. 2016, Art. 3 Rn. 117), ist hier Art. 19 III GG zumindest entsprechend anwendbar. Denn wenn dem Verein die Störung der Heimbewohner als mittelbarem Handlungsstörer zugerechnet wird (vgl. oben), so darf eine dagegen möglicherweise bestehende Einwendung der unmittelbaren Störer unabhängig von der Eigenschaft des Vereins als juristische Person nicht abgeschnitten werden. Anderenfalls wäre die Tätigkeit dem unmittelbaren Handlungsstörer uU erlaubt, dh die Immission wäre nicht rechtswidrig, der Verein würde aber dennoch dafür haften.

[195] *OLG Köln* NJW 1998, 763 ff. (764).

[196] Vgl. näher *Neuner* NJW 2000, 1822 ff. (1833).

[197] Vgl. auch *LG Münster* NJW 2009, 3730 ff. (3731 bzgl. Geräuschen eines autistischen Kindes).

[198] Vgl. *OLG Karlsruhe* NJW 2007, 3443 ff. (3444); *AG Starnberg* WuM 1992, 471 f.

[199] Vgl. auch *Lachwitz* NJW 1998, 881 ff. (882).

Nach **hM** besteht hingegen ein potentieller Anspruch aus § 1004 BGB gegen den behinderten Nachbarn. Einer Unterlassungsklage gegen Schuldunfähige **fehlt es jedoch am Rechtsschutzinteresse**, da der begehrte Titel gem. § 890 ZPO nicht vollstreckbar wäre. § 890 ZPO setzt nach hM wegen des strafähnlichen, repressiven Zwecks des Ordnungsmittels eine schuldhafte Zuwiderhandlung gegen das Unterlassungsgebot voraus.[200]

V. Aktuelle Rechtsprechung

1. Negatorische Haftung aus § 1004 I BGB

Eigentumsbeeinträchtigung durch Berühmung   **272**

BGH NJW 2006, 689 f.

Sachverhalt: Zwischen den Parteien besteht Einigkeit, dass K Eigentümer des von *Oskar Schlemmer* (1888–1943) gemalten Bildes „Rote Mitte" ist. B behauptete dennoch gegenüber einem Kunstverlag, er (bzw. ein „Familiennachlass") und nicht K sei Eigentümer des Gemäldes.

Gründe: Berühmt sich jemand nicht gegenüber dem wahren Eigentümer, sondern gegenüber außenstehenden Dritten, er sei Eigentümer einer Sache, kann sich der dadurch in seinem Eigentum Betroffene mit der Unterlassungsklage gem. § 1004 I 2 BGB wehren. Gerade in Kunstkreisen ist eine derartige Äußerung geeignet, den Eigentümer in seinem Recht gem. § 903 BGB, mit dem Bild nach seinem Belieben zu verfahren, nachhaltig zu beeinträchtigen. Zwar löst nicht jede Berühmung einen Abwehranspruch aus, doch kann der Eigentümer derartige, die dingliche Rechtslage falsch darstellende Äußerungen verbieten lassen, die gegenüber Dritten fallen. Denn dadurch wird er nicht nur unmittelbar in seiner Eigentümerstellung betroffen, er kann die Beeinträchtigung auch nicht anders als durch eine Unterlassungsklage verhindern. Mit einer gegenüber dem Störer erhobenen Feststellungsklage könnte er weiteren Rechtsberühmungen nicht wirksam entgegenwirken.

S. auch *Ulrici* JURA 2006, 692 ff.

Eigentumsbeeinträchtigung durch „Fremdbefüllung" von Gasbehältern   **273**

BGH NJW 2003, 3702 f.

Sachverhalt: Der Energieversorger E schloss langjährige Gaslieferungsverträge mit seinen Kunden K, die sich darin verpflichteten, ihr Flüssiggas ausschließlich bei E zu beziehen. E stellte seinen Kunden für die Vertragslaufzeit Gasbehälter zur Verfügung, die im Eigentum des E verblieben (vgl. § 95 BGB). Als einige Kunden sich bei dem günstigeren Konkurrenzunternehmen D mit Gas versorgten, verlangte E von D die Unterlassung der „Fremdbefüllung" seiner Gasbehälter.

Gründe: Eigentümer E steht gegen Handlungsstörer D ein Unterlassungsanspruch aus § 1004 I 2 BGB zu. Eine Eigentumsbeeinträchtigung in anderer Weise als durch Entziehung oder Vorenthaltung des Besitzes (vgl. § 1004 I 1 BGB) liegt vor, weil E vertraglich die Nutzung der Behälter durch die K dahingehend eingeschränkt hat, dass nur eine Befüllung mit dem Gas des E zulässig ist. Daher muss E auch keine Fremdbefüllung gem. § 1004 II BGB dulden. Ob D das Eigentum des E an den Behältern erkennen konnte, spielt keine Rolle, da der Anspruch aus § 1004 I BGB verschuldensunabhängig ist. Da in der Vergangenheit bereits Eigentumsbeeinträchtigungen des E durch D erfolgt sind, besteht eine tatsächliche Vermutung für eine Wiederholungsgefahr iSd § 1004 I 2 BGB, zumal D nicht uneingeschränkt zusagte, in Zukunft keine Behälter des E mehr zu befüllen.

S. auch bestätigend *BGH* NJW-RR 2006, 270 f.; GRUR 2007, 623 f. sowie die kritische Besprechung von *König* NJW 2005, 191 ff.

Verwertung ungenehmigter Fotografien eines Grundstücks („Preußische Gärten")   **274**

BGH NJW 2013, 1809 ff. (Bestätigung von *BGH* NJW 2011, 749 ff.)

Sachverhalt: Die Kl. ist eine öffentlich-rechtliche Stiftung, die sich um den Erhalt preußischer Schlösser und Gartenanlagen kümmert. Sie verlangt von der Bekl., einer Fotoagentur, es zu unterlassen, nicht zu privaten Zwecken angefertigte Fotos zu vervielfältigen oder zu verbreiten, soweit die Aufnahmen innerhalb ihrer Anwesen gemacht wurden.

Begründung: Die Kl. wird durch die Verwertung der Fotografien in ihrem Eigentum beeinträchtigt, da diese ohne ihre Genehmigung innerhalb ihrer Grundstücke aufgenommen wurden. Zum Zuweisungsgehalt des Grundstückseigentums gehört auch, darüber zu bestimmen, wem die wirtschaftlichen Vorteile zustehen, die das Betreten oder Benutzen des Grundstücks ermöglichen. Erlaubt der Eigentümer das Betreten oder Benutzen nur unter bestimmten Bedingungen, ist jede Abweichung hiervon eine Eigentumsbeeinträchtigung. Das *BVerfG* hat in dem „so genannten Fraport-Urteil entschieden, dass eine Aktiengesellschaft, deren Anteile mehrheitlich der öffentlichen Hand zustehen, der Grundrechtsbindung nicht entzogen ist und deshalb zivilrechtliche Befugnisse wie das Hausrecht nur so ausüben darf, wie es staatliche Stellen unter Beachtung der Grundrechte könnten (BVerfGE 128, 226, 247 f.)." Der Senat betont, dass er eine solche Ausübungskontrolle stets vornimmt, wenn staatliche Stellen öffentliche Aufgaben oder Zwecke mit den Mitteln des Zivilrechts verfolgen. Die Geltendmachung des Unterlassungsanspruchs gem. § 1004 I 2 ist im Rahmen dieser Ausübungskontrolle nicht zu beanstanden.

S. auch die kritische Besprechung von *Schack* JZ 2013, 743 f. (kein Einwirken auf das Sacheigentum durch Verwertung der Fotografien).

---

[200] Vgl. *Röthel* JURA 2000, 617 ff. (618); *Fritzsche,* Unterlassungsanspruch und Unterlassungsklage, 2000, S. 147 f. mwN.

2. Quasi-negatorische Haftung analog §§ 1004 I, 823 I BGB

275   Hausverbot gegenüber NPD-Vorsitzenden

BGH NJW 2012, 1725 ff.

Sachverhalt: Die Ehefrau des Kl. buchte für beide Eheleute einen viertägigen Aufenthalt im Wellness-Hotel des Bekl. Zwei Wochen vor dem geplanten Urlaubsantritt erteilte der Bekl. dem Kl. ein Hausverbot mit der später erfolgten Begründung, dass die politische Überzeugung des Kl., der damals NPD-Vorsitzender war, nicht mit den Zielen seines Hotels zu vereinbaren sei. Der Kl., der sich hierdurch diskriminiert fühlt, möchte mit seiner Klage den Widerruf des Hausverbots erreichen.

Gründe: Der *BGH* erachtet das Hausverbot für die Zeit des gebuchten Aufenthalts als rechtswidrig. Das Hausrecht leitet sich aus dem Grundeigentum bzw. -besitz ab (§§ 858 ff., 903, 1004 BGB). Eine Einschränkung des Hausrechts gem. § 19 I Nr. 1 iVm § 21 AGG scheidet aus, da § 19 I Nr. 1 AGG politische Überzeugungen nicht erfasst. Das Hausrecht konnte jedoch nicht mehr frei ausgeübt werden, weil der Kl. gem. § 328 BGB (Vertrag zugunsten Dritter) einen Anspruch auf Beherbergung erwarb. Eine Anfechtung dieses Vertrages gem. § 119 II BGB wegen eines Irrtums über Eigenschaften des Kl. war schon aufgrund des Fristablaufs gem. § 121 I 1 BGB („unverzüglich") nicht mehr möglich. Eine Kündigung aus wichtigem Grund kam mangels Vertragsverletzung ebenfalls nicht in Betracht. Schließlich treten auch die Grundrechte des Bekl. auf Privatautonomie (Art. 2 I GG), unternehmerische Freiheit (Art. 12 GG) sowie Ausübung der Eigentumsrechte (Art. 14 GG) hinter das Persönlichkeitsrecht (Art. 2 I GG) des Kl. sowie das Diskriminierungsverbot (Art. 3 GG) zurück. Ein den Vertrag vereitelndes Hausverbot bedarf besonders gewichtiger Sachgründe, die nicht vorliegen, zumal es bei früheren Besuchen des Kl. keine Beanstandungen gab. Der Bekl. wäre somit analog § 1004 I 1 BGB an sich verpflichtet, die Beeinträchtigungen des Kl. zu beseitigen, indem er das Hausverbot aufhebt. Da eine Aufhebung des Hausverbots mit Wirkung für die Vergangenheit aber nicht mehr möglich ist, deutet der *BGH* die Klage in eine Feststellungsklage um. Des Weiteren hebt der *BGH* hervor, dass das Hausverbot nicht zu beanstanden ist, soweit dem Kl. zukünftig der Zutritt zum Hotel versagt wird, da ein vertraglicher Anspruch nur für den gebuchten Zeitraum bestand. Bei der Ausübung des Hausrechts können sich zwar auch noch Einschränkungen daraus ergeben, dass die Örtlichkeit für den allgemeinen Publikumsverkehr geöffnet wird, doch trifft dies auf ein Wellness-Hotel nicht zu.

S. auch *Mäsch* JuS 2012, 556 ff. sowie die kritische Besprechung von *Nemeczek* JURA 2013, 393 ff., der eine schuldrechtliche Lösung (ggf. Pflichtverletzung seitens des Hoteliers) favorisiert.

276   Veröffentlichung der Luftbildaufnahmen von Feriendomizilen Prominenter

BVerfG NJW 2006, 2836 ff.

Sachverhalt: Die Kl., eine Filmproduzentin mit Domizil auf Mallorca, nahm die Presseagentur P auf Unterlassung einer Verbreitung von Luftbildern ihres Anwesens unter Beifügung ihres Namens sowie darauf in Anspruch, eine Verbreitung von Angaben zur Lage ihres Anwesens zu unterlassen. Die Luftbilder waren von P per Hubschrauber aufgenommen und anschließend an eine Zeitschrift veräußert worden, die sie umgehend veröffentlicht hatte. Das *LG* gab der Klage statt. Die Berufung der P blieb ohne Erfolg. Die hiergegen gerichtete Verfassungsbeschwerde wurde nicht zur Entscheidung angenommen.

Gründe: P ist durch die Verurteilung zur Unterlassung in ihrem Grundrecht aus Art. 5 I 2 GG berührt. Dass die Verbreitung der Bilder Unterhaltungszwecken dient, lässt sie nicht aus dem Schutzbereich des Art. 5 I 2 GG fallen. Die Pressefreiheit ist allerdings nicht vorbehaltlos gewährleistet. Sie findet ihre Schranke in dem in Art. 2 I iVm Art. 1 I GG verankerten allgemeinen Persönlichkeitsrecht. Zivilrechtliche Grundlage der Durchsetzung dieses Rechts sind § 823 I und § 1004 BGB. Verfassungsrechtlich ist nicht zu beanstanden, wenn die Gerichte eine Beeinträchtigung des Persönlichkeitsrechts jedenfalls dann in der Verbreitung der Abbildung von Wohngrundstücken sehen, wenn zugleich die Identität der Bewohner offengelegt und der Weg zu dem Anwesen beschrieben wird. Ferner ist nicht zu beanstanden, dass die Gerichte P als „Störer" auch hinsichtlich der Veröffentlichung der Adresse und der Wegbeschreibung in Anspruch genommen haben.

Vgl. auch *BGH* NJW 2004, 762 ff. (in diesem Fall hatte der Betroffene seine Wohnverhältnisse aber bereits selbst durch eigene Veröffentlichungen einem breiten Publikum bekannt gemacht, sodass ein Unterlassungsanspruch lediglich hinsichtlich der Veröffentlichung einer Wegbeschreibung bejaht wurde).

277   Videoüberwachung von Immobilien

BGH NJW-RR 2012, 140 f.; NJW 2010, 1533 ff.

Einem Grundstückseigentümer ist es grundsätzlich gestattet, zum Schutz vor unberechtigten Übergriffen auf sein Eigentum seinen Grundbesitz mit Videokameras zu überwachen, sofern die Aufnahmen nicht den angrenzenden öffentlichen Bereich oder benachbarte Privatgrundstücke, sondern allein das Grundstück des Eigentümers erfassen. Ein Eingriff in das Persönlichkeitsrecht Dritter liegt vor, wenn diese durch die Überwachung tatsächlich betroffen sind. Ein Unterlassungsanspruch kann auch bestehen, wenn Dritte eine Überwachung durch Überwachungskameras ernsthaft befürchten müssen („Überwachungsdruck").

AG Aachen NZM 2004, 339 f.

Es entspricht gefestigter Rechtsprechung, dass die gezielte Überwachung des Eingangs zu einem Mehrfamilienhaus mittels einer Videokamera grundsätzlich einen Eingriff in das Allgemeine Persönlichkeitsrecht der betroffenen Passanten darstellt (verbunden mit einem Unterlassungsanspruch gem. §§ 823 I, 1004 I 2 BGB), es sei denn, die Maßnahme ist gem. § 1004 II BGB ausnahmsweise gerechtfertigt (zB zur Erlangung von Beweismitteln). Der Umstand, dass die Bekl. eine bloße Attrappe einer Videokamera installiert hat, führt zu keinem abweichenden Ergebnis, weil (und sofern) der Attrappencharakter nicht zweifelsfrei zu erkennen ist.

BGH NJW 2013, 3089 ff.

Der Eingangsbereich einer Wohnungseigentumsanlage kann mit einer Videokamera überwacht werden, wenn ein berechtigtes Überwachungsinteresse der Gemeinschaft das Interesse des einzelnen Wohnungseigentümers und von Dritten, deren Verhalten mitüberwacht wird, überwiegt und wenn die Ausgestaltung der Überwachung unter Berücksichtigung von § 6b BDSG inhaltlich und formell dem Schutzbedürfnis des Einzelnen ausreichend Rechnung trägt.

BGH NZM 2011, 512 f.

Der nachträgliche Einbau einer Videoanlage im gemeinschaftlichen Klingeltableau kann gem. § 22 I WEG verlangt werden, wenn die Kamera nur durch Betätigung der Klingel aktiviert wird, eine Bildübertragung allein in die Wohnung erfolgt, bei der geklingelt wurde, die Bildübertragung nach spätestens einer Minute unterbrochen wird und die Anlage nicht das dauerhafte Aufzeichnen von Bildern ermöglicht.

Unzulässige Werbung (E-Mails; Postwurfsendungen) 278

LG Berlin NJW 2002, 2569 ff. (ähnlich *AG Hamburg* NJW 2005, 3220 f.)

Ein Rechtsanwalt hat einen Unterlassungsanspruch gegen den Versender von unaufgeforderter E-Mail-Werbung wegen einer Verletzung des eingerichteten und ausgeübten Gewerbebetriebs als sonstiges Recht iSd § 823 I BGB (während im privaten Bereich das allgemeine Persönlichkeitsrecht heranzuziehen wäre) iVm § 1004 I 2 BGB analog. Da der Rechtsanwalt aus berufsrechtlichen Gründen verpflichtet ist, seine E-Mails sorgfältig zu lesen, entsteht durch das notwendige Aussortieren der Werbe-Mails ein zusätzlicher Arbeitsaufwand, mithin eine Störung des Betriebsablaufs. Die Möglichkeit der Mitteilung an den Absender, mit Bitte um Löschung aus der Bezugsliste, stellt keinen Rechtfertigungsgrund dar, weil durch die (illegale) Praxis der Weitergabe „aktiver Adressen" eine Antwort auf eine Werbe-E-Mail die Gefahr weiterer unerwünschter Post noch vergrößern würde.

Beachte: Das sog „spamming" ist auch eine unzumutbare Belästigung iSd § 7 II Nr. 3 UWG und gem. § 3 I UWG verboten. Unterlassungsansprüche gem. § 8 I UWG stehen allerdings gem. § 8 III UWG nur Mitbewerbern und bestimmten Verbänden zu.

BGH NJW 2011, 1105 ff.

Dem Eigentümer oder Besitzer einer Wohnung, der sich durch einen Aufkleber an seinen Briefkasten gegen den Einwurf von Werbematerial wehrt, kann wegen der Verletzung seines allgemeinen Persönlichkeitsrechts ein Unterlassungsanspruch zustehen, weil er das Werbematerial sichten und sodann von anderen Sendungen trennen muss. Zudem ist der Wille des Betroffenen zu respektieren, seinen privaten Lebensbereich von jedem Zwang zur Auseinandersetzung mit Werbung freizuhalten.

3. Nachbarrecht

a) Nachbarliches Gemeinschaftsverhältnis

Duldung der Abwasserdurchleitung 279

BGH NJW 2003, 1392 f.

Sachverhalt: K hatte eine Parzelle eines früher ungeteilten Hanggrundstücks erworben, auf dem bereits mehrere Häuser der B errichtet waren. Bei Bauarbeiten auf seinem Grundstück entdeckte K eine Abwasserleitung, die seit 30 Jahren der Entsorgung der Abwässer der Häuser der B diente. K verlangte daraufhin von B Beseitigung des Abwasserkanals und hilfsweise Unterlassung der Abwasserdurchleitung.

Gründe: K kann aus § 1004 I BGB weder die Beseitigung des Abwasserkanals noch die Unterlassung der Abwasserdurchleitung verlangen, da er in beiden Fällen einer Duldungspflicht unterliegt (vgl. § 1004 II BGB). Diese ergibt sich hier ausnahmsweise aus dem nachbarlichen Gemeinschaftsverhältnis. Zwar sind die Rechte und Pflichten von Grundstücksnachbarn in den §§ 905 ff. BGB und den Ausführungsgesetzen der Länder besonders geregelt, doch ist auch auf diese der Grundsatz von Treu und Glauben (§ 242 BGB) anzuwenden. Im Ausnahmefall kann sich aus dem Rücksichtnahmegebot des nachbarlichen Gemeinschaftsverhältnisses ein Ausschluss des Anspruchs aus § 1004 I BGB ergeben. Ein solcher Fall liegt hier vor, da die B zur Entwässerung ihrer Grundstücke auf den Kanal angewiesen ist und dieser seit 30 Jahren unbeanstandet blieb. B hat daher ein starkes Bestandsschutzinteresse. Auf der anderen Seite hat K sein Grundstück bereits mit dem situationsbedingten Nachteil des Abwasserkanals erworben. Da alle Parzellen früher Teile eines Gesamtgrundstücks waren, besteht ein zur Rücksichtnahme verpflichtendes nachbarliches Gemeinschaftsverhältnis auch gegenüber den Eigentümern derjenigen Parzellen, die nicht unmittelbar an die des K angrenzen.

Grenzen der Duldungspflicht 280

BGH NJW 2000, 1719 f.

Sachverhalt: N hat auf einem Bereich des angrenzenden Grundstücks des E Betonteile abgelagert und meint, es bestehe eine Duldungspflicht, weil E diesen Teil des Grundstücks in der Vergangenheit nie benutzt habe und auch keine zukünftige Nutzung durch E absehbar sei.

Gründe: Der *BGH* hat dem E einen Beseitigungsanspruch aus § 1004 I 1 BGB zugesprochen. Eine Duldungspflicht aus den nachbarrechtlichen Sonderregelungen der §§ 906 ff. BGB ist nicht ersichtlich. Zwar ist anerkannt, dass sich eine Duldungspflicht ausnahmsweise auch aus der Rechtsfigur des nachbarlichen Gemeinschaftsverhältnisses ergeben kann (vgl. → Rn. 232), jedoch setzt dies besondere, zwingende Gründe voraus. Solche sind hier aber hinsichtlich der gelagerten Gegenstände auf dem Grundstück des E nicht ersichtlich. Vielmehr ist es nach § 903 S. 1 BGB dem Eigentümer freigestellt, ob und wie er sein Grundstück nutzt.

b) Grenzanlagen

281 **Gemeinsame Giebelwand**

BGH NJW 2008, 2032 f.

Der Teilhaber einer gemeinsamen Giebelwand, der an diese (noch) nicht (vollständig) angebaut hat und derzeit auch nicht anbauen will, muss Maßnahmen des anderen Teilhabers zur Wärmedämmung dulden, die dazu führen, dass der freie Bereich der Wand einem den heutigen Erfordernissen entsprechenden Standard entspricht. Denn bei der beabsichtigten Fassadenverkleidung handelt es sich um eine Verwaltungsmaßnahme iSv § 745 II BGB. Diese Vorschrift gilt über die Verweisung in § 922 S. 4 BGB für das zwischen den Parteien bestehende Rechtsverhältnis, und zwar unabhängig von den konkreten Eigentumsverhältnissen an der Grenzeinrichtung.

282 **Abriss einer Nachbarwand**

BGH NJW 2010, 1808; NJW-RR 2011, 515 f.

Die Gemeinschaftlichkeit einer Wand (vgl. §§ 921 f. BGB) hindert keinen der beteiligten Nachbarn an dem Abriss der Bebauung auf seinem Grundstück. Der einseitige Abriss begründet jedoch einen Anspruch auf Ersatz der Kosten für die dadurch nötig gewordene Außenisolierung der Mauer (*BGH* NJW 1981, 866 f.). Anders ist es, wenn es sich wie hier bei der Mauer, um deren Schutz es geht, nicht um eine gemeinschaftliche Einrichtung handelt. Eine an die Grenze gebaute Mauer wird nur in dem von den §§ 907 ff. BGB (sowie landesrechtlichen Vorschriften) erfassten Umfang geschützt. Es besteht daher kein Ausgleichsanspruch des Eigentümers des angrenzenden Grundstücks, wenn der Abriss es notwendig macht, das Gebäude auf dem angrenzenden Grundstück vor Witterungseinflüssen zu schützen.

Vgl. auch JuS 2010, 730 f. mAnm *K. Schmidt*; JA 2010, 827 f. mAnm *Ch. Wolf*.

c) Deliktische Ansprüche

283 **Keine Schädlingsbekämpfungspflicht bei brachliegendem Weinberg – Mehltau**

BGH NJW-RR 2001, 1208 ff.

B und N betreiben zwei benachbarte Weinberge. B hat für ein Jahr mit der Bewirtschaftung ausgesetzt und auch keine Schädlingsbekämpfungsmaßnahmen durchgeführt. N behauptet, dadurch sei auf seinem Weinberg in stark erhöhtem Maß Mehltau aufgetreten und verlangt von B Schadensersatz. Das einjährige Unterlassen des B stellt nach Ansicht des *BGH* noch keine Verkehrspflichtverletzung iSv § 823 I BGB dar. Folglich ist B auch nicht Störer iSd § 1004 I BGB (iVm § 823 II BGB). Unter dem Aspekt des nachbarlichen Gemeinschaftsverhältnisses (§ 242 BGB, → Rn. 236 ff.) lässt sich allenfalls eine Informationspflicht des B, aber keine Pflicht zur Schädlingsbekämpfung herleiten.

S. auch die kritische Besprechung von *Roth* JuS 2001, 1161 ff.

284 **Nachbarliche Störerhaftung für altersschwachen Baum**

BGH NJW 2003, 1732 ff.

Sachverhalt: Zwei sich auf dem Grundstück des S befindende altersschwache Pappeln stürzten während eines Sturms auf das Grundstück des E und verursachten dort Sachschäden. In der Vergangenheit war bereits eine altersschwache Pappel des S – ohne besondere Einwirkung – auf das Grundstück des E gestürzt. S wurde insbesondere auch von E auf die von den Pappeln ausgehenden Gefahren mehrfach eindringlich hingewiesen.

Gründe: Ein Anspruch aus § 906 II 2 BGB analog käme nur dann in Frage, wenn ein Anspruch aus § 1004 I 1 BGB auf Beseitigung des rechtswidrigen Zustands infolge eines rechtlichen oder faktischen Duldungszwangs nicht rechtzeitig realisiert werden konnte. Vorliegend hatten sich die Gefahren jedoch spätestens mit dem Fall der ersten Pappel offenbart. E hätte deshalb gegen S als Störer gem. § 1004 I BGB vorgehen können. Allerdings bejaht der *BGH* einen Schadensersatzanspruch aus § 823 I BGB wegen Verkehrspflichtverletzung.

Vgl. auch *BGH* NJOZ 2005, 174 ff.

285 **Nachbarliche Verkehrssicherungspflichten beim Grenzbaum**

BGHZ 160, 18 ff. = NJW 2004, 3328 ff.

Sachverhalt: Die Parteien sind die jeweiligen Eigentümer benachbarter Grundstücke. Auf der Grundstücksgrenze stand eine alte Steineiche, die trotz ihres schlechten Zustands von keiner der Parteien gepflegt wurde. Als die Eiche ohne Windeinwirkung umstürzte und das Wohnhaus des Klägers K erheblich beschädigte, verlangte er vom Beklagten B Schadensersatz, weil er diesen für anteilig verkehrssicherungspflichtig hielt.

Gründe: K steht gegen B ein deliktischer Schadensersatzanspruch aus § 823 I BGB in Höhe des halben Schadens zu. Hinsichtlich der Überwachung und Erhaltung der Standfestigkeit des Baumes bestand sowohl für B als auch für K eine Verkehrssicherungspflicht, die B aufgrund der erkennbaren Erkrankung des Baumes zumindest fahrlässig verletzte. Da der Stamm des Baumes von der Grundstücksgrenze durchschnitten wurde, war die Eiche ein Grenzbaum iSd § 923 I BGB, an dem nach dem Wortlaut des Gesetzes vertikales Teileigentum besteht. Die Regelung des § 923 I BGB, wonach die Nachbarn mit Fällen des Grenzbaums Miteigentümer zur Hälfte werden, wäre überflüssig, wenn nicht vorher ein anderer Rechtszustand in Form von Teileigentum bestehen würde. Die Annahme vertikal geteilten Eigentums widerspricht auch nicht § 93 BGB, sondern resultiert aus der für wesentliche Bestandteile eines Grundstücks spezielleren Vorschrift des § 94 I BGB. Daher trifft B eine Ersatzpflicht für den durch seinen

Teil des Baumes entstandenen Schaden. Allerdings hat K durch seinen Verstoß gegen die Verkehrssicherungspflicht eine „Obliegenheit" verletzt. Entsprechend § 254 BGB muss der Anteil des K an der Schadensentstehung – der im konkreten Fall ein Halb betrug – anspruchsmindernd berücksichtigt werden.

Vgl. auch JuS 2005, 73 ff. mAnm *K. Schmidt*.

Architektenhaftung bei Grundstücksvertiefung

286

BGH NZM 2005, 239 f.

Sachverhalt: B errichtete auf seinem Grundstück ein von Architekt A geplantes, nicht unterkellertes Reihenendhaus, das seitlich unmittelbar auf der Grundstücksgrenze stand und nahtlos an das unterkellerte Einfamilienhaus des Nachbarn N anschloss. Durch die fehlende Unterkellerung entstand ein ungleicher seitlicher Druck auf das Haus des N, der zu Schäden am Bauwerk führte. Da B mittlerweile insolvent ist, versucht N, vom Architekten A Schadensersatz zu verlangen.

Gründe: A haftet gem. § 823 II iVm § 909 BGB wegen Mitwirkung an einer Grundstücksvertiefung. Eine Grundstücksvertiefung iSd § 909 BGB liegt vor, wenn dem Boden des Nachbargrundstücks die erforderliche Stütze entzogen wird. Zwar liegt hier keine eigentliche Vertiefung des Grundstücks des B vor; nach Ansicht des *BGH* ist aber ein Vorgang, bei dem infolge fehlgeleiteten Drucks dieselben Schäden entstehen, wie sie bei einer Grundstücksvertiefung eintreten würden, einer Grundstücksvertiefung iSd § 909 BGB gleichzusetzen. Das Verbot des § 909 BGB richtet sich nicht nur gegen den jeweiligen Grundstückseigentümer, sondern gegen jeden, der an der Vertiefung mitwirkt. Da den planenden Architekten A eine eigenverantwortliche Pflicht trifft, unzulässige Vertiefungen zu vermeiden, und er pflichtwidrig und schuldhaft handelte, haftet er gegenüber N. Ob A dabei gegen vertragliche Pflichten im Verhältnis zu B verstieß, ist unerheblich, weil es bei der Haftung gem. §§ 823 II, 909 BGB nicht um Vertragsverletzungen geht, sondern um allgemeine Verhaltenspflichten, die im Interesse des Eigentümers des von der Vertiefung betroffenen Grundstücks zu beachten sind.

Beachte: Nach vereinzelter Rspr. (*OLG Koblenz* NJW-RR 2000, 544 f.; *KG* EWiR § 328 BGB 1/04, 219 f.) fällt der Grundstücksnachbar N in den Schutzbereich des Vertrages zwischen dem Eigentümer und der Baufirma (bzw. dem Architekten) über die Herstellung einer Baugrube (N kommt bestimmungsgemäß mit der Hauptleistung in Berührung; Schutzpflichten aufgrund des nachbarlichen Gemeinschaftsverhältnisses; Erkennbarkeit für die Baufirma; Schutzbedürftigkeit des N mangels eigener vertraglicher Ansprüche). Diese Rspr. ist methodologisch zwar schwer nachvollziehbar (Grundlage des VSD soll eine „ergänzende Vertragsauslegung" sein!), doch müssen bei „Drei-Personen-Verhältnissen" Ansprüche aus VSD mittlerweile fast stereotyp in Erwägung gezogen werden.

d) Beseitigungsansprüche

Umfang der Beseitigungspflicht

287

BGH NJW 2005, 1366 ff.

Sachverhalt: Aus nicht näher geklärten Umständen trat in einem auf dem Grundstück des Bekl. stehenden Schuppen eine kohlenwasserstoffhaltige Flüssigkeit aus, die sich auf dem dem Kl. gehörenden Nachbargrundstück ausbreitete. Die hierdurch verunreinigten Gehwegplatten wurden auf Veranlassung der zuständigen Ordnungsbehörde entfernt; dabei wurden zahlreiche Pflanzen zerstört.

Gründe: Ein Schadensersatzanspruch gem. § 823 I BGB besteht nicht, weil nicht erwiesen ist, dass der Bekl. die Bodenverunreinigung verschuldet hat. Die Verunreinigung des Grundstücks mit Kohlenwasserstoff stellt jedoch eine Eigentumsbeeinträchtigung iSv § 1004 I 1 BGB dar. Dies gilt auch dann, wenn der Eigentümer sein Eigentum an der störenden Sache aufgegeben oder – wie hier – durch Verbindung mit dem beeinträchtigten Grundstück verloren hat (§ 946 BGB). Nach § 1004 I 1 BGB muss der Störer die fortdauernde Eigentumsbeeinträchtigung beseitigen. Dies bedeutet, dass er den dem Inhalt des Eigentums entsprechenden Zustand wiederherzustellen hat. Geschuldet ist daher jedenfalls die Beseitigung der Störungsquelle, im Fall einer Bodenverunreinigung also der auf dem Grundstück oder in dessen Erdreich befindlichen Schadstoffe. Dies gilt auch dann, wenn diese Stoffe aufgrund ihrer engen Verbindung mit dem Erdreich nicht isoliert entfernt werden können, ihre Beseitigung mithin den Aushub des Bodens und dessen anschließende Entsorgung erfordert. Darüber hinaus ist der Störer auch zur Beseitigung solcher Eigentumsbeeinträchtigungen verpflichtet, die zwangsläufig durch die Beseitigung der primären Störung entstehen. Denn das Ziel des negatorischen Beseitigungsanspruchs, den dem Inhalt des Eigentums entsprechenden Zustand wiederherzustellen, würde offensichtlich verfehlt, wenn der Eigentümer die Beseitigung einer Störung nur unter Inkaufnahme anderer, möglicherweise sogar weitergehender Beeinträchtigungen verlangen könnte. War es also zur Beseitigung der eingedrungenen Kohlenwasserstoffe erforderlich, die verunreinigten Bodenschichten einschließlich der darauf befindlichen Pflanzen zu entfernen, traf den für die Kontamination Verantwortlichen unabhängig von einem Verschulden auch die Pflicht zur Wiederherstellung der durch die Störungsbeseitigung beeinträchtigten Gestaltung des Grundstücks.

Vgl. auch JuS 2005, 751 ff. mAnm *K. Schmidt*.

Selbsthilfe gegen Wurzelüberwuchs – Kostenersatz

288

BGH NJW 2004, 603 ff.

Sachverhalt: Die Parteien sind Grundstücksnachbarn. Auf dem Grundstück des Beklagten B steht ein Kirschbaum, dessen Wurzelwerk unterirdisch auf das Grundstück des Klägers K hinüberwuchs und dort einige als Weg ausgelegte Betonplatten anhob. K ließ daraufhin einen neuen Weg auf seinem Grundstück anlegen und verlangt die Kosten von B.

Gründe: Der *BGH* stellt zunächst klar, dass K von B Beseitigung der Baumwurzeln gem. § 1004 I 1 BGB verlangen kann. Dieser Anspruch wird nicht durch das Selbsthilferecht des Nachbarn gem. § 910 I 1 BGB ausgeschlossen. Einem Grundstückseigentümer, dessen Position über § 903 BGB umfassend geschützt ist, müssen gegenüber Beeinträchtigungen durch Wurzelüberwuchs dieselben Abwehrrechte zustehen wie bei sonstigen Eigentumsbeeinträchtigungen. Da durch das Selbsthilferecht des § 910 I 1 BGB die Eigentumsstörung nicht gänzlich beseitigt werden kann – das Abschneiden der Wurzeln alleine hindert sie nicht am Weiterwachsen –, steht dem Eigentümer neben § 910 BGB der allgemeine Beseitigungsanspruch aus § 1004 I 1 BGB zu. B ist auch Störer iSd § 1004 BGB. Bei der Einwirkung von Naturkräften wird darauf abgestellt, ob sich im Rahmen ordnungsgemäßer Bewirtschaftung des Grundstücks, von dem die Störung ausgeht, für den Eigentümer eine Sicherungspflicht, dh eine Pflicht zur Verhinderung möglicher Beeinträchtigungen der Nachbargrundstücke, ergibt. Nach dem Grundgedanken der §§ 903, 910 BGB hat jeder Eigentümer dafür Sorge zu tragen, dass keine Baumwurzeln auf das Nachbargrundstück hinüberragen.

Dem K steht ein Anspruch auf Ersatz der Kosten zu, die er für die Selbstvornahme der Beseitigung der Eigentumsstörung aufwenden musste. Dieser ergibt sich aus § 812 I 1 Alt. 2 BGB, da der Störer durch die Selbstvornahme der Beseitigung die Befreiung von einer Verbindlichkeit erlangt hat und „in sonstiger Weise" bereichert ist. Im Fall konnte K jedoch nichts von B verlangen, da das Anlegen eines neuen Weges nicht zur Beseitigung der Eigentumsbeeinträchtigung erforderlich war, sondern es ausgereicht hätte, die von den Baumwurzeln angehobenen Betonplatten aufzunehmen, die Wurzeln abzuschneiden und die Betonplatten wieder hinzulegen.

S. ferner zu aktuellen Entscheidungen zur Beschränkung der Beseitigungshaftung gem. §§ 254, 275 II BGB → Rn. 227 mwN.

289   **Kein Wegfall der Haftung durch Eigentumsverzicht**

BGH NJW 2007, 2182 f.

Der Eigentümer kann sich der Haftung als Zustandsstörer (§ 1004 I BGB) nicht durch Verzicht auf sein Eigentum (§§ 928, 959 BGB) entziehen. Anderenfalls würde § 1004 BGB die ihm zugedachte Aufgabe, zusammen mit § 985 BGB das Eigentum und die damit verbundene Sachherrschaft in umfassender Weise zu schützen, nur noch unvollständig erfüllen können. Das ist deshalb nicht hinnehmbar, weil deliktsrechtliche Schadensersatzansprüche wegen des Verschuldenserfordernisses keinen dem negatorischen Beseitigungsanspruch gleichwertigen Eigentumsschutz gewährleisten.

Vgl. auch JuS 2007, 870 f. mAnm *K. Schmidt.*

290   **Störerhaftung bei vermietetem Wohnungseigentum**

BGH NJW 2007, 432 f.

Beeinträchtigt der Zustand einer Wohnung das Eigentum eines Dritten (hier: durch Anbau eines Wintergartens) und geht dies auf rechtswidriges Handeln des Wohnungseigentümers zurück, kann der Dritte den Mieter der Wohnung auf Duldung der Störungsbeseitigung gem. § 1004 I 1 BGB in Anspruch nehmen.

Vgl. auch JuS 2007, 590 f. mAnm *K. Schmidt.*

e) Nachbarrechtliche Ausgleichsansprüche

291   **Sprengungsbedingte Erschütterungen**

BGH NJW 1999, 1029 ff.

Sachverhalt: Kl. ist Eigentümer eines Grundstücks, auf dem ein um die Jahrhundertwende erbautes Haus steht. In der Nähe dieses Hauses führte ein Geologe im Auftrag der Bekl. Sprengungen durch, die Schäden am Haus verursachten.

Gründe: Da es am Verschulden gem. § 823 I BGB fehlt, kommt nur ein Ausgleichsanspruch nach § 906 II 2 BGB in Betracht. Der *BGH* bejaht, obwohl die betreffenden Grenzwerte nach DIN 4150 eingehalten wurden, eine wesentliche Beeinträchtigung (§ 906 I 1 BGB), weil den Grenzwerten lediglich Indizwirkung zukommt (vgl. § 906 I 2 BGB) und die Schäden nach dem Empfinden eines „verständigen Durchschnittsmenschen" nicht mehr zumutbar sind. Zugleich schließt der *BGH* eine Ortsüblichkeit iSd § 906 II 1 BGB aus. Damit besteht kein direkter Anspruch aus § 906 II 2 BGB. Wegen der Unvorhersehbarkeit des Schadenseintritts war es Kl. aber nicht möglich gewesen, die Beeinträchtigung abzuwehren, also seinen (rechtlich bestehenden) Anspruch aus §§ 1004 I 2, 906 II 1 BGB durchzusetzen („faktischer Duldungszwang"). Damit liegen die Voraussetzungen des bürgerlich-rechtlichen Aufopferungsanspruchs analog § 906 II 2 BGB vor.

Vgl. auch JuS 1999, 709 f. mAnm *K. Schmidt; OLG Düsseldorf* NZM 2015, 265 ff. (Rissbildungen am Nachbarhaus infolge Bohrungen für Erdwärmepumpe).

292   **Störereigenschaft des Grundstücksnachbarn bei Brandschäden**

BGHZ 142, 66 ff. = NJW 1999, 2896 f.

Das Haus des K wurde durch einen Brand auf dem Nachbargrundstück des B beschädigt. Der Ausbruch des Brandes beruhte auf einem technischen Mangel. Der *BGH* hat dem K einen Ausgleichsanspruch analog § 906 II 2 BGB („faktischer Duldungszwang") zugesprochen, da B Zustandsstörer iSd § 1004 I BGB war. Auch bei einem rein technischen Mangel liegt bei wertender Betrachtung ein Zurechnungsgrund vor, denn es verwirklicht sich gerade nicht das allgemeine Lebensrisiko, sondern eine allein von B beherrschbare Gefahr. Auf der Rechtsfolgenseite des bürgerlich-rechtlichen Aufopferungsanspruchs wendet der *BGH* regelmäßig die zur Enteignungsentschädigung entwickelten Grundsätze an, die normalerweise nicht den gesamten Schaden abdecken. Bei reinen Substanzschäden, wie im vorliegenden Fall, kann der Entschädigungsanspruch inhaltlich aber einem vollen Schadensersatzanspruch gleich kommen.

Vgl. auch JuS 2000, 190 f. mAnm *K. Schmidt.*

Haftung für Überschwemmung wegen eines Rohrbruchs 293

BGHZ 155, 99 ff. = NJW 2003, 2377 ff.

Sachverhalt: Das durch einen Rohrbruch im Leitungsnetz der beklagten V-AG ausgetretene Wasser überschwemmte das Grundstück des K und richtete dort erhebliche Schäden an.

Gründe: Ein Anspruch aus §§ 823 ff. BGB kommt mangels Verschuldens nicht in Frage. Allerdings besteht ein verschuldensunabhängiger nachbarlicher Ausgleichsanspruch analog § 906 II 2 BGB. Voraussetzung hierfür ist, dass im Rahmen privatwirtschaftlicher Nutzung rechtswidrige Einwirkungen auf das betroffene Grundstück erfolgen, die über das zumutbare Maß einer entschädigungslos hinzunehmenden Beeinträchtigung hinausgehen. Es müssen zudem besondere Gründe vorliegen, aufgrund derer der Betroffene gehindert ist, die primären Abwehransprüche aus §§ 1004 I, 862 I BGB geltend zu machen. Dem Eigentümer steht grundsätzlich ab dem Zeitpunkt, in dem sich ein konkreter Defekt durch die Immission abzeichnet, ein vorbeugender Unterlassungsanspruch nach §§ 1004 I 2, 862 I BGB zu. Diesen durchzusetzen, war aber im vorliegenden Fall aus tatsächlichen Gründen (fehlende Erkennbarkeit) nicht möglich. Es bestand also ein „faktischer Duldungszwang". Die V-AG ist auch als Störer passivlegitimiert, da sie als Leitungsbetreiber für die beeinträchtigende Nutzungsart verantwortlich war.

Nachbarausgleich bei Umsturz naturgeschützten Baumes 294

BGHZ 160, 232 ff. = NJW 2004, 3701 ff.

Sachverhalt: Die Parteien sind Nachbarn. Auf dem unter Landschaftsschutz stehenden Grundstück des Beklagten B standen mehrere Bäume, deren Fällen grundsätzlich verboten war. Um ein Bauvorhaben zu verwirklichen, erhielt B eine Ausnahmegenehmigung und rodete einen Teil des Baumbestandes. Weil dadurch die Standfestigkeit der verbliebenen Bäume tangiert wurde, erteilte die Naturschutzbehörde die Erlaubnis, weitere, von ihr als gefährdet eingestufte Bäume zu fällen. Bei einem Gewittersturm stürzten einige Bäume, die von der Naturschutzbehörde für vital gehalten worden waren und für die keine Genehmigung zur Fällung vorlag, um und beschädigten das Grundstück des Klägers K.

Gründe: Nach Auffassung des *BGH* steht K ein Ausgleichsanspruch analog § 906 II 2 BGB zu. Problematisch ist hier zum einen die Störereigenschaft des B iSd § 1004 I BGB, da der Umsturz der Bäume ein Naturereignis war. Naturereignisse sind nach der Rspr. aber dann zurechenbar, wenn eine adäquate Verursachungskette von einer Störungshandlung (hier: der Rodung der übrigen Bäume) zu dem Naturereignis (Windbruch) und damit zur Beeinträchtigung führt. Zum anderen konnte B dem Beseitigungsverlangen des K hinsichtlich der übrigen Bäume nicht nachkommen, da er durch naturschutzrechtliche Vorschriften am Fällen der Bäume gehindert war (vgl. § 29 II 1 BNatSchG aF). Nach der früheren *BGH*-Rechtsprechung („Froschteich"-Urteil) stand der Naturschutz der Störereigenschaft jedenfalls so lange nicht entgegen, als der Eigentümer mit Erfolg eine Ausnahmegenehmigung (vgl. § 31 BNatSchG aF) beantragen konnte. Der *BGH* stellte damals die Verurteilung des Beklagten unter den Vorbehalt der Entscheidung durch die Naturschutzbehörde. Im vorliegenden Fall geht es jedoch um einen Ausgleichsanspruch analog § 906 II 2 BGB, für den ein solcher Vorbehalt nicht in Frage kommt. Da die Bäume bereits umgestürzt sind (und K bereits zur faktischen Duldung verpflichtet ist), macht eine Entscheidung der Naturschutzbehörde über eine Ausnahmegenehmigung keinen Sinn mehr. In dieser Fallkonstellation besteht ein nachbarlicher Ausgleichsanspruch analog § 906 II 2 BGB, wenn der Grundstückseigentümer eine Gefahrenlage geschaffen hat (hier: durch das Roden der Bäume), an deren Beseitigung er durch öffentlich-rechtliche Vorgaben gehindert ist.

Vgl. auch JuS 2005, 182 f. mAnm *K. Schmidt*.

Kein Ausgleichsanspruch wegen abgedrifteter Silvesterrakete 295

BGH NJW 2009, 3787 ff.

Sachverhalt: B zündete vor dem von ihm bewohnten Haus auf dem Wohngrundstück eine Leuchtrakete, die zunächst ca. 5 Meter gerade nach oben stieg, dann zur Seite schwenkte und schließlich in eine Scheune eindrang, die in Flammen aufging.

Gründe: Eine Haftung des B analog § 906 II 2 BGB setzt voraus, dass das beeinträchtigende Verhalten dem Bereich der konkreten Nutzung des Grundstücks zuzuordnen ist und einen sachlichen Bezug zu diesem aufweist. Das Abschießen einer Rakete steht zu dem Grundstück, auf dem es vorgenommen wird, in keinem sachlichen Zusammenhang. Das wird schon daraus deutlich, dass Silvesterraketen vielfach nicht auf eigenem, sondern auf öffentlichem Grund entzündet werden (Bürgersteige, Plätze). Es kann für die Verpflichtung zum Geldausgleich grundsätzlich keinen Unterschied machen, ob eine beeinträchtigende Handlung, die nach ihrem Wesen und der ihr zugrunde liegenden Motivation an einem beliebigen Ort vollzogen werden kann, innerhalb der Grenzen des Grundeigentums oder – mit der Folge einer lediglich verschuldensabhängigen Haftung nach § 823 BGB – an einer außerhalb dieses Bereichs gelegenen Stelle oder aber auf dem Grundstück durch eine Person, die weder Eigentümer noch Nutzer ist, vorgenommen wird.

Vgl. auch JA 2010, 65 ff. mAnm *Ch. Wolf*.

Ausgleichsansprüche des Besitzers (Mieters) analog § 906 II 2 BGB 296

BGHZ 147, 45 ff. = NJW 2001, 1865 ff.

Dem Besitzer (Mieter einer Produktionshalle) kann im Falle verbotener Eigenmacht, die aus besonderen Gründen nicht nach §§ 862, 858 BGB abgewendet werden kann (unzulässige Vertiefung des Nachbargrundstücks), ein nachbarrechtlicher Ausgleichsanspruch in Geld entsprechend § 906 II 2 BGB zustehen. Gegenstand des Ausgleichs ist der Vermögenswert, der auf dem Recht, den Besitz innezuhaben, beruht.

Vgl. auch JuS 2001, 816 f. mAnm *K. Schmidt*.

297   Differenzierung zwischen Sonder- und Gemeinschaftseigentum

BGHZ 198, 327 ff. = NJW 2014, 458 ff.

Wird die Nutzung des Sondereigentums durch rechtswidrige Einwirkungen beeinträchtigt, die von im Sondereigentum eines anderen Wohnungseigentümers stehenden Räumen ausgehen, kann dem betroffenen Wohnungseigentümer ein nachbarrechtlicher Ausgleichsanspruch in entsprechender Anwendung von § 906 II 2 BGB zustehen; das gilt auch im Verhältnis von Mietern solcher Räume. Denn die unter WEG zu einem gesetzlichen Schuldverhältnis verbundenen Sondereigentümer stehen sich angesichts eines solchen Schadensbildes, anders als wenn die Beeinträchtigungen eines Sondereigentums vom Gemeinschaftseigentum ausgehen, ebenso mit gegensätzlichen Interessen gegenüber wie Grundstückseigentümer in den unmittelbar von § 906 II 2 BGB erfassten Fällen und schulden sich wechselseitig, dem Nachbarverhältnis vergleichbar, Rücksichtnahme.

BGHZ 185, 371 ff. = NJW 2010, 2347 ff.

Dem Eigentümer einer Wohnung steht kein Anspruch analog § 906 II 2 BGB zu, wenn die Nutzung seines Sondereigentums durch einen Mangel am Gemeinschaftseigentum beeinträchtigt wird. Die ordnungsgemäße Nutzung und Erhaltung des Gemeinschaftseigentums liegt im Interesse aller Miteigentümer, die sich insoweit nicht mit widerstreitenden Interessen bei der Nutzung ihres Eigentums gegenüberstehen. Unter Berücksichtigung des unter den Wohnungseigentümern – im Unterschied zu Grundstücksnachbarn – bestehenden Gemeinschaftsverhältnisses mit speziellen Schutz- und Treuepflichten bezüglich des Gemeinschaftseigentums ist für eine entsprechende Anwendung von § 906 II 2 BGB kein Raum.

298   Keine Ausgleichsansprüche zwischen Mietern oder Bruchteilseigentümern

BGHZ 157, 188 ff. = NJW 2004, 775 ff.

Sachverhalt: Beide Parteien sind Mieter von Arztpraxen in einem Ärztehaus. Als in der Praxis des A am Wochenende unbemerkt ein Wasserschlauch platzte und in der darunter liegenden Praxis des B einen erheblichen Wasserschaden verursachte, verlangte B von A Ersatz der Reparaturkosten aufgrund des verschuldensunabhängigen Ausgleichsanspruchs des § 906 II 2 BGB analog.

Gründe: Der nachbarliche Ausgleichsanspruch nach § 906 II 2 BGB analog erfasst auch so genannte Grobimmissionen wie Wasser. Er steht nicht nur dem Eigentümer eines Grundstücks zu, sondern auch dem Besitzer, dessen Abwehranspruch gem. § 862 I BGB aus tatsächlichen Gründen nicht geltend gemacht werden kann. Ausgleichspflichtiger Störer kann auch ein Besitzer des Nachbargrundstücks sein, da für die Störereigenschaft die Eigentumsverhältnisse unbeachtlich sind. Allerdings kann nach Auffassung des *BGH* nicht darauf verzichtet werden, dass die Störung von einem anderen Grundstück herrührt. Auf Störungen, die lediglich von einem anderen Teil desselben Grundstücks ausgehen, kann der Anspruch aus § 906 II 2 BGB nicht analog angewendet werden. Insofern fehlt es an einer planwidrigen Regelungslücke. Anders als das Verhältnis benachbarter Grundstückseigentümer (vgl. §§ 905–924 BGB) hat der Gesetzgeber das Verhältnis von Mietern desselben Grundstücks keiner besonderen gesetzlichen Regelung unterworfen. Der Interessenausgleich erfolgt über besitzschutz- und deliktsrechtliche Normen sowie über eine vertragliche Bindung der Mieter an die Vermieter, da jeder Mieter von seinem Vermieter gem. § 535 BGB eine von Dritten ungestörte Benutzung der Mietsache verlangen kann. Unter Mietern desselben Grundstücks fehlt es zudem an einem die Eigentümerbefugnisse des § 903 BGB einschränkenden, grundstücksbezogenen nachbarlichen Gemeinschaftsverhältnis, in dem der Ausgleichsanspruch des § 906 II 2 BGB analog seine Grundlage hat. Dem B steht somit allenfalls ein (verschuldensabhängiger) deliktischer Schadensersatzanspruch nach § 823 BGB zur Seite.

Vgl. auch JuS 2004, 440 ff. mAnm *Emmerich*; *Siems* JuS 2005, 884 ff.

BGH NJW 2012, 2343 ff.

§ 906 II 2 BGB findet keine analoge Anwendung im Verhältnis zwischen Bruchteilseigentümern eines Hausgrundstücks, die sich jeweils eine Wohnung zur alleinigen Nutzung zugewiesen haben. Es handelt sich lediglich um einen Konflikt im Innenverhältnis zwischen den Eigentümern desselben Grundstücks und um keinen grenzüberschreitenden Eingriff iSv § 906 II 2 BGB.

299   Umfang des Ausgleichsanspruchs

BGH NJW 2008, 992 f.

Der nachbarrechtliche Ausgleichsanspruch analog § 906 II 2 BGB umfasst auch Vermögenseinbußen, die der Eigentümer oder Besitzer des beeinträchtigten Grundstücks infolge der Beschädigung sich auf dem Grundstück befindlicher beweglicher Sachen erleidet.

BGH NJW 2010, 3160 f.

Der Ausgleichsanspruch nach § 906 II 2 BGB gewährt kein Schmerzensgeld (wegen einer „Bergbau-Phobie"). Der Ausgleichsanspruch ist ungeachtet des Umstands, dass die auf seiner Grundlage zu zahlende Entschädigung im Einzelfall die Höhe des vollen Schadensersatzes erreichen kann, kein Schadensersatzanspruch. Von einem Schadensersatzanspruch unterscheidet sich der Ausgleichsanspruch darin, dass die Entschädigung die durch die zu duldende Einwirkung eingetretene Vermögenseinbuße beseitigen soll, während der Schadensersatz der Wiederherstellung des Zustands dient, der bestünde, wenn die Einwirkung nicht zu der unzumutbaren Beeinträchtigung geführt hätte. Voraussetzung für die Verpflichtung zur Zahlung eines Schmerzensgeldes ist jedoch das Bestehen eines Schadensersatzanspruchs (§ 253 II BGB).

f) Unterlassungsansprüche

Nachbarlärm durch Rockkonzert   **300**

BGH NJW 2003, 3699 ff.

Kläger K verlangt vom Sportverein S die Unterlassung der alljährlichen Veranstaltung eines Rockkonzerts im Rahmen seines Sommerfests. Das Rockkonzert fand bislang einmal im Jahr unter freiem Himmel auf dem Nachbargrundstück des K statt, dauerte idR bis weit nach Mitternacht und überschritt deutlich die im allgemeinen Wohngebiet zulässigen Grenzwerte für Lärmimmissionen. Nach Ansicht des *BGH* steht K grundsätzlich kein Unterlassungsanspruch gem. § 1004 I 2 BGB zu, da nach dem Empfinden eines verständigen Durchschnittsmenschen keine wesentlichen Geräuschimmissionen iSd § 906 BGB vorliegen. Die Überschreitung technischer Grenzwerte indiziert zwar die Wesentlichkeit, ersetzt aber nicht die Prüfung und Würdigung der konkreten Umstände des Einzelfalls. Findet eine Veranstaltung, der nicht zuletzt aufgrund ihrer Tradition und des großen Zuspruchs in der Bevölkerung kommunale Bedeutung zukommt, nur einmal im Jahr statt, so sind jedenfalls bis Mitternacht auch deutliche Überschreitungen der Lärmgrenzwerte keine wesentliche Beeinträchtigung iSd § 906 BGB. Erst nach Mitternacht überwiegt das Interesse der Nachbarn an ungestörter Nachtruhe und es ist ein Beurteilungspegel von 55 dB(A) einzuhalten.

Industrielärm bei späterer Wohnbebauung in der Nachbarschaft – Hammerschmiede   **301**

BGHZ 148, 261 ff. = NJW 2001, 3119 ff.

Sachverhalt: K hat in Kenntnis der zu erwartenden Lärmbelastung ein Grundstück in der Nähe einer seit Jahrzehnten betriebenen Hammerschmiede (H) erworben und dort ein Einfamilienhaus gebaut. K verlangt von H, es zu unterlassen, während des Einsatzes von Hämmern die Fenster, Tore und Lüftungsklappen der Werkhalle offen zu halten.

Gründe: Anspruchsgrundlagen sind § 1004 I 2 BGB und § 862 I 2 BGB. Die Ansprüche sind jedoch gem. § 1004 II BGB bzw. § 858 I BGB ausgeschlossen, weil eine Duldungspflicht gem. § 906 I BGB besteht. Über das Bestehen einer Duldungspflicht aus § 906 I BGB entscheidet die „Wesentlichkeit", die wiederum aus der Perspektive eines „verständigen Durchschnittsmenschen" zu bestimmen ist. Da H gesetzliche Grenzwerte nicht überschritten hat, liegt kein Indiz für eine Wesentlichkeit vor, § 906 I 2, 3 BGB. Fraglich ist ferner, welche Bedeutung in diesem Kontext dem Prioritätsgrundsatz zukommt. In der Literatur und vor allem in der Rspr. war bislang die Ansicht herrschend, dass der Prioritätsgrundsatz im privatrechtlichen Immissionsschutzrecht keine Relevanz hat. Maßgeblich sei vielmehr der Zeitpunkt der letzten mündlichen Verhandlung; nur die zu diesem Zeitpunkt herrschenden tatsächlichen Verhältnisse seien entscheidend. Demgegenüber schließt sich der *BGH* im vorliegenden Fall einer Tendenz im Schrifttum an, auch Aspekte der Nutzungspriorität zu berücksichtigen. K trifft demnach eine gesteigerte Duldungspflicht, weil er sich sehenden Auges dort niederließ, wo seine Güter in erhöhtem Maße den Gefahren einer Beeinträchtigung ausgesetzt sind.

Vgl. auch JuS 2001, 1227 mAnm *K. Schmidt; Klöhn* AcP 209 (2009), 777 ff. (788 ff.).

4. Kapitel. Das Recht der beweglichen Sachen

Während im Immobiliarsachenrecht das Grundbuch das maßgebliche Publizitätsmedium bildet, kommt im Mobiliarsachenrecht dem Besitz die zentrale Bedeutung zu. Entsprechende Unterschiede zeigen sich vor allem bei der Übertragung von Eigentum sowie bei der Bestellung von Sicherheiten.

302

I. Der rechtsgeschäftliche Erwerb gem. §§ 929 ff. BGB

303

Der Grundtatbestand des § 929 S. 1 BGB setzt dreierlei voraus: Einigung, Übergabe und Berechtigung.[1] Die **Einigung** ist unabdingbare Voraussetzung der Eigentumsübertragung. Das Erfordernis der **Übergabe** kann gem. §§ 930 f. BGB substituiert werden. Die **Berechtigung zur Verfügung** kann nach Maßgabe der Gutgläubensvorschriften gem. §§ 932 ff. BGB ersetzt werden, wobei § 932 BGB mit § 929 BGB korrespondiert, § 933 BGB mit § 930 BGB und § 934 BGB mit § 931 BGB.

1. Die Einigung

a) Abschluss

aa) Allgemeines
- dinglicher Vertrag
- Vertragsschluss erfolgt meist stillschweigend
- es gelten die Regeln des Allgemeinen Teils (zB §§ 104 ff. BGB)[2]
- bedingte Einigung gem. § 158 BGB zulässig (zB bei Eigentumsvorbehalt)
- nach der Rspr. ist ein dinglicher Vertrag zugunsten Dritter nicht möglich (arg.: Wortlaut von § 328 BGB; Typenzwang; Zurückweisungsrecht gem. § 333 BGB würde zu unbegrenzter Schwebelage führen)
- Stellvertretung gem. § 164 BGB ist möglich (anders als bei der Verfügung eines Nichtberechtigten mit Zustimmung des Berechtigten gem. § 185 BGB tritt der Stellvertreter in fremdem Namen auf; Ausnahme: Bargeschäft des täglichen Lebens)

bb) Einzelfälle
- im SB-Laden erfolgt die Einigung (parallel zum Kaufvertrag) idR erst an der Kasse (arg.: Offenhalten einer Alternativentscheidung; Liquiditätsprüfung; Vermeidung von „Hamsterkäufen")[3]
- an der SB-Tankstelle kommt der schuldrechtliche Vertrag bereits mit Einfüllen des Kraftstoffes zustande (*BGH* NJW 2011, 2871 ff. Tz. 13 ff.; arg.: unumkehrbarer Zustand; Parteiinteressen); str. ist, ob die Freischaltung der Zapfsäule ein unbedingtes Übereignungsangebot[4] oder lediglich einen Antrag auf aufschiebend bedingte Übereignung darstellt (§ 449 I BGB mit der regelmäßigen Folge von Miteigentum gem. §§ 948 I, 947 I BGB durch Vermischung)[5]
- beim Versendungskauf erfolgt die Einigung idR erst, wenn die Ware beim Käufer eintrifft
- erwirbt ein Ehepartner Haushaltsgegenstände, begründet § 1357 BGB nach hM keinen Eigentumserwerb (sondern allein schuldrechtliche Wirkungen); ein (Mit-)Eigentumserwerb erfolgt jedoch bei offengelegter Stellvertretung oder Geschäften „für den, den es angeht"

---

[1] S. auch *Weber* JuS 1998, 577 ff.
[2] Zur Problematik der Fehleridentität vgl. → Rn. 31.
[3] Vgl. *BGH* NJW 2011, 2871 ff. (Tz. 14 f.); *Wolf/Neuner*, AT, § 37 Rn. 7.
[4] Vgl. Soergel/*Henssler*, BGB, § 929 Rn. 29.
[5] Vgl. *Faust* JuS 2011, 929 ff. (931); MüKoBGB/*Oechsler*, § 929 Rn. 27.

304   **b) Inhalt**

aa) Bestimmtheitsgrundsatz

Das Verfügungsobjekt muss bestimmt oder zumindest unschwer bestimmbar sein. Nach der Rspr. liegt eine hinreichende Bestimmtheit vor, wenn es infolge der Wahl einfacher äußerer Abgrenzungskriterien für jeden, der die Parteiabreden kennt, ohne weiteres ersichtlich ist, welche individuell bestimmten Sachen übereignet worden sind.[6]

Beispiele: alle Sachen in einem Warenlager (sog Raumsicherungsvertrag); alle markierten Sachen (sog Markierungsvertrag); alle Sachen einer bestimmten Warengattung

Gegenbeispiele: Warenlager, „soweit im Eigentum des Veräußerers" (arg.: bloßes rechtliches Unterscheidungsmerkmal, das die Kenntnis von Verträgen oder Lieferscheinen voraussetzt); Gegenstände, die „für die tägliche Arbeit notwendig sind"

bb) Auslegung
- für die Auslegung der Willenserklärungen gelten die §§ 133, 157 BGB
- ist eine Eigentumsübertragung vereinbart, hat der Veräußerer aber nur ein Anwartschaftsrecht, wird idR dieses übertragen (Auslegung gem. §§ 133, 157 BGB oder Umdeutung gem. § 140 BGB).

c) Zeitpunkt

aa) Widerrufbarkeit

Nach hM ist die Einigung bis zur Übergabe frei widerruflich (arg.: Wortlaut „einig sind" gem. § 929 S. 1 BGB; Rechtsgedanke des § 873 II BGB); die Gegenansicht verweist auf das allgemeine Prinzip der Bindung an geschlossene Verträge.

bb) Vorwegnahme

Die Einigung kann antizipiert, also bereits vor der Übergabe erklärt werden.

305   **2. Die Übergabe**

a) Die Grundkonstellation gem. § 929 S. 1 BGB

Normalfall: V übergibt das verkaufte Fahrrad direkt an K.

aa) Allgemeine Voraussetzungen
- der **Veräußerer darf keinerlei Besitz behalten** (Einräumung von Mitbesitz genügt nicht)
- der **Erwerber muss den Besitz erlangen** (Übergabe an Besitzdiener gem. § 855 BGB ebenfalls möglich)
- die Übergabe muss nach hM **in Vollziehung der Übereignung** erfolgen (zB nicht, wenn nur zur vorübergehenden Benutzung oder wenn ein Bote die Ware ohne Bezahlung auftragswidrig aushändigt)

306   **bb) Sonderfälle**

(1) Die Einschaltung eines Besitzmittlers

(a) durch den Erwerber

Beispiel: K kauft bei V ein Fahrrad; das Fahrrad soll V dem Freund F aushändigen, der es kurzfristig für eine Fahrradtour benötigt.

Rechtsfolge: Die Übertragung des unmittelbaren Besitzes an F, der wiederum dem K den Besitz vermittelt, ist als Übergabe von V an K zu sehen.

---

[6] Vgl. *BGH* WM 2008, 1442 ff. (Tz. 27); NJW 1992, 1161 f. (1161) mwN; zustimmend *Baur/Stürner,* Sachenrecht, § 57 Rn. 13; zur Bezugnahme auf ein Inventarverzeichnis s. auch → Rn. 36.

(b) durch den Veräußerer

Beispiel: F hat sich das Fahrrad des V ausgeliehen; auf Anweisung des V übergibt F zum Zwecke der Übereignung das Fahrrad an K.

Rechtsfolge: Übergabe von V an K

(2) Der Geheißerwerb[7]   307

- **Beispiel:** A verkauft an B ein Fahrrad, das B an C weiterverkauft. Auf Bitten des B übergibt A das Fahrrad direkt an C.
- **Interessenlage:** Das Bestreben aller Beteiligten ist ein Erwerb übers Eck, da nur so jeweils ein Eigentumsvorbehalt vereinbart werden kann, Einreden erhalten bleiben und das Insolvenzrisiko gerecht verteilt wird.
- **Einigung:** Antizipiert bei Kaufabschluss (aA: Stellvertretung iVm erlaubtem In-Sich-Geschäft gem. § 181 BGB)
- **Übergabe:** Kennzeichnend ist, dass der anweisende B nicht Besitzer ist; insbesondere besteht mit A kein Besitzmittlungsverhältnis (str.). Durch die Befolgung der Anweisung wird jedoch demonstriert, dass der Anweisende im Sinne einer Besitzübertragung die tatsächliche Herrschaft über die Sache ausübt; zudem ergibt sich aus § 185 II 1 Alt. 2 BGB, dass der Verfügende den Gegenstand erwerben können muss, obwohl er zu dieser Zeit keinen Besitz mehr ausübt. Ein Geheißerwerb ist also möglich, sofern sich der Angewiesene tatsächlich dem Geheiß des Anweisenden unterordnet (aA: Konstruktion über einen mehrstufigen mittelbaren Besitz).

b) Die Übergabe kurzer Hand gem. § 929 S. 2 BGB   308

Normalfall: E veräußert an F ein Fahrrad, das er F im Rahmen eines Mietverhältnisses bereits überlassen hat.

Voraussetzung: Zur Übereignung reicht die dingliche Einigung, sofern der Erwerber bereits im Besitz der Sache ist (sog brevi manu traditio).

c) Die Vereinbarung eines Besitzkonstituts gem. § 930 BGB   309

Normalfall: E möchte das Fahrrad weiterhin selbst nutzen; er veräußert daher das Rad an F und schließt mit diesem zugleich einen Mietvertrag ab; kennzeichnend ist, dass der Veräußerer mit der Sache weiter wirtschaften kann, was auch im ökonomischen Interesse des Erwerbers liegt (vor allem bei der Sicherungsübereignung).

Voraussetzungen

- **Bestimmtheitsgrundsatz,** wonach sich die Besitzübergabe – ebenso wie die Einigung – auf bestimmte oder zumindest leicht bestimmbare Sachen beziehen muss (vgl. → Rn. 304)
- **konkretes Besitzmittlungsverhältnis** erforderlich, dh nicht nur allgemeine Abrede, dass der Veräußerer für den Erwerber besitzen soll (vgl. → Rn. 50)
- **gesetzliches Besitzmittlungsverhältnis genügt** (Beispiel:[8] Eltern E schenken ihrem dreimonatigen Kind K zur Taufe eine Goldmünze; die Münze bleibt wie bisher im Haustresor. Dingliche Einigung im Wege teleologischer Reduktion von § 181 BGB möglich, da Erwerb für K nur vorteilhaft. Hinsichtlich Übergabe sind E weiterhin unmittelbare Besitzer, doch kann ein Besitzmittlungsverhältnis zu K wiederum im Wege eines In-Sich-Geschäfts begründet werden; Voraussetzung hierfür ist lediglich, dass die Umwandlung in Fremdbesitz nach außen erkennbar wird; zB schriftliche Kundgabe der Übereignung an K)

---

[7] Ausführlich *Gomille* JURA 2013, 711 ff. mwN.
[8] Vgl. auch *BGH* NJW 1989, 2542 ff.

■ **antizipiertes Besitzmittlungsverhältnis möglich,** dh dieses kann schon vereinbart werden, bevor der Veräußerer Besitzer der Sache ist; ebenso kann auch die Einigung vorweggenommen werden (vgl. → Rn. 304)

Bedingung: Bestimmtheit bzw. Bestimmbarkeit (zB Raumsicherungsvertrag) und Einigung sowie Besitzmittlungsverhältnis müssen zu dem Zeitpunkt, in dem der Veräußerer den Besitz erlangt, noch fortbestehen, was vermutet wird

Rechtsfolge: Durchgangserwerb, dh der Veräußerer wird zunächst für eine logische Sekunde Eigentümer (beachte: in dieser logischen Sekunde kann zB ein Dritter ein Pfandrecht gem. § 562 BGB erwerben)

310   **d) Die Abtretung des Herausgabeanspruchs gem. § 931 BGB**

Normalfall: E verleiht sein Fahrrad an L; später veräußert er das Fahrrad durch Abtretung des Herausgabeanspruchs an D.

Voraussetzungen
■ Besitz eines Dritten
■ Herausgabeanspruch (Anspruch aus Besitzmittlungsverhältnis oder gesetzlicher Anspruch auf Besitzeinräumung zB gem. § 812 BGB; mangels Abtretbarkeit nicht Anspruch aus § 985 BGB[9])
■ Abtretung (formlos nach §§ 398 ff. BGB)
■ Bestimmtheit (Bestimmbarkeit ausreichend)

311   **3. Die Berechtigung des Verfügenden**

Es ist grundlegend danach zu differenzieren, ob der Eigentümer oder ein Dritter verfügt:

a) Eigentümer

   aa) Grundsatz: unbeschränkte Verfügungsbefugnis (vgl. § 903 BGB)

   bb) Ausnahmen: Verfügungsverbote (vgl. zB behördliches Verfügungsverbot gem. § 136 BGB; Verfügungsverbot während Schwebezeit gem. § 160 BGB; Verfügungsverbot des Vorerben gem. § 2113 BGB; Verfügungsbeschränkung des Erben bei Testamentsvollstreckung gem. § 2211 BGB; Verfügungsbeschränkung des Schuldners in der Insolvenz gem. § 81 I 1 InsO; beachte: dem Verfügungsverbot gem. § 135 I BGB fehlt weitgehend ein eigenständiger Anwendungsbereich)

b) Nichteigentümer

   aa) Grundsatz: keine Verfügungsbefugnis

   bb) Ausnahmen

      (1) Rechtsgeschäftliche Legitimation

      Zustimmung gem. § 185 BGB (im Unterschied zu § 164 BGB gibt der Nichteigentümer hier eine Willenserklärung im eigenen Namen ab; bei § 185 BGB wird keine Willenserklärung zugerechnet, sondern einem Verfügungsgeschäft zugestimmt, das ein an sich Nichtberechtigter vornimmt)

      (2) Gesetzliche Legitimation

      zB Notveräußerung des Finders gem. § 966 II 1 BGB; Pfandveräußerung gem. §§ 1228, 1242 I BGB; Verfügungsbefugnis des Testamentsvollstreckers gem. § 2205 BGB sowie des Insolvenzverwalters gem. § 80 I InsO

---

[9] Steht dem Veräußerer nur ein Anspruch aus § 985 BGB zu, genügt für die Eigentumsübertragung gem. §§ 929 S. 1, 931 BGB ausnahmsweise die dingliche Einigung, weil der Anspruch aus § 985 BGB vom Eigentum nicht abspaltbar ist; vgl. Staudinger/*Wiegand*, BGB, § 931 Rn. 13 ff.

4. Die fehlende Verfügungsbefugnis: Rechtsscheingrundsätze[10]   312

Die Gutglaubensvorschriften können lediglich die fehlende Berechtigung substituieren. Auch für einen gutgläubigen Erwerb sind zwingende Voraussetzungen ein wirksamer dinglicher Vertrag sowie eine Übergabe bzw. ein Übergabesurrogat. Dogmatisch handelt es sich beim gutgläubigen Erwerb um einen **Anwendungsfall der Rechtsscheinlehre**. Ebenso wie bei der Haftung von Scheinvertretern (zB aufgrund einer Duldungsvollmacht oder gem. §§ 170 ff. BGB) sowie bei der befreienden Leistung an Nichtberechtigte[11] bedarf es hierfür **prinzipiell dreierlei**: eines Vertrauenstatbestandes, der Schutzwürdigkeit des Vertrauenden sowie der Zurechenbarkeit des Rechtsscheins.

a) Vertrauenstatbestand   313

aa) Genereller Rechtsscheinträger: Besitz bzw. Besitzverschaffungsmacht

bb) Gesetzliche Alternativen

(1) Die Übergabe gem. § 929 S. 1 BGB   314

(a) **Beispiel:** Nichtberechtigter (Nb.) veräußert Fahrrad an K.

(b) **Voraussetzung für gutgläubigen Erwerb gem. §§ 929 S. 1, 932 I 1 BGB:** Übergabe und vollständiger Besitzverlust (wie beim Erwerb vom Berechtigten)

(c) **Spezialproblem:** Geheißerwerb (vgl. unten Fall 10/Var. 2, → Rn. 418 ff.)

(2) Die Übergabe kurzer Hand gem. § 929 S. 2 BGB   315

(a) **Beispiel:** Nb. veräußert Fahrrad an K, der es aufgrund einer Leihe bereits in Besitz hat.

(b) **Voraussetzung für gutgläubigen Erwerb gem. §§ 929 S. 2, 932 I 2 BGB:** Besitzerlangung vom Veräußerer

(3) Die Vereinbarung eines Besitzkonstituts gem. § 930 BGB   316

(a) **Beispiel:** Nb. veräußert Fahrrad an K; Nb. behält das Fahrrad aber weiterhin aufgrund einer Leihe.

(b) **Voraussetzung für gutgläubigen Erwerb gem. §§ 930, 933 BGB:** Übergabe und vollständiger Besitzverlust (iE bestehen die gleichen Anforderungen wie gem. §§ 929 S. 1, 932 I 1 BGB, sodass die Erwerbsform des § 930 BGB für den Gutglaubensschutz praktisch irrelevant ist)

(c) **Spezialproblem:** im Voraus erteilte Ermächtigung zur Besitzergreifung (vgl. unten Fall 11, → Rn. 429 ff.)

(4) Die Abtretung des Herausgabeanspruchs gem. § 931 BGB   317

(a) **§ 934 Alt. 1 BGB:** Nb. ist mittelbarer Besitzer

(aa) **Beispiel:** Nb. vermietet Fahrrad an D; anschließend veräußert Nb. das Fahrrad an K, dem er den Herausgabeanspruch aus dem Mietverhältnis abtritt.

(bb) **Voraussetzung für gutgläubigen Erwerb gem. §§ 931, 934 Alt. 1 BGB:** Abtretung des Herausgabeanspruchs (aus dem BMV)

(cc) **Spezialproblem:** Nebenbesitz (vgl. unten Fall 10, → Rn. 406 ff.)

(b) **§ 934 Alt. 2 BGB:** Nb. ist nicht mittelbarer Besitzer

(aa) **Beispiel:** Nb. wird das Fahrrad von D gestohlen; anschließend veräußert Nb. das Fahrrad an K, dem er den Herausgabeanspruch aus § 861 BGB abtritt.

---

[10] S. zum gutgläubigen Erwerb auch *Kindler/Paulus* JuS 2013, 393 ff., 490 ff.; *Musielak* JuS 1992, 713 ff.; speziell zu rechtsökonomischen Aspekten (Senkung der Nachforschungskosten ua) *Lieder* AcP 210 (2010), 857 ff. (861 ff.); für eine Interpretation des gutgläubigen Fahrniserwerbs als „sofortige Ersitzung" *Stagl* AcP 211 (2011), 530 ff.

[11] Vgl. → Rn. 47.

(bb) **Voraussetzung für gutgläubigen Erwerb gem. §§ 931, 934 Alt. 2 BGB:** unmittelbarer Besitzer D gibt K die Sache aufgrund des abgetretenen Anspruchs heraus

(cc) **Beachte:** ebenso wie bei §§ 930, 933 BGB fehlt hier zunächst ein Vertrauenstatbestand

318   b) **Schutzwürdigkeit des Vertrauenden**

aa) **Geschützte Vertrauenserwartung**

(1) **Eigentum des Veräußerers** gem. §§ 932 ff. BGB

(2) **Verfügungsbefugnis**

(a) **Befugnis des Eigentümers**

(aa) **Beispiel:** E veräußert sein Fahrrad unter Eigentumsvorbehalt gem. § 449 BGB an K; später veräußert E das Fahrrad an D; dieses zweite Rechtsgeschäft ist als beeinträchtigende Zwischenverfügung mit Bedingungseintritt gem. § 161 I 1 BGB unwirksam; allerdings kommt gem. § 161 III iVm § 932 BGB ein gutgläubiger Erwerb des D in Betracht, sofern E dem D den Besitz zu übertragen vermag und D hinsichtlich der Beschränkung der Verfügungsmacht gutgläubig war.

(bb) **Weitere Gutglaubens-Verweisungen:** §§ 135 II, 136, 2113 III, 2129 II, 2211 II BGB

(b) **Befugnis des Nichteigentümers**

(aa) **Grundsatz:** Kein Gutglaubensschutz, dh, wenn der Erwerber weiß, dass der Veräußerer nicht Eigentümer ist, wird der Glaube an eine Verfügungsbefugnis prinzipiell nicht geschützt.

(bb) **Ausnahmen:**

rechtsgeschäftliche Legitimation gem. § 366 I HGB; Beispiel: Sportgerätehersteller E überlässt Großhändler G leihweise ein Fitnessgerät neuester Art; als G in finanzielle Schwierigkeiten gerät, veräußert er das Gerät an den Fitnessstudiobetreiber F. Ein gutgläubiger Erwerb des F gem. § 932 BGB scheitert hier grundsätzlich an dessen grober Fahrlässigkeit, weil im Handel üblicherweise Waren nur unter Eigentumsvorbehalt geliefert werden; gem. § 366 I HGB wird allerdings auch der gute Glaube an die Verfügungsbefugnis des G iSv § 185 I BGB geschützt

gesetzliche Legitimation; Beispiel: gutgläubiger Erwerb einer Pfandsache bei einer Versteigerung gem. § 1244 iVm § 932 BGB, sofern der Erwerber davon ausgeht, dass dem Veräußerer ein Pfandrecht zusteht

319   bb) **Bösgläubigkeit**

(1) **Maßstab:** gem. § 932 II BGB bei grober Fahrlässigkeit oder positiver Kenntnis

(2) **Beweislast:** liegt beim (bisherigen) Eigentümer (vgl. Normtext: „es sei denn")

(3) **Zeitpunkt:** letzte Erwerbshandlung (Bedingungseintritt gem. § 158 BGB nicht erforderlich; zB bezüglich Eigentumsvorbehalt)

(4) **Zurechnung:** Person des Stellvertreters gem. § 166 I BGB (Ausnahme gem. § 166 II BGB)

(5) **Beachte:** § 142 II BGB bezüglich Anfechtbarkeit (vgl. Fall 1, → Rn. 16)

320   c) **Zurechenbarkeit des Rechtsscheins**

aa) **Freiwillige Besitzaufgabe**

(1) **Beispiele:** Leihe, Miete

(2) **Rechtsfolge:** gutgläubiger Erwerb möglich

(3) **Ratio:** Risikoprinzip; Veranlassung des Rechtsscheins

bb) Fehlende Zurechenbarkeit gem. § 935 I BGB[12]

321

(1) Unfreiwilliger Verlust des unmittelbaren Besitzes durch Eigentümer oder Besitzmittler (dh ohne oder gegen deren Willen)

(2) Verlust des Erbenbesitzes gem. § 857 I BGB (vgl. Fall 3, → Rn. 58)

(3) Rechtsfolge: gutgläubiger Erwerb ausgeschlossen

(4) Ratio: Eigentümer hat Rechtsschein nicht veranlasst

(5) Spezialprobleme bezüglich Abhandenkommen

322

(a) **Untreue des Besitzdieners** (vgl. → Rn. 55)

(aa) **Beispiel:** unselbständiger Reisevertreter veräußert Vorführgerät

(bb) **HM:** Abhandenkommen, weil unfreiwilliger Besitzverlust des Besitzherrn (nur er ist gem. § 855 BGB Besitzer)

MM: kein Abhandenkommen, weil Besitzdiener wertungsmäßig einem Besitzmittler gem. § 935 I 2 BGB gleichzustellen ist (§ 855 BGB soll nur Besitzschutzansprüche begrenzen)

(b) **Fehlende Geschäftsfähigkeit**

(aa) **Beispiel:** Der 16-jährige E veräußert seine Uhr an K, der sie an den gutgläubigen D weiterveräußert.

(bb) **HM:** bei beschränkt Geschäftsfähigen ist Urteilsfähigkeit maßgebend; bei Geschäftsunfähigen ist die Besitzaufgabe stets unfreiwillig (ähnlich der Differenzierung gem. §§ 827 f. BGB)

MM: es gelten die §§ 104 ff. BGB analog

(c) **Willensmängel**

(aa) **Beispiel:** E veräußert aufgrund Täuschung bzw. Drohung seine Uhr an K, der sie an den gutgläubigen D weiterveräußert; nunmehr ficht E an (zur Fehleridentität sowie § 142 II BGB; vgl. → Rn. 10, 16, 31)

(bb) **Drohung:** str., ob stets Abhandenkommen, oder nur, wenn seelischer Zwang unwiderstehlicher Gewalt gleichkommt

(cc) **Täuschung:** kein unfreiwilliger Besitzverlust

(dd) **Irrtum:** bei versehentlicher Übergabe einer anderen Sache kein unfreiwilliger Besitzverlust

(d) **Fehlende Besitzmittlung**

(aa) **Beispiel:** Veräußerung E an K ist wegen Täuschung gem. §§ 123, 142 I BGB ex-tunc nichtig; die an K übergebene Sache wird von D gestohlen und an den redlichen R weiterveräußert.

(bb) **HM:** gutgläubiger Erwerb des R möglich, da § 935 I 2 BGB mangels eines Besitzmittlungsverhältnisses nicht eingreift

MM: kein gutgläubiger Erwerb, da bei bloßer Anfechtung des Verpflichtungsgeschäfts die Sache dem K als Eigentümer abhandengekommen wäre und der Herausgabeanspruch an E gem. §§ 812, 818 I BGB abgetreten werden müsste (zusätzliche Anfechtbarkeit des Verfügungsgeschäfts soll Rechtsposition des E verbessern)

---

[12] Ausführlicher *Neuner* JuS 2007, 401 ff. (403 ff.).

323   cc) **Verzicht auf Zurechenbarkeit gem. § 935 II BGB**[13]

      (1) Voraussetzungen: Geld (nicht aber Sammlermünzen, auch wenn diese als offizielles Zahlungsmittel zugelassen sind, vgl. → Rn. 519), Inhaberpapiere (zB Inhaberschuldverschreibung gem. §§ 793 ff. BGB; Inhaberaktie gem. § 10 AktG), öffentliche Versteigerung (vgl. § 383 III BGB; nicht aber aufgrund ZPO, da Erwerb kraft Hoheitsakt, vgl. → Rn. 373)

      (2) Rechtsfolge: gutgläubiger Erwerb trotz fehlender Zurechenbarkeit möglich; es gilt sog reines Rechtsscheinprinzip

      (3) Ratio: besonderer Verkehrsschutz (gesteigerte Umlauffähigkeit von Geld und Wertpapieren)

      (4) Exkurs: Ein gutgläubiger Erwerb an abhandengekommenen Sachen ist ferner ausnahmsweise möglich bei Immobilien (zB im Falle einer Drohung durch Dritte; hier fehlt ein Pendant zu § 935 I BGB), bei Pfandsachen (vgl. → Rn. 372 f., 379) sowie in den Fällen eines originären Eigentumserwerbs (Ersitzung gem. § 937 I BGB, Fund gem. § 973 I BGB, Verbindung etc gem. §§ 946 ff. BGB); zum Erbrecht vgl. → Rn. 58.

324   **5. Der lastenfreie Erwerb gem. § 936 BGB**[14]

> **Normalfall:** E übergibt sein Fahrrad dem Gläubiger G als Pfand; G verleiht das Fahrrad an F, der es an den gutgläubigen K veräußert. K erwirbt gutgläubig das Rad, und zwar auch lastenfrei (also ohne Belastung durch das Pfandrecht).

Voraussetzungen

a) **Eigentumserwerb** (egal, ob vom Eigentümer oder vom Nichtberechtigten)

b) **Besitzerlangung** gem. § 936 I 2, 3 BGB

c) **Gutgläubigkeit hinsichtlich der Lastenfreiheit** gem. § 936 II BGB

d) **Kein Abhandenkommen** analog § 935 I BGB

e) **Kein Besitz des Rechtsinhabers** gem. § 936 III BGB

    aa) Beispiel: E gibt sein Fahrrad bei U in Reparatur; anschließend veräußert E das Fahrrad an D gem. §§ 929, 931 BGB; das Unternehmerpfandrecht des U gem. § 647 BGB bleibt wegen § 936 III BGB bestehen.

    bb) Ratio: Der Erwerber muss davon ausgehen, dass dem Besitzer beschränkte dingliche Rechte zustehen.

    cc) Analoge Anwendung: Schutz des Anwartschaftsrechts (vgl. unten Fall 10/Var. 1, → Rn. 416)

325   **6. Ausgleichsansprüche**

a) **Beispiel:** E leiht dem F sein Fahrrad, der es an den gutgläubigen K veräußert. Ausgleichsansprüche E gegen K?

b) **Bereicherungsrechtliche Ansprüche**

    aa) Grundsatz: Die §§ 929 ff., 932 ff. BGB begründen einen gesetzlichen Erwerbstatbestand und damit zugleich einen bereicherungsfesten Rechtsgrund für das Behaltendürfen der erworbenen Sache.

    bb) Ausnahme: Erfolgt die Verfügung unentgeltlich, hat der Erwerber gem. § 816 I 2 BGB Eigentum und Besitz an den vormaligen Eigentümer herauszugeben.

---

[13] Ausführlicher *Neuner* JuS 2007, 401 ff. (402 f.).
[14] Ausführlicher *Röthel* JURA 2009, 241 ff.

c) Deliktsrechtliche Ansprüche

Bei leichter Fahrlässigkeit besteht kein Anspruch auf Rückübertragung des Eigentums gem. §§ 823 I, 249 I BGB, da die §§ 932 ff. BGB gesetzliche Rechtfertigungsgründe für den Eigentumserwerb darstellen (bei grober Fahrlässigkeit scheidet bereits ein gutgläubiger Erwerb gem. § 932 I, II BGB aus).

7. Teleologische Einschränkungen 326

a) **Grundsatz:** Ein Gutglaubenserwerb ist nur bei einem schutzwürdigen Vertrauen gerechtfertigt.

b) **Fehlendes Verkehrsgeschäft:**[15] Ein Gutglaubensschutz ist nicht veranlasst, wenn eine rechtliche oder auch nur wirtschaftliche Identität von Veräußerer und Erwerber besteht; zB bei Übereignung von GmbH an Alleingesellschafter oder von Erbengemeinschaft an oHG mit gleichen Personen.

Fall 8: „Der Rückerwerb des Videorecorders"

Sachverhalt

Student S leidet unter chronischer Geldknappheit. Eines Tages beschließt er daher, einen Videorecorder, den ihm sein Freund F leihweise überlassen hat, zu Geld zu machen. Dies gelingt ihm zunächst auch tatsächlich, indem er den Recorder an den gutgläubigen D verkauft und übereignet. Kurze Zeit später entdeckt D einen Defekt in der Fernbedienung. Nachdem sich S zu einer Mangelbeseitigung außerstande sieht, erklärt D den Rücktritt und gibt S das Gerät zurück, der es wieder an dem ursprünglichen Platz in seiner Wohnung aufstellt. Durch Zufall erfahren sowohl F als auch der Wohnungsvermieter V von dem ganzen Vorfall. Als F umgehend die Herausgabe des Recorders fordert, macht V aufgrund erheblicher Mietrückstände ein Vermieterpfandrecht an dem Gerät geltend.

Hat V ein Pfandrecht an dem Recorder erlangt? Wie ist er gegebenenfalls gegen Beeinträchtigungen seines Pfandrechts gesetzlich geschützt?

Lösung

I. Ein **Vermieterpfandrecht gem. § 562 I BGB** könnte zunächst durch das **erstmalige Einbringen** des Videogerätes in die Wohnung entstanden sein.

1. Bei dem Videogerät handelt es sich um **keine der Pfändung nicht unterworfene Sache** (§ 562 I 2 BGB iVm §§ 811, 812 ZPO; Gegenbeispiel: Radio), die der Mieter S in die Wohnung einbrachte. 327

2. Ein Vermieterpfandrecht **erlischt** grundsätzlich auch **nicht** bereits dadurch, dass die eingebrachte Sache aus der Wohnung wieder **entfernt** wird, sofern der Vermieter hiervon keine Kenntnis hat (§ 562a BGB).

3. Der Videorecorder befand sich jedoch **nicht** im **Eigentum des Mieters S**, sondern gehörte F. In Betracht kommt daher allenfalls ein gutgläubiger Erwerb des Vermieterpfandrechts, der aber gesetzlich nicht vorgesehen ist. Das Vermieterpfandrecht ist ein besitzloses gesetzliches Pfandrecht, weil der Vermieter an den eingebrachten Sachen keinen unmittelbaren Besitz erlangt. Einen unmittelbaren Besitz des Pfandgläubigers setzen die §§ 1204–1208 BGB jedoch zwingend voraus. Deshalb ist ein **gutgläubiger Erwerb des Vermieterpfandrechts gem. §§ 1257, 1207 BGB ausgeschlossen.**[16]

II. Ein Vermieterpfandrecht könnte jedoch aufgrund der **Rückgabe des Geräts** von D an S sowie des **Wiedereinbringens in die Wohnung des S** entstanden sein. Fraglich ist, ob S infolge der Rückab- 328

---

[15] Vgl. *Medicus/Petersen*, Bürgerliches Recht, Rn. 548; *Baur/Stürner*, Sachenrecht, § 23 Rn. 24 ff.

[16] IE unstreitig; vgl. nur *Wiegand* JuS 1974, 545 ff. (546 f.) mwN; beim Werkunternehmerpfandrecht nach § 647 BGB, das ein Besitzpfandrecht verkörpert, ist die Möglichkeit eines gutgläubigen Erwerbs dagegen umstritten, vgl. oben Fall 6, → Rn. 193 ff.

wicklung des Vertrages Eigentümer des Videorecorders wurde und damit ein Vermieterpfandrecht gem. § 562 I BGB entstehen konnte.

1. F war ursprünglich Eigentümer des Videogerätes, könnte dieses jedoch gem. §§ 929, 932 BGB durch die **Verfügung des nichtberechtigten S** zugunsten von D verloren haben. Da **D gutgläubig** war und der Recorder dem F auch nicht abhandenkam, erlangte D Eigentum an dem Recorder.

2. F könnte jedoch nach Vollzug des Rücktritts zwischen D und S wieder automatisch **Eigentümer des Videogerätes** geworden sein.

329   a)   Im Ausgangspunkt ist festzuhalten, dass **D im Wege gutgläubigen Erwerbs endgültiges und vollwirksames Eigentum erlangt hat.** D konnte nach dem Erwerb daher, wie jeder andere Eigentümer auch, über die Sache als Berechtigter verfügen. Dies hat zur Konsequenz, dass sogar ein Dritter, der von der Unterschlagung des Recorders durch S wusste, von D gem. § 929 BGB Eigentum hätte erwerben können.

330   b)   Des Weiteren betrifft der Rücktritt des D gem. §§ 437 Nr. 2, 434, 440, 323, 346 ff. BGB allein den Kaufvertrag und begründet in der Folge ein Rückgewährschuldverhältnis. Aufgrund dieses Rückgewährschuldverhältnisses sind die Parteien gem. §§ 346 ff. BGB verpflichtet, den Vertrag rückabzuwickeln. Es ist also namentlich der Käufer gem. § 346 I BGB dazu verpflichtet, das an der Kaufsache erlangte Eigentum rückzuübereignen, da der Rücktritt als solcher keine dingliche Wirkung entfaltet.[17] Eine entsprechende **Rückübereignung** hat D im vorliegenden Fall auch vorgenommen – und zwar als Eigentümer, mithin als Berechtigter. Rein konstruktiv hat S folglich das Eigentum an dem Recorder von dem berechtigten D erlangt, mit der weiteren Konsequenz, dass V daran wirksam ein Vermieterpfandrecht begründen konnte.

331   c)   In der Literatur wird dieses Ergebnis seit langem als unbefriedigend erachtet und unter dem Stichwort „Rückerwerb des Nichtberechtigten" kontrovers diskutiert. Die aufgeworfene Problematik ergibt sich dabei nicht nur in Bezug auf die hier vorliegende Konstellation des Rücktritts, sondern bspw. auch beim Aufhebungsvertrag, bei der bloßen Unwirksamkeit des Grundgeschäfts oder wenn der Nichtberechtigte die Kaufsache gerade deshalb an einen Dritten übereignet hat, um sie später von diesem wieder zurück zu erwerben. Im Wesentlichen werden hierzu folgende Positionen vertreten:[18]

332   aa) **Automatischer Eigentumsrückfall**

Nach der Lehre vom automatischen Eigentumsrückfall würde ein Eigentumserwerb des Nichtberechtigten zumindest dann zu einem grob unbilligen Ergebnis führen und den ursprünglichen Eigentümer ungerechtfertigt benachteiligen, wenn sich die Rückübertragung auf den Nichtberechtigten als bloße Rückabwicklung des ursprünglichen Verfügungsgeschäfts darstellt (sog „**Innenverkehrsgeschäft**" im Unterschied zum sog „**Außenverkehrsgeschäft**", bei dem der Nichtberechtigte die Sache rein zufällig zurückerlangt). Ein Eigentumsrückfall wird primär auf folgende Argumente gestützt:

Die Vorschriften über den gutgläubigen Erwerb sollen die **Verkehrssicherheit** erhöhen. Dieser Zweck sei jedoch von vornherein nicht erreichbar, wenn der Nichtberechtigte die Sache zurückerlangt. Eine Anwendung der §§ 932 ff. BGB würde daher nicht dem Rechtsverkehr, sondern allein dem Nichtberechtigten zugutekommen. Spiegelbildlich dazu würden die **schutzwürdigen Belange des ursprünglichen Eigentümers** nicht hinreichend berücksichtigt. Vielfach wird auch ganz generell mit der **Evidenz der sachgerechten Lösung** argumentiert und auf die historischen Vorbilder eines automatischen Rückfalls im römischen und gemeinen Recht verwiesen.[19]

---

[17] Vgl. nur Palandt/*Grüneberg*, BGB, Einf. v. § 346 Rn. 6.
[18] Ausführlich *Musielak* JuS 2010, 377 ff.; *Wiegand* JuS 1971, 62 ff.; *Hoffmann* AcP 215 (2015), 794 ff.
[19] Vgl. nur *Wieling*, Sachenrecht, § 10 V 2; *Baur/Stürner*, Sachenrecht, § 52 Rn. 34; *Wilhelm*, Sachenrecht, Rn. 729, 1017 ff. mwN.

Methodologisch versucht man, dieses Ergebnis hauptsächlich auf eine **teleologische Reduktion** von § 932 BGB zu stützen.[20] Überträgt der Nichtberechtigte die Sache planmäßig an einen Dritten, um sie später wieder zurückzuerlangen, wird zT auch von einer **Gesetzesumgehung** ausgegangen.[21]

bb) Eigentumserwerb des Nichtberechtigten   333

Nach einer im Vordringen begriffenen Ansicht ist der ursprüngliche Eigentümer auf schuldrechtliche Ansprüche gegen den Nichtberechtigten beschränkt, ua auf §§ 816 I 1, 823 I BGB.[22] Die Ablehnung eines automatischen Eigentumsrückfalls wird primär auf folgende Argumente gestützt:

Bei der Annahme eines automatischen Rückfalls handele es sich evidentermaßen um eine **gesetzes- und systemwidrige Lösung**, da sie zu einer ungerechtfertigten Durchbrechung des Abstraktionsgrundsatzes führe. Die Interessen des ursprünglichen Eigentümers würden zudem bereits durch schuldrechtliche Verpflichtungen hinreichend berücksichtigt, wobei der ursprüngliche Eigentümer sowieso mit einem endgültigen Rechtsverlust rechnen müsse.[23] Im Liegenschaftsrecht käme es sonst überdies zu einem **Rechtserwerb gegen das Grundbuch**.[24] Die eigentliche Ursache der als unannehmbar empfundenen Ergebnisse liege im **Vollstreckungsrecht**. Korrekturen hätten deshalb dort punktuell zu erfolgen.[25]

Zusatzfrage:

I. Nach der **Lehre vom Eigentumserwerb des Nichtberechtigten** hat V ein Vermieterpfandrecht an   334
    dem Videorecorder erlangt. Folgt man richtigerweise dieser Ansicht, **stehen V verschiedene Rechte
    zum Schutze seines Pfandrechts potentiell zur Seite:**[26]

1. Das Selbsthilferecht gem. § 562b I BGB bzw. der Herausgabeanspruch nach § 562b II BGB (beachte
    aber § 936 BGB!); daneben zudem das (wesentlich restriktivere) Selbsthilferecht aus § 229 BGB.

2. Ein Herausgabe- und Unterlassungsanspruch gem. § 1257 iVm §§ 1227, 985, 1004 BGB.

3. Ein Schadensersatzanspruch gem. § 823 I BGB (Pfandrecht als „sonstiges Recht") sowie gem. § 823
    II BGB iVm § 289 StGB (jeweils bzgl. Sicherungsinteresse), falls nicht durch §§ 987 ff. BGB ausgeschlossen.

4. Ein Unterlassungsanspruch gem. § 541 BGB bzw. ein vertraglicher Anspruch auf Schadensersatz
    gem. § 280 I BGB.

5. Ein Anspruch auf Herausgabe des Erlöses bei unberechtigter Veräußerung gem. § 816 I 1 BGB sowie angemaßter Eigengeschäftsführung gem. §§ 687 II 1, 681 S. 2, 667 BGB.

6. Bei Insolvenz des Mieters besteht ein Absonderungsrecht gem. § 50 InsO.

II. Nach der **Gegenposition** wäre das Eigentum automatisch an F (str., ob mit ex-nunc- oder ex-tunc-   335
    Wirkung)[27] zurückgefallen. F könnte sich danach mit der **Drittwiderspruchsklage** gem. § 771 ZPO
    gegen mögliche Pfändungsmaßnahmen des V wehren.

---

[20] *Hoffmann* AcP 215 (2015), 794 ff. (809 ff.) plädiert für eine teleologische Reduktion des Abstraktionsprinzips.

[21] Ausführlich Staudinger/*Gursky*, BGB, § 892 Rn. 236 mwN.

[22] Vgl. *BGH* NJW-RR 2003, 170 ff. (171); *Musielak* JuS 2010, 377 ff. (381 f.); Palandt/*Herrler*, BGB, § 932 Rn. 17; Staudinger/*Wiegand*, BGB, § 932 Rn. 119 ff.; *Habersack*, Sachenrecht, Rn. 165.

[23] Vgl. *Westermann/Gursky/Eickmann*, Sachenrecht, § 47 Rn. 16.

[24] Staudinger/*Gursky*, BGB, § 892 Rn. 237; entsprechend differenzierend zwischen §§ 932 ff. BGB und § 892 BGB ursprünglich *Wilhelm*, Sachenrecht, 1. Aufl., 1993, Rn. 535.

[25] Staudinger/*Wiegand*, BGB, § 932 Rn. 121.

[26] Vgl. auch Palandt/*Weidenkaff*, BGB, § 562b Rn. 2.

[27] Vgl. dazu Staudinger/*Gursky*, BGB, § 892 Rn. 236.

336   **II. Sonstige Erwerbsgründe**

Neben dem rechtsgeschäftlichen Erwerb gem. §§ 929 ff. BGB gibt es noch verschiedene andere Formen des Eigentumserwerbs.

337   **1. Die Ersitzung gem. §§ 937 ff. BGB**[28]

> **Normalfall:** Zahnarzt Z erwarb gutgläubig vom Antiquitätenhändler A ein Bild, das E gestohlen wurde. 11 Jahre später sieht E das Bild in der Praxis des Z hängen.

a) **Allgemeines**

   aa) **Bedeutung:** Eine Ersitzung kommt vor allem bei abhandengekommenen Sachen sowie bei Unwirksamkeit des dinglichen Vertrages in Betracht; insgesamt aber relativ geringe Relevanz wegen der Möglichkeit gutgläubigen Erwerbs (anders in Rechtsordnungen, wo kurze Ersitzungszeiten das Fehlen gutgläubigen Erwerbs substituieren).

   bb) **Legitimation:** Schaffung von Rechtsfrieden und Rechtssicherheit; Kontinuitätsinteresse des Eigenbesitzers

   cc) **Abgrenzung:** Bei Grundstücken gibt es eine Buch- bzw. Tabularersitzung gem. § 900 BGB. Die Ersitzungszeit beträgt hier 30 Jahre; andererseits muss der Ersitzer nicht gutgläubig sein. Ferner gibt es eine „Ersitzung" entgegen dem Grundbuch gem. § 927 BGB (Aufgebotsverfahren) sowie eine „Ersitzung" der Lastenfreiheit gem. § 901 BGB (Erlöschen nicht eingetragener Rechte).

338   b) **Voraussetzungen**

   aa) **Eigenbesitz** gem. § 937 I BGB (vgl. Legaldefinition in § 872 BGB; bloßer mittelbarer Eigenbesitz ausreichend, so wenn Z das Bild seiner Tochter T zur Leihe überließ)

   bb) **Ablauf der Zehn-Jahres-Frist** gem. § 937 I BGB (beachte: Anrechnung bei Rechtsnachfolge gem. § 943 BGB sowie Unterbrechungstatbestände gem. §§ 939–942 BGB; im Übrigen ist auch hier idR eine präzise Fristberechnung gem. §§ 187 ff. BGB vorzunehmen![29])

   cc) **Gutgläubigkeit** gem. § 937 II BGB (bei Besitzerwerb schadet auch grobe Fahrlässigkeit, später nur positive Kenntnis; vgl. analoge Regelung in § 990 I BGB)

339   c) **Rechtsfolgen**

   aa) **Originärer Eigentumserwerb** (zB auch an gestohlenen Sachen)

   bb) **Lastenfreie Ersitzung** gem. § 945 BGB (zB erlischt ein Pfandrecht)

   cc) **Konkurrenzen**

      (1) **Allgemeine Eingriffskondiktion**

         (a) **Beispiel:** Der Erwerber einer gestohlenen Sache erlangt Eigentum durch Ersitzung.

         (b) **Rechtsfolge:** Keine Haftung gem. § 812 I 1 Alt. 2 BGB gegenüber ursprünglichem Eigentümer; die Wertung des § 937 BGB ersetzt diejenige des § 935 BGB, sodass der Vorrang der Leistungsbeziehung weiter gelten kann.

      (2) **Leistungskondiktion**

         (a) **Menzelbilder – Fall (RGZ 130, 69 ff.):** Die geisteskranke Nichte N des Malers Adolf von Menzel übereignete der Pinakothek P schenkungsweise mehrere Originalwerke ihres

---

[28] Übungsfall bei *Finkenauer* JuS 2009, 934 ff.

[29] Die korrekte Fristberechnung ist ein häufig übersehenes Standardproblem bei Klausuren. Man muss deshalb bei jeder Datumsangabe sofort ein Problembewusstsein entwickeln, spätestens bei den stereotypen „Kontrollfragen" vor Beginn der Klausur-Niederschrift. Außerdem muss man die Berechnungsmethoden gem. §§ 187 ff. BGB sicher beherrschen; zur Wiederholung: *Grigoleit/Herresthal*, BGB AT, Rn. 653 ff.; *Wolf/Neuner*, AT, § 23 Rn. 4 ff.

Onkels. Nach Ablauf der 10-jährigen Ersitzungszeit begehrte der Vormund (beachte: heute Betreuer) Rückgabe der Bilder.

(b) **Rechtslage:** Wäre nur der schuldrechtliche Vertrag nichtig, scheidet ein Anspruch aus § 985 BGB aus und es kommt allein ein Anspruch aus § 812 I 1 Alt. 1 BGB in Betracht, der gem. § 195 BGB aF erst in 30 Jahren verjährte. Nach hM war daher im Falle einer Ersitzung (also bei zusätzlicher Unwirksamkeit des dinglichen Vertrages) ein Anspruch aus § 812 I 1 Alt. 1 BGB erst recht gegeben (aA: Die Ersitzung ist ein materialer Erwerbsgrund endgültiger Art, der potentielle Bereicherungsansprüche a priori ausschließt; so jetzt auch *BGH* NJW 2016, 3162 ff. Rn. 39). Durch die Angleichung der Verjährungsfristen (vgl. seit 1. 1. 2002 die 10-Jahres-Frist gem. § 199 IV BGB) hat der Streit heute nur noch marginale Bedeutung, ua falls der Ersitzende die Verjährungseinrede nicht erhebt.[30]

dd) Verjährung des Vindikationsanspruchs[31]   340

Problem: Scheidet eine Ersitzung wegen Bösgläubigkeit gem. § 937 II BGB aus, verjährt gleichwohl der Herausgabeanspruch des Eigentümers gem. § 197 I Nr. 2 BGB in 30 Jahren. Eigentum und Besitz drohen damit auf Dauer auseinanderzufallen (s. beispielhaft den Münchener Kunstfund: *„Fall Gurlitt"*[32]).

(H.) M.: Das dauernde Auseinanderfallen von Besitz und Eigentum ist de lege lata hinzunehmen, zumal der Reformgesetzgeber in § 197 I Nr. 2 BGB den Vindikationsanspruch bewusst verjähren lässt.

Beachte: Auch nach dieser Ansicht ist das verbliebene Eigentum nicht völlig substanzlos (kein „nacktes" Eigentum bzw. nudum ius); der Eigentümer E kann die Sache vindizieren, wenn sie ohne Rechtsnachfolge (kein § 198 BGB) in den Besitz eines Dritten gelangt oder Schadensersatz verlangen, wenn der Besitzer oder ein Dritter sie beschädigt (str.); zudem bleibt E verfügungsbefugt und der Besitz unberechtigt (str.); bei wirksamer Verfügung durch den Besitzer besteht Pflicht zur Herausgabe des Erlangten gem. § 816 I 1 BGB (str.).

(M.) M.: Analogie zu §§ 1169, 1254 BGB (Anspruch auf Verzichtserklärung) oder Möglichkeit einer sog „außerordentlichen" Ersitzung, weil ein Recht, dessen schützende Ansprüche verjährt sind, ohne Wert ist.

ee) Systematischer Exkurs zum nudum ius[33]   341

Die Problematik des „nackten" Eigentums stellt sich ua auch in folgenden Konstellationen:

(1) **§ 241a BGB** sieht bei **unbestellten Leistungen** einen weitreichenden Anspruchsausschluss vor, der sämtliche Herausgabeansprüche gegenüber dem Verbraucher erfasst. Eine MM geht auch hier von einem gesetzlichen Eigentumserwerb aus; nach hM bleibt der Unternehmer Eigentümer und hat im Fall der Veräußerung Ansprüche auf Erlösherausgabe gem. § 816 I 1 bzw. auf Herausgabe gem. § 985 BGB (bei Bösgläubigkeit des Dritten) oder gem. § 816 I 2 BGB (bei unentgeltlichem Erwerb); das Recht zum Besitz ist wiederum strittig, ebenso wie Schadensersatzansprüche bei Beschädigung der Sache durch Dritte.

(2) Ein **Nießbrauch gem. §§ 1030 ff. BGB** begründet ein umfassendes dingliches Nutzungsrecht; der Nießbraucher ist zudem gem. § 1036 I BGB zum Besitz der Sache berechtigt, sodass der Eigentümer sie nicht vindizieren kann (§ 986 I 1 BGB). Der Nießbrauch ist allerdings nur ein vorübergehendes Recht (erlischt mit dem Tod gem. § 1061 und ist gem. § 1059 S. 1 BGB nicht übertragbar; beachte aber § 1059a BGB); zudem bleibt der Eigentümer verfügungsbefugt, kann Ansprüche gegenüber Dritten geltend machen (wenngleich mit Restriktionen zu-

---

[30] S. zur analogen Problematik bei § 816 I 2 BGB sowie zur Konkurrenz mit vertraglichen Ansprüchen (zB §§ 546 I, 604 I BGB) Bamberger/Roth/*Kindl*, BGB, § 937 Rn. 9; *Vieweg/Werner*, Sachenrecht, § 6 Rn. 5 ff.
[31] S. näher *Wieling*, Sachenrecht Bd. I, § 11 I 4a (S. 431 f.); MüKoBGB/*Baldus*, § 937 Rn. 58.
[32] Dazu ausführlich *Klose* RW 2014, 228 ff. (der die Vindikationsverjährung als verfassungswidrig erachtet).
[33] Eingehend *Klose*, Das Eigentum als nudum ius im Bürgerlichen Recht, 2016, S. 25 ff. (mit weiteren Beispielen).

gunsten des Nießbrauchers), während der Nießbraucher gem. § 1041 BGB zum Erhalt der Sache verpflichtet ist.

(3) Beachte auch *BGH* NJW 2011, 1068 f.: Kl. verlangt von der Bekl. Beseitigung einer auf ihrem Grundstück befindlichen Platte. Die Bekl. erhebt die Einrede der Verjährung. Der *BGH* urteilt zunächst, dass § 902 I 1 BGB, wonach Ansprüche aus eingetragenen Rechten nicht der Verjährung unterliegen, auf den Beseitigungsanspruch gem. § 1004 BGB keine Anwendung findet; es gilt vielmehr die reguläre Verjährungsfrist (vgl. §§ 195, 199 BGB). Der von der Bekl. geschaffene Zustand bleibt aber auch nach der Verjährung des Anspruchs aus § 1004 BGB rechtswidrig und muss von der Kl. nicht geduldet werden. Sind auf dem Grundstück bspw. fremde Leitungen verlegt, entsteht nach Verjährung des Anspruchs auf Beseitigung nicht etwa ein Recht des Störers, die Leitungen auf dem Grundstück zu halten. Der Eigentümer ist vielmehr berechtigt, diese von seinem Grundstück – nunmehr auf eigene Kosten – zu entfernen. Die Gefahr, dass das Eigentumsrecht infolge der Verjährung des Beseitigungsanspruchs „inhaltslos" oder ein „Rechtskrüppel" wird, besteht daher nicht.

342   2. Die Verbindung, Vermischung und Verarbeitung gem. §§ 946 ff. BGB

Hierbei handelt es sich jeweils um einen originären Eigentumserwerb kraft Gesetzes.

a) Die Grundstücksverbindung gem. § 946 BGB

Normalfall: Errichtung eines Gebäudes oder einer Einfriedungsmauer auf einem Grundstück.

aa) Gesetzeszweck: Unmöglichkeit oder Unwirtschaftlichkeit der Trennung

bb) Voraussetzung
- Verbindung einer beweglichen Sache mit einem Grundstück zu dessen wesentlichem Bestandteil gem. § 94 BGB; gleichgültig ist, wer die Verbindung vorgenommen hat und ob der Handelnde redlich war
- Gegenbeispiele: nur vorübergehende Verbindung gem. § 95 BGB bei Wohnmobil auf Campingplatz oder bei Lagerhalle für die Dauer der Pachtzeit; *OLG Zweibrücken* NJW 2016, 821 f.: das versehentliche Aufstellen einer Skulptur (samt Betonfundament) auf einer Grundstücksfläche führt nicht dazu, dass die Skulptur wesentlicher Bestandteil des genutzten fremden Grundstücks iSd §§ 93, 94 BGB wird

cc) Rechtsfolge
- Grundstückseigentümer wird Eigentümer der gesamten Sache, also auch der verbundenen beweglichen Sache
- ursprünglicher Eigentümer der beweglichen Sache hat ggf. Ausgleichsanspruch gem. § 951 I BGB (vgl. → Rn. 352)

343   b) Die Fahrnisverbindung gem. § 947 BGB

Normalfall: Verbindung von Fenster und Rahmen, Brettern und Kiste, Bremstrommel und Lkw.

aa) Gesetzeszweck: Unmöglichkeit oder Unwirtschaftlichkeit der Trennung

bb) Voraussetzung
- Verbindung beweglicher Sachen zu wesentlichen Bestandteilen einer einheitlichen Sache gem. § 93 BGB
- Abgrenzung: Handelt es sich um keinen wesentlichen Bestandteil gem. § 93 BGB, ist § 947 BGB unanwendbar; zB ist ein Austauschmotor kein wesentlicher Bestandteil, weil nach dem Ausbau sowohl der Motor als auch das Auto weiter verwendbar sind; ein Eigentumsvorbehalt am Austauschmotor geht daher durch den Einbau nicht verloren; zur Sonderrechtsfähigkeit eines Stromerzeugungsmoduls s. BGHZ 191, 285 ff. = NJW 2012, 778 ff.

cc) **Rechtsfolge** 344

(1) **Miteigentum gem. § 947 I BGB**

Voraussetzung: keine Sache ist Hauptsache

Miteigentum: Anteile bestimmen sich gem. § 947 I Hs. 2 BGB nach dem Verhältnis des Wertes, den die Sachen zur Zeit der Verbindung hatten

Beispiele: Karosserie und Pkw; Fenster und Rahmen

Problem: Hat Dieb D die von E gestohlene Sache mit einer ihm gehörenden Sache derart verbunden, dass beide zu wesentlichen Bestandteilen einer einheitlichen Sache werden, so werden E und D Miteigentümer gem. § 947 I BGB. Strittig ist die Weiterveräußerung der neuen Sache an den gutgläubigen G. Nach einer Ansicht wird G aus Gründen der Rechtsklarheit Alleineigentümer. Nach der zutreffenden Gegenansicht erwirbt G wegen § 935 I BGB nur den Miteigentumsanteil des D, da die §§ 947 f. BGB eine Aufspaltung des Eigentums gerade vorsehen (s. näher *Neuner* JuS 2007, 401 ff. (406) mwN)

(2) **Alleineigentum gem. § 947 II BGB**

Voraussetzung: eine Sache ist Hauptsache

Eigentümer der Hauptsache: erwirbt Alleineigentum

Eigentümer der Nebensache: erwirbt ggf. Ausgleichsanspruch gem. § 951 I BGB (vgl. → Rn. 352)

Beispiele: Gerbstoff gegenüber Leder; Plakat gegenüber Plakattafel

c) **Die Vermischung gem. § 948 BGB** 345

Normalfall: Neues Benzin in halbvollen Tank, Vermengung von Getreide.

aa) **Gesetzeszweck:** Unmöglichkeit oder Unwirtschaftlichkeit der Trennung

bb) **Voraussetzung:** Vermischung beweglicher Sachen, die überhaupt nicht mehr oder nur mit unverhältnismäßigen Kosten wieder getrennt werden können

cc) **Rechtsfolge:** vgl. § 947 BGB

dd) **Sonderfall:** bei Geldvermengung (E wirft versehentlich 1 Euro in das Sparschwein des S) hat der besitzende Miteigentümer ein einseitiges Sonderungsrecht analog § 469 III HGB (E kann sich aus dem Sparschwein also wieder 1 Euro nehmen); beachte zudem, dass selbst bei Vermengung eines kleinen Betrags (1 Euro in prall gefülltes Sparschwein) kein Alleineigentum gem. §§ 948 I, 947 II BGB, sondern stets Miteigentum an der entsprechenden Stückelung entsteht (*BGH* NJW 2010, 3578 ff. Tz. 13; *Gehrlein* NJW 2010, 3543 ff.).

d) **Die Verarbeitung gem. § 950 BGB** 346

Normalfall: Stoff zu Anzug, Holz zu Schrank, Goldbarren zu Armband.

aa) **Gesetzeszweck:** Höherbewertung der Arbeitsleistung des Herstellers im Konflikt mit dem Rohstoffeigentümer

bb) **Voraussetzungen**

(1) Verarbeitung oder Umbildung eines oder mehrerer Stoffe

(2) Herstellung einer neuen beweglichen Sache (vgl. → Rn. 137)
- Indizien: höhere Verarbeitungsstufe, Formveränderung, neue Bezeichnung
- Gegenbeispiele: bloßes Lackieren des Pkw; Mästen des Jungtiers; BGHZ 206, 211 ff. =

NJW 2016, 317 ff. („*Helmut Kohl*"): Durch das Bespielen eines Tonbandes wird keine neue Sache gem. § 950 I BGB hergestellt (es kann jedoch ein Anspruch auf Herausgabe der Tonbänder gem. § 667 BGB bestehen, wenn diese zur Aufzeichnung von Interviews mit dem Auftraggeber verwendet worden sind)

(3) **Wertverhältnis**
- Wert der Verarbeitung darf nicht erheblich geringer sein als Wert der Stoffe
- wesentlicher Minderwert jedenfalls bei Verhältnis 60 : 100 (*BGH* NJW 1995, 2633)

347   cc) **Rechtsfolge**

(1) **Grundsatz:** Eigentumserwerb des Herstellers

(2) **Problem:** Abstimmung mit §§ 651 S. 1, 433 I 1 BGB
- Erfolgt die Herstellung (zB des Anzugs) **mit Stoffen des Unternehmers U**, wird U Eigentümer und muss die Sache gem. §§ 651 S. 1, 433 I 1 BGB an Besteller B übereignen (früher sog „Werklieferungsvertrag")
- Erfolgt die Herstellung **mit Stoffen des Bestellers B**, wird B nach herkömmlicher Ansicht gem. § 950 I 1 BGB Eigentümer, weil er sich die Arbeitskraft des U dienstbar macht, weisungsbefugt ist und das Werkunternehmerpfandrecht gem. § 647 BGB sonst weitgehend obsolet wäre. Nach dem Wortlaut des § 651 S. 1 iVm § 433 I 1 BGB ist U allerdings verpflichtet, dem B Eigentum an der Sache zu verschaffen. Daraus wird gefolgert, dass U als Hersteller iSv § 950 BGB agiert und damit Eigentümer der Sache wird.[34] Hiergegen wird wiederum eingewendet, dass ein Eigentumserwerb des U gem. § 950 I 1 BGB von vornherein ausscheidet, wenn der Wert der Verarbeitung hinter dem Stoffwert wesentlich zurückbleibt. Hinzu komme, dass der Verweis in § 651 S. 1 BGB primär die Anwendung der zwingenden Regelungen über den Verbrauchsgüterkauf gem. §§ 474 ff. BGB sicherstellen soll. Nach dieser Ansicht ist der Verweis des § 651 S. 1 BGB auf § 433 I 1 BGB teleologisch auf die Pflicht zur Besitzverschaffung zu reduzieren, wobei dem Sicherungsbedürfnis des U durch eine analoge Anwendung des § 647 BGB entsprochen werden kann.[35]

348   dd) **Disponibilität**

Das zentrale Problem des § 950 BGB besteht darin, dass **Rohstofflieferanten ihre Rechte**, die sie bei einer Verarbeitung grundsätzlich von Gesetzes wegen verlieren würden, **sichern möchten.**

(1) **Beispiel:** E veräußert an K Leder, der daraus Taschen herstellen möchte. Zur Sicherung seiner Kaufpreisforderung vereinbart E mit K einen Eigentumsvorbehalt am Leder. Da E auch nach der Verarbeitung gesichert sein möchte, zB vor einem drohenden Pfandrecht des Vermieters von K gem. § 562 BGB, wird außerdem bestimmt, dass die Verarbeitung allein für E erfolgen solle (sog *Verarbeitungsklausel*). Es wird also beabsichtigt, einen Eigentumserwerb des K gem. § 950 I BGB zu verhindern. Wie ist die Rechtslage?[36]

349   (2) **MM: Abdingbarkeit von § 950 BGB zugunsten des Stofflieferanten**

Argumente
- Vergleich mit § 651 BGB (Besteller liefert Stoff), bei dem Eigentum in der Person des Bestellers entsteht und der Unternehmer nur ein Pfandrecht analog § 647 BGB erwirbt (vgl. → Rn. 347); vereinbarter Vertragstyp ist somit stärker als § 950 BGB, woraus sich wiederum die dispositive Natur von § 950 BGB ergibt
- beschränkter Wertungsgehalt von § 950 BGB, der nur den Interessenkonflikt zwischen Stoffeigentümer und Verarbeiter lösen will; § 950 BGB ist daher unanwendbar, wenn die Parteien selbst den Konflikt privatautonom lösen

---

[34] *Prütting*, Sachenrecht, Rn. 464; *Röthel* NJW 2005, 625 ff. (627 ff.) mwN.
[35] Bamberger/Roth/*Kindl*, BGB, § 950 Rn. 12; *Klinck* JR 2006, 1 ff. (1 ff.).
[36] Ausführlich *Rimmelspacher*, Kreditsicherungsrecht, Rn. 158 ff.; Staudinger/*Wiegand*, BGB, § 950 Rn. 18 ff. m. umf. N.

Gegenargumente

- der Vertragstypus des § 651 BGB ist bei Lieferung des Stoffes durch den Besteller auf Fremdherstellung gerichtet, sodass von vornherein der Besteller auch Hersteller ist
- systematische Stellung des § 950 BGB im Rahmen der zwingenden Vorschriften gem. §§ 946 ff. BGB
- klare Zuordnungsverhältnisse im Interesse des Rechtsverkehrs

(3) Rspr.: Der Stofflieferant ist „Hersteller" iSv § 950 BGB   350

Argumente

- Verkehrsanschauung für Begriff des Herstellers maßgebend
- bei einer Verarbeitungsklausel ist vom Standpunkt eines objektiven Beurteilers aus der Stofflieferant Hersteller

Gegenargumente

- Rspr. inkonsequent, da sie einerseits von der zwingenden Natur des § 950 BGB ausgeht, andererseits aber Vereinbarungen über den „Hersteller" für maßgeblich erachtet
- nach objektiver Interessenlage ist der Verarbeiter K Hersteller, weil er die Herstellung im eigenen Interesse vornimmt und das Absatzrisiko trägt

(4) HL: Antizipierte Sicherungsübereignung   351

Argumentation

- Auslegung der Verarbeitungsklausel als vorweggenommene, auflösend bedingte Sicherungsübereignung (Bedingung ist vollständige Kaufpreiszahlung)
- zum einen wird die dingliche Einigung gem. § 929 S. 1 BGB vorweggenommen; zum anderen wird auch das Besitzmittlungsverhältnis gem. § 930 BGB antizipiert

Gefahren

- es kommt für eine „juristische Sekunde" zum sog Durchgangserwerb, dh, K erwirbt für einen „logischen Augenblick" Eigentum an den Taschen
- in diesem logischen Moment kann eine Belastung durch Rechte Dritter erfolgen; zB kann ein Vermieterpfandrecht entstehen
- außerdem muss K zum Zeitpunkt seines Eigentumserwerbs den notwendigen Übereignungs- und Besitzmittlungswillen noch aufbringen; K kann also vertragswidrig die Taschen als Eigentümer an Dritte veräußern

e) Der Ausgleichsanspruch gem. § 951 BGB   352

aa) Allgemeines

- es handelt sich um einen sog **Rechtsfortwirkungsanspruch**, weil er an die Stelle des verlorenen Eigentums tritt (vgl. → Rn. 143)
- es handelt sich um eine **Rechtsgrundverweisung**, weil die §§ 946 ff. BGB nur sachenrechtliche Zuordnungen treffen, ohne zu bestimmen, wem der Substanzwert zusteht; außerdem soll das Verhältnis von Leistungs- und Eingriffskondiktion nicht präjudiziert werden (vgl. → Rn. 143)
- es besteht selbstverständlich kein Ausgleichsanspruch, wenn bereits ein Miteigentumsanteil oder ein sonstiges Recht erworben wurde

bb) Mehrpersonenverhältnis

(1) **Beispiel:** Bauunternehmer B bezieht Ziegel unter Eigentumsvorbehalt von E; anschließend baut B die Ziegel aufgrund eines Bauauftrags direkt in das Haus des K ein. Hat E einen Bereicherungsanspruch gem. §§ 951 I 1, 946, 812 ff. BGB gegen K?

(2) **Grundsatz:** Der Fall ist teleologisch so zu behandeln, als ob die Ziegel zunächst gem. §§ 929 ff. BGB von B an K übereignet und dann erst eingebaut worden wären; es sind also insbesondere die Wertungen der §§ 932 ff., 935 BGB zu berücksichtigen.[37]

---

[37] S. auch *Grigoleit/Auer*, Schuldrecht III, Rn. 442 ff.

(3) Varianten

- im obigen Beispielsfall scheidet ein Bereicherungsanspruch aus, wenn B gem. § 185 BGB von E zur Veräußerung legitimiert oder K gem. § 932 BGB, § 366 I HGB gutgläubig war
- sind die Ziegel dem E abhandengekommen iSv § 935 I BGB (zB Diebstahl, Drohung), besteht ein Bereicherungsanspruch E gegen K, da auch ein rechtsgeschäftlicher Erwerb des K ausgeschlossen gewesen wäre (vgl. Fall 4, → Rn. 143)
- bei irrtümlicher Leistung auf eine fremde Schuld kommt ein gutgläubiger Geheißerwerb in Betracht (vgl. Fall 10/Var. 2, → Rn. 421 f.); bspw., wenn E die Ziegel auf die Baustelle des K lieferte, in der Meinung, der Besteller B sei von K beauftragt worden, während K davon ausging, dass durch die Lieferung des E der B seinen vertraglichen Pflichten gegenüber ihm (K) nachkommen wollte (vgl. auch den Elektrogerätefall[38])

cc) Anspruchsinhalt

- Wertersatz gem. § 818 II BGB
- kein Wegfall der Bereicherung gem. § 818 III BGB bezüglich eigener Erwerbskosten (vgl. → Rn. 144)
- beachte ggf. Grundsätze über aufgedrängte Bereicherung (→ Rn. 177 ff.)

dd) Wegnahmerecht

- gem. § 951 II 1 BGB werden gesetzliche Wegnahmerechte nicht ausgeschlossen
- Beispiele: § 539 II BGB (Mieter kann eingebauten Boiler mitnehmen); § 601 II 2 BGB (Entleiher kann zusätzlich anmontiertes Licht am Rad wieder abnehmen); auch das Wegnahmerecht gem. § 997 BGB (wenn ein EBV vorliegt) bleibt bestehen

353   3. Das Eigentum an Schuldurkunden gem. § 952 BGB

a) Ausstellung einer Urkunde

Normalfall: Schuldner S stellt mit Papier und Tinte des E zugunsten des Gläubigers G einen Schuldschein aus.

Rechtslage: Im Gegensatz zu § 950 I 1, 2 BGB wird gem. § 952 I 1 BGB Eigentümer des ausgestellten Schuldscheins stets G als Forderungsinhaber (nicht der Schreiber S) und zwar ungeachtet des Wertverhältnisses zwischen dem Material und der Schreibarbeit, also immer zu Lasten des ursprünglichen Eigentümers E.

Urkunden: Schuldurkunden iSv § 952 BGB sind Schuldscheine (zB Bürgschaftsurkunden gem. § 766 BGB, Schuldversprechen gem. § 780 BGB), Hypotheken-, Grundschuld- und Rentenschuldbriefe (vgl. § 952 II BGB) sowie generell alle Rektapapiere, bei denen eine bestimmte Person als Berechtigter bezeichnet wird und (im Unterschied zu Orderpapieren) eine Übertragung durch Indossament (schriftlicher Übertretungsvermerk) ausgeschlossen ist (zB Sparbücher,[39] Versicherungsscheine).

b) Übergang des Eigentums

Normalfall: Gläubiger G tritt die Forderung, über die ein Schuldschein ausgestellt wurde, an D ab.

Rechtslage: Das Eigentum an dem Schuldschein geht gem. § 952 I 1 BGB automatisch auf D über, selbst wenn der Schuldschein nicht übergeben wird oder sich im Besitz eines Dritten befindet. Es folgt also das Recht am Papier dem Recht aus dem Papier, um im Interesse des Rechtsverkehrs ein Auseinanderfallen von Forderungsberechtigung und Eigentumslage zu verhindern. Ergänzend besagt

---

[38] BGHZ 40, 272 ff. = NJW 1964, 399 ff. = JuS 1964, 248.

[39] *BGH* NJW 2005, 2222 f. = JuS 2005, 948 ff. mAnm *K. Schmidt:* Wenn der Vater ohne jeden Vorbehalt auf ein Sparkonto des Sohnes S eine Einzahlung vornimmt, ist S Gläubiger des Geldinstituts und als solcher Eigentümer des für das Konto ausgestellten Sparbuchs (§ 952 BGB).

§ 952 I 2 BGB, dass sich das Recht eines Dritten (ein Pfandrecht oder ein Nießbrauch) an der Forderung auch auf den Schuldschein erstreckt.

c) Annex: Die Zulassungsbescheinigung II (Kfz-Brief)[40]

Normalfall: V übereignet gem. § 929 S. 1 BGB seinen Pkw an K, der den Kaufpreis bereits bezahlte. Die Zulassungsbescheinigung II ist noch nicht übergeben.

Rechtslage: Nach ganz hM gilt § 952 I 1 BGB analog, sodass K kraft Gesetzes Eigentümer der Zulassungsbescheinigung wird und diese gem. § 985 BGB von V (oder einem Dritten) herausverlangen kann (s. näher → Rn. 210).

Beachte: Bei fehlender Kaufpreiszahlung impliziert die Einbehaltung der Zulassungsbescheinigung durch V regelmäßig einen Eigentumsvorbehalt (s. *BGH* NJW 2006, 3488 ff. sowie die Kurzdarstellung → Rn. 517).

Beachte: Lässt sich der Erwerber eines Gebrauchtwagens die Zulassungsbescheinigung nicht vorlegen, liegt idR Bösgläubigkeit iSv § 932 II BGB vor (→ Rn. 516 f.); nicht aber bezüglich Unternehmerpfandrecht (→ Rn. 199).

4. Der Erwerb von Erzeugnissen und sonstigen Bestandteilen gem. §§ 953 ff. BGB[41]

354

Normalfall: Wer erwirbt das Eigentum an dem Ei, das die Henne legt, oder an dem Apfel, der vom Baum fällt (nicht ins Nachbargrundstück, vgl. sonst § 911 BGB)? Im Grundsatz natürlich der Eigentümer der Muttersache, vgl. § 953 BGB. Das Gesetz kennt jedoch in den §§ 954 ff. BGB mehrere Ausnahmen, deren Rangfolge sich umgekehrt zur gesetzlichen Reihung bestimmt.

a) 1. Priorität: Aneignungsberechtigte kraft Gestattung gem. § 956 BGB

aa) Beispiel: Eigentümer E verpachtet den Obstgarten an P; P erwirbt das Eigentum an den Äpfeln

bb) Gestattungsberechtigte

(1) **Eigentümer** gem. § 956 I BGB

(2) **Erwerbsberechtigte** gem. § 956 II iVm §§ 954 ff. BGB

(3) **Bei Gestattung durch Nichtberechtigten:** gutgläubiger Erwerb gem. § 957 BGB möglich
- es gilt der Redlichkeitsmaßstab des § 932 II BGB; nach Besitzerwerb nur positive Kenntnis schädlich
- § 935 I BGB gilt nach hM nicht für die Frucht, weil sonst § 993 I Hs. 2 BGB unterlaufen würde
- ggf. aber schuldrechtliche Herausgabepflicht der gezogenen Nutzungen gem. §§ 987 ff. BGB (Übereignung der Äpfel an E); so zB bei Übermaßfrüchten gem. § 993 I Hs. 1 BGB oder unentgeltlichem Besitzerwerb gem. § 988 BGB
- nach hM muss der Gestattende Besitzer sein, da sonst nur auf ein „Gerede" vertraut wird (es reicht also nicht, wenn irgendein Nicht-Besitzer am Grundstücksrand das Pflücken der Äpfel erlaubt)

cc) Gestattung

(1) **MM:** Übertragungstheorie, dh § 956 BGB ist ein gesetzlich besonders geregelter Fall einer Übereignung künftiger Sachen (dinglicher Vertrag).

(2) **HM:** Aneignungstheorie, dh durch die Gestattung als einseitiges Rechtsgeschäft wird dem durch sie Begünstigten ein dingliches Aneignungsrecht eingeräumt.

---

[40] Ausführlicher *Frahm/Würdinger* JuS 2008, 14 ff.
[41] Ausführlicher *Schultheiß* JuS 2013, 679 ff.; *Platschek* JA 2009, 846 ff.

dd) Eigentumserwerb

(1) gem. § 956 I 1 Alt. 1 BGB bei Trennung, wenn Besitz bereits überlassen ist

(2) gem. § 956 I 1 Alt. 2 BGB in sonstigen Fällen mit Besitzergreifung (zB wenn dem Pächter der Obstgarten noch nicht überlassen worden ist)

355   **b) 2. Priorität: Gutgläubiger Eigenbesitzer gem. § 955 BGB**

aa) Beispiel:
E veräußert im Zustand der Geschäftsunfähigkeit seinen Obstgarten an P; P erlangt wegen § 105 I BGB kein Eigentum am Obstgarten; am Apfel erlangt er bei Gutgläubigkeit gem. § 955 I BGB Eigentum; ob P den Apfel als Nutzung herausgeben muss, bestimmt sich nach dem Recht des EBV (vgl. §§ 987 ff. BGB).

bb) Voraussetzungen

(1) Eigenbesitz bzw. Nutzungsbesitz

(2) Gutgläubigkeit

- Maßstab gem. § 955 I 2 BGB entspricht §§ 990 I, 937 II BGB
- nach hM gilt § 935 I BGB wiederum nicht für die Frucht (Beispiel: Dieb D veräußert Henne an gutgläubigen K, der Eigentümer der Eier wird)

356   **c) 3. Priorität: Dinglich Berechtigter gem. § 954 BGB**

aa) Beispiel:
Nießbrauch gem. §§ 1030 ff. BGB oder Nutzungspfandrecht gem. § 1213 BGB

bb) Voraussetzung:
ein Erwerb des dinglich Berechtigten tritt nur ein, wenn kein Erwerb gem. §§ 955 ff. BGB stattfindet

357   **5. Die Aneignung gem. §§ 958 ff. BGB**[42]

> **Normalfall:** X nimmt sich einen Gegenstand aus dem Sperrmüll (nicht aber aus dem Sammelgut für die Caritas, weil hier eine entsprechende Übereignung gewollt ist).

a) Voraussetzungen

aa) Herrenlose bewegliche Sache

(1) Sache, an der noch niemand Eigentum hatte (zB wildes Tier gem. § 960 I 1 BGB) oder

(2) Sache, an der das Eigentum aufgegeben wurde (**Dereliktion gem. § 959 BGB**[43])
- Voraussetzung: Willenserklärung (nicht empfangsbedürftig; nach hM tatsächlicher Verzichtswille gem. § 133 BGB maßgebl.) und Besitzaufgabe
- Beispiele: Sperrmüll; ausgelesene Zeitung im Zug (sofern künftiges Schicksal der Sache jeweils gleichgültig)
- Gegenbeispiele: Grabbeigabe; entsorgte EC-Karte im Abfalleimer der Bank; Caritasspende (Kleidersammlung); *BGH* NJW 2016, 1887 ff. (Tz. 25): „Es spricht viel für die Auffassung (...), dass das Altpapier einer Aneignung bereits deshalb nicht zugänglich ist, weil der Endverbraucher durch das Bereitstellen des Altpapiers zur Abholung sein Eigentum hieran nicht gem. § 959 BGB aufgeben möchte."
- Wirkung: Eigentum erlischt; nicht aber Rechte Dritter sowie eine öffentlich-rechtliche bzw. zivilrechtliche Haftung (vgl. → Rn. 225, 289); Miteigentumsanteile sind nach hM unverzichtbar; beachte auch Sondervorschriften (zB das Aussetzungsverbot gem. § 28 II BJagdG)

bb) Begründung von Eigenbesitz gem. § 872 BGB (nach hM natürlicher Wille ausreichend; bloßer Realakt)

---

[42] Übungsfall bei *Doll* JA 2005, 504 ff. (Erwerb des Eigentums an Regenwurm durch 5-Jährige).
[43] Ausführlich *Brade/Vogel* JA 2014, 412 ff.

cc) Kein Ausschluss gem. § 958 II BGB (s. zB §§ 1 I, 3 I BJagdG sowie *BAG* NJW 2015, 429 ff. Tz. 34: „Die Arbeitgeberin als Betreiberin des Krematoriums konnte an dem Zahngold kein Eigentum nach § 958 I BGB erwerben. Dem stand das Aneignungsrecht der vorrangig bzw. ausschließlich aneignungsberechtigten Angehörigen oder Erben entgegen, § 958 II BGB.")

b) **Sonderfall: Aneignungsrecht des Fiskus bei herrenlosen Grundstücken gem. § 928 II BGB** (beachte: für die Aufgabe des Eigentums an einem Grundstück ist gem. § 928 I BGB die Eintragung im Grundbuch nötig)

6. Der Fund gem. §§ 965 ff. BGB[44]

358

Normalfall: Spaziergänger S findet eine Geldbörse.

a) **Allgemein:** Gesetzliches Geschäftsbesorgungsverhältnis, das nur wegen der Möglichkeit des Eigentumserwerbs im Sachenrecht steht.

b) **Voraussetzungen**

   aa) Verlorene Sache

   (1) **Kennzeichen:** besitzlos, aber nicht herrenlos[45]

   (2) **Beispiel:** Geldbörse, die aus Hosentasche entglitt oder vom Dieb weggeworfen wurde

   bb) Finder

   (1) **Kennzeichen:** wer die Sache in Besitz nimmt[46]

   (2) **Abgrenzung:** nicht, wer die Sache als Erster entdeckte

c) **Pflichten des Finders**

   aa) Anzeige-, Verwahrungs- und Herausgabepflichten gem. §§ 965 ff. BGB

   bb) Beachte: Haftungsprivileg gem. § 968 BGB

d) **Rechte des Finders**

   aa) Aufwendungsersatz, Finderlohn, Zurückbehaltungsrecht gem. §§ 970 ff. BGB

   bb) Eigentumserwerb

   (1) **Voraussetzungen** gem. § 973 I BGB: Ablauf der 6-Monats-Frist und Empfangsberechtigter nicht bekannt bzw. fehlende Anmeldung

   (2) **Sondererwerbstatbestände:** §§ 973 II, 974 BGB

   (3) **Beachte:** bereicherungsrechtlicher Ausgleichsanspruch gem. § 977 BGB

   Beispiel: Wenn S eine Geldbörse findet und nach sechs Monaten gem. § 973 I BGB Eigentum daran erlangt, unterliegt er noch drei Jahre einem Bereicherungsanspruch auf Rückübertragung des Eigentums oder auf Wertersatz.

e) **Sonderfälle**

   aa) Fund in öffentlicher Behörde oder Verkehrsanstalt gem. § 978 BGB

   bb) Schatzfund gem. § 984 BGB[47]

---

[44] Übungsfall bei *Pajunk* JuS 2001, 42 ff. (46 f.).
[45] Zum Fund im Kaufhaus vgl. bereits → Rn. 49.
[46] Zum Fund der Platzanweiserin vgl. bereits → Rn. 55.
[47] Übungsfall bei *Gursky*, Klausurenkurs im Sachenrecht, Rn. 275 ff.

359   **III. Das Pfandrecht**[48]

Es gibt im Wesentlichen drei dogmatische Schwerpunkte: Zum einen sind mehrere Arten privatrechtlicher Pfandrechte zu unterscheiden, zum zweiten ist die Akzessorietät des Pfandrechts zu beachten und drittens bestehen spezielle Regelungen über die Verwertung der Pfandsache.

1. Die verschiedenen privatrechtlichen Pfandrechte

a) Das Vertragspfandrecht gem. §§ 1204 ff. BGB

Normalfall: Schuldner S überlässt dem Gläubiger G zur Sicherung einer Darlehensschuld seine goldene Armbanduhr als Pfand.

360   **aa) Allgemeines**

(1) **Rechtsnatur:** dingliches Recht, eine Sache zu verwerten; es dient der Sicherung einer Forderung des Pfandgläubigers

(2) **Gegenstand**
- gem. § 1204 BGB bewegliche Sachen
- gem. § 1273 BGB Rechte (zB Forderungen, Aktien, Anteile an Handelsgesellschaften, Urheberrechte)

(3) **Bedeutung**
- wirtschaftliche Bedeutung relativ gering wegen Ausgestaltung als Besitzpfandrecht (Alternative: Sicherungsübereignung); praktische Beispiele sind Verpfändung an Pfandleihanstalt, Pfandrecht der Bank an Safe-Inhalt (vgl. AGB der Banken)
- rechtliche Bedeutung wird verstärkt durch Verweisung gem. § 1257 BGB bei gesetzlichen Pfandrechten sowie entsprechende Anwendung beim Pfändungspfandrecht gem. § 804 II ZPO

(4) **Sozialer Schutz des Schuldners**
- Verbot einer Verfallvereinbarung gem. § 1229 BGB; Ratio: Schutz des unvorsichtigen oder bedürftigen Schuldners, der darauf hofft, dass ein Verlust ohnehin nicht eintritt
- unpfändbare Sachen (zB Radio gem. § 811 Nr. 1 ZPO) sind verpfändbar; Ratio: wegen Übergabeerfordernis ausreichender Schutz (anders zB § 562 I 2 BGB, vgl. → Rn. 327)

361   **bb) Der Erwerb des Pfandrechts**

Die Voraussetzungen entsprechen mit Modifikationen dem Grundmuster der §§ 929 ff. BGB:

(1) **Dingliche Einigung gem. § 1205 I 1 BGB**
- abstraktes sachenrechtliches Verfügungsgeschäft, sog Pfandvertrag
- anders als bei § 929 BGB nicht auf Übereignung, sondern auf Pfandrechtsbestellung gerichtet
- es gilt wiederum der Bestimmtheitsgrundsatz
- der Sicherungsvertrag bildet lediglich das schuldrechtliche Grundgeschäft (vgl. die Parallelen bei der Sicherungsübereignung → Rn. 504, Hypothek → Rn. 602, Sicherungsgrundschuld → Rn. 643)

(2) **Übergabe gem. §§ 1205 f. BGB**
- vgl. Detailregelungen in §§ 1205, 1206 BGB
- beachte: kein Übergabesurrogat iSv § 930 BGB (Besitzmittlungsverhältnis) möglich wegen strengem Publizitätsgrundsatz („Faustpfandrecht")

---

48 S. auch *Alexander* JuS 2014, 1 ff.; *Schanbacher* JuS 1993, 382 ff., 475 ff.

(3) Berechtigung gem. § 1205 I 1 BGB
- Eigentümer (vgl. auch → Rn. 311)
- Legitimation gem. § 185 BGB

(4) Bei fehlender Berechtigung: Rechtsscheingrundsätze 362

  (a) Gutgläubiger Ersterwerb

    (aa) Beispiel: E leiht dem S seine Uhr; S überlässt G zur Sicherung einer Darlehensschuld die Uhr als Pfand.

    (bb) Vertrauenstatbestand
- gem. § 1207 iVm §§ 932, 934 BGB Besitz bzw. Besitzverschaffungsmacht
- beachte: gutgläubiger Erwerb gem. § 933 BGB scheidet aus, weil die Vereinbarung eines Besitzmittlungsverhältnisses gem. § 930 BGB nicht möglich ist

    (cc) Schutzwürdigkeit des Gläubigers gem. § 1207 iVm §§ 932, 934 BGB

    (dd) Zurechenbarkeit des Rechtsscheins (vgl. bei Abhandenkommen § 1207 iVm § 935 BGB)

  (b) Gutgläubiger Zweiterwerb

    (aa) Kennzeichen: Nichtberechtigter gibt sich als Pfandgläubiger aus

    (bb) Rechtsfolge: str. (vgl. Fall 9b, → Rn. 382 ff.)

(5) Akzessorietät
- das Pfandrecht entsteht nicht ohne die zu sichernde Forderung, vgl. § 1204 I BGB
- das Pfandrecht erlischt, wenn die gesicherte Forderung erlischt, vgl. § 1252 BGB

b) Die gesetzlichen Pfandrechte 363

> **Normalfall:** Vermieter V hat für seine Forderungen aus dem Mietverhältnis von Gesetzes wegen ein Pfandrecht an dem Ölgemälde, das im Wohnzimmer des Mieters M hängt (vgl. § 562 BGB).

aa) Legalverweisung gem. § 1257 BGB

Auf ein kraft Gesetzes *„entstandenes"* Pfandrecht finden die Vorschriften über das durch Rechtsgeschäft bestellte Pfandrecht entsprechende Anwendung; es gelten also namentlich die Regelungen über den Pfandverkauf gem. §§ 1233 ff. BGB.

bb) Arten gesetzlicher Pfandrechte

(1) Das besitzlose Pfandrecht
- **Beispiele:** Vermieterpfandrecht gem. § 562 BGB; Gastwirtpfandrecht gem. § 704 BGB
- **Kennzeichen:** das genaue Gegenteil vom Vertragspfandrecht gem. § 1205 BGB, weil es weder rechtsgeschäftlich bestellt wird noch der Gläubiger Besitzer ist
- **Gutgläubiger Erwerb:** unstrittig nicht möglich (vgl. → Rn. 327)

(2) Das Besitzpfandrecht
- **Beispiel:** Werkunternehmerpfandrecht gem. § 647 BGB
- **Kennzeichen:** Zwitterstellung, weil einerseits Besitzerwerb gem. § 1205 BGB, andererseits aber keine rechtsgeschäftliche Bestellung
- **Gutgläubiger Erwerb:** umstritten (vgl. Fall 6, → Rn. 193 ff.)
- **Beachte:** handelsrechtliche Spezialregelung gem. § 366 III HGB

c) Das Pfändungspfandrecht 364

> **Normalfall:** Gläubiger G lässt bei Schuldner S durch den Gerichtsvollzieher ein Ölgemälde gem. §§ 803 ff. ZPO pfänden.

aa) **Rechtsnatur:** gemischt privatrechtlich-öffentlichrechtlich (hM[49])

bb) **Voraussetzungen:** insbesondere Bestehen der Forderung und Eigentum des Schuldners am Pfandgegenstand (Verwertung bleibt aber rechtmäßig, solange öffentlich-rechtlicher Verstrickungsakt nicht aufgehoben ist)

cc) **Gutgläubiger Erwerb:** ausgeschlossen, weil Erwerb auf Zwangsvollstreckungsakt beruht

365   **2. Die Akzessorietät**

a) **Akzessorische Sicherungsmittel:** neben Pfandrecht auch Bürgschaft, Vormerkung sowie Hypothek

b) **Die Abhängigkeit vom Bestand der Forderung**

aa) **Regelungen:** vgl. insbes. §§ 1204 I, 1210 ff., 1252 BGB

bb) **Auflockerung der Akzessorietät**

(1) **gem. § 1204 II BGB bezüglich künftiger oder bedingter Forderungen**
  - **Beispiel:** alle Forderungen aus laufendem Kredit
  - **Entstehung:** bereits mit Einigung und Besitzeinräumung; nicht erst mit Forderungsentstehung (hM; Verwertung aber erst möglich, wenn Forderung entstanden und fällig)
  - **Voraussetzung:** die Forderung muss nach ihrem Entstehungsgrund bestimmbar sein
  - **Parallelbestimmungen:** bezüglich Vormerkung gilt § 883 I 2 BGB, bezüglich Hypothek gilt § 1113 II BGB, bezüglich Bürgschaft gilt § 765 II BGB

(2) **Erstreckung auf Bereicherungsanspruch**
  - **Problem:** Wie ist die Rechtslage, wenn der Darlehensvertrag nichtig ist, das Darlehen aber bereits ausgezahlt wurde?
  - **HM:** Pfandrecht sichert auch Anspruch aus § 812 I 1 Alt. 1 BGB, weil mutmaßlicher Parteiwille und Sicherung einer Rechtsposition mit bestimmtem Wert ausreichend
  - **MM:** keine Sicherung, weil völlig unterschiedliche Ansprüche und Verstoß gegen Bestimmtheitsgrundsatz
  - **Parallele Problematik:** bei Bürgschaft, Vormerkung, Hypothek (vgl. Fall 16, → Rn. 621 ff.)

366   cc) **Abstraktheit gegenüber der Sicherungsabrede**
  - jeder Pfandrechtsbestellung liegt idR eine entsprechende obligatorische Vereinbarung zugrunde (sog **Pfandbestellungsvertrag**, Sicherungsabrede)
  - der Pfandbestellungsvertrag ist aufgrund des Abstraktionsprinzips **keine Entstehungsvoraussetzung für das Pfandrecht**
  - bei Unwirksamkeit des Pfandbestellungsvertrages besteht ein Anspruch aus **ungerechtfertigter Bereicherung**

367   c) **Der Übergang des Pfandrechts**

aa) **Übertragung der Forderung gem. §§ 398 ff. BGB**

(1) **Beispiel:** G tritt seinen mit einem Pfandrecht gesicherten Rückzahlungsanspruch aus dem Darlehensvertrag gem. § 398 BGB an D ab.

(2) **Voraussetzungen**
  - aufgrund der Akzessorietät kann das Pfandrecht nicht ohne die Forderung übertragen werden; vgl. § 1250 I 2 BGB
  - die Abtretung ist formlos möglich (anders bei der Hypothek gem. § 1154 BGB)

(3) **Rechtsfolgen**
  - mit der Übertragung der Forderung geht **gem. § 1250 I 1 BGB automatisch das Pfandrecht auf D über** (eben weil es akzessorisch ist)

---

[49] Ausführlich zu den Pfandrechtstheorien *Brox/Walker*, Zwangsvollstreckungsrecht, 10. Aufl. 2014, Rn. 379 ff.

- da die Übertragung der pfandgesicherten Forderung die Übergabe des Pfands nicht voraussetzt, gibt § 1251 I BGB dem neuen Gläubiger einen **Anspruch auf Herausgabe**
- **Parallelbestimmungen:** gem. § 401 BGB gehen mit der abgetretenen Forderung auch Hypotheken sowie Rechte aus Bürgschaften über; gleiches gilt analog für die Vormerkung
- im **Unterschied zu § 401 BGB** ist § 1250 BGB zwingender Natur; des Weiteren kann die Forderung separat abgetreten werden, weil das Pfandrecht gem. § 1250 II BGB erlischt

bb) Übergang der Forderung kraft Gesetzes 368

(1) zahlt ein **ablösungsberechtigter Dritter** gem. § 1249 BGB (zB Eigentümer, Nießbraucher), gehen die Forderung gem. § 268 III BGB und das Pfandrecht gem. §§ 412, 401, 1250 BGB über bzw. es tritt eine Konsolidation gem. § 1256 BGB ein

(2) zahlt der **Verpfänder**, der nicht persönlicher Schuldner ist, gehen die Forderung gem. § 1225 S. 1 BGB und das Pfandrecht gem. §§ 412, 401, 1250 BGB über; war der Verpfänder zugleich Eigentümer, erlischt wiederum das Pfandrecht gem. § 1256 BGB

(3) Verhältnis **mehrerer Sicherungsgeber:** anteiliger Ausgleich gem. §§ 1225 S. 2, 774 II, 426 BGB (vgl. zu unterschiedlichen Sicherheiten näher Fall 19, → Rn. 681 ff.)

d) Einwendungen des Verpfänders 369

aa) alle persönlichen Einwendungen gegen Pfandgläubiger (zB unwirksame Bestellung)

bb) wegen Akzessorietät auch alle Einreden, die der Schuldner gegen die Forderung erheben kann, vgl. § 1211 BGB

3. Die Verwertung der Pfandsache 370

a) Form der Verwertung

aa) **Vertragliches Pfandrecht:** Versteigerung gem. §§ 1228 ff. BGB; bei Forderungen erfolgt Einziehung gem. §§ 1281 f. BGB

bb) **Gesetzliches Pfandrecht:** vgl. Verweisung gem. § 1257 BGB auf vertragliches Pfandrecht

cc) **Pfändungspfandrecht:** Versteigerung gem. § 814 ZPO; bei Forderungen erfolgt Einziehung gem. § 835 ZPO

b) Der Eigentumserwerb von Pfandsachen 371

aa) **Privatrechtliche Veräußerung** (Versteigerung gem. § 1235 BGB)

(1) **Der Erwerb vom Berechtigten gem. § 1242 BGB**

(a) **Beispiel:** Eigentümer E verpfändet seine Uhr an Gläubiger G; nach der Pfandreife lässt G die Uhr versteigern; Erwerber D erlangt Eigentum.

(b) **Konstruktion:** G ist Verkäufer der Uhr, wobei er aufgrund einer gesetzlichen Verfügungsermächtigung handelt; der Auktionator ist Stellvertreter

(c) **Erlös:** Aufteilung gem. § 1247 BGB (Eigentümer des Pfandes wird ggf. Eigentümer des Mehrerlöses; dingliche Surrogation)

(2) **Der Erwerb vom Nichtberechtigten gem. § 1244 iVm §§ 932 ff. BGB**[50] 372

(a) **Beispiel:** Dieb D verpfändet die gestohlene Uhr an Gläubiger G; G als Nichtberechtigter lässt die Uhr versteigern.

(b) **Rechtsfolge:** gutgläubiger Erwerb des Ersteigerers gem. § 1244 iVm §§ 932 ff. BGB

---

[50] Übungsfall bei *Henne/Kiehnle* JURA 2006, 862 ff. (dingl. Surrogation bzgl. Erlös zugunsten des ursprüngl. Eigentümers gem. § 1247 S. 2 BGB; Verwendungsersatzanspruch des redlichen Veräußerers).

(c) **Beachte:** ein gutgläubiger Erwerb ist auch an abhandengekommenen Sachen möglich; § 935 BGB gilt gem. § 1244 BGB nicht, zumal bereits § 935 II BGB bei öffentlichen Versteigerungen die Anwendung von § 935 I BGB ausschließt; § 1244 BGB ist daher primär nur für den freihändigen Verkauf relevant

373   **bb) Öffentliche Versteigerung durch Gerichtsvollzieher (§ 814 ZPO)**

(1) Auch nach der herrschenden **privat-rechtlich/öffentlich-rechtlichen** Theorie wird die Verwertung nicht als Verwirklichung des Pfandrechts angesehen; **Grundlage der Verwertung** ist vielmehr **die Verstrickung**, also ein Hoheitsakt; **Konsequenz:** Die Verwertung ist nur von der Einhaltung der vollstreckungsrechtlichen Voraussetzungen abhängig.

(2) **Ersteigerer erwirbt** nicht gem. § 929 BGB **Eigentum**, sondern **kraft Hoheitsakts**, da der Gerichtsvollzieher als Hoheitsträger tätig wird.
- **Problem:** Wie ist die Rechtslage, wenn der Ersteigerer weiß, dass die Uhr gestohlen wurde?[51]
- **MM:** analog § 1244 bzw. § 932 II BGB kein Eigentumserwerb
- **HM:** Kenntnis irrelevant, weil Erwerb kraft Hoheitsakts

(3) **Eigentum am Erlös**
- **Problem:** die versteigerte Sache gehörte nicht dem Schuldner, sondern E
- **Rechtsfolge:** Erlös gebührt ursprünglichem Eigentümer und nicht dem Gläubiger; übergibt der Gerichtsvollzieher den Erlös an den Gläubiger, hat E einen Anspruch aus § 812 I 1 Alt. 2 BGB (Eingriffskondiktion)

Fall 9: „Der Stiefel und sein Socken"

Sachverhalt

Darlehensgeber G verlangt für die Prolongation eines Kredits von Darlehensnehmer N Sicherheiten. N übergibt dem G deshalb mehrere Gegenstände als Pfand:

a) Gegen den Willen seiner Ehefrau F, die auf den allabendlichen Fernsehkonsum nicht verzichten möchte, verpfändet N den ihm gehörigen Fernseher an G. Nach Fälligkeit des Darlehens wird der Fernseher im Wege einer öffentlichen Versteigerung ordnungsgemäß an X veräußert, der von der Vorgeschichte weder Kenntnis hatte noch haben konnte.

Ansprüche F gegen X?

b) N überlässt dem G eine Armbanduhr als Pfand, wobei G aber weiß, dass N diese unter Eigentumsvorbehalt gekauft und noch nicht bezahlt hat. Zum Zwecke der Refinanzierung tritt G seine Forderung gegen N an den redlichen Z ab und übergibt ihm das Pfand.

Ist Z zum (ordnungsgemäß durchgeführten) Verkauf der Armbanduhr berechtigt, sobald die Forderung fällig wird?

Lösung

Zu Fall a):

I. **Es könnte ein Herausgabeanspruch gem. § 1007 II BGB gegeben sein.**

374   1. Dieser Anspruch setzt zunächst voraus, dass die Sache **dem früheren Besitzer abhandengekommen** ist. Bei dem Fernseher handelt es sich um einen Gegenstand, der ähnlich wie Einrichtungsgegen-

---

[51] Ausführlich *Hager*, in: Beiträge für Canaris, 2002, S. 1 ff.

 stände dem ehelichen Haushalt zu dienen bestimmt ist.[52] **An solchen Gegenständen des Hausrats haben beide Ehegatten gem. § 866 BGB Mitbesitz.**[53] Der Fernseher ist des Weiteren gegen den Willen der F aus der Wohnung geschafft worden. Die von einem Mitbesitzer ohne Willen des anderen weggegebene Sache ist Letzterem abhandengekommen.[54] Der Fernseher ist somit der F als früherer Besitzerin abhandengekommen.

2. Der **Herausgabeanspruch** ist jedoch gem. § 1007 II 1 BGB bzw. § 1007 III 2 iVm § 986 BGB **ausge-**   **375**
schlossen, sofern X Eigentümer des Fernsehers **geworden ist.**

a)   X könnte das Eigentum gem. **§ 1242 iVm § 929 BGB** erlangt haben. Voraussetzung ist hierfür – neben der rechtmäßigen Veräußerung –, dass dem betreibenden Pfandgläubiger G ein gültiges Pfandrecht zustand.

aa) Eine **wirksame Pfandrechtsbestellung gem. § 1205 BGB** war **wegen § 1369 I BGB nicht möglich,**   **376**
weil ein Ehegatte über ihm gehörende Gegenstände des ehelichen Haushalts nur mit Einwilligung des anderen Ehegatten verfügen kann. Auch eine Genehmigung gem. §§ 1369 III, 1366 I BGB wurde nicht erteilt.

bb) Ein **gutgläubiger Pfandrechtserwerb** war **ebenfalls ausgeschlossen.** Nach hM handelt es sich bei   **377**
§ 1369 I BGB um ein absolutes Veräußerungsverbot und damit zugleich um ein Verbotsgesetz gem. § 134 BGB.[55] Ein Verstoß hiergegen macht die Verfügung mit Wirkung gegen jedermann unwirksam, sodass auch ein Rechtsscheinschutz gem. § 135 II iVm § 1207 BGB ausscheidet. Nach der Gegenansicht handelt es sich um kein Veräußerungsverbot, weil die in § 1369 I BGB genannten Rechtsgeschäfte ohne Zustimmung des anderen Ehegatten überhaupt nicht wirksam vorgenommen werden können.[56] Angesichts dieser Mitzuständigkeit des anderen Ehegatten scheidet ein Gutglaubensschutz ebenfalls aus.

b)   Es kommt jedoch ein **gutgläubiger Erwerb des Eigentums** an der Pfandsache **gem. §§ 1244, 932**   **378**
BGB in Betracht.

aa) Ein rechtmäßiger Pfandrechtsverkauf iSv § 1235 I BGB ist erfolgt.

bb) Da dem Veräußerer ein Pfandrecht an dem Fernseher nicht zustand, verbleibt lediglich die Mög-   **379**
lichkeit eines gutgläubigen Erwerbs gem. § 1244 iVm §§ 932 ff. BGB. X war gutgläubig, weil er die Vorgeschichte weder kannte noch kennen musste. Die (weitere) Verfügung durch den nichtberechtigten G unterlag auch nicht mehr den Beschränkungen des § 1369 BGB.[57] Es stellt sich daher nur noch die Frage, ob ein gutgläubiger Erwerb gem. § 935 BGB ausgeschlossen ist, weil F der Fernseher abhandenkam. Der Rechtsprechung zufolge ist dies nicht der Fall, da F eigentumslose Mitbesitzerin war und der Besitz durch den eigentumsberechtigten Mitbesitzer (N) aufgegeben wurde; § 935 I BGB setzt voraus, dass der Mitbesitzer der Sache auch Miteigentümer ist.[58] Selbst wenn man demgegenüber für eine analoge Anwendung des § 935 I BGB plädieren würde, ist der Fernseher der F zwar abhandengekommen, doch **gilt § 935 BGB ausweislich des eindeutigen Wortlauts von § 1244 BGB nicht für die Veräußerung einer Sache als Pfand.** Diese Regelung hat ihren Grund darin, dass dem Erwerb in einer öffentlichen Versteigerung höherer Schutz gebührt als im Rahmen „normaler" rechtsgeschäftlicher Übereignungen. Darüber hinaus schreibt **§ 935 II BGB** ausdrücklich fest, dass § 935 I BGB für den Erwerb im Wege öffentlicher Versteigerung keine Anwendung findet, sodass § 1244 BGB primär nur für den freihändigen Verkauf relevant ist.

c)   X hat somit gem. §§ 1244, 932 BGB lastenfreies Eigentum an dem Fernseher erworben. Ein Herausgabeanspruch der F gem. § 1007 II BGB ist ausgeschlossen.

---

[52] Vgl. nur Palandt/*Brudermüller*, BGB, § 1369 Rn. 4.
[53] Vgl. nur *Prütting*, Sachenrecht, Rn. 97.
[54] Der Begriff des Abhandenkommens entspricht grundsätzlich jenem bei § 935 BGB (s. nur Staudinger/*Gursky*, BGB, § 1007 Rn. 34); zu beachten ist allerdings, dass der Schutzbereich des § 935 I BGB enger als bei § 1007 II BGB interpretiert wird und den eigentumslosen Mitbesitz nicht erfasst; s. → Rn. 379.
[55] Vgl. BGHZ 40, 218 ff. (219 f.); MüKoBGB/*Oechsler*, § 929 Rn. 43.
[56] Vgl. MüKoBGB/*E. Koch*, § 1365 Rn. 5; *Schlüter*, Familienrecht, 14. Aufl. 2012, Rn. 105 mwN.
[57] Vgl. nur Staudinger/*Thiele*, BGB, § 1369 Rn. 64.
[58] BGHZ 199, 227 ff. (Tz. 17 ff.) = NJW 2014, 1524 ff.; s. auch die Kurzdarstellung → Rn. 514.

II. Ein **Herausgabeanspruch der F gem. § 1007 I BGB** scheitert ebenfalls an der Gutgläubigkeit des X.

380   III. Des Weiteren kommt ein **Anspruch wegen Besitzentziehung gem. § 861 I BGB** in Betracht. Der Tatbestand des § 861 I BGB ist insofern erfüllt, als N der F im Wege verbotener Eigenmacht nach § 858 I BGB den Mitbesitz an dem Fernseher entzogen hat. Ein Ausschluss des Besitzschutzes nach § 866 BGB liegt nicht vor, da es sich um eine gänzliche Besitzentziehung und nicht nur um eine Auseinandersetzung „um die Grenzen des den einzelnen zustehenden Gebrauchs handelt". Die Fehlerhaftigkeit des Besitzes muss der **Nachfolger im Besitz** jedoch gem. **§ 858 II BGB** nur dann gegen sich gelten lassen, wenn er die Fehlerhaftigkeit des Besitzes seines Vorgängers beim Erwerb kennt. Diese Kenntnis hatte der X beim Erwerb des Fernsehers indes gerade nicht. Ein Anspruch der F gegen X gem. § 861 I BGB scheidet somit aus.

381   IV. Schließlich könnte ein **Herausgabeanspruch gem. §§ 985, 1369 I, III, 1368 BGB** gegeben sein. Nach § 1368 BGB ist der andere Ehegatte berechtigt, die sich aus der Unwirksamkeit der Verfügung ergebenden Rechte gegen den Dritten gerichtlich geltend zu machen (sog „**Revokationsrecht**"). Auch dieser Anspruch scheitert jedoch am Eigentumserwerb des X (vgl. → Rn. 379).

Zu Fall b):

Z ist gem. § 1228 II 1 BGB zum Verkauf berechtigt, sofern er Pfandgläubiger der Armbanduhr geworden und die gesicherte Forderung fällig ist. Die Fälligkeit ist laut Sachverhalt zu unterstellen. **Ein Erwerb des Pfandrechts könnte gem. § 1250 I BGB erfolgt sein.**

382   I. Grundvoraussetzung für ein Pfandrecht ist das **Bestehen einer Forderung** (strenge Akzessorietät des Pfandrechts). Im vorliegenden Fall bestand gem. § 488 I 2 BGB zwischen G und N eine Darlehensforderung, die Z durch Abtretung gem. § 398 BGB erlangte.

383   II. Fraglich ist allerdings, ob Z damit auch ein Pfandrecht an der Armbanduhr erlangt hat, da G selbst aufgrund seiner Bösgläubigkeit gem. §§ 1205, 1207, 932 BGB kein Pfandrecht erwerben konnte:[59]

384   1. **Die hM lehnt einen gutgläubigen Zweiterwerb des Pfandrechts ab.**[60] Sie stützt sich im Wesentlichen auf folgende Argumente:

Es erfolge **kein rechtsgeschäftlicher Erwerb**; das Pfandrecht gehe automatisch bei Übertragung der Forderung mit über. Bei der Übertragung des Pfandrechts sei auch **keine Besitzverschaffung erforderlich**; daher fehle es an einem hinreichenden Vertrauenstatbestand. Z „vertraue" in Wahrheit nur auf das **Gerede des G** und habe zudem die **Möglichkeit der Rückfrage** beim Eigentümer. Die Rechtslage sei ferner auch nicht mit dem gutgläubigen Erwerb eines Anwartschaftsrechts vergleichbar, da dieses als solches existiert und nur einem anderen zusteht. Ein Vergleich mit der Sicherungshypothek verbiete sich ebenfalls, da die Abtretung der Forderung dort durch Einigung und Eintragung in das Grundbuch erfolgt.

Konsequenz: Schließt man sich dieser Meinung an, ist Z zum Verkauf der Uhr gem. § 1228 II 1 BGB nicht berechtigt, da er kein Pfandgläubiger wurde.

385   2. **Die MM hält einen gutgläubigen Zweiterwerb des Pfandrechts für möglich,** vorausgesetzt eine Übergabe der Sache ist – wie im vorliegenden Fall – erfolgt.[61] Sie begründet ihre Position im Wesentlichen mit folgenden Argumenten:

Der Sache nach handele es sich um eine im **Willen der Parteien** liegende, rechtsgeschäftliche Übertragung des Pfandrechts. Auch der **Rechtsschein des Besitzes** sei beim Veräußerer vorhanden. G

---

[59] Ausführlich *Hager*, Verkehrsschutz durch redlichen Erwerb, 1990, S. 311 ff.
[60] Vgl. Staudinger/*Wiegand*, BGB, § 1250 Rn. 4; *Habersack*, Sachenrecht, Rn. 202; *Tiedtke*, Gutgläubiger Erwerb, 1985, S. 82 f. mwN.
[61] Vgl. *Wieling*, Sachenrecht, § 15 VI 1 b mwN.

hätte sich überdies **als Eigentümer aufspielen können** mit der Folge eines gutgläubigen Ersterwerbs gem. §§ 1207, 932 BGB oder gegebenenfalls sogar eines gutgläubigen Eigentumserwerbs gem. §§ 929, 932 BGB.

Konsequenz: Folgt man dieser Ansicht, ist Z gem. § 1228 II 1 BGB zum Verkauf legitimiert.

III. Z könnte des Weiteren ein **Pfandrecht am Anwartschaftsrecht** des G erworben haben. Diese Rechtsposition legitimiert jedoch in keinem Fall zum Verkauf der Sache (vgl. die Sonderregelung für die Verwertung von Pfandrechten an Rechten gem. § 1277 BGB). Darüber hinaus erlischt dieses Pfandrecht automatisch zusammen mit dem Anwartschaftsrecht, sofern ein Rücktritt wirksam erfolgt.[62]   386

IV. Der Eigentumsvorbehalt   387

Normalfall: V bietet einen Laptop zum Sonderpreis von EUR 1.000,– an; K möchte den Laptop sofort nutzen, kann jedoch lediglich eine Anzahlung in Höhe von EUR 400,– leisten und will den Rest in 6 Monatsraten bezahlen. In der Folge schließen die Parteien einen unbedingten Kaufvertrag (Laptop für EUR 1.000,–), wobei ein Eigentumsvorbehalt sowie eine teilweise Stundung der Kaufpreisschuld vereinbart werden.[63] Dies bedeutet schuldrechtlich, dass V zwar den Laptop an K übergeben muss, aber nur zu einer bedingten Eigentumsübertragung verpflichtet ist. Sachenrechtlich wird bei Vereinbarung eines Eigentumsvorbehalts der dingliche Vertrag gem. § 449 I BGB im Zweifel unter der aufschiebenden Bedingung vollständiger Kaufpreiszahlung geschlossen.

1. Die Rechtsposition des Vorbehaltskäufers

Der Vorbehaltskäufer erwirbt ein Anwartschaftsrecht und ist (als Besitzmittler[64]) unmittelbarer Fremdbesitzer.

a) **Anwartschaftsrecht**[65]   388

    aa) **Rechtsnatur:** dingliches Recht; wesensgleiches Minus im Vergleich zum Eigentum

    bb) **Voraussetzung:** bei einem mehraktigen Entstehungstatbestand eines Rechts müssen schon so viele Erfordernisse erfüllt sein, dass von einer gesicherten Rechtsstellung des Erwerbers gesprochen werden kann, die der Veräußerer nicht mehr durch eine einseitige Erklärung zu zerstören vermag;[66] beim Eigentumsvorbehalt ergibt sich diese Unentziehbarkeit insbesondere aus dem Schutz vor Zwischenverfügungen gem. § 161 BGB

    cc) **Verfügung**   389

        (1) **Beispiel:** K möchte das Anwartschaftsrecht am Laptop an D veräußern (die Veräußerung ist ökonomisch umso interessanter, je mehr vom Kaufpreis bereits bezahlt wurde[67]).

        (2) **Voraussetzungen**

            (a) **Dingliche Einigung** analog § 929 S. 1 BGB, dass Anwartschaftsrecht übergehen soll

            (b) **Übergabe** gem. § 929 S. 1 BGB analog oder Surrogat analog §§ 930 f. BGB

            (c) **Berechtigung des Verfügenden** analog § 929 S. 1 BGB

---

[62] Vgl. nur *Medicus/Petersen*, Bürgerliches Recht, Rn. 589/590 mwN.

[63] Bei *Teilzahlungsgeschäften mit Verbrauchern* sind das Schriftformerfordernis gem. §§ 506 I, III, 492 I BGB sowie das Widerrufsrecht gem. §§ 506 I, 495 I BGB zu beachten.

[64] Zum Besitzmittlungsverhältnis (bis zum Bedingungseintritt) s. näher MüKoBGB/*Westermann*, § 449 Rn. 24; *Hofmann* JA 2014, 178 ff. (179 ff.).

[65] S. auch *Hoffmann* JuS 2016, 289 ff.; *Leible/Sosnitza* JuS 2001, 341 ff.; *Zeranski* AcP 203 (2003), 693 ff.; *Runge-Rannow* JA 2016, 487 ff., 568 ff., 648 ff. (Grundfälle); kritisch *Mülbert* AcP 202 (2002), 912 ff. (934 ff.); *Armgardt* JuS 2010, 486 ff.

[66] Sofern eine solche gesicherte Position noch nicht erreicht ist, spricht man statt von einem Anwartschaftsrecht von einer bloßen *Anwartschaft*; vgl. *Medicus/Petersen*, Bürgerliches Recht, Rn. 456.

[67] Anschauliche Grafik bei *Baur/Stürner*, Sachenrecht, § 59 Rn. 3.

(3) **Gutgläubiger Erwerb**

   (a) **Gutgläubiger Ersterwerb**

      Kennzeichen: Nichtberechtigter gibt sich als Eigentümer aus und veräußert Laptop unter Eigentumsvorbehalt

      Rechtsfolge: gutgläubiger Erwerb analog §§ 929 ff., 932 ff. BGB

   (b) **Gutgläubiger Zweiterwerb**

      Kennzeichen: Nichtberechtigter (zB Entleiher des Laptops) gibt sich als Anwartschaftsinhaber aus

      Rechtsfolge: strittig (vgl. Fall 11/Var. 3, 4, → Rn. 459 ff.)

(4) **Eigentumserwerb des Dritten**

   (a) **Voraussetzung:** Bedingungseintritt; gem. § 267 BGB kann auch der Dritte den Restkaufpreis leisten

   (b) **Rechtsfolge:** unmittelbarer Eigentumserwerb des D; kein Durchgangserwerb (bzgl. K)

390   dd) **Recht zum Besitz**

   (1) **Schuldrechtlich:** zB aus Kaufvertrag

   (2) **Dinglich:** strittig, ob das Anwartschaftsrecht ein Recht zum Besitz begründet (vgl. Fall 11/Var. 2, → Rn. 452 ff.)

391   ee) **Pfändung**[68]

   (1) **Beispiel:** Ein Gläubiger des K möchte in das Anwartschaftsrecht am Laptop vollstrecken.

   (2) **Rspr.:** Doppelpfändung erforderlich, dh Pfändung des Anwartschaftsrechts gem. §§ 857, 829 ZPO und außerdem Pfändung der Sache gem. § 808 ZPO, weil sich das Pfandrecht am Anwartschaftsrecht nach Bedingungseintritt nicht als Pfandrecht an der Sache fortsetzt (str.); den Bedingungseintritt kann der Gläubiger gem. § 268 I 2 BGB bzw. § 267 BGB durch Zahlung des Restkaufpreises selbst herbeiführen (sonst uU Widerspruch durch V gem. § 771 ZPO).

   (3) **Beachte:** Eine Pfändung durch den Vorbehaltsverkäufer in die eigene Sache ist gem. § 811 II ZPO möglich; zu berücksichtigen ist allerdings § 508 S. 5 BGB, wonach die Wegnahme der gelieferten Sache (Voraussetzung: Unternehmer/Verbraucher) als Ausübung des Rücktrittsrechts gilt, mit der Folge, dass die Grundlage des titulierten Kaufpreisanspruchs entfällt (Vollstreckungsgegenklage durch K gem. § 767 ZPO möglich; Pfändung deshalb uU unrentabel).

392   b) **Schutz gegenüber Dritten**

   aa) **Sachenrecht**

   (1) **Beispiel:** Dieb D stiehlt dem Vorbehaltskäufer K den Laptop.

   (2) **Besitzschutz:** unproblematisch gem. §§ 861, 1007 I, II BGB (daneben auch §§ 812, 823 BGB)

   (3) **Schutz der Anwartschaft:** analoge Anwendung der §§ 985, 987 ff., 1004 BGB (daneben auch ggf. §§ 812, 823 BGB)

   bb) **Deliktsrecht**

   (1) **Beispiel:** S beschädigt fahrlässig den Laptop des Vorbehaltskäufers K, wodurch ein Schaden iHv EUR 1.000,– entsteht.

   (2) **Schutz:** Das Anwartschaftsrecht des K ist ein „sonstiges Recht" iSv § 823 I BGB.

---

[68] Ausführlicher Übungsfall bei *Wolf/Lange* JuS 2003, 1180 ff.

(3) **Problem:**[69] An wen muss S die EUR 1.000,– Schadensersatz leisten? Scheinbar EUR 400,– an K (in Höhe der geleisteten Anzahlung) und EUR 600,– an V; dies benachteiligt jedoch K, da dieser weiterhin zur Restkaufpreiszahlung verpflichtet ist und zwischenzeitlich Änderungen eingetreten sein könnten; nach wohl hM ist S deshalb analog § 432 BGB (bzw. § 1281 BGB) zur Leistung an K und V gemeinschaftlich verpflichtet.

cc) Bereicherungsrecht

(1) **Beispiel:** Vorbehaltskäufer K verleiht den Laptop an L, der ihn an einen gutgläubigen Dritten veräußert.

(2) **Rechtsfolge:** Anspruch des Vorbehaltskäufers K gegen L auf Gewinnherausgabe gem. § 816 I 1 BGB

(3) **Analog § 432 BGB** (bzw. § 1281 BGB) kann L wiederum nur an K und V gemeinschaftlich leisten

c) Schutz gegenüber Vorbehaltseigentümer   393

aa) Vereitelung des Bedingungseintritts

(1) **Beispiel:** Vorbehaltsverkäufer V nimmt die letzte Kaufpreisrate nicht an

(2) **hM:** Bedingung gilt gem. § 162 I BGB als eingetreten (aA *Medicus/Petersen*, Bürgerliches Recht, Rn. 464: V gerät in Annahmeverzug, sodass Hinterlegung des Restkaufpreises gem. §§ 372, 378 BGB erforderlich)

bb) Verfügungen während der Schwebezeit

(1) **Grundsatz:** Verfügungen sind während der Schwebezeit gem. § 161 I BGB unwirksam

(2) **Beispiel:** Veräußert Vorbehaltsverkäufer V den Laptop an D gem. §§ 929, 931 BGB, ist diese Übereignung gem. § 161 I 1 BGB unwirksam

(3) **Abwandlung:** Wie ist die Rechtslage, wenn D gutgläubig ist?

    (a) **Vor Bedingungseintritt:** Besitzrecht des K gem. § 986 II BGB (vgl. Fall 10/Var. 1, → Rn. 417)

    (b) **Nach Bedingungseintritt:** kein Gutglaubensschutz gem. §§ 161 III, 929, 931, 934 Alt. 1 BGB, weil Eigentumserwerb des K analog § 936 III BGB (vgl. Fall 10/Var. 1, → Rn. 414 ff.)

    (c) **Haftung des V:** gem. § 160 I BGB auf Schadensersatz

cc) Insolvenz   394

(1) **Beispiel:** Hinsichtlich des Vermögens des V wurde ein Insolvenzverwalter bestellt.

(2) **Rechte des K:** gem. § 107 I InsO kann K Erfüllung des Kaufvertrages verlangen und durch Zahlung des Restkaufpreises Eigentümer werden

dd) Pfändung   395

(1) **Beispiel:** Der Laptop befindet sich zur Reparatur bei V und wird von einem Gläubiger des V gepfändet.

(2) **Rechte des K:** Drittwiderspruchsklage gem. § 771 ZPO (dabei ist zu berücksichtigen, dass der Ersteher das Eigentum in der Zwangsvollstreckung kraft staatlichen Hoheitsakts erwirbt und damit keine Verfügung iSv § 161 I 2 BGB vorliegt[70])

(3) **Beachte:** Im Normalfall befindet sich der Laptop im Gewahrsam des K; K ist dann bereits gem. § 809 ZPO als nicht zur Herausgabe bereiter Dritter geschützt; dem Gläubiger des V verbleibt die Möglichkeit, die Kaufpreisforderung gem. §§ 828 ff. ZPO sowie das potentielle Rücktrittsrecht gem. § 857 ZPO zu pfänden.

---

[69] Ausführlich *Eckert*, Sachenrecht, Rn. 558 f.; *Wolf/Wellenhofer*, Sachenrecht, § 14 Rn. 23 f. (forderungsberechtigt ist allein K).
[70] BGHZ 55, 20 ff. = NJW 1971, 799 ff. = JuS 1971, 429 f.

2. Die Rechtsposition des Vorbehaltsverkäufers

Bis zum Bedingungseintritt bleibt der Veräußerer Vorbehaltseigentümer und grundsätzlich mittelbarer Eigenbesitzer.

396   **a) Insolvenz des Vorbehaltskäufers**
- Wahlrecht des Insolvenzverwalters gem. §§ 103 I, 107 I InsO
- wählt der Insolvenzverwalter Erfüllung, ist der Restkaufpreis als Masseschuld zu begleichen
- lehnt der Insolvenzverwalter Erfüllung ab, kann der Vorbehaltseigentümer die Sache gem. § 47 InsO aussondern[71]

b) Pfändung durch Gläubiger des Vorbehaltskäufers
- Vorbehaltseigentümer kann Drittwiderspruchsklage gem. § 771 ZPO erheben
- Gläubiger können nur Anwartschaftsrecht sowie künftiges Eigentum pfänden (vgl. → Rn. 391)

397   **c) Herausgabeanspruch V gegen K**

aa) Grundsatz

(1) kein Anspruch aus § 985 BGB, weil der Kaufvertrag sowie das Anwartschaftsrecht (letzteres str., vgl. Fall 11/Var. 2, → Rn. 452 ff.) ein Recht zum Besitz gem. § 986 BGB begründen

(2) kein Anspruch aus § 346 BGB, solange kein wirksamer Rücktritt vom Vertrag

bb) Ausnahme: Rücktritt (vgl. § 449 II BGB)

(1) Voraussetzungen[72]

(a) § 323 BGB
- idR erst nach erfolglosem Ablauf einer Nachfrist
- bei Verbraucherverträgen beachte §§ 506 III, 508, 498 S. 1 BGB; der Grundsatz „keine Rücknahme ohne Rücktritt" gem. § 449 II BGB ist prinzipiell dispositiv; s. für den Verbrauchsgüterkauf die fehlende Verweisung in § 475 I BGB; eine Abweichung in AGB verstößt aber zumindest im Rechtsverkehr mit Verbrauchern gegen § 307 II Nr. 1 BGB; bei Teilzahlungsgeschäften ist eine Vereinbarung, die dem Verkäufer die Rücknahme unter Aufrechterhaltung des Kaufvertrages erlaubt, gem. § 512 S. 1 iVm § 134 BGB unwirksam.[73]
- wenn der gesicherte Anspruch (zB auf Zahlung des Restkaufpreises) bereits verjährt ist, kann trotzdem noch der Rücktritt vom Vertrag erklärt werden, vgl. § 216 II 2 BGB.

(b) § 324 iVm § 241 II BGB

(2) Rechtsfolgen

(a) Erlöschen des Anwartschaftsrechts

(b) Vertrag wird in ein Rückabwicklungsverhältnis gem. § 346 BGB umgestaltet

(c) Ansprüche auf Rückgewähr gem. § 346 I BGB sowie Herausgabe gem. § 985 BGB

---

[71] S. abgrenzend BGHZ 176, 86 ff. = NJW 2008, 1803 ff.: Überträgt der Vorbehaltsverkäufer das Eigentum an der Kaufsache auf eine Bank, die für den Käufer den Erwerb finanziert, kann die Bank das vorbehaltene Eigentum in der Insolvenz des Käufers nicht aussondern; sie ist vielmehr wie ein Sicherungseigentümer nur zur abgesonderten Befriedigung berechtigt.
[72] S. auch *Habersack/Schürnbrand* JuS 2002, 833 ff. (834 ff.).
[73] Vgl. *BGH* NJW-RR 2008, 818 ff. (Rn. 40 ff.); *Kindl* ZJS 2008, 477 ff. (480 f.).

Fall 10: „Das Doppelspiel des Pianisten"[74]

Sachverhalt

Konstantin (K) ist ein begnadeter Klavierspieler. Als die Firma V einen Steinway-Flügel zum Sonderpreis von EUR 29.900,– anbot, entschloss sich K zum Kauf. V händigte dem K das Klavier aus, behielt sich jedoch bis zur vollständigen Zahlung des Restkaufpreises von EUR 15.000,– das Eigentum vor. Kurze Zeit später geriet K in finanzielle Schwierigkeiten. Er wandte sich deshalb an D, der bereit war, dem K ein Darlehen zu geben, jedoch nach Sicherheiten verlangte. In der Folge übereignete K sicherheitshalber das Klavier an den gutgläubigen D, was die Musikleidenschaft des K aber nicht weiter trübte, da im Vertrag ein Leihverhältnis vereinbart wurde, wonach das Instrument in der Wohnung des K verbleiben sollte und dieser es auch weiter benutzen durfte. Zur Refinanzierung schloss D seinerseits mit der Bank B einen Darlehensvertrag ab und vereinbarte, dass das Eigentum am Klavier auf B übergehen sollte. Zugleich trat D seine Rechte aus dem Besitzmittlungsverhältnis zu K an B ab und verpflichtete sich, den K zu veranlassen, den Besitz nur noch für B zu vermitteln. K stimmte dem zu, setzte die Firma V hiervon jedoch nicht in Kenntnis und hoffte, dass sein Doppelspiel von niemandem entdeckt werde. Es kam indes anders: Die Firma V trat von dem Kaufvertrag wirksam zurück, weil K in Zahlungsverzug geraten war. K gab sodann das Klavier an V heraus, um die angedrohte gerichtliche Auseinandersetzung zu vermeiden. Nachdem B hiervon Kenntnis erlangt hat, begehrt sie die Herausgabe des Flügels von V.

Zu Recht?

Variante 1:

V veräußert das Klavier unter Eigentumsvorbehalt an K. Diesmal gerät V in finanzielle Schwierigkeiten: Auf Drängen des Gläubigers G veräußert V das Klavier im Wege der Abtretung des Herausgabeanspruchs an G, wobei sie ihm vortäuscht, der Flügel sei nur kurzfristig an K vermietet worden.

Hat G gegen K einen Anspruch auf Herausgabe des Klaviers?

Variante 2:

V verkauft abermals das Klavier unter Eigentumsvorbehalt an K. K verkauft das Klavier unmittelbar weiter an X und erklärt diesem, der Flügel werde direkt von seinem Vertragspartner V an ihn (X) ausgehändigt. Gegenüber V erklärt K, er habe das Klavier bereits an X weitervermieten können und bittet daher um direkte Zusendung an X. Diesem Ersuchen kommt V wenig später nach.

Wer ist Eigentümer des Klaviers?

Lösung

I. Es könnte ein **Herausgabeanspruch B gegen V gem. § 985 BGB** gegeben sein. Aufgrund der Rückgabe des Klaviers von K an V wurde V unmittelbarer Besitzer der Sache. Problematisch ist allerdings, ob B Eigentümer des Klaviers wurde.   398

1. Ursprünglich war V Eigentümer (§ 1006 II BGB).

2. V hat diese Position auch nicht durch die **Verfügung an K** verloren, da der dingliche Vertrag über das Klavier **nur unter einem Eigentumsvorbehalt geschlossen wurde** (§ 449 I BGB) und die vereinbarte Bedingung einer vollständigen Bezahlung des Kaufpreises nicht eingetreten ist (§ 158 I BGB).   399

3. Fraglich ist, ob V das Eigentum durch die **Übereignung des Flügels von K an D** verloren hat. K verfügte als Nichteigentümer und ohne Zustimmung der Vorbehaltseigentümerin V (§ 185 BGB), sodass von vornherein nur ein gutgläubiger Erwerb in Betracht kommt. Gehört eine nach § 930 BGB   400

---

veräußerte Sache nicht dem Veräußerer, wird der **gutgläubige Erwerber nach § 933 BGB erst dann Eigentümer, wenn ihm die Sache von dem Veräußerer übergeben wird.** Eine Übergabe setzt voraus, dass der Erwerber auf Veranlassung des Veräußerers den Besitz erwirbt und der Veräußerer jeden Besitz verliert. Den unmittelbaren Besitz hat K jedoch erst verloren, als er das Klavier an V zurückgab. Eine Übergabe an D fand nie statt. Also hat V das Eigentum nicht an D verloren.

401   4. V könnte jedoch das Eigentum durch die von D vorgenommene **Verfügung zugunsten von B** verloren haben. B und D haben sich über den Übergang des Eigentums an dem Flügel geeinigt, wobei die Übergabe durch Abtretung des dem D zustehenden Herausgabeanspruchs ersetzt werden sollte (§ 931 BGB). Da D indes als Nichtberechtigter verfügte, kommt lediglich ein **gutgläubiger Erwerb gem. §§ 929 S. 1, 931, 934 Alt. 1 BGB** in Betracht.

402   a) Ein gutgläubiger Erwerb nach § 934 Alt. 1 BGB setzt zunächst voraus, dass der **Veräußerer D mittelbarer Besitzer** des Klaviers gewesen ist.

        aa) Unter **mittelbarem Besitz versteht man nach § 868 BGB**, wenn ein unmittelbarer Besitzer eine Sache als Nießbraucher, Pfandgläubiger, Mieter, Verwahrer oder in einem ähnlichen Verhältnis besitzt, vermöge dessen er einem anderen gegenüber auf Zeit zum Besitz berechtigt oder verpflichtet ist. Diese Voraussetzungen liegen hier vor, da zwischen K und D ein Leihvertrag geschlossen wurde und die Leihe ein „ähnliches Verhältnis" iSv § 868 BGB verkörpert. Darüber hinaus stellt bereits die schuldrechtliche Sicherungsvereinbarung ein ausreichendes Besitzmittlungsverhältnis dar, wenn sich aus ihr ergibt, dass der Sicherungsgeber solange weiterbesitzen darf, bis der Sicherungsnehmer die Sache zur Befriedigung seiner Forderung herausverlangt.[75]

403   bb) Die Annahme mittelbaren Besitzes könnte gleichwohl zweifelhaft sein, wenn man **iSv § 139 BGB eine Geschäftseinheit von Übereignung und Besitzkonstitut** bejaht. Nach § 139 BGB hat die Nichtigkeit eines Teils eines Rechtsgeschäfts die Nichtigkeit des ganzen Rechtsgeschäfts zur Folge, sofern nicht anzunehmen ist, dass es auch ohne den nichtigen Teil vorgenommen sein würde. Man könnte deshalb argumentieren, dass K und D, sofern sie gewusst hätten, dass die intendierte Übereignung nicht zum Erfolg führen würde, auch kein Besitzkonstitut hätten vereinbaren wollen.

404   (1) Nicht weiterführend ist zunächst die Überlegung, dass mittelbarer Besitz auch ohne gültiges Besitzmittlungsverhältnis entsteht, solange dieses nur ernsthaft gewollt ist und sich aus ihm irgendein Herausgabeanspruch ergibt.[76] Das Besitzmittlungsverhältnis war hier zwar ernstlich gewollt, doch würde bei Nichtigkeit dieses Verhältnisses dem D gegenüber K weder ein dinglicher noch ein schuldrechtlicher Herausgabeanspruch zustehen. Der Anspruch auf Sicherungsübereignung ist ebenso wenig wie der Anspruch aus § 433 BGB ein Herausgabeanspruch iSd § 868 BGB, da noch keine Beziehungen zur Sache existieren.[77]

405   (2) Trotzdem steht § 139 BGB der Annahme eines Besitzmittlungsverhältnisses nicht entgegen: Zum einen lässt sich schon begrifflich einwenden, dass die **Einigung zwischen K und D nicht nichtig ist,** sondern nur den Übereignungserfolg nicht herbeigeführt hat.[78] Zum anderen ist zu bedenken, dass sich die fehlgeschlagene Übereignung des Klaviers entweder durch Auslegung der Willenserklärungen gem. §§ 133, 157 BGB oder im Wege der Umdeutung gem. § 140 BGB zumindest als **Übertragung der Eigentumsanwartschaft** des K aufrechterhalten lässt. Das Anwartschaftsrecht ist ein veräußerliches Recht und ein „wesensgleiches Minus" gegenüber dem Eigentum. Es wird analog §§ 929 ff. BGB genauso wie dieses übertragen. Obgleich die Eigentumsverschaffung misslang, lag es folglich dennoch im Interesse und im Willen beider Parteien, dass D jedenfalls das Anwartschaftsrecht auf Erlangung des Vorbehaltseigentums erhalten sollte.[79]

406   b) Einer Anwendung von § 934 Alt. 1 BGB könnte im Weiteren aber entgegenstehen, dass es sich bei dem Besitz des D nur um einen sog „**Nebenbesitz**" handelt. Unter dem Begriff „Nebenbesitz" ver-

---

[75] Vgl. nur *BGH* NJW-RR 2005, 280 f. (281); Palandt/*Herrler*, BGB, § 930 Rn. 9.

[76] Vgl. nur Palandt/*Herrler*, BGB, § 868 Rn. 6.

[77] Vgl. auch *Gursky*, Klausurenkurs im Sachenrecht, Rn. 130.

[78] Vgl. *Michalski* AcP 181 (1981), 384 ff. (388 ff.).

[79] BGHZ 50, 45 ff. (48) = NJW 1968, 1382 ff. (1383); *Lange* JuS 1969, 162 ff. (163).

steht man einen **gleichstufigen mittelbaren Besitz mehrerer Personen,** der auf voneinander unabhängigen Besitzmittlungsverhältnissen zu demselben unmittelbaren Besitzer beruht.[80]

aa) Im Ausgangspunkt ist festzuhalten, dass § 934 BGB nur den mittelbaren Alleinbesitz privilegiert. Der **bloße Nebenbesitz genügt für § 934 BGB nicht,** weil derjenige, der nicht näher an die Sache heranrückt als der Eigentümer zu ihr noch steht, nicht zu dessen Lasten von einem Nichtberechtigten erwerben soll.[81] Keinen (nennenswerten) Streit gibt es ferner (mehr) darüber, dass ein Besitzmittlungsverhältnis allein schon durch eine erkennbare Willensänderung des Besitzmittlers beendet werden kann.[82]   **407**

bb) **Höchst umstritten** ist allerdings, **ob es die Rechtsfigur des mittelbaren Nebenbesitzes überhaupt gibt:**[83] Teilweise wird die Möglichkeit eines Nebenbesitzes generell abgelehnt,[84] weil der Besitzmittler nicht gleichzeitig den Willen haben könne, die Sache an mehrere Personen herauszugeben. Im Übrigen würden sich die gegensinnigen Bestätigungen des Besitzers nicht synchron, sondern regelmäßig nacheinander abspielen. Demgemäß kenne auch das Gesetz neben dem mittelbaren Besitz sowie dem Mitbesitz keine weitere Möglichkeit des mehrfachen Besitzes. Die Gegenansicht hält es hingegen durchaus für möglich, dass ein unmittelbarer Besitzer mehreren Oberbesitzern zugleich den Besitz vermittelt.   **408**

cc) Auf der Grundlage dieser theoretischen Ausführungen ergeben sich **folgende Konsequenzen:** Zunächst hatte unstrittig der Vorbehaltsverkäufer V alleinigen mittelbaren Besitz. Zum Problem wird das spätere Verhalten des K gegenüber D. Am naheliegendsten ist es wohl, aufgrund des von K inszenierten Doppelspiels einen **Besitzmittlungswillen gegenüber V und D** gleichermaßen anzunehmen.[85] Die Lehre vom Nebenbesitz würde demnach in Bezug auf D eine Anwendung von § 934 Alt. 1 BGB ausschließen. Aber auch dann, wenn man die Lehre vom Nebenbesitz ablehnt, dürfte sich an diesem Ergebnis nichts ändern, weil K eben zeitlich zuerst dem V und diesem auch weiterhin offenkundig den Besitz vermitteln wollte.[86]   **409**

Demgegenüber geht die **hM davon aus, dass V den Besitz vollumfänglich zugunsten des D verloren hat.** Eine hierfür maßgebliche Willensänderung des K läge bereits dann definitiv vor, wenn dieser „ein neues, mit dem ersten unverträgliches Besitzmittlungsverhältnis mit einem anderen Oberbesitzer eingeht, da dadurch ersichtlich wird, dass er sich von seinem bisherigen Oberbesitzer lösen, sich dessen Einwirkungsmöglichkeit entziehen will und nur noch für den neuen Oberbesitzer den Besitz vermitteln will".[87]

c) Nach hM ist D also alleiniger mittelbarer Besitzer, sodass ein gutgläubiger Erwerb gem. § 934 Alt. 1 BGB grundsätzlich möglich wäre. Selbst wenn man dieser zweifelhaften Ansicht folgt, bleibt fraglich, ob § 934 **Alt. 1 BGB** für Fälle der vorliegenden Art nicht einer **teleologischen Reduktion** unterworfen werden muss, denn ein **Wertungswiderspruch zu § 933 BGB** ist offenkundig:[88] Verschafft der unmittelbar besitzende Nichteigentümer dem Erwerber den mittelbaren Besitz, so reicht dies gem. § 933 BGB für einen gutgläubigen Erwerb nicht aus, während nach dem Wortlaut des § 934 BGB der nur mittelbar besitzende Nichteigentümer über die Rechtsmacht verfügt, dem Erwerber durch Übertragung des mittelbaren Besitzes das Eigentum zu verschaffen. Demgemäß erscheint es   **410**

---

[80] Vgl. Palandt/*Herrler,* BGB, § 868 Rn. 2.

[81] Vgl. *Medicus/Petersen,* Bürgerliches Recht, Rn. 561; *Kindl* AcP 201 (2001), 391 ff. (408).

[82] Vgl. nur Staudinger/*Gutzeit,* BGB, § 868 Rn. 86; *Wieling,* Sachenrecht, § 6 III 3 a; *Wolf/Wellenhofer,* Sachenrecht, § 4 Rn. 26, 29.

[83] Ausführlich *Hager,* Verkehrsschutz durch redlichen Erwerb, 1990, S. 346 ff., 360 ff.; *Picker* AcP 188 (1988), 511 ff. (533 ff.).

[84] So zB Palandt/*Herrler,* BGB, § 868 Rn. 2 mwN.

[85] So auch *Medicus/Petersen,* Bürgerliches Recht, Rn. 561.

[86] Vgl. auch *Kindl* AcP 201 (2001), 391 ff. (409 f.), der darauf abstellt, dass ein Vertrauensbruch (K gegenüber V) nicht offenkundig gemacht worden ist.

[87] *Gursky,* Klausurenkurs im Sachenrecht, Rn. 135; s. ferner auch *BGH* NJW 2005, 359 ff. (364), wonach der mittelbare Besitz mit der nach außen manifestierten Willensänderung des unmittelbaren Besitzers endet, unabhängig davon, ob sie dem bisherigen mittelbaren Besitzer gegenüber zum Ausdruck gebracht wurde.

[88] Vgl. *Picker* AcP 188 (1988), 511 ff. (515 f.), der auf das Kriterium der eigentumsvermutungsbegründenden Beziehung zur Sache rekurriert (aaO, S. 548 ff.); s. zu weiteren Versuchen einer teleologischen Einschränkung auch *Musielak* JuS 1992, 713 ff. (720 ff.) m. umf. N.

in der Tat widersprüchlich, wenn B als Rechtsnachfolger des D Eigentümer werden kann, obwohl sich am unmittelbaren Besitz des K nichts geändert hat und B der Sache ferner steht als D.

Die hM wendet gegen diese Kritik ein, dass das Gesetz von der **Gleichstellung des mittelbaren mit dem unmittelbaren Besitz** ausgeht: „Dieser Grundsatz der Gleichstellung und der Umstand, dass sich der Veräußerer im Falle der §§ 931, 934 Hs. 1 BGB von seinem Besitz vollständig löst, während die Veräußerung im Wege des Besitzkonstituts den Besitz bei dem Veräußerer belässt, sind der gesetzgeberische Grund dafür, dass das Gesetz in § 934 Hs. 1 BGB abweichend von der Regelung des § 933 BGB von dem Sichtbarkeitsprinzip abweicht".[89] Nach dieser Ansicht ist eine teleologische Reduktion von § 934 Alt. 1 BGB mithin unzulässig, da sachliche Gründe für eine richterliche Normtextbindung sprechen: **Völliger Besitzverlust des Veräußerers gem. § 934 Alt. 1 BGB** im Gegensatz zu § 933 BGB; aus **Sicht des Erwerbers** erscheint es ferner gleichgültig, ob der Veräußerer mittelbarer oder unmittelbarer Besitzer ist, und schließlich intendiere auch **§ 1006 III BGB eine Privilegierung des mittelbaren Besitzers.**[90]

411   5. Ergebnis: Aus Sicht der hM und Rechtsprechung ist festzuhalten, dass D mittelbarer Alleinbesitzer iSv § 934 Alt. 1 BGB wurde und diese Norm auch wortlautgetreu anzuwenden ist. Da B zum Zeitpunkt der Abtretung des Herausgabeanspruchs zudem gutgläubig war, ist ein Eigentumserwerb der B zu bejahen. B kann mithin gem. § 985 BGB von V die Herausgabe des Klaviers verlangen.

Nach der vorzugswürdigen Gegenansicht wurde D kein mittelbarer Besitzer iSv § 934 Alt. 1 BGB; zumindest ist ein gutgläubiger Erwerb im Wege teleologischer Reduktion zu verneinen. Demnach besteht auch kein Herausgabeanspruch gem. § 985 BGB.

412   II. Weitere Anspruchsgrundlagen sind nicht gegeben. Insbesondere scheitert eine Eingriffskondiktion gem. § 812 I 1 Alt. 2 BGB am Vorrang der Leistungsbeziehung zwischen K und V.

Variante 1:

Das **Herausgabeverlangen des G ist gem. § 985 BGB begründet,** wenn G Eigentümer und K unberechtigter Besitzer ist.

413   I. G könnte das Eigentum an dem Klavier von V erlangt haben.

1. V war ursprünglich Eigentümer des Flügels (§ 1006 II BGB) und hat dieses Eigentum aufgrund der aufschiebend bedingten Übereignung **auch nicht an K verloren, §§ 929, 158 I BGB.** V konnte daher das Klavier gem. §§ 929, 931, 870 BGB wirksam als dinglich Berechtigter an G übereignen. Dass V dabei gegen seine Verpflichtungen aus dem Kaufvertrag verstoßen hat, ändert nichts an der Wirksamkeit der Verfügung.[91]

414   2. Der Vorbehaltskäufer wird bei einer solchen vertragswidrigen Verfügung **jedoch durch § 161 I 1 BGB geschützt.**[92] Danach ist der Erwerb des G unwirksam, sobald K an V die letzte Rate zahlt. Mit dem Eintritt der Bedingung wird K mithin Eigentümer des Instruments, während G rückwirkend das durch die Zwischenverfügung des V auf ihn übergegangene Eigentum wieder verliert.

415   3. Nach § 161 III BGB kann ein gutgläubiger Zwischenerwerber allerdings gem. §§ 932 ff. BGB unbelastetes Eigentum erwerben. Ein Gutglaubenserwerb gem. §§ 161 III, 929, 932 BGB kommt dabei nur in Betracht, wenn der Käufer freiwillig den unmittelbaren Besitz aufgegeben hat (§ 935 I BGB) und der Verkäufer wieder unmittelbarer Besitzer geworden ist.[93] In der vorliegenden Konstellation verbleibt folglich nur ein **gutgläubiger Erwerb gem. §§ 161 III, 929, 931, 934 Alt. 1 BGB,** der dem

---

[89] BGHZ 50, 45 ff. (49 f.) = NJW 1968, 1382 ff. (1383); s. ferner zur Entstehungsgeschichte der §§ 933, 934 BGB *Lohsse* AcP 206 (2006), 527 ff., wonach eine einschränkende Auslegung des § 934 BGB mit dem Gesetzgeberwillen nicht vereinbar ist.
[90] *Lange/Schiemann*, Fälle zum Sachenrecht, S. 58 f.
[91] Vgl. → Rn. 2.
[92] Des Weiteren kommen ua Schadensersatzansprüche gem. §§ 160 I, 823 I BGB in Betracht.
[93] S. auch *Brox* JuS 1984, 657 ff. (658 f.).

Grunde nach auch gegeben ist, da zwischen V und K ein Besitzmittlungsverhältnis bestand und G zudem guten Glaubens war.

4. Bei einer Veräußerung nach § 931 BGB erlischt gem. § 936 III BGB eine Belastung indes nicht, wenn das entsprechende Recht dem unmittelbaren Besitzer zusteht. Einem endgültigen Eigentumserwerb des G **steht daher § 936 III BGB entgegen**, der auf das Anwartschaftsrecht zumindest analoge Anwendung findet.[94] G kann also nur auflösend bedingtes Eigentum erwerben, weil das Anwartschaftsrecht des K fortbesteht. Mit Zahlung der letzten Rate **erstarkt die Anwartschaft zum Vollrecht** und verdrängt das Eigentum des G.[95]   **416**

II. Solange die **auflösende Bedingung (vollständige Kaufpreiszahlung) nicht eintritt**, bleibt G freilich Eigentümer und hat grundsätzlich den Herausgabeanspruch aus § 985 BGB gegen den Besitzer.   **417**

1. Es ist daher zu fragen, ob das Anwartschaftsrecht des K diesem ein **Recht zum Besitz** gem. § 986 BGB gegenüber dem Eigentümer verschafft. Die wohl hM bejaht ein solches Besitzrecht – aber auch dann, wenn man dies verneint, wird man zumindest mit der Rechtsprechung[96] den Vindikationsanspruch gem. § 242 BGB versagen müssen, wenn der Anwärter die unverzügliche Begleichung des Kaufpreises anbietet (vgl. zu dieser Problematik auch eingehend unten Fall 11/Var. 2, → Rn. 454).

2. Ungeachtet der Streitfrage, ob das Anwartschaftsrecht ein Recht zum Besitz begründet, ergibt sich hier bereits **aus dem Kaufvertrag ein schuldrechtliches Recht zum Besitz, das gem. § 986 II BGB auch gegenüber G** eine Einwendung begründet, da ein Erwerb gem. § 931 BGB vorliegt.

Variante 2:

Die Frage, ob X zu Lasten von V Eigentum erlangt hat, hängt von der Bewertung des sog „Geheißerwerbs" ab.[97]   **418**

I. In Betracht kommt zunächst ein **Eigentumserwerb des X unmittelbar von V gem. § 929 BGB**. Dieser scheidet jedoch schon deshalb aus, weil zwischen X und V kein dinglicher Vertrag geschlossen wurde. Aus Sicht des X ist normalerweise allein sein Vertragspartner K für das dingliche Geschäft zuständig. Die direkte Lieferung des V soll offenkundig nur den umständlichen und kostspieligen Transport über den (Zwischenhändler) K vermeiden. Auch aus Sicht des V soll eine Einigung nur mit dessen Vertragspartner K erfolgen. Denn V weiß regelmäßig nicht, ob der Abnehmer das Eigentum oder bloß den Besitz erhalten soll, und es ist auch nicht Sache des V, sich mit einem anderen als seinem Vertragspartner auseinanderzusetzen. Es entspricht deshalb der ganz hM, **dass bei einem sog Streckengeschäft die Übereignung grundsätzlich übers Eck erfolgt**.[98]

II. Es verbleibt somit nur ein möglicher **Eigentumserwerb des X von K gem. §§ 929, 932 BGB**.   **419**

1. Bei einem Streckengeschäft erfolgt die **dingliche Einigung** zwischen den Kaufvertragsparteien in der Regel bereits **konkludent** bei Abschluss des Kaufvertrages.[99]

2. Schwieriger zu beurteilen ist das Erfordernis der „Übergabe", da nicht K selbst, sondern V das Klavier an X ausgehändigt hat. Nach herrschender und zutreffender Ansicht reicht es jedoch für die Übergabe aus, dass der Besitz auf Geheiß des Veräußerers von einem Dritten, der unmittelbarer Besitzer ist, auf den Erwerber übertragen wird, und zwar selbst dann, wenn der Veräußerer nicht einmal mittelbaren Besitz hat.[100] Durch die Befolgung der Anweisung wird demonstriert, dass der Veräußerer im Sinne der Besitzübertragung die tatsächliche Sachherrschaft auszuüben vermag. Des Weiteren dürfen abgekürzte Lieferungen, die im Geschäftsverkehr sehr häufig vorkommen, aus   **420**

---

[94] Vgl. *Medicus/Petersen*, Bürgerliches Recht, Rn. 462; *Baur/Stürner*, Sachenrecht, § 59 Rn. 46.

[95] S. dazu auch Staudinger/*Wiegand*, BGB, § 936 Rn. 16.

[96] BGHZ 10, 69 ff. (75) = NJW 1953, 1099 f. (1100).

[97] Ausführlich *Hager* ZIP 1993, 1446 ff. (am Beispiel des Erwerbs einer Briefgrundschuld); *Musielak* JuS 1992, 713 ff. (716 ff.).

[98] Vgl. nur *Baur/Stürner*, Sachenrecht, § 51 Rn.17; *Habersack*, Sachenrecht, Rn. 164 mwN.

[99] *BGH* NJW 1986, 1166 f. (1166 f.); *Habersack*, Sachenrecht, Rn. 164.

[100] *BGH* NJW 2016, 1887 ff. (Tz. 21); 1999, 425 ff. (425) = JuS 1999, 502 ff. mAnm *K. Schmidt*; *Wieling*, Sachenrecht, § 9 VIII; *Wolf/Wellenhofer*, Sachenrecht, § 7 Rn. 16.

Gründen des Verkehrsschutzes nicht erschwert werden. Es ist mithin festzuhalten, dass bei Durchlieferungen im Streckengeschäft regelmäßig ein **doppelter Geheißerwerb** stattfindet: V übereignet an K, indem er auf dessen Geheiß dem X übergibt; und K übereignet an X, indem V als Geheißperson des K übergibt.[101]

3. Problematisch ist allerdings, dass K vorliegend Nichtberechtigter war, weil **V nur infolge einer Täuschung das Klavier an X lieferte**. X war zwar redlich, doch ist in dieser Konstellation umstritten, ob überhaupt ein gutgläubiger Erwerb stattfinden kann:

421   a) Nach der sog **Unterwerfungslehre** fehlt es bereits an einer Übergabe durch den Veräußerer, wenn der unmittelbare Besitzer sich nicht dem Geheiß des Veräußerers unterwirft, sondern getäuscht wird. Ein gutgläubiger Erwerb komme nur bei einer tatsächlichen Unterwerfung und einer Leistung für Rechnung des K in Betracht. Nach dieser Ansicht wird folglich allein der gute Glaube an das Eigentum des Veräußerers geschützt, hingegen nicht der Umstand, dass, von einem objektiven Empfängerhorizont aus betrachtet, eine Geheißperson die Weisungen des Veräußerers befolgt.[102] Legt man diese Auffassung zugrunde, scheitert im vorliegenden Fall ein gutgläubiger Erwerb, weil X wusste, dass K zunächst nicht Eigentümer war bzw. nicht darauf vertrauen konnte, dass V sich den Weisungen des K unterwarf.

422   b) Nach der Gegenansicht hat auch für diese Gutglaubens-Problematik die Regelung des § 934 Alt. 2 BGB Modellcharakter,[103] da in dieser Vorschrift das Dogma, dass der Besitz die Legitimationsgrundlage für den redlichen Erwerb sei, widerlegt werde. Maßgebend sei demnach nicht der Besitz des Verfügenden, sondern ausreichend sei die bloße Besitzverschaffungsmacht.[104] Hinzu komme, dass auch die Regelung des § 935 BGB einem gutgläubigen Erwerb nicht entgegenstehe, da ein Eigentümer selbst bei einer Täuschung seinen Besitz nicht unfreiwillig aufgibt.[105] Folgt man dieser Auffassung, hat X gutgläubig Eigentum an dem Klavier erlangt.

Fall 11: „Starker Tobak"[106]

Sachverhalt

Im Januar 2016 bestellte der Münchener Bauunternehmer *Stark* (S) bei dem Passauer Baumaschinenhersteller *Tobak* (T) zwei Betonmischmaschinen zum Gesamtpreis von EUR 60.000,–, die T vereinbarungsgemäß gegen Rechnung und ohne weitere Sicherheiten nach München liefern sollte. Als T von finanziellen Schwierigkeiten des S erfuhr, legte er der Sendung einen Lieferschein mit dem deutlich sichtbaren Vermerk bei: „Alle Waren bleiben bis zur vollständigen Zahlung unser Eigentum". Der Lieferschein wurde dem S persönlich ausgehändigt. Nachdem S den Empfang der Geräte quittiert hatte, ließ er die Betonmischmaschinen auf seine Großbaustelle schaffen, wo sie sogleich zum Einsatz kamen.

Bis Mai 2016 gelang es S, mehrere Abschlagszahlungen in Höhe von insgesamt EUR 30.000,– auf den Kaufpreis zu leisten, dann gerieten die Zahlungen jedoch ins Stocken. Um seine anhaltenden Liquiditätsschwierigkeiten zu überbrücken, nahm S bei der Bank B einen Kredit in Höhe von EUR 120.000,– in Anspruch und übereignete ihr zur Sicherheit die zwei Betonmischmaschinen, ohne dabei sein Verhältnis zu T offenzulegen. Im Sicherungsvertrag wurde festgelegt, dass S die Geräte auf der Baustelle weiter einsetzen dürfe, B jedoch berechtigt sei, die Maschinen in unmittelbaren Besitz zu nehmen, wenn S seinen vertraglichen Verpflichtungen nicht nachkomme. Ende November 2016 war S bereits

---

[101] Vgl. *Medicus/Petersen*, Bürgerliches Recht, Rn. 671 mwN.
[102] Vgl. *Medicus/Petersen*, Bürgerliches Recht, Rn. 563 ff.; *Picker* NJW 1974, 1790 ff. (1794 f.).
[103] Vgl. *Hager* ZIP 1993, 1446 ff. (1450); *Gursky*, Klausurenkurs im Sachenrecht, Rn. 116 ff.; *Gomille* JURA 2013, 711 ff. (715 f.).
[104] Staudinger/*Wiegand*, BGB, § 932 Rn. 22 ff.
[105] Vgl. *Musielak* JuS 1992, 713 ff. (717); *Gursky*, Klausurenkurs im Sachenrecht, Rn. 121.
[106] Kernsachverhalt in Anlehnung an BGHZ 67, 207 ff. = NJW 1977, 42 f. = JuS 1977, 48 mAnm *K. Schmidt;* ähnlicher Übungsfall bei *Singer* JA 1998, 466 ff. (mit dem zusätzlichen Problem eines Vermieterpfandrechts am Anwartschaftsrecht des Vorbehaltskäufers, das sich nach dem Rechtsgedanken des § 1287 S. 1 BGB am später entstandenen Voll-Eigentum fortsetzt).

mit mehreren Kreditraten in Verzug. Nachdem B vergeblich versucht hatte, S zu erreichen, nahm sie die Betonmischmaschinen in Besitz, entfernte sie von der Baustelle und stellte sie auf einem ihrer Grundstücke ab. T beansprucht nun das Eigentum an den Maschinen und verlangt sie von B heraus.

Zu Recht?

Variante 1:

S bestellte bei T schriftlich die beiden Betonmischmaschinen unter Bezugnahme auf seine beigefügten Einkaufsbedingungen. Darin heißt es ua: „1. Bestellte Waren gehen mit Auslieferung in unser Eigentum über. 2. Andere Bedingungen werden nicht Vertragsinhalt, auch wenn wir ihnen nicht ausdrücklich widersprechen." T bestätigte kurz darauf die Bestellung unter Bezugnahme auf seine eigenen Verkaufsbedingungen, die ua lauten: „1. Einkaufsbedingungen des Käufers wird hiermit widersprochen. 2. Alle gelieferten Waren bleiben unser Eigentum bis zur vollständigen Begleichung der Kaufpreisforderung." T übergab die Maschinen kommentarlos – ohne Aushändigung von Warenbegleitpapieren (Lieferschein) – an S.

Wie ist das obige Herausgabeverlangen T gegen B unter Zugrundelegung dieses veränderten Sachverhalts zu beurteilen?

Variante 2:

Diesmal mietet S bei T die beiden Betonmischmaschinen für die Dauer von zwei Wochen zum Einsatz auf einer Baustelle. Als der dort tätige Handwerker L dem S eine attraktive Offerte unterbreitet, kann dieser nicht widerstehen und veräußert die Maschinen an den gutgläubigen L unter Eigentumsvorbehalt zum Preis von EUR 70.000,–, wobei er sich als Eigentümer der Maschinen ausgibt. Der Sachverhalt fliegt jedoch auf, als T nach Ablauf der zweiwöchigen Mietzeit die Maschinen von S zurückfordern will und dieser zur Rückgabe außerstande ist.

Kann T von L Herausgabe der Maschinen verlangen? Was muss L unternehmen, um Eigentümer der Maschinen zu werden?

Variante 3:

S hat die Maschinen wieder von T unter Eigentumsvorbehalt zum Preis von EUR 60.000,– gekauft und bereits eine Anzahlung von EUR 10.000,– geleistet. Anschließend verleiht er die Maschinen kurzfristig an L. L behauptet nunmehr gegenüber D, er selbst habe die Maschinen von T zum Preis von EUR 50.000,– unter Eigentumsvorbehalt gekauft und davon bereits EUR 40.000,– abgezahlt. In der Folge veräußert er seine angebliche Anwartschaft für EUR 30.000,– an den gutgläubigen D, der die Maschinen sofort einsetzt.

Kann S von D Herausgabe der Maschinen verlangen? Kann D durch Zahlung von EUR 10.000,– an T Eigentümer der Maschinen werden?

Variante 4:

Wie Variante 3, nur hat S die Maschinen wiederum von T gemietet.

Kann T von D Herausgabe der Maschinen verlangen?

Lösung

Herausgabeansprüche des T gegen B 423

I. **Es könnte ein Anspruch aus §§ 861 I, 869 BGB bestehen.**

Voraussetzung eines possessorischen Herausgabeanspruchs des mittelbaren Besitzers ist, dass S als Besitzmittler des T seinen unmittelbaren Besitz an den Maschinen durch verbotene Eigenmacht verloren hat (§ 858 I BGB). Dies ist jedoch nicht der Fall, da S seinen Besitz aufgrund der vertraglichen Gestattung freiwillig auf B übertragen hat.

424   II. Es könnte jedoch ein **Anspruch auf Herausgabe der Maschinen gem. § 985 BGB** gegeben sein. Dies setzt voraus, dass T Eigentümer und B nichtberechtigter Besitzer der Geräte ist (§ 986 BGB).

1. **Eigentum des T**

425   a)   Ursprünglich war T Eigentümer der Maschinen (vgl. § 1006 II BGB). T könnte sein Eigentum durch **Übereignung an S gem. § 929 BGB** verloren haben. Dagegen spricht jedoch möglicherweise der auf dem Lieferschein erklärte **Eigentumsvorbehalt (§ 449 I BGB)**, dessen Bedingung, nämlich die vollständige Kaufpreiszahlung, noch nicht eingetreten ist.

426   aa)   Nach dem Abstraktionsprinzip ist für die Wirksamkeit des Eigentumsübergangs allein die **dingliche Einigung (§§ 145 ff. BGB) maßgebend** und nicht der schuldrechtliche Vertrag. Die dingliche Einigung wird im Regelfall jedoch nicht ausdrücklich erklärt, sondern erfolgt konkludent durch die Übergabe der Ware. Gegebenenfalls ist daher der Kaufvertrag zur Auslegung des dinglichen Vertrages mitheranzuziehen. Ist im Kaufvertrag ein Eigentumsvorbehalt nicht vereinbart, so enthält die Übergabe grundsätzlich das Angebot des Verkäufers zu vertragsgemäßem Eigentumserwerb ohne Vorbehalt.[107] Aufgrund des Prinzips der Trennung von schuldrechtlichem und dinglichem Geschäft hat der Verkäufer aber auch die Möglichkeit, die dingliche Einigung nachträglich einseitig und unter Umständen **vertragswidrig mit Eigentumsvorbehalt anzubieten**.[108] Dies hat zwar zur Folge, dass der Verkäufer notfalls im Wege von Klage und Zwangsvollstreckung (§§ 894, 897 ZPO) zur unbedingten Eigentumsverschaffung gezwungen werden kann, ändert aber nichts daran, dass ein **Eigentumsübergang zunächst nicht stattfindet**.[109] Im vorliegenden Fall hat T einen solchen einseitigen, nachträglichen Eigentumsvorbehalt ausdrücklich gewollt. Vertragswidrig war er deshalb, weil Vorleistungspflicht (entgegen § 320 BGB) ausdrücklich vereinbart war.

427   bb)   Problematisch ist allerdings, **ob der vertragswidrige Vorbehalt des T dem S auch zugegangen ist (§ 130 BGB)**. Geht dem Käufer der Vorbehalt des Verkäufers nicht zu, verbleibt es bei der Einigungserklärung gem. § 929 S. 1 BGB ohne den Vorbehalt.[110] Da der Vorbehalt in dem Warenbegleitschreiben enthalten war, erfolgte er an sich rechtzeitig, nämlich noch bei Vollzug der dinglichen Einigung. An den Zugang dieser einseitigen Erklärung sind jedoch strenge Anforderungen zu stellen, weil der Käufer mit einer Vertragsverletzung nicht zu rechnen braucht.[111] Ein bloßer Vermerk auf dem Lieferschein genügt insbesondere dann nicht, wenn dem Kaufvertrag unwidersprochen die Einkaufsbedingungen des Käufers zugrunde liegen[112] oder wenn das Begleitschreiben nicht einer zur Vertragsgestaltung befugten Person, zB der Warenannahmestelle zugeht.[113] Hier wurde dem S der Lieferschein **persönlich ausgehändigt** und von diesem sogar quittiert. Zudem war der Hinweis auch **deutlich sichtbar** angebracht. Der **Eigentumsvorbehalt ist deshalb wirksam vereinbart** worden, wobei in der Entgegennahme der Ware eine konkludente Annahme (auf dinglicher Ebene)[114] erfolgte.[115] Da S den Kaufpreis noch nicht vollständig entrichtet hat, erwarb er folglich auch kein Eigentum.

b)   T könnte sein Eigentum aber durch **Übereignung der Maschinen von S an B** verloren haben.

---

[107] Vgl. Palandt/*Herrler*, BGB, § 929 Rn. 29; *beachte:* nach einer unbedingten Übereignung können die Parteien einen EV im Wege der Rückübereignung unter Vorbehalt des AnwR des Käufers vereinbaren; nach aA sind zwei Übereignungen erforderlich (zunächst §§ 929 S. 1, 930 zurück an Verkäufer und dann §§ 929 S. 2, 158 BGB); vgl. *Wolf/Wellenhofer*, Sachenrecht, § 14 Rn. 7.

[108] Vgl. nur *BGH* NJW 2006, 3488 ff. (Tz. 10 ff.) bzw. die Kurzdarstellung → Rn. 517 (konkludente Erklärung mittels Zurückbehalten der Zulassungsbescheinigung II bei Übereignung eines Pkw); *St. Lorenz* JuS 2011, 199 ff. (200).

[109] Vgl. nur BGHZ 104, 129 ff. (137) = NJW 1988, 1774 ff. (1776).

[110] Vgl. nur *BGH* NJW 1979, 213 f. (214) = JuS 1979, 366 f. mAnm *K. Schmidt; Leible/Sosnitza* JuS 2001, 244 ff. (247).

[111] Vgl. *BGH* NJW 2006, 3488 ff. (Tz. 11); *Singer/Große-Klußmann* JuS 2000, 562 ff. (563); *Bonin* JuS 2002, 438 ff. (441 f.) mwN.

[112] *BGH* NJW 1979, 213 f. (214) = JuS 1979, 366 f. mAnm *K. Schmidt*.

[113] *BGH* NJW 1979, 2199 f. (2200) = JuS 1979, 816 f. mAnm *K. Schmidt*.

[114] In Betracht kommt zugleich eine (stillschweigende) Änderung des Kaufvertrages, die jedoch nicht zu vermuten ist; vgl. *Larenz*, Schuldrecht II/1, § 43 II a (S. 109); aA *Leible/Sosnitza* JuS 2001, 244 ff. (247) mwN.

[115] Vgl. *BGH* NJW 1982, 1751 = JuS 1982, 938 f. mAnm *K. Schmidt; Ulmer/H. Schmidt* JuS 1984, 18 ff. (25).

aa) Da S den Besitz der Maschinen behalten sollte, kommt von vornherein nur eine **Übereignung gem.** **§ 930 BGB** in Betracht. Nach § 930 BGB wird die Übergabe durch Vereinbarung eines Besitzmittlungsverhältnisses ersetzt, das hier in der Sicherungsabrede eine ausreichend konkrete Grundlage hat.   428

bb) S ist allerdings Nichtberechtigter. Er ist weder Eigentümer noch liegt eine Ermächtigung gem. § 185 BGB vor. In Betracht kommt daher nur ein **gutgläubiger Erwerb der Maschinen gem. § 933 BGB.** Voraussetzung hierfür ist, neben der Erfüllung des Erwerbstatbestands des § 930 BGB (sowie der Erfordernisse gem. §§ 932 II, 935 BGB), die **Übergabe der veräußerten Sache iSv § 929 S. 1 BGB.**[116] Diese ist in der vorliegenden Konstellation problematisch, da B die Geräte einerseits eigenmächtig abgeholt hat, andererseits aufgrund des Sicherungsvertrages dazu ermächtigt war.   429

(1) Die **Rechtsprechung lässt eine im Voraus erteilte Ermächtigung nicht genügen,** weil diese lediglich den Tatbestand der verbotenen Eigenmacht ausschließe (§§ 858, 863 BGB).[117] Die Rechtslage hinsichtlich des Besitzes werde allein durch die tatsächlichen Verhältnisse und den darauf bezogenen Willen der Parteien bestimmt, nicht aber durch rechtsgeschäftliche Abreden. Das Ziel dieser restriktiven Rechtsprechung besteht insbesondere darin, eine „Selbstbedienung" einzelner Gläubiger in der Krise des Sicherungsgebers zu verhindern.[118]   430

(2) Dieser Auffassung widerspricht die überwiegende Literaturmeinung:[119] Die Übergabe erfordere **nur einen Besitzaufgabewillen zur Zeit der Besitzentziehung.** Ist das Einverständnis im Voraus erteilt, spräche nichts gegen den Fortbestand dieses Willens, solange der ursprüngliche Besitzer nicht widerrufen hat. Die Forderung nach einer „Aktualisierung" des Einverständnisses sei mit dem einheitlichen Übergabebegriff in den §§ 929, 932, 933 BGB nicht zu vereinbaren.   431

cc) **Zwischenergebnis:** Folgt man dem *BGH*, ist ein gutgläubiger Erwerb von B gescheitert; T ist Eigentümer geblieben. Nach der Literaturansicht hat B (Sicherungs-)Eigentum erworben, und das Herausgabeverlangen des T gem. § 985 BGB ist schon aus diesem Grund abzuweisen.

2. **Besitz der B**

B ist infolge der Abholung der Maschinen deren unmittelbare Besitzerin.

3. **Kein Recht zum Besitz seitens der B, § 986 BGB**

In Betracht kommt sowohl ein obligatorisches als auch ein dingliches Recht zum Besitz.

a) S hat als Vorbehaltskäufer gem. §§ 929, 158 I BGB ein **Anwartschaftsrecht erworben.** Dieses Recht ist auch nicht durch den bloßen Verzug oder durch eine eventuelle Insolvenz des S erloschen. Solange T nicht vom Kaufvertrag zurückgetreten ist (§ 323 BGB), besteht das Anwartschaftsrecht fort (§ 449 II BGB).[120] Es wäre nur dann erloschen, wenn man – was zweifelhaft erscheint – davon ausginge, dass T bereits im Rahmen des Herausgabeverlangens konkludent vom Kaufvertrag zurückgetreten ist.   432

b) Dieses **Anwartschaftsrecht könnte B erworben haben.** Das Anwartschaftsrecht des Vorbehaltskäufers ist seinem wirtschaftlichen Zweck nach grundsätzlich übertragbar, und zwar ohne Ermächtigung oder Mitwirkung des Vorbehaltsverkäufers[121] nach den Regeln, die für die Übertragung des Vollrechts gelten, dh **nach §§ 929 ff. BGB analog** (nicht nach § 413 BGB!). Vorliegend war zwischen S und B zwar die Übertragung des Vollrechts gem. § 930 BGB beabsichtigt, dieser Erwerbsvorgang ist jedoch gescheitert. In diesem Fall ist regelmäßig von der Übertragung des Anwartschaftsrechts auszugehen. Rechtstechnisch geschieht dies entweder im Wege der Umdeutung (§ 140 BGB) des ge-   433

---

[116] Die Erwerbsform des § 930 BGB verliert deshalb für den Gutglaubensschutz praktisch jede Bedeutung; vgl. auch *Musielak* JuS 1992, 713 ff. (718).

[117] BGHZ 67, 207 ff. (209 f.) = NJW 1977, 42 f. (43) = JuS 1977, 48 mAnm *K. Schmidt*.

[118] Vgl. *Damrau* JuS 1978, 519 ff. (523).

[119] Staudinger/*Wiegand*, BGB, § 933 Rn. 21 ff.; *Musielak* JuS 1992, 713 ff. (718); *Damrau* JuS 1978, 519 ff.; *Schapp/Schur*, Sachenrecht, Rn. 214.

[120] Vgl. nur *BGH* NJW 2007, 2485 ff. (2487).

[121] Vgl. nur BGHZ 20, 88 ff. (100 f.) = NJW 1956, 665 ff. (667); *Brox* JuS 1984, 657 ff. (661).

scheiterten Übertragungsaktes in das wesensgleiche Minus des Anwartschaftsrechts oder aber man legt die Einigung dahingehend aus, dass von den Parteien jedenfalls die Übertragung des Anwartschaftsrechts gewollt war[122] – und zwar entsprechend dem Sicherungscharakter als **Sicherungsübertragung des Anwartschaftsrechts analog § 930 BGB** vom Berechtigten.[123] Der Erwerbstatbestand des § 930 BGB analog ist demnach also erfüllt.

434   c) Sehr umstritten ist aber, ob das Anwartschaftsrecht dem Besitzer ein dingliches Recht zum Besitz gibt, § 986 BGB. In der vorliegenden Konstellation des Zweiterwerbs des Anwartschaftsrechts vom Berechtigten kommt es auf diese Frage jedoch nicht an, weil B durch den Erwerb der Anwartschaft jedenfalls auch in die schuldrechtliche Position des S aus dem mit T geschlossenen Kaufvertrag eingetreten ist. Der Vorbehaltskäufer (S) hat gegenüber dem Vorbehaltsverkäufer (T) ein **obligatorisches Besitzrecht aus dem Kaufvertrag gem. § 986 I 1 iVm § 433 BGB.** Da der wirtschaftliche Zweck des Anwartschaftsrechts dessen freie Veräußerbarkeit analog §§ 929 ff. BGB fordert, muss der Veräußerer des Anwartschaftsrechts auch berechtigt sein, dem Erwerber den Besitz an der Sache und mit ihm sein relatives Besitzrecht aus dem Kaufvertrag mit Wirkung gegenüber dem Verkäufer zur Ausübung zu überlassen.[124] Daraus folgt, dass der Erwerber nach Übertragung der Anwartschaft vom Berechtigten über ein obligatorisches Besitzrecht analog § 986 I 1 Alt. 2 BGB verfügt. Hier besteht dieses Besitzrecht auch noch fort, weil T bislang nicht nach § 323 BGB zurückgetreten ist.

Anmerkung: Zu demselben Ergebnis würde auch die Anerkennung eines dinglichen Besitzrechts aus dem Anwartschaftsrecht führen (dazu Variante 2). Auf dieses muss jedoch nur im Falle gutgläubigen Erwerbs rekurriert werden, weil dann kein ableitbares Besitzrecht des Veräußerers besteht.

4. **Zwischenergebnis:** Wegen eines Rechts zum Besitz gem. § 986 I 1 BGB besteht kein Anspruch aus § 985 BGB.

435   III. **Ansprüche aus § 1007 BGB**

1. Ein **Anspruch aus § 1007 I BGB** scheitert vorliegend am Bestehen guten Glaubens sowie eines Rechts zum Besitz seitens der B, § 1007 III 2 iVm § 986 I 1 Alt. 2 BGB (s. o.).

2. Ein **Anspruch aus § 1007 II BGB** kommt ebenfalls nicht in Betracht, da die Maschinen nicht abhandengekommen sind (§ 935 BGB).

436   IV. **Anspruch aus § 812 I 1 Alt. 2 BGB (Eingriffskondiktion)**

Ein Anspruch aus Eingriffskondiktion ist nach dem Subsidiaritätsprinzip durch die vorrangige Leistung im Verhältnis zwischen S und B bzw. nach der Wertung der §§ 930, 986 BGB, die das Anwartschaftsrecht sowie den berechtigten Besitz an den Maschinen der B zuordnet und die auch im Bereich der Nichtleistungskondiktion gilt, ausgeschlossen.

437   V. **Anspruch aus §§ 823 I, 823 II iVm § 858 I BGB**

Deliktische Ansprüche sind vorliegend ebenfalls nicht gegeben, da B das Anwartschaftsrecht vom berechtigten S erwarb und im Übrigen auch keine verbotene Eigenmacht ausgeübt wurde.

VI. **Ergebnis**

T hat keinerlei Herausgabeansprüche gegen B, da diese ein Anwartschaftsrecht und damit auch ein obligatorisches Besitzrecht an den Maschinen vom berechtigten S erworben hat. T ist dabei nicht der Gefahr ausgesetzt, Kaufpreis und Besitz zu verlieren. Zahlen weder S noch B (§ 267 BGB), kann T nach Fristsetzung zurücktreten, mit der Folge, dass sowohl das Anwartschaftsrecht als auch das Besitzrecht von B erlöschen.

---

[122] S. auch schon → Rn. 304, 405.
[123] S. dazu auch *Wilhelm,* Sachenrecht, Rn. 2410; *Baur/Stürner,* Sachenrecht, § 57 Rn. 11.
[124] *Larenz,* Schuldrecht II/1, § 43 II c (S. 117 f.); *Brox* JuS 1984, 657 ff. (659).

Variante 1:

Im Unterschied zum Ausgangsfall könnte es hier an einem wirksamen Eigentumsvorbehalt fehlen, da der Verkäufer T bei der Anlieferung einen Vorbehalt nicht ausdrücklich erklärt hat. Ein Eigentumsvorbehalt kann jedoch auch konkludent erklärt werden. Dies hängt davon ab, **wie die Anlieferung aufgrund der Gesamtumstände aus der Sicht des Empfängers zu verstehen ist.** Bei der entsprechenden Auslegung des dinglichen Übertragungsaktes ist vor allem das schuldrechtliche Verpflichtungsgeschäft zu berücksichtigen (vgl. → Rn. 426). Im Folgenden ist mithin zu untersuchen, welchen Inhalt das schuldrechtliche Verpflichtungsgeschäft zwischen T und S hat und wie sich dieses auf das dingliche Vollzugsgeschäft auswirkt:

438

I. Schuldrechtliche Ebene

439

Die AGB der Parteien widersprechen sich offenkundig. S wollte unbedingtes Eigentum erwerben, während die Verkaufsbedingungen des T einen Eigentumsvorbehalt ausdrücklich vorsehen. Zudem enthalten beide AGB Abwehrklauseln, wonach die Parteien den Vertrag ausschließlich zu ihren Konditionen abschließen möchten. Die rechtliche Bewertung solcher **kollidierender AGB** ist umstritten:[125]

1. „Theorie des letzten Wortes"

440

Die frühere Rechtsprechung ging bei dieser Sachlage davon aus, dass die Annahme des Angebots unter modifizierten Bedingungen ein **neues Angebot gem. § 150 II BGB** darstellt, das wiederum der Käufer durch die vorbehaltlose Entgegennahme der Ware konkludent annimmt.[126] Diese „Theorie" wird heute weitgehend abgelehnt, weil sie ohne sachlichen Grund denjenigen privilegiert, der den **„Wettlauf" um das „letzte Wort"** für sich entscheidet. Außerdem ist es verfehlt, aus der Entgegennahme der Ware zugleich auf die Annahme des abgeänderten Vertragsangebots zu schließen, weil und sofern sich der Vertragspartner bereits definitiv zum schuldrechtlichen Verpflichtungsgeschäft erklärt hat.[127]

Dieser Kritik hat sich auch die neuere Rechtsprechung prinzipiell angeschlossen, allerdings nur, wenn – wie hier – ein Eigentumsvorbehalt dezidiert abgelehnt worden ist.[128] Schweigen bspw. die AGB des Käufers zur Frage des Eigentumsvorbehalts, muss dieser spätestens bei Entgegennahme der Ware widersprechen, anderenfalls gilt ein schuldrechtlicher Eigentumsvorbehalt als konkludent vereinbart.[129]

2. „Theorie der Kongruenzgeltung"

441

Nach herrschender Literaturmeinung werden beiderseitig verwendete AGB nur insofern Vertragsbestandteil, als sie übereinstimmen. Bei widersprechenden AGB liegt hingegen ein **Dissens** vor (§§ 154, 155 BGB). Dieser Dissens steht nach dem Rechtsgedanken des § 306 BGB der Wirksamkeit des Vertrages aber nicht entgegen, wenn beide Parteien einverständlich mit dessen Durchführung beginnen.[130] Die Vertragsdurchführung zeigt, dass die Parteien eine Einigung über die kollidierenden AGB nicht für so wesentlich halten, dass sie den Vertrag scheitern lassen wollen. In der weiteren Folge tritt gem. § 306 II BGB **an die Stelle der kollidierenden AGB das dispositive Recht.** Letzteres geht jedoch grundsätzlich von einer unbedingten Übereignung aus und verlangt für einen wirksamen Eigentumsvorbehalt gem. § 449 I BGB eine besondere Vereinbarung. Auch nach dieser „Theorie" ist vorliegend also kein wirksamer Eigentumsvorbehalt auf schuldrechtlicher Ebene vereinbart worden.

---

[125] Ausführlich *Bonin* JuS 2002, 438 ff.
[126] Vgl. BGHZ 18, 212 ff. (215 ff.) mwN = NJW 1955, 1794 f. (1795).
[127] Vgl. *Ulmer/H. Schmidt* JuS 1984, 18 ff. (20); *Striewe* JuS 1982, 728 ff. (729 ff.).
[128] *BGH* NJW 1991, 1604 ff. (1606); 1985, 1838 ff. (1840); kritisch zu dieser Beschränkung auf etwaige „Abwehrklauseln" namentlich *Striewe* JuS 1982, 728 ff. (730) mwN.
[129] *BGH* NJW 1995, 1671 f. (1672) mwN.
[130] Vgl. nur *Medicus/Petersen*, Bürgerliches Recht, Rn. 75; *Ulmer/H. Schmidt* JuS 1984, 18 ff. (20); *Leible/Sosnitza* JuS 2001, 244 ff. (246) mwN.

442   **II. Sachenrechtliche Ebene**

Vor dem Hintergrund der fehlenden schuldrechtlichen Einbeziehung liegt es an sich nahe, einen wirksamen Eigentumsvorbehalt auch dinglich zu verneinen. Entsprechend den allgemeinen Grundsätzen der Vertragsauslegung gem. §§ 133, 157 BGB ist prinzipiell davon auszugehen, dass der Verkäufer eine vertragsgemäße Übereignung ohne Eigentumsvorbehalt beabsichtigt.[131] Zu bedenken ist allerdings auch, dass der Verkäufer sich das Eigentum vertragswidrig vorbehalten kann.

443   **1. HM: Beachtlichkeit der AGB**

Nach der Rechtsprechung und hL hat sich der ursprüngliche Wille des Verkäufers zur nur bedingten Übereignung durch die Nichteinbeziehung der AGB in keiner Weise verändert.[132] Auch der Käufer müsse davon ausgehen, dass eine bedingungslose Übereignung nicht intendiert werde. Nimmt er die Ware trotzdem widerspruchslos entgegen, liege hierin ein konkludentes Einverständnis mit der Vorbehaltsofferte und er erwerbe nur bedingtes Eigentum.

444   **2. MM: Unbeachtlichkeit der AGB**

Überzeugender erscheint die Gegenansicht,[133] die bestreitet, dass unwirksame AGB als Auslegungshilfe beim dinglichen Übertragungsakt heranziehbar sind. Kann der Verkäufer seine AGB nicht durchsetzen, dann muss der Käufer auch nicht mit einem vertragswidrigen Eigentumsvorbehalt rechnen. Es ist unzulässig, von gescheiterten Vertragsvorstellungen in AGB auf einen Willen zum Vertragsbruch zu schließen.

III. Ergebnis

Nach hM ist T Eigentümer der Betonmischmaschinen geblieben, und es verändert sich nichts an der Rechtslage im Vergleich zum Ausgangsfall. Nach der vorzugswürdigen MM hat T das Eigentum verloren und schon deshalb keinen Herausgabeanspruch gem. § 985 BGB.

Variante 2:

A. Herausgabeansprüche des T gegen L

445   **I. Anspruch aus § 546 II BGB**

Der Anspruch aus § 546 II BGB gewährt dem Vermieter nach Ablauf der Mietzeit einen Herausgabeanspruch gegen Dritte, denen der Mieter den Gebrauch der Sache überlassen hat. Dieser Anspruch scheidet aber aus, weil die Gebrauchsüberlassung an einen Dritten die Einräumung des Mietbesitzes voraussetzt. Die Übertragung einer Eigentumsanwartschaft durch den Mieter S an L stellt keine Gebrauchsüberlassung in diesem Sinne dar.[134]

446   **II. Anspruch aus §§ 861 I, 869 BGB**

Ein Anspruch aus §§ 861 I, 869 BGB kommt mangels verbotener Eigenmacht nicht in Betracht; S überließ dem L freiwillig die Maschinen.

447   **III. Anspruch aus § 985 BGB**

Der Anspruch aus § 985 BGB setzt voraus, dass T noch Eigentümer und L nichtberechtigter Besitzer der Maschinen ist, § 986 BGB.

---

[131] Vgl. nur *BGH* NJW 1982, 1751; Palandt/*Herrler,* BGB, § 929 Rn. 29.

[132] BGHZ 104, 129 ff. (136 f.) = NJW 1988, 1774 ff. (1776); *Ulmer/H. Schmidt* JuS 1984, 18 ff. (23 ff.); Palandt/*Grüneberg,* BGB, § 305 Rn. 55; *Leible/Sosnitza* JuS 2001, 244 ff. (246 f.).

[133] *OLG Stuttgart* ZIP 1981, 176 ff. (178); *Bunte* ZIP 1982, 449 ff. (451); *Bonin* JuS 2002, 438 ff. (441).

[134] Die ratio des § 546 II BGB besteht darin, den Nichteigentümer-Vermieter zu schützen, da dieser, ohne den Vorteil des § 985 BGB zu genießen, sonst nur nach Abtretung der Herausgabeansprüche des Mieters gegen den Dritten vorgehen könnte. Es macht allerdings keinen Sinn, den Vermieter auch in den Fällen zu schützen, in denen er selbst als ursprünglicher Eigentümer die Sache nicht mehr von dem Dritten herausverlangen könnte, weil dieser gutgläubig vom Mieter Eigentum erworben hat. Nimmt man dagegen an, eine Gebrauchsüberlassung an den Dritten liegt auch bei einer Übereignung vor, so steht dem Anspruch aus § 546 II BGB die Einrede des § 242 BGB entgegen (dolo facit, qui petit, quod statim redditurus est).

1. Eigentum des T

T war ursprünglich Eigentümer der Maschinen (vgl. § 1006 I 1 BGB) und hat dieses auch nicht durch die Veräußerung unter Eigentumsvorbehalt zwischen S und L verloren; L hat allenfalls ein Anwartschaftsrecht an den Maschinen erlangt, das mangels vollständiger Kaufpreiszahlung noch nicht zum Vollrecht erstarkt sein kann.

2. Nichtberechtigter Besitz des L, § 986 BGB   448

L ist unmittelbarer Besitzer der Maschinen. Durch die Übereignung unter Eigentumsvorbehalt könnte er ein obligatorisches oder dingliches Recht zum Besitz erworben haben.

a) Das eigene **obligatorische Recht zum Besitz** des L aus dem Kaufvertrag mit S (§ 986 I 1 Alt. 1 BGB)   449
wirkt jedoch nicht gegenüber T. Auch ein abgeleitetes obligatorisches Recht zum Besitz aus dem berechtigten Mietbesitz des S (§ 986 I 1 Alt. 2 BGB) kommt nicht in Betracht, da S möglicherweise gar nicht zur Weitergabe des Besitzes an den gemieteten Maschinen, jedenfalls aber nicht zu deren Veräußerung berechtigt war.

b) Somit kommt nur ein **dingliches Besitzrecht** des L in Betracht, falls er von S ein Anwartschaftsrecht   450
an den Maschinen erworben hat und dieses ein Recht zum Besitz gegenüber dem Eigentümer verleiht:

aa) Zunächst müsste L das Anwartschaftsrecht erworben haben. Da sich die Übertragung des Anwart-   451
schaftsrechts grundsätzlich nach denselben Regeln vollzieht wie die Übertragung des Vollrechts, ist anerkanntermaßen auch ein sog **gutgläubiger Ersterwerb des Anwartschaftsrechts** vom vermeintlichen Eigentümer analog §§ 932 ff. BGB möglich. Nach den §§ 932 ff. BGB kann ein Nichtberechtigter sogar den gutgläubigen Erwerb des Vollrechts herbeiführen, sodass dies erst recht für den Erwerb eines Anwartschaftsrechts gelten muss.[135] Die Voraussetzungen der §§ 932, 929 S. 1 BGB analog sind vorliegend im Verhältnis zwischen S und L auch erfüllt, da die Parteien über die aufschiebend bedingte Übertragung des Eigentums einig waren und S die Maschinen an L übergeben hat (§ 929 S. 1 BGB analog); ferner war L hinsichtlich des Eigentums des S gutgläubig (§ 932 II BGB) und die Maschinen sind auch nicht abhandengekommen (§ 935 BGB).

bb) Umstritten ist jedoch, **ob das Anwartschaftsrecht** dem gutgläubigen Erwerber ein **dingliches Recht**   452
zum Besitz gegenüber dem Eigentümer verleiht (§ 986 I 1 BGB).[136]

(1) Eine Literaturmeinung bejaht ein solches Besitzrecht grundsätzlich.[137] Die Anwartschaft verschaffe   453
dem Berechtigten eine der **Stellung des Eigentümers ähnliche Position**; deshalb erscheine es geboten, ihm auch die Befugnisse des Eigentümers (Besitzrecht) zu gewähren. Ferner wäre der mögliche **gutgläubige Ersterwerb des Anwartschaftsrechts entwertet**, wenn der Anwärter die Sache an den Eigentümer wieder herausgeben müsste.

(2) Die Gegenmeinung argumentiert ebenfalls mit dem **Wesen des Anwartschaftsrechts**, aus dem sich   454
noch keine unmittelbaren Herrschaftsbefugnisse ableiten ließen.[138] Im Gegenteil behalte sich der Vorbehaltsverkäufer gerade sein Eigentum vor und wolle die damit verbundenen Befugnisse wahren. Auch dem BGB sei eine **Aufspaltung des Eigentumsrechts in einzelne Befugnisse fremd.** Das Anwartschaftsrecht solle **allein den Eigentumserwerb sichern.** Dieser könne sich aber bei Bedingungseintritt auch dann noch vollenden, wenn der Anwärter keinen Besitz mehr hat. Es bestehe daher **keinerlei Notwendigkeit**, das Eigentum eines Dritten schon vor dem Erlöschen hinter das Anwartschaftsrecht zurücktreten zu lassen.[139]

---

[135] Vgl. nur *Baur/Stürner*, Sachenrecht, § 59 Rn. 38.
[136] *Beachte:* Beim Erwerb vom berechtigten Vorbehaltskäufer besteht idR bereits ein obligatorisches Besitzrecht aus dem Kaufvertrag; vgl. → Rn. 434.
[137] *Baur/Stürner*, Sachenrecht, § 59 Rn. 38; *Diederichsen*, Das Recht zum Besitz aus Schuldverhältnissen, 1965, S. 123 ff.; *Wolf/Wellenhofer*, Sachenrecht, § 14 Rn. 20; *Prütting*, Sachenrecht, Rn. 398.
[138] *Larenz*, Schuldrecht II/1, § 43 II c (S. 117 ff.); s. auch *Mülbert* AcP 214 (2014), 309 ff. (334 f., 353) mwN.
[139] Vgl. *Brox* JuS 1984, 657 ff. (659); *Staudinger/Gursky*, BGB, § 986 Rn. 13 mwN.

Dieser Ansicht hat sich auch der *BGH* angeschlossen.[140] Das Gericht versagt dem Eigentümer allerdings die Vindikation, wenn der Erwerber des Anwartschaftsrechts die unverzügliche Begleichung des Kaufpreises anbietet (§ 242 BGB: dolo facit, qui petit, quod statim redditurus est[141]).

3. **Zwischenergebnis:** Folgt man der hL, steht dem Anspruch aus § 985 BGB ein dingliches Besitzrecht des L aus dem Eigentumsanwartschaftsrecht entgegen. Auch nach Ansicht des *BGH* kann L allerdings die Vindikation durch das Angebot unverzüglicher Kaufpreiszahlung abwenden, weil dann der dolo-facit-Einwand greift.

455   **IV. Ansprüche aus § 1007 BGB**

1. Entweder steht dem **Anspruch aus § 1007 I BGB** ein dingliches Recht zum Besitz des L entgegen, § 1007 III 2 iVm § 986 I 1 BGB, oder der Anspruch ist zumindest infolge der Gutgläubigkeit des L ausgeschlossen.

2. Ein **Anspruch aus § 1007 II BGB** kommt mangels Abhandenkommens der Maschinen nicht in Betracht.

456   **V. Anspruch aus § 812 I 1 Alt. 2 BGB (Eingriffskondiktion)**

Ein Anspruch aus Eingriffskondiktion ist nach dem Subsidiaritätsprinzip sowie der Wertung der §§ 932 ff. BGB ausgeschlossen.

457   **VI. Anspruch aus §§ 823 I, 823 II iVm § 858 I BGB**

Auch deliktische Ansprüche sind vorliegend infolge rechtmäßigen bzw. schuldlosen Handelns des L nicht gegeben.

B. Zusatzfrage: Voraussetzungen des Eigentumserwerbs des L

458   Nach beiden Ansichten **muss L den Kaufpreis von EUR 70.000,–, soweit er noch nicht beglichen ist, an S (!) bezahlen,** um Eigentümer der Maschinen zu werden. Nur auf diese Weise wird der Bedingungseintritt herbeigeführt. Der Umstand, dass L im Zeitpunkt der Kaufpreiszahlung die wahren Eigentumsverhältnisse kennt und daher nicht mehr gutgläubig ist, bleibt unerheblich, da maßgebender Zeitpunkt für das Vorliegen des guten Glaubens allein der des Besitzübergangs ist.[142] Der Ausgleich zwischen T und S vollzieht sich sodann nach § 816 I 1 BGB; bereits vorher kann T von S allerdings die Abtretung des Anspruchs verlangen.

Variante 3:

A. Herausgabeansprüche des S gegen D

459   **I. Anspruch aus § 604 IV BGB**

§ 604 IV BGB gewährt dem Verleiher, ähnlich wie § 546 II BGB dem Vermieter, einen vertraglichen Herausgabeanspruch gegen Dritte, denen der Entleiher den Gebrauch der Sache überlassen hat. Auch ein Anspruch aus § 604 IV BGB scheitert jedoch daran, dass die Übertragung einer Eigentumsanwartschaft auf einen Dritten keine Gebrauchsüberlassung darstellt (uU auch § 242 BGB).[143]

460   **II. Anspruch aus § 985 BGB analog**

Zum Schutz des Anwartschaftsberechtigten sind die §§ 985 ff. BGB analog anzuwenden.[144] Dem Anspruch des S könnte jedoch entgegenstehen, dass die Eigentumsanwartschaft von L an D ver-

---

[140] BGHZ 10, 69 ff. (72) = NJW 1953, 1099 f. (1099).

[141] Arglistig handelt, wer fordert, was er alsbald zurückgeben wird.

[142] Vgl. nur Palandt/*Herrler*, BGB, § 929 Rn. 32, 38 und § 932 Rn. 14.

[143] Zur analogen Problematik bei § 546 II BGB vgl. → Rn. 445.

[144] Palandt/*Herrler*, BGB, § 929 Rn. 43 mwN; nach aA (*Brox* JuS 1984, 657 ff., 660) steht der Anspruch aus § 985 BGB – um konkurrierende Ansprüche zu vermeiden – dagegen nur dem Eigentümer zu; der Anwartschaftsberechtigte bedarf zur Geltendmachung dessen Einwilligung.

äußert wurde. Da L als Nichtberechtigter, aber vermeintlich Anwartschaftsberechtigter verfügt hat, kommt nur ein sog **gutgläubiger Zweiterwerb** des D analog §§ 932 ff. BGB in Betracht. Dessen Zulässigkeit ist heftig umstritten:

1. Nach hM ist eine entsprechende Anwendung der §§ 932 ff. BGB zumindest dann möglich, wenn ein Anwartschaftsrecht tatsächlich existiert (hier: ursprünglich bei S), weil das Anwartschaftsrecht als Vorstufe des Eigentums diesem gleich zu behandeln sei. Bei näherer Betrachtung hänge die Frage des gutgläubigen Zweiterwerbs davon ab, ob der Besitz auch einen **Rechtsschein** zugunsten einer Anwartschaft des Besitzers zu erzeugen vermag. Hierfür spreche, dass das BGB in den **§§ 1065, 1227 iVm § 1006 BGB** bei Besitz einer beweglichen Sache die Vermutung für ein beschränktes dingliches Recht, nämlich für einen Nießbrauch und für ein Faustpfandrecht, aufstellt. Folgerichtig sei dann auch die Möglichkeit zu bejahen, ein Anwartschaftsrecht analog §§ 929 ff., 932 ff. BGB gutgläubig zu erwerben.[145] Der Glaube an die Anwartschaftsberechtigung ist nach dieser Ansicht also nicht weniger schutzwürdig als der an das Eigentum, wenn nur der Verfügende durch den Besitz der Sache legitimiert ist.[146] Zudem hätte L sich **sogar als Eigentümer aufspielen können** mit der unstreitigen Möglichkeit eines gutgläubigen Erwerbs gem. §§ 929, 932 BGB.

461

2. Nach der Gegenansicht besteht schon deshalb kein schutzwürdiger Vertrauenstatbestand, da der **Rechtsschein des Besitzes zerstört** sei (der Veräußerer behaupte ja gerade nicht, Eigentümer zu sein). Wenn der Erwerber einmal wisse, dass der Veräußerer kein Eigentum habe, könne er sich vernünftigerweise nicht mehr auf den Rechtsschein des Besitzes verlassen, sondern vertraue in Wahrheit nur auf das „Gerede" des Veräußerers. Dieses Gerede habe weder nach dem Gesetz legitimierende Kraft, noch verdiene es sie überhaupt.[147] Hinzu komme, dass die **Möglichkeit der Rückfrage** beim angeblichen Vorbehaltsverkäufer bestehe: Weiß jemand, dass der Veräußerer nicht Eigentümer ist, müsse er sich die Mühe machen, das behauptete Anwartschaftsrecht zu überprüfen. Verlässt er sich auf die Angaben des Veräußerers, sei er nicht schutzwürdig.

462

3. **Ergebnis:** Folgt man der hM, hat D das Anwartschaftsrecht gutgläubig analog §§ 932, 929 S. 1 BGB erworben. Damit besteht kein Anspruch des S analog § 985 BGB.

III. Ansprüche aus § 1007 BGB

463

1. Ein **Anspruch aus § 1007 I BGB** scheidet gem. §§ 1007 III 2, 986 BGB wegen eines dinglichen Rechts zum Besitz[148] bzw. wegen Gutgläubigkeit des D aus.

2. Ein **Anspruch aus § 1007 II BGB** kommt mangels Abhandenkommens der Maschinen nicht in Betracht.

IV. Anspruch aus § 812 I 1 Alt. 2 BGB (Eingriffskondiktion)

464

Ein Anspruch aus Eingriffskondiktion ist nach dem Subsidiaritätsprinzip sowie der Wertung der §§ 932 ff. BGB ausgeschlossen.

V. Anspruch aus §§ 823 I, 823 II iVm § 858 I BGB

465

Deliktische Ansprüche sind infolge rechtmäßigen bzw. schuldlosen Handelns des D nicht gegeben.

B. Zusatzfrage: Voraussetzungen des Eigentumserwerbs durch D

Während der gutgläubige Zweiterwerb eines bestehenden Anwartschaftsrechts nach hM analog §§ 932 ff. BGB möglich ist, ist der **Bedingungsinhalt nach ganz hM nicht vom Gutglaubensschutz umfasst,** weil der Besitz der Sache insoweit keinen Rechtsschein setzt. Damit gilt der Bedingungsinhalt, den die Eigentumsanwartschaft gegenüber dem ursprünglichen Inhaber hatte.[149]

466

---

[145] So zB *Rimmelspacher,* Kreditsicherungsrecht, Rn. 302 mwN.

[146] Vgl. zu dieser Position im Einzelnen auch *Wieling,* Sachenrecht, § 17 III 1 b aa; *Larenz,* Schuldrecht II/1, § 43 II c (S. 120) mwN.

[147] *Medicus/Petersen,* Bürgerliches Recht, Rn. 475; *Leible/Sosnitza* JuS 2001, 341 ff. (343); kritisch ferner (aufgrund eines Vergleichs mit dem Pfandrecht) *Harke* JuS 2006, 385 ff. (386, 388 f.).

[148] Vgl. → Rn. 453.

[149] Palandt/*Herrler,* BGB, § 929 Rn. 46.

Im vorliegenden Fall kann D daher nicht durch Zahlung von EUR 10.000,– an T, also durch Erfüllung des von L behaupteten Bedingungsinhalts, das Eigentum an den Maschinen erwerben, sondern es gilt der zwischen T und S vereinbarte Bedingungsinhalt einschließlich der insoweit geleisteten Zahlungen. D muss folglich noch EUR 50.000,– an T zahlen, um das Eigentum an den Maschinen zu erwerben. Unschädlich ist dabei wiederum seine nachträgliche Kenntnis der wahren Eigentumsverhältnisse.[150]

Variante 4:

Herausgabeansprüche des T gegen D

467   I. **Anspruch aus § 546 II BGB**

Der Anspruch scheitert wiederum am Fehlen einer Gebrauchsüberlassung an D.

468   II. **Anspruch aus § 985 BGB**

1. **Eigentum des T**

T ist noch Eigentümer der Maschinen, da D von L allenfalls ein Anwartschaftsrecht erworben hat und das ursprüngliche Eigentum des T (vgl. § 1006 BGB) daher noch nicht untergegangen ist.

469   2. **Nichtberechtigter Besitz des D, § 986 BGB**

Ein Recht zum Besitz des D kann sich nur aus dem gutgläubigen Zweiterwerb eines Anwartschaftsrechts von L ergeben, sofern man dieses als dingliches Besitzrecht anerkennt.[151] Während in der eben behandelten Fallkonstellation ein Anwartschaftsrecht tatsächlich existierte, ist nunmehr zu untersuchen, ob ein **gutgläubiger Zweiterwerb eines nichtbestehenden Anwartschaftsrechts** möglich ist:

470   a) Nach ganz hM scheidet in diesem Fall ein gutgläubiger Erwerb aus, da die Bedingung nicht eintreten und folglich das Anwartschaftsrecht nicht zu Volleigentum erstarken kann.[152] Eine dieser Fähigkeit entkleidete Anwartschaft gebe es schlechthin nicht.[153] Nach hM ist hier also kein gutgläubiger Erwerb des Anwartschaftsrechts möglich, sodass D auch ein Recht zum Besitz fehlt.

471   b) Eine Mindermeinung stellt demgegenüber darauf ab, dass sich L auch als Eigentümer – mit der Folge gutgläubigen Erwerbs nach §§ 932 ff. BGB – hätte gerieren können. Gibt der Eigentümer seine Sache aus der Hand, könne er im Grunde genommen froh sein, wenn sich der Besitzer nicht als Eigentümer, sondern nur als Vorbehaltskäufer aufspielt, weil er so zumindest noch in den Genuss von angeblich ausstehenden Raten kommt.[154]

3. **Zwischenergebnis:** Nach ganz hM scheidet hier ein gutgläubiger Erwerb des D aus. Damit besteht ein Anspruch des T gegen D aus § 985 BGB.

472   III. **Anspruch aus § 1007 BGB**

1. Ein **Anspruch aus § 1007 I BGB** scheidet wegen Gutgläubigkeit des D aus.

2. Ein **Anspruch aus § 1007 II BGB** kommt wieder mangels Abhandenkommens der Maschinen nicht in Betracht.

473   IV. **Anspruch aus § 812 I 1 Alt. 2 BGB (Eingriffskondiktion)**

Ein Anspruch aus Eingriffskondiktion besteht. Das Subsidiaritätsprinzip greift nicht, da dieses infolge der Wertung der §§ 932 ff. BGB, nach denen vorliegend kein gutgläubiger Erwerb möglich war, eine Einschränkung erfährt.

---

[150] Vgl. → Rn. 458.
[151] Vgl. → Rn. 453.
[152] *Baur/Stürner*, Sachenrecht, § 59 Rn. 40; *Krüger* JuS 1994, 905 ff. (906 f.); *Medicus/Petersen*, Bürgerliches Recht, Rn. 475.
[153] *Rimmelspacher*, Kreditsicherungsrecht, Rn. 303 mwN.
[154] *Wieling*, Sachenrecht, § 17 III 1 b bb mwN.

V. Anspruch aus §§ 823 I, 823 II iVm § 858 I BGB

474

Deliktische Ansprüche sind wegen schuldlosen Handelns des D nicht gegeben; auch wurde keine verbotene Eigenmacht ausgeübt.

VI. Ergebnis

T kann von D Herausgabe der Maschinen gem. §§ 985, 812 I 1 Alt. 2 BGB verlangen.

---

3. Sonderformen des Eigentumsvorbehalts[155]

475

a) Der erweiterte Eigentumsvorbehalt

aa) Beispiel: Der Eigentumsvorbehalt soll nicht bereits mit Zahlung des Kaufpreises der Vorbehaltssache erlöschen, sondern erst, wenn alle Forderungen aus der Geschäftsbeziehung beglichen sind (sog *Kontokorrentvorbehalt*).

bb) Zulässigkeit

(1) Eine Vereinbarung in AGB gegenüber Nichtkaufleuten ist gem. § 307 II Nr. 2 BGB grundsätzlich unwirksam, weil dadurch die Pflicht zur Eigentumsverschaffung als vertragliche Hauptpflicht gravierend eingeschränkt wird.

(2) Gegenüber Kaufleuten wird eine entsprechende AGB-Klausel grundsätzlich für zulässig erachtet;[156] bei Übersicherung (Deckungsgrenze im Regelfall 150 %) besteht allerdings ein Freigabeanspruch.[157]

(3) Ein sog „*Konzernvorbehalt*", wonach der Eigentumsübergang davon abhängig gemacht wird, dass der Käufer Forderungen eines Dritten, insbesondere eines mit dem Verkäufer verbundenen Unternehmens, erfüllt, ist gem. § 449 III BGB nichtig.

b) Der verlängerte Eigentumsvorbehalt

476

aa) Beispiel: Hersteller H vereinbart mit (Zwischen-)Händler Z einen verlängerten Eigentumsvorbehalt.

bb) Zweck: Einerseits soll der (Zwischen-)Händler, der die Ware unter Eigentumsvorbehalt erwirbt, zur (uneingeschränkten) Weiterveräußerung oder Weiterverarbeitung legitimiert werden (damit er vor allem selbst seine Kaufpreisschuld begleichen kann), andererseits will sich der Veräußerer die Rechte an den Surrogaten sichern.

cc) Konstruktion

(1) Ermächtigung zur Weiterveräußerung gem. § 185 I BGB

(2) Vorausabtretung der Kaufpreisforderungen gem. § 398 BGB[158]

(3) Verarbeitungsklausel (vgl. → Rn. 347 ff.)

(4) Einziehungsermächtigung gem. §§ 362 II, 185 I BGB

---

[155] Ausführlicher *Heyers* JURA 2016, 961 ff. (965 ff.); *Leible/Sosnitza* JuS 2001, 556 ff.; *Bülow*, Kreditsicherheiten, Rn. 1456 ff.
[156] S. *BGH* NJW 2015, 1756 ff. (Tz. 9) mwN.
[157] Vgl. → Rn. 31.
[158] Zur Kollision mit einer Globalzession s. → Rn. 493 ff.

Fall 12: „Die unbezahlten Lederhosen"

Sachverhalt

Der Landhausmodenhersteller V bestellte bei dem Lederfabrikanten E im Juni 2016 einen größeren Posten Hirschleder, um seinerseits eine Bestellung der Trachtenhauskette K über 1.000 Lederhosen auszuführen. Dem Vertrag zwischen E und V lagen die Geschäftsbedingungen des E zugrunde, die einen branchenüblichen verlängerten Eigentumsvorbehalt mit Verarbeitungs- und Vorausabtretungsklausel enthalten. Im Rahmenvertrag zwischen V und K findet sich hingegen folgende Geschäftsbedingung der K: „Der Verkäufer versichert, dass die gelieferten Waren von Rechten Dritter frei sind. Insbesondere erkennt die Käuferin Vereinbarungen des Verkäufers mit Dritten über einen (verlängerten) Eigentumsvorbehalt nicht an. Die Abtretung von Ansprüchen des Verkäufers gegen die Käuferin bedarf der schriftlichen Genehmigung." E lieferte im Juli 2016 das Leder an V, der es umgehend zu Lederhosen verarbeitete und diese Anfang September 2016 an K auslieferte. Wenig später geriet V in Zahlungsschwierigkeiten, ohne die Rechnung des E beglichen zu haben. E möchte nun gegen K vorgehen, die bislang noch keine Zahlung an V leistete.

Welche Ansprüche hat E gegen K? Ändert sich die Rechtslage, wenn K kein Kaufmann ist?

Lösung

A. Ansprüche des E gegen K

477   I. Es könnte ein **Anspruch auf Kaufpreiszahlung aus abgetretenem Recht gem. §§ 433 II, 398 BGB** bestehen.

1. Zwischen V und K wurde ein **wirksamer Kaufvertrag** über 1.000 Lederhosen geschlossen. Damit besteht ein Zahlungsanspruch aus § 433 II BGB.

2. V könnte diese Forderung **gem. § 398 BGB wirksam an E abgetreten haben.**

478   a) Im Vertrag zwischen E und V wurde ein **verlängerter Eigentumsvorbehalt mit Verarbeitungs- und Vorausabtretungsklausel** vereinbart. Dies bedeutet, dass an die Stelle des von E vorbehaltenen Eigentums, wenn dieses erlischt, das Eigentum an der neuen Sache[159] oder die daraus entstehende Forderung treten soll. Der Vertrag beinhaltet damit eine Vorauszession der anstelle des Eigentums künftig erworbenen Forderungen.[160] Die Abtretung künftiger Forderungen ist, wie ein argumentum a fortiori aus § 185 II BGB ergibt, zulässig, wenn diese hinreichend bestimmbar sind. Dies ist bei einem verlängerten Eigentumsvorbehalt, der sich nur auf die Forderungen aus einem Weiterverkauf erstreckt, der Fall. Auch aus den §§ 138, 307 BGB ergeben sich keine Bedenken hinsichtlich der Wirksamkeit des verlängerten Eigentumsvorbehalts.

479   b) Problematisch ist allerdings, ob die **Forderung wirksam an E abgetreten werden konnte.** Nach den Geschäftsbedingungen der K bedarf die Abtretung von Ansprüchen des Verkäufers gegen die Käuferin der schriftlichen Genehmigung. Die Nichterfüllung dieser Voraussetzung führt gem. **§ 399 Alt. 2 BGB** zur Unwirksamkeit der Zession.[161] Dies gilt nicht nur für den Fall des Ausschlusses, sondern folgerichtig auch für den der Beschränkung der Abtretung (schriftliche Genehmigung).[162]

480   c) Dem Abtretungsverbot könnte jedoch wiederum die Regelung des **§ 354a I 1 HGB** entgegenstehen. Danach ist die **Abtretung von Forderungen aus einem beiderseitigen Handelsgeschäft trotz Vereinbarung eines Abtretungsverbots wirksam.** Sinn und Zweck dieser eigentümlichen Norm, die die Privatautonomie im Handelsverkehr stärker einschränkt als im allgemeinen Zivilrecht, ist es, vor

---

[159] S. dazu auch schon → Rn. 347 ff.
[160] Vgl. *Brox/Walker*, Besonderes Schuldrecht, § 7 Rn. 33.
[161] Nach hM handelt es sich um eine *absolute Unwirksamkeit* gegenüber jedermann; vgl. *BGH* NJW 1997, 3434 ff. (3435); BGHZ 56, 173 ff. (176) = NJW 1971, 1311 ff. (1312); Palandt/*Grüneberg*, BGB, § 399 Rn. 12; nur für *relative Unwirksamkeit* (gegenüber dem Schuldner) *Canaris* FS Serick, 1992, S. 9 ff. (13 ff.); *Esser/Schmidt*, Schuldrecht I/2, § 37 I 2 e.
[162] Vgl. Palandt/*Grüneberg*, BGB, § 399 Rn. 8 mwN.

allem kleineren Unternehmen die Liquidität (durch volle Verwertbarkeit der Forderungen) zu erhalten.[163] Der Tatbestand des § 354a I HGB ist vorliegend auch erfüllt: V und K sind Kaufleute gem. § 1 HGB; der Kauf der Lederhosen gehört für beide Teile zum Betrieb ihres Handelsgewerbes, § 343 I HGB; betroffen ist ferner keine Forderung aus einem Darlehensvertrag gem. § 354a II HGB, deren Gläubiger ein Kreditinstitut iSd KWG ist; zudem fallen bloße Beschränkungen der Abtretbarkeit ebenfalls unter § 354a I HGB,[164] weil auch sie die Verwertbarkeit der Forderung stark einschränken.

3. Im **Ergebnis** ist somit festzuhalten, dass die Forderungsabtretung von V an E wirksam war. E hat deshalb gegen K einen Anspruch auf Kaufpreiszahlung gem. §§ 433 II, 398 BGB.

II. Weitere Ansprüche scheiden aus. Insbesondere besteht kein Anspruch auf Herausgabe der Lederhosen gem. § 985 BGB, da V aufgrund der wirksamen Abtretung der Forderung zur Verfügung gem. § 185 I BGB berechtigt war.   481

B. Variante: Ansprüche des E gegen Nicht-Kaufmann K

I. E könnte wiederum einen **Anspruch auf Kaufpreiszahlung gem. §§ 433 II, 398 BGB** haben.   482

1. Zwischen V und K wurde ein **wirksamer Kaufvertrag** geschlossen. Problematisch ist jedoch, ob V den Anspruch aus § 433 II BGB wirksam an E abgetreten hat.

a) Die Zession könnte aufgrund des zwischen V und K vereinbarten Genehmigungsvorbehalts **gem. § 399 Alt. 2 BGB unwirksam** sein. Der Ausnahmetatbestand des § 354a I 1 HGB liegt in dieser Konstellation nicht vor, da K kein Kaufmann ist.[165] Die Abtretung ist deshalb grundsätzlich unwirksam.   483

b) Zu klären ist gleichwohl, inwieweit die zeitlich früher vereinbarte Abtretung durch das spätere Abtretungsverbot tangiert wird. Vereinzelt wird die Auffassung vertreten, dass der Zedent aufgrund einer Vorauszession die Verfügungsmacht über die Forderung verliere, weshalb hinsichtlich dieser kein Abtretungsverbot mehr vereinbart werden könne.[166] Dabei wird jedoch übersehen, dass gerade umgekehrt **die Forderung des V gegen K von Anfang an nur mit dem Inhalt eines pactum de non cedendo entsteht.** Der Zessionar muss eine derartige Inhaltsbestimmung der Forderung ebenso hinnehmen wie jede andere Beschränkung oder den Umstand, dass die Forderung überhaupt nicht zur Entstehung gelangt.[167]   484

c) Weiterhin könnte man vor dem Hintergrund des § 851 II ZPO, der die Pfändung unübertragbarer Forderungen iSv § 399 BGB grundsätzlich erlaubt, für eine restriktive Interpretation des § 399 Alt. 2 BGB bei der Sicherungszession plädieren.[168] Gegen eine solche Gleichsetzung spricht jedoch, dass **§ 851 II ZPO Ausnahmecharakter** hat (Schutz gegen gläubigerschädigende Abreden mit dem Drittschuldner) und die Überweisung der Forderung nur zur Einziehung (nicht auch an Zahlungs statt, was wie eine Abtretung wirken würde) erfolgen darf. Hinzu kommt, dass § 851 II ZPO einen vollstreckbaren Titel voraussetzt und der historische Gesetzgeber trotz Kenntnis der Problematik eine entsprechende Einschränkung von § 399 Alt. 2 BGB nicht vornahm.[169]   485

d) Das Abtretungsverbot bzw. der Genehmigungsvorbehalt könnte ferner gegen **§ 307 BGB** verstoßen, wobei von einer wirksamen Einbeziehung in den Vertrag gem. § 305 BGB auszugehen ist. Eine **unangemessene Benachteiligung** liegt möglicherweise in der fehlenden Verfügbarkeit über die Forderung. Ähnlich der Vertragsbruchtheorie, die bei einer Kollision von verlängertem Eigentumsvorbe-   486

---

[163] S. auch *K. Schmidt*, Handelsrecht, § 22 II Rn. 23; *Canaris*, Handelsrecht, § 26 Rn. 15 ff.
[164] Vgl. *Wagner* WM 1994, 2093 ff. (2094).
[165] Die analoge Anwendbarkeit von § 354a I HGB auf Freiberufler sowie Kleingewerbetreibende ist umstritten; vgl. *Canaris*, Handelsrecht, § 26 Rn. 33 ff. mwN.
[166] *Serick*, Eigentumsvorbehalt, Bd. IV, 1976, § 51 III 2.
[167] Vgl. *BGH* NJW 1997, 3434 ff. (3435); *Maier* JuS 1982, 487 ff. (488).
[168] Vgl. *Mummenhoff* JZ 1979, 425 ff. (426 ff.).
[169] S. näher *Hadding/van Look* WM 1988, Sonderbeilage 7, S. 6 mwN.

halt und Sicherungsglobalzession zur Unwirksamkeit der Letzteren führt,[170] könnte man auch hier argumentieren, dass der Vorbehaltskäufer sich regelmäßig eines Vertragsbruchs schuldig macht, wenn er die unter verlängertem Eigentumsvorbehalt gelieferte Ware unter Vereinbarung eines Abtretungsverbots weiterveräußert.[171] Demgegenüber betont die hM[172] das berechtigte Interesse des Schuldners an einer **Vereinfachung der Vertragsabwicklung**. Zudem würde die permanente **Gefahr der Doppelzahlung** vermieden werden. Folgt man dieser Argumentation, scheidet nicht nur ein Verstoß gegen § 307 BGB, sondern gleichermaßen auch ein Verstoß gegen die guten Sitten gem. § 138 BGB aus.

2. **Ergebnis:** Ein Anspruch aus §§ 433 II, 398 BGB besteht nicht, weil zwischen V und K ein wirksames pactum de non cedendo gem. § 399 Alt. 2 BGB vereinbart wurde.

II. E könnte aber einen Anspruch gegen K auf **Herausgabe der 1.000 Lederhosen gem. § 985 BGB** haben.

487   1. Dazu müsste **E Eigentümer der Lederhosen** sein.

a) E war **ursprünglich Eigentümer des Leders** (vgl. § 1006 II BGB). Durch die Lieferung des Leders an V hat E sein Eigentum nicht verloren, da die Übereignung gem. § 929 BGB unter der **aufschiebenden Bedingung** vollständiger Kaufpreiszahlung gem. §§ 158 I, 449 I BGB erfolgte.

488   b) E könnte sein Eigentum aber durch die von V vorgenommene **Verarbeitung des Leders zu Lederhosen gem. § 950 BGB** verloren haben. Der Tatbestand des § 950 BGB ist zwar gegeben, doch wurde zwischen E und V eine **Verarbeitungsklausel** vereinbart. Die Rechtsprechung geht deshalb grundsätzlich davon aus, dass der Vorbehaltseigentümer E als „Hersteller" zu betrachten ist, während Teile der Literatur von einer Abdingbarkeit von § 950 BGB ausgehen.[173] Richtigerweise ist die Verarbeitungsklausel als auflösend bedingte Sicherungsübereignung zu interpretieren, sodass E **Sicherungseigentum** an den Lederhosen erlangte (vgl. → Rn. 351).

489   c) E könnte jedoch das Eigentum durch die **Weiterveräußerung der Lederhosen** von V an K verloren haben, wenn diese von der Einwilligung des E gem. §§ 929 S. 1, 185 I BGB gedeckt war. Beim verlängerten Eigentumsvorbehalt ist zwar grundsätzlich von einer Ermächtigung des Vorbehaltskäufers auszugehen, die Ware im ordnungsgemäßen Geschäftsgang weiterzuveräußern, doch setzt dies selbstredend eine wirksame Abtretung der Kaufpreisforderung voraus. Anderenfalls würde der Vorbehaltseigentümer sein Sicherungseigentum ersatzlos aufgeben. An einer wirksamen Vorauszession fehlt es hier jedoch gerade, da V und K ein Abtretungsverbot vereinbarten. V war somit zur Verfügung über die Lederhosen **gem. § 185 I BGB nicht berechtigt**.

490   d) Demnach könnte E sein Eigentum allenfalls durch **gutgläubigen Erwerb der K gem. §§ 929, 932 BGB** verloren haben. Sowohl eine Einigung als auch eine Übergabe gem. § 929 S. 1 BGB liegen vor. Die Lederhosen sind dem V als Besitzmittler des E auch nicht abhandengekommen, § 935 I 2 BGB. Im Weiteren kommt es darauf an, ob K hinsichtlich des Eigentums des V **gutgläubig gem. § 932 II BGB** war. Nach dieser Norm ist der gute Glaube grundsätzlich zu vermuten. Da keinerlei Anhaltspunkte für eine positive Kenntnis der K von der fehlenden Berechtigung des V sprechen, kommt es mithin auf den **Nachweis grober Fahrlässigkeit** an. Grob fahrlässig ist ein Handeln, bei dem die erforderliche Sorgfalt nach den gesamten Umständen in ungewöhnlich großem Maße verletzt worden und dasjenige unbeachtet geblieben ist, was im gegebenen Fall jedermann hätte einleuchten müssen.[174] Bei einem Erwerb vom Verarbeiter ist typischerweise mit einem **branchenüblichen verlängerten Eigentumsvorbehalt** zu rechnen. Der Erwerber hat deshalb regelmäßig Nachforschungen hinsichtlich fortbestehenden Eigentums vorzunehmen. Tut er dies nicht, trifft ihn der Vorwurf **grob**

---

[170] Vgl. → Rn. 493 ff.
[171] Vgl. *Burger* NJW 1982, 80 ff. (82 f.).
[172] *BGH* NJW 2006, 3486 f. (die AGB stellte hier eine A-GbR, deren Tätigkeit nach Ansicht des *BGH* keine Kaufmannseigenschaft nach § 1 I HGB begründete, weil sie sich auf die Vermietung eines Firmengrundstücks beschränkte; auch eine analoge Anwendung von § 354a HGB lehnte der *BGH* ab); *BGH* NJW 1997, 3434 ff. (3435 f.); Palandt/*Grüneberg*, BGB, § 399 Rn. 10 mwN.
[173] S. ausführlich → Rn. 348 ff.
[174] *BGH* NJW 2005, 1365 ff. (1366); BGHZ 77, 274 ff. (276) mwN. = NJW 1980, 2245 ff. (2246) = JuS 1981, 146 f. mAnm *K. Schmidt*.

fahrlässiger Unkenntnis über das fehlende Eigentum des Verkäufers.[175] Zudem zeigt die Vereinbarung eines **Abtretungsverbots**, dass der Erwerber geradezu mit einem verlängerten Eigentumsvorbehalt rechnet und es ernstlich für möglich hält, dass der Lieferant des Verkäufers die Veräußerungsermächtigung nur unter der Bedingung erteilt hat, dass ihm die Forderung aus dem Weiterverkauf abgetreten wird.[176] Schließlich kann sich K auch **nicht auf die AGB berufen**, wonach V versichert, dass die gelieferten Waren von Rechten Dritter frei seien, solange V dazu keine Erklärung abgegeben hat.[177] Ein gutgläubiger Erwerb gem. §§ 932, 929 BGB scheidet somit aus, wobei der K gem. **§ 166 I BGB** der böse Glaube ihrer mit dem Einkauf befassten Stellvertreter zuzurechnen ist.

e) Des Weiteren scheidet auch ein gutgläubiger Erwerb gem. § 366 I HGB, §§ 932 ff. BGB aus. V hat die Lederhosen zwar als Kaufmann im Betrieb seines Handelsgewerbes veräußert, doch war K wiederum grob fahrlässig hinsichtlich der Verfügungsbefugnis des V.[178]   **491**

2. K ist im Besitz der Lederhosen. Gegenüber E ist K auch **zum Besitz nicht berechtigt**, weil das obligatorische Besitzrecht aus dem Kaufvertrag nur im Verhältnis zu V wirkt.

3. **Ergebnis:** E kann von K Herausgabe der Lederhosen gem. § 985 BGB verlangen.

III. E hat aufgrund der Wertung des § 932 II BGB ferner auch einen Herausgabeanspruch aus § 812 I 1 Alt. 2 BGB.[179]   **492**

---

4. Kollisionen[180]   **493**

a) Vorausabtretung und Globalzession

aa) Beispiel: S hat zur Sicherung eines Kredits alle gegenwärtigen und künftigen Forderungen an seine Hausbank B abgetreten. Kurze Zeit später liefert E dem S Waren unter verlängertem Eigentumsvorbehalt, die S umgehend an K weiterveräußert. Wer ist Inhaber der Forderung gegen K?

bb) HL und Rspr.

(1) Ausgangspunkt: Prioritätsgrundsatz   **494**

Im Falle der Kollision zweier Vorausabtretungen hat grundsätzlich die zuerst vereinbarte Abtretung Vorrang. Dies gilt bspw., wenn der verlängerte Eigentumsvorbehalt vor der Globalzession vereinbart wurde.[181]

(2) Ausnahme: Vertragsbruchtheorie[182]   **495**

Nach hM ist eine Globalzession ausnahmsweise gem. § 138 BGB (bzw. § 307 BGB) unwirksam, soweit sie Forderungen erfasst, die einen verlängerten Eigentumsvorbehalt betreffen. Zur Begründung wird angeführt, dass die der Globalzession zugrundeliegende Sicherungsabrede den Schuldner faktisch dazu zwinge, seine Lieferanten dauernd über das Bestehen der Globalzession und über die Vereitelung der verlängerten Eigentumsvorbehalte zu täuschen, weil er anderenfalls keine Waren mehr kaufen könne; der Schuldner wird also zu fortgesetztem Vertragsbruch gegenüber seinen Lieferanten und möglicherweise sogar zu strafbaren Handlungen gezwungen. Zu diesem **objektiven** Moment der Sittenwidrigkeit tritt der **subjek-**

[175] Vgl. Palandt/*Herrler*, BGB, § 932 Rn. 12 m. umf. N.

[176] *BGH* NJW 1999, 425 ff. (426) mwN. = JuS 1999, 502 ff. mAnm *K. Schmidt*.

[177] BGHZ 77, 274 ff. (279) = NJW 1980, 2245 ff. (2247).

[178] Vgl. BGHZ 77, 274 ff. (278 f.) = NJW 1980, 2245 ff. (2247); *BGH* NJW-RR 2004, 555 f. (556); *K. Schmidt*, Handelsrecht, § 23 II Rn. 19 ff.

[179] *Wiederholung:* Hat K die Lederhosen bereits weiterveräußert, kann E namentlich Schadensersatz gem. §§ 989, 990 I BGB (bis zur Höhe seiner Kaufpreisforderung gegen V) oder Herausgabe des Gewinns aus dem Weiterverkauf gem. § 816 I 1 BGB verlangen; Einzelheiten oben Fall 4, → Rn. 147 ff.

[180] S. auch *Leible/Sosnitza* JuS 2001, 449 ff. (451 ff.); ausführlicher *Bülow*, Kreditsicherheiten, Rn. 1647 ff.; Übungsfall bei *Omlor/Spies* JuS 2011, 56 ff.

[181] Weiteres Beispiel nach *BGH* NJW 2005, 1192 ff.: Der Globalzession zugunsten einer Bank folgt eine weitere Globalzession zugunsten des Vermieters von Baumaschinen zeitlich nach; s. auch näher → Rn. 520.

[182] Vgl. *BGH* NJW 2005, 1192 ff. (1193); *Wolf/Wellenhofer*, Sachenrecht, § 14 Rn. 63 ff.

tive Umstand, dass der kreditgewährenden Bank regelmäßig bewusst ist, dass ihr Schuldner Ware nur von Vorbehaltslieferanten, die mit verlängertem Eigentumsvorbehalt arbeiten, beziehen kann. Diese Sittenwidrigkeit der **schuldrechtlichen Sicherungsabrede** ergreift zugleich die ihrem Vollzug dienende **dingliche Globalzession**, da gerade **deren Vollzug die Unsittlichkeit begründet** und daher eine Ausnahme von der grundsätzlichen Neutralität abstrakter Verfügungsgeschäfte erforderlich macht.[183]

496   cc) Kautelarjurisprudenz: Um die Unwirksamkeit gem. § 138 I BGB zu vermeiden, enthalten AGB nunmehr häufig sog „dingliche Vorrangklauseln", wonach die Globalzession nur solche Forderungen erfasst, die nicht unter die Vorausabtretung aus einem verlängerten Eigentumsvorbehalt fallen oder im Nachhinein aus dieser herausfallen.

497   dd) Klausurhinweis: Zahlt im obigen Beispiel der K in Unkenntnis der Gläubigerstellung des E den Kaufpreis an B, wird K analog § 408 I BGB von seiner Verpflichtung gem. §§ 433 II, 398 BGB gegenüber E befreit; E kann allerdings von B gem. § 816 II BGB das Geleistete herausverlangen.

498   b) **Vorausabtretung und Factoring**[184]

       aa) **Beispiel:** S vereinbart mit dem Factoringinstitut F die Abtretung aller bestehenden und zukünftigen Forderungen. Kurze Zeit später liefert E dem S Waren unter verlängertem Eigentumsvorbehalt, die S umgehend an K weiterveräußert.

       bb) **HL und Rspr.**

       (1) Echtes Factoring

           (a) **Kennzeichen:** Factor hat bei Uneinbringlichkeit der Forderung kein Rückbelastungsrecht (sog *Delkredererisiko*)

           (b) **Rechtsnatur:** Forderungskauf

           (c) **Kein § 138 BGB:** Die Vertragsbruchtheorie ist nicht anzuwenden, da E nicht stärker belastet wird als im Fall der Forderungseinziehung durch S; S erhält eine „**deckungsgleiche Verfügung**" ohne Rückbelastungsmöglichkeit durch F; auch durch die Auszahlung von F an S entsteht für E kein erhöhtes Risiko, da dem S im Rahmen eines verlängerten Eigentumsvorbehalts ohnehin eine Einziehungsermächtigung von E erteilt wird.

       (2) Unechtes Factoring

           (a) **Kennzeichen:** Factor hat Rückbelastungsrecht (trägt nicht Delkredererisiko)

           (b) **Rechtsnatur:** atypisches Darlehen

           (c) **§ 138 I BGB:** Die **Vertragsbruchtheorie gilt,** da die Interessenlage vergleichbar der Sicherungsglobalzession ist; im Übrigen müsste sonst E in der Insolvenz des S mit dem Rückzahlungsanspruch des F konkurrieren.

499   V. **Die Sicherungsübereignung**[185]

Normalfall: S übereignet seinen Pkw als Sicherheit für einen Kredit an die Bank B; im Vergleich zur Pfandrechtsbestellung gem. §§ 1204, 1205 BGB besteht der Vorteil darin, dass S im Besitz des Pkw bleibt; die Sicherungsübereignung ist deshalb das typische Sicherungsmittel des Geldkreditgebers.

---

[183] Palandt/*Grüneberg*, BGB, § 398 Rn. 28.
[184] S. auch *Prütting*, Sachenrecht, Rn. 860 ff.; *Wolf/Wellenhofer*, Sachenrecht, § 14 Rn. 69 ff. mwN.
[185] Ausführlicher *St. Lorenz* JuS 2011, 493 ff.; *Eckert*, Sachenrecht, Rn. 564 ff.

1. Voraussetzungen

a) Einigung gem. § 929 S. 1 BGB[186]

Es sind zwei Formen der Einigung zu unterscheiden:

aa) Auflösende Bedingung
- die Übereignung erfolgt gem. § 158 II BGB unter der auflösenden Bedingung des Erlöschens der gesicherten Forderung
- **mit Bedingungseintritt** (also wenn S seine letzte Kreditrate bezahlt) fällt das Eigentum automatisch an den Sicherungsgeber zurück
- **vor Bedingungseintritt** hat der Sicherungsgeber ein Anwartschaftsrecht und wird gem. §§ 161, 936 III, 986 II BGB umfassend geschützt
- **Beispiel:** S übereignet seinen Pkw zur Sicherung eines Kredits auflösend bedingt an B; anschließend veräußert B den Pkw vertragswidrig gem. §§ 929, 931 BGB an D.

  Vor Bedingungseintritt kann S dem Herausgabeverlangen des D gem. § 985 BGB ein Recht zum Besitz gem. § 986 II BGB entgegenhalten.

  Nach Bedingungseintritt wird S auch bei Gutgläubigkeit des D wieder Eigentümer des Pkw, da das Anwartschaftsrecht gem. §§ 161 III, 936 III BGB nicht erloschen ist.

500

bb) Unbedingte Einigung
- der Sicherungsgeber hat nach Erlöschen der gesicherten Forderung **nur einen schuldrechtlichen Anspruch** aus dem Sicherungsvertrag auf Rückübereignung der Sache
- **Beachte:** nach Ansicht der Rspr. (*BGH* NJW-RR 2005, 280 f.; NJW 1991, 353 ff.) ist dies aufgrund des Sicherungsinteresses des Sicherungsnehmers der **Normalfall**; eine auflösende Bedingung ist nur bei einer ausdrücklichen Vereinbarung anzunehmen
- **Beispiel:** S übereignet seinen Pkw zur Sicherung eines Kredits (mit einer Rückübertragungsklausel) an B; anschließend veräußert B den Pkw vertragswidrig gem. §§ 929, 931 BGB an D.

  Vor der Rückzahlung des Kredits kann S dem Herausgabeverlangen des D gem. § 985 BGB ein Recht zum Besitz gem. § 986 II BGB entgegenhalten.

  Auch nach der Kreditrückzahlung hat S lediglich die dauerhafte Einwendung gem. § 986 II BGB, da D unbedingtes Eigentum erwarb; zT wird ein Rückübereignungsanspruch gegen den Dritterwerber analog §§ 886, 1169, 1254 BGB bejaht; im Übrigen verbleibt S insbesondere ein Schadensersatzanspruch gegen B gem. §§ 280 I, III, 283 BGB aus dem Sicherungsvertrag, während D seine Käuferrechte gem. §§ 435, 437 BGB gegen B geltend machen kann.

501

b) Übergabe gem. § 930 BGB
- Vereinbarung eines konkreten Besitzmittlungsverhältnisses
- nach hM Sicherungsvertrag ausreichend

502

c) Verfügungsbefugnis
- Eigentum oder Zustimmung gem. § 185 BGB
- Beachte: ein gutgläubiger Erwerb ist gem. §§ 930, 933 BGB nur möglich, wenn dem Erwerber die Sache vom Veräußerer übergeben wird (was idR gerade nicht der Fall ist)
- Beachte bei einem Raumsicherungsvertrag das Vermieterpfandrecht gem. § 562 I BGB, das auch Anwartschaftsrechte erfasst; bei einem Vermieterwechsel (§§ 566 I, 578 I BGB) ist ebenfalls der ursprüngliche Zeitpunkt des Einbringens maßgeblich und das Vermieterpfandrecht gegenüber einer späteren Sicherungsübereignung vorrangig, so BGHZ 202, 354 ff. = NJW 2014, 3775 ff.

503

---

[186] Zum Bestimmtheitsgrundsatz siehe bereits → Rn. 304 sowie → Rn. 36 (speziell bzgl. Inventarverzeichnis).

504   **2. Sicherungsvertrag**[187]

a) Rechtsnatur
- schuldrechtliche Grundlage für die Beziehung zwischen Sicherungsgeber und Sicherungsnehmer
- enthält die Verpflichtung zur Sicherungsübereignung und bildet einen Rechtsgrund iSv § 812 BGB
- regelt die Rechte und Pflichten der Beteiligten; bei Übereignung eines Warenlagers wird der Sicherungsgeber häufig ermächtigt, die Waren im „üblichen Geschäftsverkehr" weiterzuveräußern (§§ 929, 185 I BGB), verbunden mit einer Vorausabtretung der Forderungen aus dem Weiterverkauf
- bei nachträglicher Übersicherung (Deckungsgrenze: 150 %) besteht ggf. ein Freigabeanspruch aus dem Sicherungsvertrag bzw. § 812 I BGB
- bei anfänglicher Übersicherung ist der Sicherungsvertrag gem. § 138 BGB nichtig; idR ist dann auch der dingliche Vertrag gem. § 929 S. 1 BGB unwirksam, sodass der Sicherungsgeber Eigentümer bleibt
- neben einer Übersicherung kann die Sittenwidrigkeit auch aus einer Knebelung des Schuldners, einer Insolvenzverschleppung oder einer anderweitigen Gläubigergefährdung bzw. Kredittäuschung folgen (vgl. nur *BGH* NJW 2016, 2662 ff.)

505   **b) Pflichten des Sicherungsgebers**
- sorgfältige Behandlung der Sache
- Besitzherausgabe bei Fälligkeit der Forderung zum Zwecke der Verwertung

506   **c) Pflichten des Sicherungsnehmers**
- darf nur zum Zweck der Verwertung von der Sache Gebrauch machen
- das Recht zur Verwertung entsteht mit Fälligkeit der Forderung; die Verwertung erfolgt, sofern keine besondere Vereinbarung besteht, idR durch freihändigen Verkauf; wird ein Übererlös erzielt, besteht aus dem Sicherungsvertrag ein Anspruch auf Auskehrung; wird das Sicherungsgut unter Wert verschleudert, kommt ein Schadensersatzanspruch gem. § 280 I BGB in Betracht; eine „Verfallklausel", nach der das Eigentum im Sicherungsfall ohne Veräußerungsversuch beim Sicherungsnehmer verbleibt, ist nach hM analog § 1229 BGB unwirksam

507   **3. Gesicherte Forderung**

a) Fehlen: sofern nicht entstanden oder nachträglich untergegangen, besteht idR ein Rückübereignungsanspruch aus dem Sicherungsvertrag

b) Abtretung: schuldrechtlicher Anspruch des Zessionars auf Übertragung der Sicherheit analog § 401 BGB

508   **4. Insolvenz**

a) Sicherungsnehmer: gem. § 51 Nr. 1 InsO besteht nur ein Recht zur abgesonderten Befriedigung (kein Aussonderungsrecht gem. § 47 InsO), weil die Sicherungsübereignung nur die Funktion eines besitzlosen Pfandrechts hat

b) Sicherungsgeber: gem. § 47 InsO besteht ein Aussonderungsrecht

509   **5. Pfändung**

a) Sicherungsnehmer: nach hM Drittwiderspruchsklage gem. § 771 ZPO (nicht nur vorzugsweise Befriedigung gem. § 805 ZPO)

b) Sicherungsgeber: idR kann dieser die Pfändung durch Verweigerung der Herausgabe der Sache gem. § 809 ZPO verhindern; im Übrigen hat der Sicherungsgeber die Drittwiderspruchsklage gem. § 771 ZPO

---

[187] Dazu generell *Schur* JURA 2005, 361 ff. (363 ff.).

VI. Aktuelle Rechtsprechung

Wirksame Übereignung einer Sachgesamtheit (Sammlung) – sachenrechtlicher Bestimmtheitsgrundsatz

BGH NJW 2000, 2898 f.

S. bereits → Rn. 36.

Eigentumsvermutung – „August Macke" im Sperrmüll   **510**

LG Bonn NJW 2003, 673 ff.

K ist ein entfernter Rechtsnachfolger des 1938 emigrierten O, der bei seiner Flucht Vermögensgegenstände in Deutschland zurückließ. K begehrt von B Herausgabe des Bildes „Waldrand" von *August Macke* (1887–1914), das B im Jahre 1990 im Sperrmüll fand. Das Bild hatte sich im Eigentum des O befunden und gehört zu den 1938 zurückgelassenen Gegenständen. Da nicht geklärt werden konnte, wer im Jahre 1990 Eigentümer des Bildes war, spricht für das Eigentum des K als Rechtsnachfolger zunächst die Vermutung des § 1006 II iVm § 1922 BGB. Wegen der Publizitätswirkung des unmittelbaren Besitzes wird § 1006 II BGB allerdings von § 1006 I BGB verdrängt, der hier zugunsten des B eingreift. Wird ein Gegenstand auf den Sperrmüll gestellt, ist grundsätzlich davon auszugehen, dass die Sache herrenlos ist und Gegenstand einer Aneignung werden kann (vgl. → Rn. 357). K müsste daher nachweisen, dass das Bild dem Rechtsvorgänger O abhandengekommen war, § 1006 I 2 BGB. Das Schicksal des Bildes nach 1938 konnte jedoch nicht geklärt werden. Insbesondere erscheint ein Abhandenkommen aufgrund einer Beschlagnahme durch die Gestapo als wenig wahrscheinlich. In Betracht kommt stattdessen auch eine Weitergabe an Freunde zur Aufbewahrung. Ein Herausgabeanspruch wurde deshalb abgelehnt.

Flaschenpfand   **511**

BGH NJW 2007, 2912 f.; *BGH* NJW 2007, 2913 ff.

Der Begriff „Pfand" auf einer individualisierten – dauerhaft von den Produkten anderer Hersteller/Vertreiber unterscheidbaren – Getränkeflasche beinhaltet das Angebot des dort namentlich genannten Getränkeherstellers/Vertreibers an jedermann, die Flasche gegen Zahlung des Pfandbetrages zurückzunehmen. Bei der Auslegung von Willenserklärungen, die für eine Vielzahl von Personen Bedeutung erlangen können, ist ausschließlich der objektive Inhalt der Erklärung maßgeblich.

Der Eigentümer einer individualisierten – aufgrund einer dauerhaften Kennzeichnung als sein Eigentum ausgewiesenen – Mehrwegpfandflasche verliert das Eigentum an der Flasche weder durch den Verkauf des Getränks an den Großhandel noch durch den weiteren Vertrieb des Getränks bis zum Endverbraucher. Die Flaschen werden nur aufgrund eines leiheähnlichen Verhältnisses überlassen, wobei das Pfand die Rückgabe der Flaschen (§ 985 BGB) sicherstellen soll. Anders verhält es sich hingegen bei der sogenannten Einheitsflasche, die keine Individualisierungsmerkmale aufweist. Hier erstreckt sich der Eigentumsübergang nicht nur auf den Inhalt, sondern auch auf die Flasche selbst. Dies gilt selbst dann, wenn in den Allgemeinen Geschäftsbedingungen der Eigentumserwerb an der Flasche ausdrücklich ausgeschlossen wird. Eine solche Vereinbarung wäre auf ein unmögliches und unzulässiges Verhalten gerichtet und deshalb unbeachtlich. Denn durch die Vermengung von Flaschen verschiedener Hersteller kommt es zwangsläufig zu einem Eigentumsverlust des einzelnen Herstellers (§§ 948 I, 947 I BGB).

Vgl. auch JuS 2007, 1059 f., 1060 ff. mAnm *Faust*; *Wolf* JA 2007, 737 ff.; kritisch *Weber* NJW 2008, 948 ff. (Kunde erwirbt auch Eigentum an Flasche und Kasten; Pfandbetrag als Kaufpreis für Leergut)

Handschenkung eines finanzierten Pkw durch bloße Einigung nach § 929 S. 2 BGB   **512**

BGH NJW 2007, 2844 f.

Sachverhalt: Vater V erwarb einen Pkw Nissan, wobei er den Kaufpreis über einen Kredit der B-Bank finanzierte und dieser den Pkw zur Sicherheit übereignete. Zugleich überließ V den Pkw aufgrund einer Nutzungsvereinbarung seinem Sohn S. Nach Tilgung des Kredits übersandte B den Kfz-Brief (Zulassungsbescheinigung II) an V. S begehrt nun von V Herausgabe des Kfz-Briefs, weil V ihm den Pkw geschenkt habe.

Gründe: S, der unstreitig Besitzer des Pkw ist, steht ein Anspruch auf Herausgabe des Kfz-Briefs gem. § 985 BGB zu, wenn er Eigentümer des Fahrzeugs geworden ist (§ 952 II BGB analog). Ob dies der Fall ist, beurteilt sich nach § 929 S. 2 BGB. Unstreitig war zum Zeitpunkt der Schenkung B noch Vorbehaltseigentümer (richtigerweise: Sicherungseigentümer) und V stand lediglich ein „Eigentumsanwartschaftsrecht" zu. Dieses konnte V jedoch analog §§ 929 ff. BGB auf S übertragen. Da sich das Fahrzeug bereits im Alleinbesitz des S befand, hatte sich die Einigung lediglich auf den Eigentumsübergang zu beziehen und bedurfte infolge des sachenrechtlichen Typenzwangs auch keiner weiteren Momente. Im Fall einer Einigung nach § 929 S. 2 BGB war die Schenkung zugleich (als „Handschenkung") iSd § 516 I BGB bewirkt, bedurfte also nicht der notariellen Form gem. § 518 I BGB. Da allerdings nicht geklärt war, ob tatsächlich eine dingliche Einigung erfolgte, verwies der *BGH* die Sache zurück an das Berufungsgericht. Dieses muss berücksichtigen, dass aus der Erklärung, etwas zu „schenken", nicht ohne Weiteres darauf geschlossen werden kann, dass die Bet. nur die schuldrechtliche Seite im Auge hatten; denn die Kenntnis des Abstraktionsprinzips kann bei rechtlich nicht geschulten Parteien nicht in jedem Fall vorausgesetzt werden.

Vgl. auch JuS 2008, 87 f. mAnm *K. Schmidt*; *Würdinger* NJW 2008, 1422 ff.

513   Rechtsfolgen der schenkweisen Übereignung eines vom Testamentsvollstrecker mit Nachlassmitteln erworbenen Gegenstandes

OLG Hamm ZEV 2001, 275 f.

Sachverhalt: Die Kläger K sind Miterben (§§ 2032 ff. BGB) an dem von T als Testamentsvollstrecker (§§ 2197 ff. BGB) verwalteten Nachlass. T erwirbt mit Nachlassmitteln einen Pkw, den er seiner Tochter B schenkweise übereignet. K verlangen nach Wegfall der Testamentsvollstreckung von B Herausgabe des Pkw.

Gründe: Anspruchsgrundlage ist § 816 I 2 BGB. Durch den Erwerb aus Nachlassmitteln hatten die K kraft „dinglicher Surrogation" gem. § 2041 BGB Eigentum an dem Pkw erlangt. Zu der anschließenden Verfügung war T gem. § 2205 S. 3 BGB nicht berechtigt, sodass nur ein gutgläubiger Erwerb durch B nach §§ 929 S. 1, 932 BGB in Betracht kam. Die Gutgläubigkeit der B wurde nicht widerlegt und der Pkw war den K auch nicht gem. § 935 I 1 oder 2 BGB abhandengekommen, da diese nur mittelbare Besitzer waren und T seinen unmittelbaren Besitz freiwillig aufgegeben hatte. Allerdings ist der unentgeltliche redliche Erwerb nicht kondiktionsfest (§ 816 I 2 BGB), sodass die K nach Beendigung der Testamentsvollstreckung Herausgabe des Gegenstandes und Nutzungsersatz (§ 818 I, II BGB) verlangen konnten.

Vgl. dazu auch JuS 2001, 921 mAnm *Hohloch*.

514   Kein Abhandenkommen bei Besitzaufgabe des eigentumsberechtigten Mitbesitzers

BGHZ 199, 227 ff. = NJW 2014, 1524 ff.

Sachverhalt: Kl. befand sich in wirtschaftlichen Schwierigkeiten und plante daher, seinen Pkw der T-AG zur Sicherung einer Darlehensschuld zu übereignen. Es erfolgte zunächst aber nur die Abholung des Pkw (zu Vorführzwecken) durch den beauftragten F, dem der Kl. neben dem Pkw auch den Fahrzeugschlüssel sowie beide Teile der Zulassungsbescheinigung übergab. Einige Zeit später wurde der Pkw von einem Autohändler an die Bekl. veräußert. Kl., dessen Ehefrau von den ganzen Vorgängen nichts erfuhr, verlangt Herausgabe des Pkw, einschließlich der Nutzungen.

Gründe: Kl. kann weder Herausgabe des Pkw gem. § 985 BGB noch Herausgabe der Nutzungen gem. §§ 990 I 1, 987 I BGB verlangen, weil die Bekl. gutgläubig Eigentum erworben hat. Die Voraussetzungen des gutgläubigen Erwerbs gem. §§ 932 I 1, 929 S. 1 BGB sind bereits nach den Feststellungen des Berufungsgerichts gegeben. Der gutgläubige Erwerb scheitert auch nicht an § 935 I BGB, weil Kl. als Eigentümer den Besitz am Pkw nicht unfreiwillig verloren hat. Ein unfreiwilliger Besitzverlust kann eintreten, wenn ein Besitzdiener die Sache ohne den Willen des Eigentümers einem Dritten überlässt (str., vgl. → Rn. 55, 322). Besitzdiener ist aber nur derjenige, demgegenüber der Eigentümer die Einhaltung seiner Weisungen im Nichtbefolgungsfall aufgrund eines Direktionsrechts oder vergleichbarer Befugnisse unmittelbar selbst durchsetzen kann. Weder das Auftrags- noch das Geschäftsbesorgungsrecht sehen solche Befugnisse vor (hier bzgl. F). Es kann ferner dahin stehen, ob ein Kaufinteressent, der mit dem ihn interessierenden Fahrzeug eine Probefahrt unternimmt, als Besitzdiener des Verkäufers anzusehen ist. Jedenfalls ist der Inhaber der Fahrzeugschlüssel dann nicht mehr nur Besitzdiener des Eigentümers, sondern selbst unmittelbarer Besitzer des Fahrzeugs, wenn sich der Eigentümer (wie hier) seiner Einflussmöglichkeiten begibt. Ein Abhandenkommen ergibt sich schließlich auch nicht daraus, dass die Ehefrau Mitbesitz (nicht Miteigentum!) an dem Pkw hatte. § 935 I BGB schließt den gutgläubigen Erwerb nur aus, wenn entweder der Eigentümer selbst (Abs. 1 S. 1) oder der unmittelbare Besitzer, der ihm den Besitz vermittelt, den unmittelbaren Besitz unfreiwillig verliert (Abs. 1 S. 2). § 935 BGB erfasst hingegen nicht den Fall, dass der Dritte den unmittelbaren Besitz von einem Mitbesitzer erlangt, dem die Sache allein gehört. Gibt der Eigentümer seinen unmittelbaren Besitz freiwillig auf, besteht kein Grund, ihn vor den Folgen des gutgläubigen Erwerbs zu schützen.

Vgl. auch *Wietfeld* JURA 2014, 1039 ff.; *K. Schmidt* JuS 2014, 840 ff.; *Förster* JA 2014, 467 ff.

515   Bösgläubigkeit bei Bargeschäft am Hauptbahnhof

OLG München NJW 2003, 673

K hatte in der Nähe des Münchener Hauptbahnhofs von X eine Geige mit Bogen (Marktwert: ca. EUR 95.000,–) zum Preis von EUR 65.000,– erworben. Die einzige Legitimation der X bestand in einem nicht einmal unterschriebenen „Auftrag" der angeblichen Eigentümerin Y; die Originalzertifikate lagen nicht vor. In Wirklichkeit hatte sich Y die Geige von der Eigentümerin E unter einem Vorwand erschlichen. Das *OLG* lehnte einen gutgläubigen Erwerb durch K ab. Wenn ein besonders wertvoller Gegenstand außerhalb des üblichen Geschäftsbetriebes deutlich unter dem Verkehrswert verkauft wird und zudem nicht einmal die Anschrift des angeblichen Eigentümers in der vorgelegten „Legitimation" genannt ist, drängen sich bei einem sorgfältigen Erwerber starke Zweifel an der Korrektheit des Geschäfts geradezu auf (grobe Fahrlässigkeit gem. § 932 II BGB). Damit ist die Vermutung des § 932 I BGB widerlegt und ein gutgläubiger Erwerb ausgeschlossen.

Vgl. auch *OLG Celle* NJW 2011, 791 ff. (Kauf eines *Tiepolo*-Gemäldes weit unter Wert).

516   Bösgläubigkeit bei Kraftfahrzeugerwerb ohne Übergabe des Kfz-Briefs (Zulassungsbescheinigung II)

BGH NJW 2005, 1365 f.

Sachverhalt: Die Leasinggesellschaft L, die gewerbsmäßig mit LKW handelt, verlangt vom LKW-Hersteller H die Herausgabe des Kfz-Briefs für ein Fahrzeug, das L beim Vertragshändler V der H gekauft hatte. H hatte sich das Eigentum an dem LKW bis zur vollständigen Bezahlung des Kaufpreises vorbehalten (vgl. §§ 449, 158 BGB) und zur Sicherheit den Kfz-Brief einbehalten. Der LKW war an L ausgeliefert worden, doch hatte V den von L entrichteten Kaufpreis für das Fahrzeug nie an H weitergeleitet.

Gründe: Der Anspruch auf Herausgabe des Kfz-Briefs gem. § 985 BGB bestimmt sich analog § 952 BGB nach der Eigentumslage am LKW (vgl. oben Rn. 210, 353). Da V mangels Bedingungseintritts zu keinem Zeitpunkt Eigentümer des LKW wurde, kommt für L nur ein gutgläubiger Erwerb gem. §§ 929, 932 BGB, § 366 I HGB in Betracht. L war aber weder in Bezug auf das Eigentum des V (§ 932 BGB) noch in Bezug auf dessen Verfügungsbefugnis (§ 366 I HGB) gutgläubig. Beim Verkauf von Kfz spielt der Brief eine entscheidende Rolle, denn er vermittelt den Rechtsschein des Eigentums bzw. der Verfügungsbefugnis. Zwar darf eine Privatperson beim Neu- oder Vorführwagenkauf (nicht Gebrauchtwagenkauf!) vom Händler auch ohne Vorlage des Kfz-Briefs darauf vertrauen, dass der Händler zum Verkauf des Fahrzeugs berechtigt ist (vgl. auch *OLG Frankfurt a. M.* NJW-RR 1999, 927 f.). Dies gilt aber nicht für den kaufmännischen Geschäftsverkehr. Die Klägerin musste die handelsübliche Praxis des Eigentumsvorbehalts ebenso kennen wie die entsprechende Einschränkung der Verfügungsbefugnis des Händlers und das übliche Sicherungsmittel, den Kfz-Brief zur Verhinderung eines gutgläubigen Erwerbs zurückzubehalten. Bei Handelsgeschäften mit Waren von erheblichem wirtschaftlichem Wert muss sich der Käufer grobe Fahrlässigkeit vorwerfen lassen, wenn er die üblichen Gepflogenheiten und vertraglichen Absprachen zwischen Hersteller und Händler nicht gekannt hat.

Vgl. auch JuS 2005, 650 ff. mAnm *K. Schmidt*.

Zurückbehalten des Kfz-Briefs als konkludenter Eigentumsvorbehalt

517

BGH NJW 2006, 3488 ff.

Sachverhalt: Kl. verkaufte sein Fahrzeug an W. Er übergab W das Fahrzeug, nicht aber den Kfz-Brief. W veräußerte das Fahrzeug, ohne den Kaufpreis an Kl. bezahlt zu haben, weiter an den Bekl. Der Bekl. zahlte den Kaufpreis an W und erhielt das Fahrzeug. Der Kfz-Brief sollte per Einschreiben nachgeschickt werden. Dies geschah allerdings nicht. Vielmehr verlangt Kl. Herausgabe des Fahrzeugs.

Gründe: Kl. steht ein Herausgabeanspruch gem. § 985 BGB zu. Kl. hat W das Eigentum an dem Fahrzeug nur unter der aufschiebenden Bedingung vollständiger Zahlung des Kaufpreises übertragen (§ 449 I BGB). Mit Rücksicht darauf, dass W dem Kl. den Kaufpreis nicht gezahlt hatte, konnte W das Einbehalten des Kfz-Briefs auch ohne entsprechende Erläuterung redlicherweise nur dahin verstehen, dass Kl. seine Kaufpreisforderung sichern und sich deshalb das Eigentum an dem Fahrzeug bis zur Zahlung des Kaufpreises vorbehalten wollte. Dieser Auslegung steht nicht entgegen, dass sich aus der Kaufvertragsurkunde keine Anhaltspunkte für die Vereinbarung eines Eigentumsvorbehalts ergeben. Vorbehaltseigentum kann auch dadurch nachträglich begründet werden, dass der Verkäufer – unter Umständen sogar vertragswidrig – die dingliche Einigungserklärung nur unter der Bedingung vollständiger Kaufpreiszahlung abgibt und der Käufer dies hinnimmt. Voraussetzung ist allerdings, dass der Vorbehalt spätestens bei der Besitzübergabe deutlich erklärt wird, wobei an die Klarheit einer solchen Erklärung ein strenger Maßstab anzulegen ist (s. dazu auch → Rn. 426).

Kl. hat sein Eigentum auch nicht dadurch verloren, dass W das Fahrzeug an den Bekl. veräußert hat. Da W nicht Eigentümerin des Fahrzeugs geworden ist, hat sie als Nichtberechtigte verfügt. Der Bekl. hätte nur dann Eigentum erworben, wenn die Verfügung der W mit Einwilligung des Kl. erfolgt wäre (§ 185 I BGB) oder wenn der Bekl. in gutem Glauben gewesen wäre (§ 932 I 1 BGB, § 366 I HGB). Dies ist jedoch nicht der Fall. Es gehört zu den Mindestvoraussetzungen gutgläubigen Erwerbs eines gebrauchten Pkw, dass sich der Käufer den Kfz-Brief vorlegen lässt.

Von der Klärung der Frage, ob Kl. vom Kaufvertrag mit W zurückgetreten ist, hängt es ab, ob dem Bekl. ein Recht zum Besitz gem. § 986 I 1 BGB zusteht. Als Besitzrecht käme zum einen – dies ist umstritten – ein dingliches Anwartschaftsrecht am Fahrzeug in Betracht (vgl. → Rn. 452 ff.). Zum anderen kommt ein von W abgeleitetes Besitzrecht analog § 986 I 1 Alt. 2 BGB in Betracht (s. → Rn. 434). Zur Klärung der Frage des Rücktritts verweist der *BGH* die Sache an das BerGer zurück.

Vgl. auch JuS 2007, 286 f. mAnm *K. Schmidt*; *Wolf* JA 2007, 298 ff.; *Fritsche/Würdinger* NJW 2007, 1037 ff.

Gutgläubiger Eigentumserwerb gem. § 366 I HGB

518

BGH NJW 1999, 425 ff.

Sachverhalt: Zunächst schloss die B mit der als „Baumaschinenvermietung" auftretenden L einen Kaufvertrag über zehn Hubarbeitsbühnen (Gesamtwert ca. EUR 430.000,–) ab, die L bereits bei S bestellt hatte. Zur Finanzierung des Geschäfts traf L mit dem Leasingunternehmen K eine Vereinbarung, die neben dem Eintritt des K in den mit S geschlossenen Vertrag eine entgeltliche Gebrauchsüberlassung der Geräte an L zur (angeblichen) Weitervermietung an B beinhaltete. Die Ansprüche aus diesem Untermietvertrag trat L an K ab, welches diese Abtretung umgehend der B anzeigte. Die Auslieferung durch S erfolgte auf Geheiß des K an L. Diese gab die Geräte gegen Zahlung des vereinbarten Preises zur Erfüllung des Kaufvertrages an B weiter. Nachdem L die Zahlungen an K eingestellt hatte, verlangt dieses nach Kündigung des Vertragsverhältnisses mit L von B Herausgabe der Geräte.

Gründe: Das Herausgabeverlangen des K gem. § 985 BGB setzt dessen Eigentum an den Geräten voraus. Durch die Geheißübergabe (vgl. oben Rn. 307) S an L ist K zunächst Eigentümer geworden. Ein Besitzmittlungswille der L ist hierfür nicht erforderlich. Fraglich ist aber, ob B gutgläubig Eigentum erworben hat. Ein gutgläubiger Erwerb gem. §§ 929, 932 BGB scheidet offenkundig aus, da B von einem verlängerten Eigentumsvorbehalt ausgehen musste. Aber auch in Bezug auf § 366 I HGB war B bösgläubig: L ist nicht als berufsmäßige Händlerin, sondern als „Baumaschinenvermietung" aufgetreten. Des Weiteren ist bei B eine Abtretungsanzeige eingegangen, wobei B sich die Kenntnis des zuständigen Mitarbeiters als „Wissensvertreter" gem. § 166 I BGB zurechnen lassen muss. Schließlich war B auch deshalb bösgläubig, weil sie in ihren eigenen AGB ein Abtretungsverbot vorsah (beachte: mittlerweile gilt § 354a HGB, sodass der Schluss auf grobe Fahrlässigkeit nunmehr zweifelhaft erscheint; vgl. näher → Rn. 480). Der Herausgabeanspruch war somit begründet.

Der *BGH* hatte zudem noch über eine Widerklage der B mit einem Anspruch aus § 861 I BGB zu entscheiden, weil K sich eines der Geräte (angeblich) eigenmächtig gem. § 858 I BGB bereits verschafft hat. Nach § 863 BGB kann K hiergegen prinzipiell nur geltend machen, dass die Entziehung nicht verbotene Eigenmacht war. Der *BGH* lässt es indes ausreichen, dass K ein Besitzrecht als Eigentümer zustand: „Denn der Ausschluss petitorischer Einwendungen des Besitzers gem. § 863 BGB gilt seinem Sinn und Zweck nach bei Entscheidungsreife des von dem Besitzer beanspruchten Rechts zum Besitz nach dem Rechtsgedanken des § 864 II BGB jedenfalls dann nicht, wenn über das Besitzrecht letztinstanzlich – wenn auch incidenter – entschieden wird und B die Sache sogleich wieder an K herausgeben müsste" (s. zur Problematik auch schon → Rn. 63).

Vgl. auch JuS 1999, 502 ff. mAnm *K. Schmidt; ders.* NJW 1999, 420 f.

519　　**Kein gutgläubiger Erwerb von Sammlermünzen**

BGH NJW 2013, 2888 ff.

Sachverhalt: In der Silvesternacht wurden beim Kl. südafrikanische Goldmünzen („Krügerrand") gestohlen. Der Bekl. erwarb die Münzen vom Dieb und veräußerte sie weiter. Kl. genehmigte die seiner Meinung nach unwirksamen Verfügungen des Bekl. (§ 185 II 1 Alt. 1 BGB) und begehrt nun im Wege einer Stufenklage Auskunft darüber, welchen Betrag der Bekl. für die Münzen erlöst hat. Durch eine solche Stufenklage gem. § 254 ZPO vermeidet der Kl. zwei Prozesse, da er mangels hinreichender Bestimmbarkeit des Antrags (§ 253 II Nr. 2 ZPO) nicht unmittelbar auf Herausgabe des Erlangten klagen kann.

Gründe: Ein vorbereitender Anspruch auf Erteilung der Auskunft (§ 260 bzw. § 242 BGB) setzt voraus, dass der zu beziffernde Anspruch gem. § 816 I 1 BGB besteht. Hierfür ist wiederum Voraussetzung, dass der Bekl. als Nichtberechtigter verfügte. Da die Münzen dem Kl. abhandenkamen (§ 935 I BGB), wäre ein gutgläubiger Erwerb nur gem. § 935 II BGB möglich, falls es sich bei den Münzen um „Geld" handelt. Die „Krügerrand-Münzen" sind zwar offizielles Zahlungsmittel in Südafrika, de facto aber Sammlerobjekte. § 935 II BGB bezweckt die reibungslose Funktionsfähigkeit des Finanz- und Wirtschaftssystems, indem die Umlauffähigkeit des Geldes höher gewichtet wird als das Bestandsschutzinteresse des Eigentümers. Eine einschränkende Auslegung von § 935 II BGB ist daher geboten, wenn, wie bei Sammlermünzen, die Zahlungsmittelfunktion völlig in den Hintergrund tritt. Der Ausnahmetatbestand des § 935 II BGB ist bei „Krügerrand-Münzen" somit nicht erfüllt, der Bekl. ist Nichtberechtigter iSv § 816 I 1 BGB und der Auskunftsanspruch folglich begründet.

Vgl. auch JuS 2014, 169 f. mAnm *K. Schmidt*; *R. Koch/Wallimann* JuS 2014, 912 ff. (Übungsfall); *BGH* JZ 2013, 1111 ff. mAnm *Flume*.

520　　**Prioritätsgrundsatz bei Kollision zweier Globalzessionen**

BGH NJW 2005, 1192 ff.

Die Rechtsprechung zur Sittenwidrigkeit einer Globalzession in Bezug auf einen zeitlich nachfolgenden verlängerten Eigentumsvorbehalt (vgl. → Rn. 495) kann nicht auf die Kollision zwischen einer Globalzession zugunsten einer Bank und einer zeitlich nachfolgenden Globalzession zugunsten des Vermieters von Baumaschinen übertragen werden. Hinsichtlich des Vorbehaltseigentümers ist kennzeichnend, dass dieser im Falle einer wirksamen früheren Globalzession zugunsten eines Dritten nicht nur sein Vorbehaltseigentum, sondern auch die (verlängerte) Sicherheit in Form der dafür abgetretenen Forderung verlieren würde, also ein endgültiger Substanzverlust droht. Anders als dem Vorbehaltseigentümer kann dem Vermieter lediglich temporär die Nutzung der Mietsache verloren gehen. Die Mietsache selbst bleibt ihm erhalten. Der Vermieter einer Sache ist daher weniger schutzwürdig als der Vorbehaltseigentümer.

521　　**Kein generelles Nutzungsrecht des Sicherungseigentümers**

BGH NJW 2007, 216 f.

Sachverhalt: Sparkasse S verlangt von B Entschädigung für die Nutzung einer Bowlingbahn. Die Bowlingbahn hatte Mieter H der S zur Sicherheit übereignet und in die von B angemieteten Räume eingebaut. Nachdem H insolvent geworden war, kündigte B das Mietverhältnis und übte das Vermieterpfandrecht aus. Anschließend vermietete B die Räume an G, der die Bowlingbahn weiter betrieb.

Gründe: Ein Anspruch S gegen B gem. §§ 812 I 1 Alt. 2, 818 I BGB auf Herausgabe der gezogenen Nutzungen besteht nicht. S hat zwar Sicherungseigentum an der Bowlingbahn erworben, da diese mit dem Einbau in das Bowlingcenter nicht gem. § 94 BGB wesentlicher Bestandteil des Grundstücks wurde (vgl. § 946 BGB, wonach sich das Eigentum an dem Grundstück nur auf wesentliche Bestandteile erstreckt). Es fehlt jedoch an einem Eingriff in den Zuweisungsgehalt eines Rechtsguts, dessen wirtschaftliche Verwertung dem Kondiktionsgläubiger vorbehalten ist. Das Sicherungseigentum begründet auch nach Eintritt der Verwertungsreife kein Recht auf Inanspruchnahme der aus der Bowlingbahn gezogenen Nutzungen. Der maßgebliche Sicherungsübereignungsvertrag räumt S kein Recht auf die Nutzungen ein. Ein solches Recht ergibt sich auch nicht aus dem Wesen einer treuhänderischen Sicherungsabrede. Das Sicherungseigentum ist kein volles, ungebundenes Eigentum. Es gewährleistet dem Sicherungsnehmer für den Fall der Nichterfüllung seiner Forderung die Befriedigung aus dem Sicherungsgut, belässt die Sache aber regelmäßig zunächst dem Sicherungsgeber zur Nutzung. S hätte also die Bowlingbahn verwerten können, kann jedoch nicht zuwarten und auf Herausgabe der Nutzungen bestehen. Auch weitere Ansprüche scheiden aus: § 816 I 1 BGB ist schon deshalb nicht einschlägig, weil die Vermietung keine Verfügung darstellt (vgl. → Rn. 187); Ansprüche aus GoA scheiden aus, weil die Vermietung durch B kein Geschäft der S war. Eine analoge Anwendung von § 1214 II BGB entfällt, da S kein Nutzungsrecht hat. Die Voraussetzungen eines Anspruchs gem. §§ 990 I, 987 I BGB sah der *BGH* als noch nicht hinreichend geklärt an und verwies die Sache deshalb zurück an das *OLG*.

Vgl. auch JuS 2007, 490 f. mAnm *K. Schmidt*; *Weber/Haselmann* JURA 2008, 372 ff.

5. Kapitel. Das Liegenschaftsrecht

Im Folgenden werden zunächst die Strukturen des ⬛⬛⬛⬛⬛⬛⬛⬛⬛⬛⬛⬛⬛s erörtert. Anschließend werden die Vormerkung sowie die Grundpfar⬛⬛⬛⬛⬛⬛⬛⬛⬛⬛⬛uld) detaillierter dar-
gestellt.

I. Allgemeine Erwerbsvoraussetzungen

> **Normalfall**[1]: K möchte von V ein Grundstück erwerben. V und K begeben sich deshalb zum Notar und
> schließen einen formgerechten Kaufvertrag gem. §§ 433, 311b I BGB; zugleich erklären sie die Auflas-
> sung. Da die Eintragung des K ins Grundbuch noch einige Zeit dauert, wird der Anspruch des K gem.
> § 433 I 1 BGB auf Übereignung des Grundstücks durch eine Auflassungsvormerkung gesichert. Einige
> Zeit später erfolgt dann die Eintragung des K als neuer Eigentümer ins Grundbuch. Außerdem muss K
> zur Finanzierung des Kaufpreises ein Darlehen bei der B-Bank aufnehmen. Zur Sicherung dieses Kre-
> dits wird deshalb eine Hypothek (idR Grundschuld) am Grundstück bestellt.

1. Überblick:

	Vormerkung	*Eigentum*	*Hypothek*
1. Willenserklärungen	bloße Bewilligung (einseitige WE) gem. § 885 I BGB; auch einstweilige Verfügung aus-reichend – formfrei möglich – Bindung nur ausnahmsweise analog § 875 II BGB (str.) – kann bedingt oder befristet sein – beachte: Erstreckung auf Zubehör, soweit gesicherter Anspruch Zubehör mitum-fasst (hM)	dingliche Einigung gem. § 873 I BGB = sog Auflassung, vgl. § 925 I BGB – formbedürftig gem. § 925 I BGB – Bindung an Einigung unter Voraussetzungen gem. § 873 II BGB – bedingungsfeindlich gem. § 925 II BGB (daher kein EV möglich) – beachte: ggf. Erstreckung auf Zubehör gem. § 926 BGB	dingliche Einigung gem. § 873 I iVm § 1113 I BGB – formfrei möglich – Bindung an Einigung unter Voraussetzungen gem. § 873 II BGB – kann bedingt oder befristet sein – beachte: Erstreckung auf Zubehör etc gem. §§ 1120 ff. BGB
2. Publizitätsakt	Eintragung ins Grundbuch gem. § 885 BGB	Eintragung ins Grundbuch gem. § 873 I BGB (kein innerer Zusammenhang mit Einigung erforderlich)	bei Buchhypothek Eintragung ins Grundbuch gem. §§ 873 I, 1115, 1116 II BGB; bei Briefhypothek Eintragung ins Grundbuch gem. §§ 873 I, 1115 BGB und Briefübergabe gem. § 1117 BGB
3. a) Berechtigung	bei bewilligter Vormerkung sind nachträgliche Verfügungs-beschränkungen gem. § 878 BGB analog irrelevant (hM); im Übrigen gilt § 130 II BGB; Möglichkeit der Ermächtigung (des Käufers) gem. § 185 BGB	beachte auch hier §§ 878, 130 II, 185 BGB	beachte auch hier §§ 878, 130 II, 185 BGB

---

[1] Ein umfassender notarieller Grundstückskaufvertrag wird entworfen und erläutert von *Volmer* JuS 2006, 221 ff.

b) Fehlende Berechtigung[4]	gutgläubiger Ersterwerb[2] gem. §§ 893 Alt. 2, 892 BGB	gutgläubiger Erwerb gem. § 892 BGB	gutgläubiger Ersterwerb[3] gem. § 892 BGB
aa) Rechtsscheinatbestand	Grundbuch (Nb ist als Eigentümer eingetragen)	Grundbuch (Nb ist als Eigentümer eingetragen)	Grundbuch (Nb ist als Eigentümer eingetragen)
bb) Schutzwürdigkeit des Erwerbers[5]	kein Widerspruch eingetragen gem. § 892 I 1 BGB & keine positive Kenntnis gem. § 892 I 2 BGB (bzgl. Zeitpunkt beachte § 892 II BGB)	kein Widerspruch & keine positive Kenntnis	kein Widerspruch & keine positive Kenntnis
cc) Zurechenbarkeit des Rechtsscheins	irrelevant; dh reines Rechtsscheinprinzip (§ 935 I BGB gilt nur für bewegliche Sachen); besonderer Verkehrsschutz intendiert	ebenfalls reines Rechtsscheinprinzip	ebenfalls reines Rechtsscheinprinzip
4. Akzessorietät	vgl. § 883 I BGB	–	vgl. § 1113 BGB

523   2. Systematischer Exkurs: Die Bösgläubigkeit

■ Bei **künstlichen, dh durch Gesetz geschaffenen Vertrauensträgern** hindert idR nur **positive Kenntnis** einen Gutglaubensschutz, vgl. neben § 892 BGB auch § 68 S. 1 BGB (Vereinsregister), § 1412 I 1 BGB (Güterrechtsregister), § 2366 BGB (Erbschein), § 15 I, III HGB (Handelsregister).

■ Bei **natürlichen Vertrauensträgern** schließt idR bereits **leichte** (vgl. zB § 173 BGB) bzw. **grobe** (vgl. zB § 932 II BGB) **Fahrlässigkeit** einen Gutglaubensschutz aus.

524   3. Die Richtigkeitsvermutung des Grundbuchs

Ist im Grundbuch für jemand ein Recht eingetragen, wird gem. § 891 I BGB vermutet, dass ihm das Recht zusteht (negative Vermutung gem. § 891 II BGB bezüglich gelöschter Rechte). **Erfasst** werden nur eintragungsfähige Rechte wie Eigentum, Miteigentum und beschränkte dingliche Rechte; nach hM auch die Vormerkung, sofern das Bestehen des gesicherten Anspruchs bewiesen ist; nach *BGH* NJW-RR 2006, 662 ff. zudem der sich aus dem Liegenschaftskataster ergebende Grenzverlauf. **Nicht erfasst** werden hingegen idR Tatsachenangaben (wie Nutzungswert, Bebaubarkeit), die Geschäftsfähigkeit des Eingetragenen sowie öffentlich-rechtliche Verhältnisse.

525   4. Grundstücksgeschäfte mit einer Gesellschaft bürgerlichen Rechts

Soll ein Recht für eine GbR im Grundbuch eingetragen werden, sind gem. § 47 II 1 GBO[6] auch deren Gesellschafter[7] einzutragen.[8] Mit dieser grundbuchrechtlichen Bestimmung korrespondiert § 899a S. 1 BGB, wonach in Ansehung des eingetragenen Rechts auch vermutet wird, dass diejenigen Personen Gesellschafter sind, die nach § 47 II 1 GBO im Grundbuch eingetragen sind (**positive Vermutung**), und dass darüber hinaus keine weiteren Gesellschafter vorhanden sind (**negative Vermutung**). Zudem gelten gem. § 899a S. 2 BGB die §§ 892 bis 899 BGB bezüglich der Eintragung der Gesellschafter entsprechend. Verschiedene Fallkonstellationen sind dabei auseinander zu halten:[9]

---

[2] Zum Zweiterwerb vom vermeintlichen Vormerkungsberechtigten s. → Rn. 597 ff., 691.

[3] Zum Zweiterwerb vom vermeintlichen Hypothekengläubiger s. → Rn. 604, 630, 692.

[4] Ausführlich *Schreiber* JURA 1999, 491 ff.

[5] Es ist umstritten, ob das Grundbuchamt einen Eintragungsantrag ablehnen muss, wenn es positiv weiß, dass nur ein gutgläubiger Erwerb möglich ist; die hM plädiert für eine Zurückweisung, weil der redliche Erwerber noch keine gesicherte Rechtsposition habe und das Grundbuchamt nicht sehenden Auges am Rechtsverlust des wahren Berechtigten mitwirken dürfe; die Gegenansicht verweist auf den Schutz des Rechtsverkehrs; auch sei das Grundbuchamt nicht Sachwalter der Interessen des wahren Berechtigten; s. näher *Lenenbach* NJW 1999, 923 ff. mwN.

[6] Gesetz v. 11. 8. 2009, BGBl. 2009 I, S. 2713 ff. (in Reaktion auf BGHZ 179, 102 ff. = NJW 2009, 594 ff.).

[7] Zur exakten Bezeichnung der Berechtigten s. § 15 Ic GBV.

[8] Zum *nichtrechtsfähigen Verein* s. BGH NZG 2016, 666 ff. (mAnm *K. Schmidt* JuS 2016, 646 ff.): „Ein nichtrechtsfähiger Verein kann nicht allein unter seinem Namen in das Grundbuch eingetragen werden."

[9] S. zum Folgenden ausführlicher *Weiss* JuS 2016, 494 ff.; *Lieder* JURA 2012, 335 ff.; *Wellenhofer* JuS 2010, 108 ff.

- Ist im Grundbuch anstelle des Eigentümers E fälschlicherweise die NN-GbR mit ihren Gesellschaftern A und B eingetragen und veräußert die NN-GbR das Grundstück an den redlichen K, kann dieser (bei fehlendem Widerspruch) das Grundstück (bereits) gem. § 892 I BGB gutgläubig erwerben.

- Wurde C – ohne entsprechende Grundbuchberichtigung[10] – in die NN-GbR aufgenommen und veräußert anschließend die NN-GbR, vertreten durch A und B, das Grundstück an D, darf D auf die ordnungsgemäße Vertretung der NN-GbR gem. §§ 899a, 892 I 1, 714, 709 I BGB vertrauen. Strittig ist, ob eine Kenntnis von der Unrichtigkeit des Grundbuchs erst ab dem Zeitpunkt der Antragstellung beim Grundbuchamt unschädlich ist (arg.: Verweis in § 899a S. 2 auf § 892 II BGB) oder bereits ab Abschluss des Vertretergeschäfts (also der Auflassung; arg.: dogmatische Nähe von § 899a BGB zum Stellvertretungsrecht). Sehr umstritten ist ferner, ob der Erwerb (des D) kondiktionsfest ist, also § 899a BGB analog auch für das schuldrechtliche Geschäft gilt (pro: die Verkehrsfähigkeit des Grundstücks einer GbR würde sonst wieder aufgehoben; contra: Stellung des § 899a BGB im Sachenrecht; Wortlaut „in Ansehung des eingetragenen Rechts"; weitere Ansicht: Haftung der GbR aufgrund allgemeiner Rechtsscheinvollmacht). Im Übrigen begründet § 899a BGB nur beim Handeln aller eingetragenen Gesellschafter einen Gutglaubensschutz (und zB nicht, wenn A behauptet, er sei alleinvertretungsbefugt).

- Übertragen A und B ihre beiden Gesellschaftsanteile an R, wird dieser Alleineigentümer des Grundstücks (und die GbR erlischt liquidationslos). Sind A und B gleichwohl noch im Grundbuch eingetragen und veräußern sie sodann das Grundstück an P, stellt sich das Problem, ob ein gutgläubiger Erwerb von einer nicht (mehr) existenten GbR möglich ist. Hierfür spricht der gesetzgeberische Wille[11] und der Normzweck einer umfassenden Verkehrsfähigkeit; nach der Gegenansicht (die sich in methodisch unzulässiger Weise über den dezidierten Gesetzgeberwillen hinwegsetzt) begründet § 899a S. 1 BGB (ebenso wie § 891 BGB) keine Tatsachenvermutung (Existenz der GbR), sondern eine bloße Rechtsvermutung (unter Hinweis auf den Wortlaut der Norm).

- Tritt umgekehrt die GbR als Käuferin auf, gilt nach BGHZ 189, 274 ff. = NJW 2011, 1958 ff. (1. Leitsatz): „Erwirbt eine GbR Grundstücks- oder Wohnungseigentum, reicht es für die Eintragung des Eigentumswechsels in das Grundbuch aus, wenn die GbR und ihre Gesellschafter in der notariellen Auflassungsverhandlung benannt sind und die für die GbR Handelnden erklären, dass sie deren alleinige Gesellschafter sind; weiterer Nachweise der Existenz, der Identität und der Vertretungsverhältnisse dieser GbR bedarf es gegenüber dem Grundbuchamt nicht."

II. Das Eintragungsverfahren[12]

526

Das materielle Liegenschaftsrecht bestimmt, unter welchen Voraussetzungen eine dingliche Rechtsänderung eintritt. Das formelle Liegenschaftsrecht, das primär in der Grundbuchordnung (GBO) geregelt ist, befasst sich hingegen mit dem „rechtstechnischen" Aspekt der Grundbuchführung. Beide Materien sind vor allem insofern miteinander verflochten, als für die Erwerbstatbestände (zB gem. §§ 873, 885 BGB) die Eintragung der Rechtsänderung in das Grundbuch erforderlich ist. Bei einer Eintragung muss der am Amtsgericht (vgl. § 1 GBO) zuständige Rechtspfleger (vgl. § 3 Nr. 1h RPflG) im Wesentlichen folgende Voraussetzungen beachten:[13]

1. Das Antragserfordernis gem. § 13 GBO

527

- grundsätzlich werden Eintragungen nur auf Antrag vorgenommen (Ausnahme zB § 53 GBO)
- Stellvertretung ist zulässig, insbesondere durch Notar, vgl. § 15 GBO
- zur Antragsberechtigung s. im Einzelnen §§ 13 f. GBO

---

[10] C hat gem. §§ 899a S. 2, 894 BGB einen Anspruch auf Berichtigung des Gesellschafterbestandes, ungeachtet des Grundbuchberichtigungszwanges gem. §§ 82, 47 II 1 GBO.
[11] BT-Drs. 16/13437, S. 23, 27 (mit dem Beispiel, dass B seinen Anteil an A abtritt).
[12] Amtliche Muster zur Grundbuchverfügung sind in den meisten Lehrbüchern abgedruckt, s. etwa *Baur/Stürner*, Sachenrecht, Anh. 1, 2.
[13] Ausführlich *Baur/Stürner*, Sachenrecht, § 16 Rn. 7 ff.; *Brehm/Berger*, Sachenrecht, § 11.

528   2. Das formelle Konsensprinzip gem. § 19 GBO

- **Grundsatz:** es ist die einseitige Bewilligung durch denjenigen ausreichend, dessen Recht von ihr betroffen wird
- **Beispiel:** für die Eintragung einer Hypothek ist die Bewilligung des Eigentümers ausreichend; die erforderliche dingliche Einigung gem. § 873 I BGB muss nicht nachgewiesen werden
- **Einschränkung:** nach hM darf der Grundbuchbeamte eine Eintragung nicht vornehmen, wenn er erkennt, dass das materielle dingliche Rechtsgeschäft offenkundig unwirksam ist

529   3. Das materielle Konsensprinzip gem. § 20 GBO

- **Grundsatz:** bei der Grundstücksübereignung und beim Erbbaurecht muss ausnahmsweise der materielle Konsens nachgewiesen werden
- **Kumulation:** nach wohl hM ist zusätzlich eine Bewilligung iSv § 19 GBO erforderlich (vgl. → Rn. 593)
- **Einschränkung:** der Grundbuchbeamte darf nicht eintragen, sofern die dingliche Einigung offenkundige Mängel aufweist (zB Minderjähriger übereignet Grundstück)
- **Beachte:** allein schon wegen des Nachweiserfordernisses gem. § 20 GBO wird ein Notar die Auflassung beurkunden, obwohl gem. § 925 I BGB eine bloße Erklärung bei gleichzeitiger Anwesenheit beider Teile ausreichend wäre

530   4. Das Formerfordernis gem. § 29 GBO

- Eintragungsbewilligungen oder sonstige Erklärungen bedürfen der öffentlichen Beurkundung oder Beglaubigung
- zu weiteren Details s. § 29 GBO

531   5. Das Voreintragungserfordernis gem. § 39 GBO

- **Grundsatz:** die Eintragung soll nur vorgenommen werden, wenn der durch sie Betroffene im Grundbuch eingetragen ist (Ausnahme zB § 40 GBO)
- **Beispiel:** E veräußert ein Grundstück gem. §§ 873, 925 BGB an den geschäftsunfähigen G; nachdem sich die Unwirksamkeit der Auflassung gem. § 105 I BGB herausgestellt hat, möchte E das Grundstück an D veräußern; hierfür muss zunächst wieder E eingetragen werden (im Grundbuch steht ja fälschlicherweise G), wozu E die Bewilligung von G (bzw. dessen Betreuer) einholen muss
- **Zweck:** das Grundbuch soll alle Entwicklungen transparent wiedergeben

532   6. Konsequenzen fehlerhafter Eintragungen

- wird eine **materiell-rechtlich unrichtige** Eintragung vorgenommen (zB wegen Geschäftsunfähigkeit des Veräußerers), ist gem. § 53 I 1 GBO von Amts wegen ein Widerspruch einzutragen (um einen gutgläubigen Erwerb gem. § 892 I 1 BGB zu verhindern); des Weiteren kommt die Eintragung eines Widerspruchs aufgrund einer einstweiligen Verfügung gem. § 899 II BGB in Betracht
- ist eine Eintragung hingegen **materiell-rechtlich korrekt**, bleibt sie grundsätzlich bestehen, auch wenn einzelne Eintragungsvoraussetzungen fehlen (wurde zB eine Bewilligung gem. § 19 GBO nicht erteilt, bleibt eine Hypothekenbestellung trotzdem wirksam)

533   III. Das Anwartschaftsrecht des Auflassungsempfängers[14]

Dem Erwerber einer Immobilie stehen bis zum definitiven Abschluss des Verfügungsgeschäfts vielfältige Schutzmechanismen zur Seite: Er kann sich zunächst durch eine Vormerkung absichern; nachträg-

---

[14] Ausführlich *Hager* JuS 1991, 1 ff.

liche Verfügungsbeschränkungen sind gem. § 878 BGB irrelevant[15]; bei Tod oder Geschäftsunfähigkeit greift § 130 II BGB ein; eine Bindung an die Einigung kann nach Maßgabe des § 873 II BGB herbeigeführt werden; nach hM ist der Auflassungsempfänger außerdem grundsätzlich Inhaber eines Anwartschaftsrechts (s. sogleich auch Fall 13): Übertragung analog §§ 873, 925 BGB ohne Eintragung; Verpflichtungsgeschäft bedarf der Form des § 311b I BGB; Pfändung gem. § 857 ZPO; „sonstiges Recht" iSv § 823 I BGB.

Fall 13: „Die Kettenauflassung"

Sachverhalt

Adam (A) verkaufte am 1.2.2016 ein Grundstück in Augsburg an *Bedam* (B). In der notariellen Urkunde erklärte A zugleich die Auflassung, die B wiederum annahm. Aufgrund plötzlicher finanzieller Schwierigkeiten veräußerte B das Grundstück bereits einen Monat später am 1.3.2016 formgerecht weiter an *Cedam* (C). Es folgte die Auflassung vor einem Notar und C beantragte seine Eintragung. Am 1.4.2016 wurde über das Vermögen des B ein Insolvenzverfahren eingeleitet. Die Eintragung des C als Eigentümer erfolgte am 15.4.2016. A, der wegen der Insolvenz des B keine Chance auf Bezahlung des Kaufpreises mehr sieht, verlangt von C die Bewilligung der Grundbuchberichtigung.

Zu Recht?

Lösung

I. Es könnte ein **Anspruch A gegen C auf Grundbuchberichtigung gem. § 894 BGB** gegeben sein. Der **534** Anspruch setzt voraus, dass A nach wie vor Eigentümer des Grundstücks ist.

1. A könnte das Eigentum an dem Grundstück gem. §§ 873, 925 BGB dem B verschafft haben, doch wurde B noch **nicht in das Grundbuch eingetragen**. Es kann ferner auch nicht unterstellt werden, dass B als Vertreter des A gem. § 164 I BGB dem C das Grundstück aufließ.

2. A könnte jedoch das Eigentum an dem Grundstück durch eine **Verfügung des B an C** verloren haben. B war zwar nicht Eigentümer des Grundstücks, doch könnte er über ein **Anwartschaftsrecht** verfügt haben, welches mit Eintragung des C sodann zum Vollrecht erstarkte.[16]

a) Ein Anwartschaftsrecht entsteht nach hM, wenn von dem mehraktigen Entstehungstatbestand eines **535** Rechts schon so viele Erfordernisse erfüllt sind, dass von einer gesicherten Rechtsposition des Erwerbers gesprochen werden kann, die der andere an der Entstehung des Rechts Beteiligte nicht mehr einseitig zerstören kann.[17] Sehr umstritten ist allerdings, ob und unter welchen Voraussetzungen dem Käufer eines Grundstücks ein Anwartschaftsrecht zusteht:

aa) **MM: Nur bindende Auflassung erforderlich** **536**

Nach einem Teil der Lehre genügt für ein Anwartschaftsrecht bereits die bindende Auflassung.[18] Der Käufer sei dadurch bereits hinreichend abgesichert, zumal er nach § 13 GBO als Begünstigter den Antrag auf Eintragung selbst stellen kann. Dieser Antrag schütze ihn zwar nicht absolut, da die Prioritätsregel des § 17 GBO lediglich zum formellen Recht gehört, doch handele es sich zumindest um eine „gewisse" Sicherheit.

Konsequenz: Nach dieser Auffassung hat B ein Anwartschaftsrecht erlangt, weil die Auflassung gem. § 873 II BGB notariell beurkundet und damit bindend wurde. In der weiteren Folge konnte B

---

[15] Nach BGHZ 136, 87 ff. (91 ff.) = NJW 1997, 2751 f. (2751 f.) besteht kein Schutz gem. § 878 BGB, wenn ein unvollständiger Eintragungsantrag rechtmäßig zurückgewiesen wird; der Antragsteller soll nicht vor den Folgen *von ihm selbst* verursachter Verzögerungen geschützt werden.
[16] Vgl. BGHZ 49, 197 ff. (205) = NJW 1968, 493 ff. (495) = JuS 1968, 338 f.
[17] BGHZ 89, 41 ff. (44) = NJW 1984, 973 f. (973); s. zum Eigentumsvorbehalt auch → Rn. 387 ff.
[18] Vgl. *Reinicke/Tiedtke* NJW 1982, 2281 ff. (2282 ff.) mwN.

sein Anwartschaftsrecht ohne Zustimmung des A an C übertragen,[19] und zwar entsprechend § 925 BGB durch bloße Auflassung. Eine Eintragung des Anwartschaftsrechts im Grundbuch war weder erforderlich noch möglich,[20] weil das Anwartschaftsrecht kein eintragungsfähiges Recht ist.[21] Das Anwartschaftsrecht erstarkte schließlich mit Eintragung des C als Eigentümer zum Vollrecht, also ohne Durchgangserwerb des B.[22]

537   bb) BGH: **Bindende Auflassung plus Eintragungsantrag bzw. Vormerkung**

Die Rechtsprechung fordert als Voraussetzung für das Entstehen eines Anwartschaftsrechts, neben der bindenden Auflassung, die Stellung des Eintragungsantrages durch den Erwerber oder eine Auflassungsvormerkung zu seinen Gunsten.[23] Der *BGH* beruft sich hierbei vor allem auf § 873 I BGB, der zusätzlich zur Einigung auch die Eintragung erfordert. Da ein Anwartschaftsrecht ein wesensgleiches Minus zum Vollrecht darstellt, könne es ebenfalls nicht unabhängig von einer Eintragung zur Entstehung gelangen. Im Übrigen würde ein Anwartschaftsrecht sonst selbst dann entstehen, wenn die Parteien darüber einig sind, dass die Änderung im Grundbuch noch nicht eintreten soll und deshalb vorerst keine Anträge stellen.[24] Umgekehrt schade es aber nicht, dass § 17 GBO lediglich eine Ordnungsvorschrift ist, die die Position des Erwerbers nicht restlos absichert. Es reiche vielmehr aus, wenn eine Beeinträchtigung der Rechtsposition des Erwerbers nach dem normalen Verlauf der Dinge nicht zu erwarten ist[25] oder jedenfalls nicht mehr einseitig durch den Veräußerer bewirkt werden kann.[26]

Konsequenz: C hat kein Anwartschaftsrecht erworben, weil B den Antrag auf Eintragung noch nicht gestellt hat und daher selbst noch nicht Anwartschaftsberechtigter war.

538   cc) **MM: Kein Anwartschaftsrecht**

Ein Teil der Lehre lehnt ein Anwartschaftsrecht des Auflassungsempfängers zur Gänze ab.[27] Im Unterschied zum Vorbehaltskäufer gem. § 161 BGB sei der Erwerber einer Liegenschaft gem. § 17 GBO nur unzureichend abgesichert. Eine mögliche Verletzung der Prioritätsregel gem. § 17 GBO lasse die eingetragene dingliche Rechtslage unberührt und führe allenfalls zu Amtshaftungsansprüchen. Anders als bei beweglichen Sachen bestehe auch kein wirtschaftliches Bedürfnis für die Anerkennung eines Anwartschaftsrechts, weil als Vollstreckungs- und Kreditgrundlage der schuldrechtliche Anspruch auf Übertragung, der seinerseits durch eine Vormerkung sicherbar ist, ausreiche. Insgesamt handele es sich beim Anwartschaftsrecht des Auflassungsempfängers um ein überflüssiges Konstrukt der Wissenschaft, zumal bei einer „Kettenauflassung" § 185 I BGB die Weiterveräußerung ermöglicht.

Konsequenz: C erwirbt kein Anwartschaftsrecht, weil es ein solches Recht (zumindest) beim Liegenschaftserwerb überhaupt nicht gibt.

539   3. C könnte das Eigentum ferner dadurch erlangt haben, dass **B mit Einwilligung des A gem. §§ 873, 925, 185 I BGB über das Grundstück verfügte.**

a) B und C haben sich gem. §§ 873, 925 BGB wirksam **geeinigt.**

---

[19] Vgl. nur *Hager* JuS 1991, 1 ff. (4) mwN.

[20] Vgl. BGHZ 114, 161 ff. (164); Staudinger/*Pfeifer*, BGB, § 925 Rn. 129; Palandt/*Herrler*, BGB, § 925 Rn. 26.

[21] *Beachte:* Mangels Eintragungsfähigkeit ist auch kein gutgläubiger Erwerb des Anwartschaftsrechts möglich!

[22] Vgl. *OLG Nürnberg* NJW 2015, 562 ff. (563 f.); BGHZ 49, 197 ff. (205) = NJW 1968, 493 ff. (495); *Wolf/Wellenhofer*, Sachenrecht, § 17 Rn. 49.

[23] Vgl. BGHZ 114, 161 ff. (166) mwN = NJW 1991, 2019 f. (2020) mit folgender Variante:

Sachverhalt: Nach Auflassung und Eintragung einer Vormerkung zugunsten von A wird auf dem Nachbargrundstück von N eine Sprengung unsachgemäß durchgeführt, weshalb am Haus Risse auftreten.

Gründe: Es besteht ein Schadensersatzanspruch A gegen N gem. § 823 II iVm § 909 BGB, weil § 909 BGB (Verbot der Vertiefung) ein Schutzgesetz beinhaltet, das auch zugunsten des A wirkt, der bereits Inhaber eines Anwartschaftsrechts war. Daneben besteht noch ein Anspruch aus § 823 I BGB, weil das Anwartschaftsrecht ein „sonstiges Recht" verkörpert.

[24] BGHZ 106, 108 ff. (111 f.) = NJW 1989, 1093 f. (1094) = JuS 1989, 672 f. mAnm *K. Schmidt*.

[25] BGHZ 49, 197 ff. (201 f.) = NJW 1968, 493 ff. (494).

[26] BGHZ 83, 395 ff. (399) = NJW 1982, 1639 f. (1640).

[27] Vgl. *Habersack* JuS 2000, 1145 ff. (1146 ff.); *Medicus/Petersen*, Bürgerliches Recht, Rn. 469; *Mülbert* AcP 202 (2002), 912 ff. (923 ff.).

b) Des Weiteren wurde C ins Grundbuch **eingetragen**. Die formellen liegenschaftsrechtlichen Bestimmungen über die Eintragung (Antrag gem. § 13 GBO, formelles und materielles Konsensprinzip gem. §§ 19, 20 GBO, Voreintragungserfordernis gem. § 39 GBO) sind bloße Ordnungsvorschriften.

c) Fraglich ist, ob B auch verfügungsberechtigt war. Da B nicht Eigentümer des Grundstücks wurde, kommt nur eine **Berechtigung gem. § 185 I BGB** in Betracht.

aa) Eine Zustimmung gem. § 185 I BGB wurde zwar nicht explizit erteilt, doch ist **mit einer Auflassungserklärung idR eine konkludente Einwilligung** zur Weiterveräußerung verbunden,[28] weil der übertragende Eigentümer in seiner Rechtsstellung nicht mehr beeinträchtigt wird, während der Auflassungsempfänger ein starkes Interesse daran hat, weiterverfügen zu können. Etwas anderes gilt nur in Ausnahmefällen, bspw. wenn ein rechtsgeschäftliches Veräußerungsverbot vereinbart wurde.[29] **540**

bb) Ferner ist grundsätzlich erforderlich, dass B **zum Zeitpunkt der intendierten Rechtsänderung verfügungsbefugt** war. Dies ist hier fraglich, weil B nach Auflassung und Antragstellung, aber noch vor Eintragung des C insolvent wurde. Gem. § 80 I InsO geht mit Eröffnung des Insolvenzverfahrens die Verfügungsbefugnis auf den Insolvenzverwalter über, spätere Verfügungen des Schuldners sind gem. § 81 I 1 InsO unwirksam. Davon erfasst wird zwar nur das eigene Vermögen des Insolvenzschuldners und nicht die Verfügung über fremdes Vermögen gem. § 185 I BGB. Vorliegend hat B jedoch auch über eigenes Vermögen disponiert, weil er als Auflassungsempfänger schon eine verwertbare Rechtsposition erlangt hat.[30] Im Ergebnis ist mithin festzuhalten, dass B zu dem Zeitpunkt, in dem der Verfügungstatbestand vollendet werden sollte, **keine Verfügungsmacht mehr besaß**. **541**

cc) Ein Erwerb des C könnte trotzdem stattgefunden haben, sofern die **Regelung des § 878 BGB über die Irrelevanz nachträglicher Verfügungsbeschränkungen** eingreift. Eine unmittelbare Normanwendung scheidet allerdings von vornherein aus, weil nicht der Berechtigte A als Rechtsinhaber, sondern der Ermächtigte B in seiner Verfügungsmacht beschränkt wurde. Die Möglichkeit einer analogen Anwendung ist umstritten: *Wenn jmd zur Verfügung ermächtigt wird:* **542**

(1) **Rspr.: Unanwendbarkeit von § 878 BGB** **543**

Nach der Rechtsprechung[31] kann ein mit Einwilligung des Berechtigten handelnder Nichtberechtigter zwar gem. § 185 I BGB wirksam über das fremde Recht verfügen, werde aber dadurch noch keineswegs zum Rechtsinhaber iSv § 878 BGB. Neben dem **klaren Wortlaut des § 185 I BGB** sei kennzeichnend, dass eine Einigung über eine Rechtsänderung mit einem noch gar nicht im Grundbuch Eingetragenen intendiert werde. Der potentielle Erwerber **löse sich damit selbst vom Eintragungszwang**, an den die Privilegierung des § 878 BGB anknüpfe.

(2) **HL: Analoge Anwendung von § 878 BGB** *Regelungslücke?* **544**

Die hL interpretiert § 878 BGB dahingehend, dass ein Erwerber umfassend geschützt werden muss, sofern er zur Vollendung des Rechtserwerbs bereits alles ihm Mögliche getan hat.[32] Es gelte deshalb, den Erwerber insbesondere auch **vor Nachteilen aus dem Erfordernis staatlicher Mitwirkung** *→ Eintragung ins GB* **am Rechtserwerb zu schützen**. § 878 BGB wolle die Gefahren des Eintragungsgrundsatzes ganz generell mildern, also auch dann, wenn ein Grundstück gem. § 185 I BGB mit Einwilligung des Berechtigten erworben wird. Bestünde das Eintragungserfordernis nicht, wäre ein Rechtserwerb gem. § 185 I BGB ohnehin wirksam herbeigeführt worden.[33] Die Verfügung des Ermächtigten sei daher ähnlich wie bei der Stellvertretung derjenigen des Berechtigten gleichzustellen.

4. **Ergebnis:** Folgt man der vorzugswürdigen hL, hat C das Eigentum an dem Grundstück gem. §§ 873, 925, 185 I BGB erlangt. Die Insolvenz des B bleibt analog § 878 BGB unbeachtlich. Ein Anspruch A gegen C aus § 894 BGB besteht somit nicht.

---

28 Vgl. *BGH* NJW 1997, 936 f. (937); *Habersack* JuS 2000, 1145 ff. (1148).
29 Vgl. *BGH* NJW 1997, 936 f. (937).
30 Vgl. Staudinger/*Gursky*, BGB, § 878 Rn. 61; *Schneider* MDR 1994, 1057 ff. (1061).
31 Vgl. BGHZ 49, 197 ff. (207) mwN.
32 Vgl. MüKoBGB/*Kohler*, § 878 Rn. 12; *Prütting*, Sachenrecht, Rn. 153; *Wolf/Wellenhofer*, Sachenrecht, § 17 Rn. 45.
33 Staudinger/*Gursky*, BGB, § 878 Rn. 63.

545   II. Weitere Ansprüche, insbesondere ein schuldrechtlicher Berichtigungsanspruch gem. § 812 I 1 BGB
      sowie der allgemeinere Beseitigungsanspruch aus § 1004 I BGB, scheiden ebenfalls aus.

546   **IV. Der Rang der Grundstücksrechte**

      1. Die Bedeutung des Rangs

- Die Rangstelle im Grundbuch ist namentlich für Grundpfandrechte (Hypothek, Grundschuld, Rentenschuld) von zentraler Bedeutung. Grundpfandrechte sind dingliche Verwertungsrechte, aufgrund derer der Berechtigte die Zwangsversteigerung (sowie die Zwangsverwaltung) des Grundstücks betreiben kann (*Anspruchsgrundlage ist § 1147 BGB bzw. §§ 1192 I, 1147 BGB*). Sind an einem Grundstück mehrere Grundpfandrechte bestellt, entsteht offenkundig eine Konkurrenzsituation. In diesem Fall ist gem. § 11 I ZVG die Rangstelle entscheidend.
- **Beispiel:** Ein Grundstück ist mit einem erstrangigen Grundpfandrecht von EUR 200.000,–, einem zweitrangigen von ebenfalls EUR 200.000,– und einem drittrangigen von EUR 100.000,– belastet. Wird in der Zwangsversteigerung auf Betreiben des erstrangigen Gläubigers das Grundstück für EUR 300.000,– veräußert, wird zunächst das erstrangige Recht voll bedient, das zweitrangige Recht erhält nur noch EUR 100.000,– und das drittrangige geht leer aus (für letztere sind deshalb regelmäßig höhere Zinsen zu zahlen, gleichsam als Risikoaufschlag).[34]

547   **2. Der Erwerb der Rangstelle**

a) **Die Grundsätze gem. § 879 I BGB**

  aa) **Das Locusprinzip**

    Die Rangordnung von mehreren Rechten in derselben Abteilung des Grundbuchs bestimmt sich gem. § 879 I 1 BGB nach der räumlichen Reihenfolge der Eintragungen.

  bb) **Das Tempusprinzip**

    Die Rangordnung von mehreren Rechten in verschiedenen Abteilungen bestimmt sich gem. § 879 I 2 BGB nach dem angegebenen Eintragungsdatum (Ausnahme: bei gleichem Datum gleicher Rang).

  cc) **Verfahrensrechtliche Implikationen**

    (1) **Grundregel:** Nach §§ 17, 45 GBO sind die Anträge, die dasselbe Grundstück betreffen, in der Reihenfolge zu erledigen, in der sie beim Grundbuchamt eingehen.

    (2) **Problem:** G beantragt am 1.7.2016 die Eintragung einer Grundschuld; am 5.7.2016 beantragt H die Eintragung einer Hypothek. Aus Versehen trägt der Grundbuchbeamte zuerst die Hypothek ein. Rechte des G?[35]

      (a) Anspruch auf Grundbuchberichtigung gem. § 894 BGB

        (aa) Das Grundbuch ist nicht unrichtig, weil H zuerst eingetragen wurde und damit gegenüber G den Vorrang hat, § 879 I 1 BGB; der Verstoß gegen §§ 17, 45 GBO ist nur formeller Natur und schlägt auf die materielle Rechtslage nicht durch; somit kein Anspruch aus § 894 BGB (und auch nicht aus § 22 GBO).

        (bb) Beachte: Nach hM genießt H sogar dann Vorrang, wenn G zwar zuerst eingetragen wird, aber H später versehentlich räumlich vor G den Eintrag erhält (sehr str.[36]).

---

[34] Ausführlicher zur Zwangsversteigerung von Grundstücken *Piekenbrock/Schmidt-Volkmar* JURA 2009, 641 ff.
[35] Ausführlich *Gursky,* Klausurenkurs im Sachenrecht, Rn. 1 ff.
[36] Vgl. näher *Baur/Stürner,* Sachenrecht, § 17 Rn. 17 f.

(b) Anspruch aus ungerechtfertigter Bereicherung gem. § 812 I 1 Alt. 2 BGB (auf Rangänderung iSv § 880 BGB)

(aa) H hat die bessere Rangstelle erlangt.

(bb) Dies geschah jedoch nicht ohne Rechtsgrund, weil § 879 BGB auch im Fall verfahrensfehlerhaft zustande gekommener Eintragungen eine definitive Fixierung der Rangverhältnisse anstrebt (hM); nach der MM genügt das Anwartschaftsrecht des G als Grundlage der Eingriffskondiktion.[37]

(c) Nach hM verbleibt G ggf. nur ein Amtshaftungsanspruch gem. Art. 34 GG, § 839 BGB.

b) Modifikationen

aa) die **Parteivereinbarung** gem. § 879 III BGB

bb) die **nachträgliche Änderung** gem. § 880 BGB

cc) der **Vorbehalt** gem. § 881 BGB

V. Die Vormerkung[38]   548

Normalfall: E verkauft an K ein Grundstück. Zur Sicherung des Anspruchs auf Übereignung gem. § 433 I 1 BGB (beachte: Trennungsprinzip!) bewilligt E zugunsten des K eine Vormerkung, die sogleich ins Grundbuch eingetragen wird.[39] Kurze Zeit später bietet D einen wesentlich höheren Kaufpreis. E verkauft daraufhin das Grundstück an D, beide erklären die Auflassung und es wird sodann D als neuer Eigentümer ins Grundbuch eingetragen.

1. Wirkungen   549

Die Vormerkung bewirkt **kein Verfügungsverbot** (dh E konnte noch zugunsten des D verfügen), **keine Grundbuchsperre** (dh D konnte als neuer Eigentümer eingetragen werden) und **keinen Schuldübergang** auf den Erwerber (dh kein Anspruch K gegen D auf Übereignung gem. § 433 I 1 BGB). Das Gesetz sieht vielmehr folgende Wirkungen vor:

a) Die Sicherungswirkung gem. § 883 II BGB   550

aa) Relative Unwirksamkeit
- vgl. § 883 II 1 BGB: „Eine Verfügung (…) ist insoweit unwirksam, als sie den Anspruch vereiteln oder beeinträchtigen würde."
- die Unwirksamkeit ist in zweifacher Hinsicht relativ: zum einen persönlich (dh nur dem Geschützten gegenüber) und zum anderen inhaltlich (dh nur im Umfang der Vereitelung oder Beeinträchtigung des gesicherten Anspruchs)

bb) Durchsetzung des Anspruchs
- wegen der relativen Unwirksamkeit ist der **herkömmliche Schuldner weiterhin zur Erfüllung verpflichtet und in der Lage** (dh E kann die Auflassung wirksam erklären)
- **aber:** falls der Dritte bereits im Grundbuch eingetragen ist, muss dieser aufgrund des formellen grundbuchrechtlichen Konsensprinzips die Eintragung des Vormerkungsberechtigten bewilligen; folgerichtig gibt § 888 BGB dem Vormerkungsberechtigten einen entsprechenden Anspruch auf Zustimmung (beachte: dieser Anspruch ist nur verfahrensrechtlicher Natur, damit die Eintragung erfolgen kann, und betrifft gerade nicht die materiellrechtliche Einigungserklärung)

---

[37] Vgl. *Larenz/Canaris*, Schuldrecht II/2, § 69 I 3 d.
[38] Ausführlich *Hager* JuS 1990, 429 ff.; *Löhnig/Gietl* JuS 2008, 102 ff.
[39] Zu den *Voraussetzungen* einer Vormerkung (sicherungsfähiger Anspruch, Bewilligung, Berechtigung, Eintragung im GB) s. bereits → Rn. 522.

551   **b) Die Rangwirkung gem. § 883 III BGB**

- der Rang des Rechts, auf dessen Einräumung der Anspruch gerichtet ist, bestimmt sich nach der **Eintragung der Vormerkung**, vgl. § 883 III BGB
- **Beispiel:** Wurde für K eine Hypothekenvormerkung eingetragen und erfolgt später die Eintragung einer Hypothek zugunsten von D, erhält K den besseren Rang

552   **c) Die Vollwirkung**[40]

- gem. § 106 I InsO kann der Vormerkungsberechtigte vom Insolvenzverwalter Erfüllung des Anspruchs verlangen[41]
- in der **Zwangsversteigerung** bleibt die Vormerkung bestehen, sofern sie gegenüber dem betreibenden Gläubiger Priorität hat, § 883 II 2 BGB
- gem. § 884 BGB kann sich der Erbe des Verpflichteten nicht auf die Beschränkung seiner Haftung berufen

553   **2. Anspruchsgrundlagen**

Man kann in einer „Vormerkungsklausur" die Fallfrage entweder aus Sicht des Vormerkungsberechtigten oder aus Sicht des Dritten stellen. Die Probleme bleiben die gleichen, nur die Anspruchsgrundlagen variieren:

554   **a) Aus Sicht des Vormerkungsberechtigten**

Bezogen auf den obigen Normalfall lautet die typische Fallfrage: Welche Ansprüche hat K gegen E und D?

aa) Anspruch K gegen E gem. § 433 I BGB auf Auflassung des Grundstücks

(1) Wirksamer Kaufvertrag

(2) Anspruch auch nicht gem. § 275 I BGB ausgeschlossen, weil E gegenüber K gem. § 883 II 1 BGB noch zur Übereignung imstande ist

bb) Anspruch K gegen D gem. § 888 I BGB auf Zustimmung zur Eintragung

(1) Übereignung von E an D ist dem K gegenüber gem. § 883 II 1 BGB relativ unwirksam, weil sie dessen Anspruch auf Übereignung vereiteln würde; zudem ist D auch Erwerber des Grundstücks

(2) Rechtsfolge: K kann von D die Bewilligung nach § 19 GBO zu seiner Eintragung verlangen

555   **b) Aus Sicht des Dritten**

Bezogen auf den obigen Normalfall kann die Fallfrage auch lauten: Welche Ansprüche hat D gegen K?

aa) Anspruch auf Grundbuchberichtigung gem. § 894 BGB

(1) Voraussetzung: Unrichtigkeit des Grundbuchs, dh K muss zu Unrecht als Vormerkungsberechtigter eingetragen sein (zB weil der zu sichernde Anspruch fehlt)

(2) Rechtsfolge: D kann von K Zustimmung zur Löschung der Vormerkung verlangen (sofern Vormerkung unwirksam)

---

[40] Einzelheiten bei *Baur/Stürner*, Sachenrecht, § 20 Rn. 45 ff.
[41] Beachte aber *BGH* NJW 2009, 1414 ff. (bzw. JuS 2009, 667 ff. mAnm *K. Schmidt*): Tritt der durch eine Vormerkung gesicherte Käufer nach Zahlung des Kaufpreises wegen eines Rechtsmangels vom Grundstückskaufvertrag zurück und wird danach ein Insolvenzverfahren über das Vermögen des Verkäufers eröffnet, kann der Insolvenzverwalter von dem Käufer Bewilligung der Löschung der Vormerkung verlangen (aus § 894 BGB, weil nach dem Rücktritt die gesicherte Forderung nicht mehr existiert, sowie gem. § 346 I BGB bzgl. Buchposition), ohne an ihn den Kaufpreis aus der Masse erstatten zu müssen.

bb) Anspruch auf Grundbuchberichtigung gem. § 812 I 1 Alt. 2 BGB[42]

(1) Voraussetzung: K muss auf Kosten des D die Grundbucheintragung als Vormerkungsberechtigter ohne rechtlichen Grund erlangt haben

(2) Beachte: grundsätzliche Subsidiarität der Eingriffskondiktion

3. Analoge Anwendung der §§ 987 ff.[43]

556

Die Problematik der Anwendbarkeit der §§ 987 ff. stellt sich sowohl zugunsten des Dritterwerbers als auch des Vormerkungsberechtigten.

a) Macht der **vormerkungswidrig eingetragene Erwerber (D)** notwendige Verwendungen, indem er bspw. das Dach repariert, besteht nach hM ein Anspruch analog § 994 II BGB iVm GoA (typischerweise kein Anspruch analog § 994 I BGB wegen Bösgläubigkeit des D). D hat zwar als Eigentümer (und nicht als nicht berechtigter Besitzer) die Verwendungen vorgenommen, doch ist aufgrund der ähnlichen Interessenlage § 994 II BGB analog anwendbar. Ein Ersatz für nützliche Verwendungen gem. § 996 BGB scheidet bei Bösgläubigkeit aus.

b) Der **Vormerkungsberechtigte** kann vom vormerkungswidrig eingetragenen Erwerber Herausgabe der Nutzungen analog § 987 BGB verlangen, sofern sie ihm nach § 292 BGB auch gegenüber dem Rückübertragungsschuldner zustehen (vgl. BGHZ 144, 323 ff. sowie → Rn. 221)

4. Akzessorietät _Abhängigkeit des Bestehens eines Rechts vom Bestehen eines anderen Rechts_

ZR Akzessorität bei Sicherungsrechten!

557

Da eine Vormerkung der Sicherung eines obligatorischen Anspruchs dient, ist sie streng akzessorisch. Beachte vor allem folgende Probleme:

a) **„Wiederaufladung"** (unrichtig gewordene Eintragung einer Vormerkung kann durch nachträgliche Bewilligung für einen neuen Anspruch verwendet werden, wenn Anspruch, Eintragung und Bewilligung kongruent sind; vgl. *BGH* NJW 2012, 2032 ff. sowie → Rn. 709)

b) **Fortbestand der Vormerkung nach Schuldübernahme** (wenn der Übernehmende zeitgleich Inhaber des von der Vormerkung betroffenen Rechts wird; vgl. *BGH* NJW 2014, 2431 ff. sowie → Rn. 710)

c) **Keine rückwirkende Heilung** formnichtiger Verträge (vgl. → Rn. 564)

5. Abgrenzung zum Widerspruch gem. § 899 BGB[44]

558

a) Der Widerspruch wendet sich gegen die Richtigkeit des Grundbuchs und dient primär dazu, einen gutgläubigen Erwerb zu verhindern (vgl. § 892 BGB); die Vormerkung sichert hingegen einen schuldrechtlichen Anspruch auf Einräumung eines dinglichen Rechts; **Merkspruch:** _„Der Widerspruch protestiert, die Vormerkung prophezeit"._

b) _steigernd_ Kumulative Eintragung und gegenseitige **Umdeutung** beider Rechtsbehelfe ist möglich. Beispiel: V veräußert ein Grundstück an K. Es bestehen Zweifel, ob die Auflassung oder nur das zugrundeliegende obligatorische Geschäft wegen § 123 BGB nichtig ist. Im ersten Fall käme ein Anspruch V gegen K gem. § 894 BGB, verbunden mit einer vorläufigen Sicherung gem. § 899 BGB in Betracht; im zweiten Fall wäre der Kondiktionsanspruch gem. § 812 I 1 Alt. 1 BGB durch eine Vormerkung gem. § 883 BGB abzusichern.

---

[42] S. dazu auch schon → Rn. 180.
[43]   S. auch *Petersen* JURA 2016, 495 ff. (496); *Wolf/Wellenhofer*, Sachenrecht, § 18 Rn. 30 f.
[44]   Daneben besteht auch noch die Möglichkeit, einen sog *Rechtshängigkeitsvermerk* in das Grundbuch eintragen zu lassen, um den Gutglaubensschutz gem. § 325 II ZPO (Rechtskraftwirkung) auszuschließen; s. näher MüKoBGB/*Kohler*, § 899 Rn. 30 f.; *Zeising* ZJS 2010, 1 ff.

Fall 14: „Ein Schloss am Chiemsee – Teil I"

Sachverhalt

Nach einer dramatischen Ehescheidung geriet der Schlagersänger *Victor* (V) in eine massive finanzielle Krise. Ende des Jahres 2015 verkaufte er daher schweren Herzens ein ihm noch verbliebenes Schlossgrundstück am Chiemsee zum Preis von EUR 3 Mio. an seinen Kollegen *Krölemann* (K). Aus steuerlichen Gründen wurde im notariellen Kaufvertrag allerdings nur ein Preis von EUR 1,5 Mio. angegeben. Zur Sicherung des Auflassungsanspruchs wurde für K am 29.11.2015 eine Vormerkung im Grundbuch eingetragen. Einige Tage später erwirkte *Estefania* (E), die Ex-Ehefrau von V, eine einstweilige Verfügung, aufgrund derer am 30.12.2015 eine Vormerkung zur Sicherung des Anspruchs auf Eintragung einer Dienstbarkeit in das Grundbuch aufgenommen wurde. Dieser Anspruch auf Eintragung der Dienstbarkeit beruht auf einer wirksamen Scheidungsvereinbarung, wonach V der E gem. § 1093 BGB das Recht einräumt, die im Souterrain gelegene Einliegerwohnung unter Ausschluss des Eigentümers zu benutzen. Am 27.1.2016 wurde K nach vorheriger Auflassung als Eigentümer ins Grundbuch eingetragen. E begehrt nunmehr von K Zustimmung zur Eintragung der Dienstbarkeit.

Mit Recht?

Variante 1:

E erhebt am 30.1.2016 Klage gegen K auf Zustimmung zur Eintragung der Dienstbarkeit. Der Prozess zieht sich in die Länge und wird schließlich von K verloren. E entsteht durch die erforderliche zwischenzeitliche Anmietung einer Ersatzwohnung ein Schaden von EUR 10.000,–.

Kann E von K Zahlung von EUR 10.000,– verlangen?

Variante 2:

V überlässt im Rahmen der Scheidungsvereinbarung auf Anraten seiner Anwälte das Schlossgrundstück seiner Frau E und bewilligt eine entsprechende Auflassungsvormerkung, die sogleich in das Grundbuch eingetragen wird. In seinem Inneren fühlt sich V freilich um die Erträge seiner künstlerischen Arbeit gebracht, sucht nach Satisfaktion und vermietet das Schloss schließlich für zehn Jahre fest an die Eheleute *Moser* (M), die umgehend in ihr neues Domizil einziehen.

Kann E nach Auflassung und Eintragung ins Grundbuch von M die Herausgabe des Grundstücks verlangen?

Lösung

559   I.   Ein **Berichtigungsanspruch gem. § 894 BGB** scheidet von vornherein aus, da E noch nicht Inhaberin eines eintragungsfähigen Rechts ist. Ein dingliches Wohnungsrecht wird gem. §§ 1090, 1093 iVm § 873 I BGB durch Einigung und Eintragung erworben. Bislang besteht zwischen V und E aber lediglich eine schuldrechtliche Vereinbarung, und selbst dann, wenn man eine dingliche Einigung unterstellt, fehlt auf jeden Fall die Eintragung der Dienstbarkeit ins Grundbuch.

560   II.   Es könnte jedoch ein **Anspruch E gegen K auf Zustimmung zur Eintragung der Dienstbarkeit gem. § 888 I BGB** gegeben sein.

1.   Bei dem Anspruch aus § 888 BGB handelt es sich um einen **unselbständigen Hilfsanspruch**, der dem vorgemerkten Gläubiger gegen den Erwerber einen wegen des formellen Konsensprinzips gem. § 19 GBO notwendigen Anspruch auf Zustimmung zu seiner Eintragung gewährt. Es stellt sich deshalb die Frage, ob E nicht zunächst gegen V mit ihrem Anspruch auf Bestellung der Dienstbarkeit (Abschluss des dinglichen Vertrages) vorgehen muss und erst im Anschluss daran ihre Rechte gegen K

geltend machen kann. Die ganz hM billigt dem Vormerkungsberechtigten jedoch allein schon aus Gründen der Zweckmäßigkeit ein entsprechendes Wahlrecht zu, und es ist auch in der Tat nicht ersichtlich, warum man den Vormerkungsberechtigten zu einer „Vorausklage" zwingen sollte.[45]

2. Nach § 888 I BGB kann derjenige, zu dessen Gunsten eine Vormerkung besteht, von dem Erwerber, soweit der Erwerb des eingetragenen Rechtes dem Vormerkungsberechtigten gegenüber unwirksam ist, die Zustimmung zu der Eintragung verlangen, die zur Verwirklichung des durch die Vormerkung gesicherten Anspruchs erforderlich ist.   **561**

a) Als erste Tatbestandsvoraussetzung ist danach zu prüfen, ob E eine Vormerkung erworben hat.

aa) Zugunsten der E wurde eine Vormerkung zur Sicherung des Anspruchs auf Bestellung einer Dienstbarkeit in das Grundbuch **eingetragen.**

bb) Diese Eintragung muss gem. § 885 I 1 BGB entweder aufgrund einer einstweiligen Verfügung[46] oder einer Bewilligung[47] erfolgt sein. Hier hat E eine **einstweilige Verfügung** zur Eintragung einer Vormerkung erlangt.

cc) Im Fall einer Bewilligung muss der Bewilligende ferner verfügungsberechtigt sein, da die Begründung einer Vormerkung eine Verfügung über das betroffene Recht darstellt.[48] Bei einer Eintragung aufgrund einer einstweiligen Verfügung muss der Antragsgegner **Inhaber des betroffenen Rechts** sein (und zwar auch noch im Zeitpunkt der Eintragung).[49] Dies ist hier gegeben.

dd) Des Weiteren ist notwendig, dass der **gesicherte Anspruch tatsächlich besteht,** da die Vormerkung der vorläufigen Sicherung von obligatorischen Ansprüchen dient und mithin **streng akzessorisch** ist.[50] Ein schuldrechtlicher Anspruch ist zunächst wirksam entstanden, denn V hat sich im Rahmen der Scheidungsvereinbarung zur Einräumung eines Wohnungsrechts gem. § 1093 BGB verpflichtet.

ee) Die Vormerkung zugunsten der E könnte jedoch gem. § 883 II BGB gegenüber dem K relativ unwirksam sein. Die Bewilligung einer Vormerkung kann selbst eine vormerkungswidrige Verfügung sein.[51] Es stellt sich also die Frage, **ob K eine wirksame Auflassungsvormerkung erworben hat.** Bewilligung, Eintragung und Berechtigung des V sind gem. §§ 883 I, 885 BGB gegeben. Höchst zweifelhaft ist aber, ob ein durch eine Vormerkung sicherbarer obligatorischer Anspruch besteht (Akzessorietät).   **562**

(1) **Ursprüngliche Nichtigkeit des Kaufvertrages**   **563**

Die Vertragsparteien hatten aus steuerlichen Gründen im notariellen Kaufvertrag lediglich einen Preis von EUR 1,5 Mio. angegeben, obwohl sie sich auf einen Kaufpreis von EUR 3 Mio. geeinigt hatten. Der notarielle Vertrag war demnach gem. § 117 I BGB als Scheingeschäft nichtig, da er bezüglich des beurkundeten Kaufpreises von den Parteien so nicht gewollt war. Aber auch der mündlich geschlossene Vertrag (über EUR 3 Mio.) war nichtig, weil er hinsichtlich der Kaufpreisvereinbarung der erforderlichen notariellen Beurkundung entbehrte, vgl. §§ 117 II, 311b I 1, 125 BGB.[52] Zum Zeitpunkt der Eintragung der Auflassungsvormerkung bestand somit zunächst kein wirksamer Übereignungsanspruch zugunsten des K.

---

[45] Vgl. BGHZ 54, 56 ff. (62) = NJW 1970, 1541 ff. (1542) = JuS 1970, 534 f.; s. ferner auch BGHZ 186, 130 ff. (Tz. 3 ff.) mit Kurzdarstellung → Rn. 712; Staudinger/*Gursky*, BGB, § 888 Rn. 50 mwN.

[46] Im Unterschied zu §§ 936, 920 ZPO (s. dazu auch schon oben Fn. 182 zu → Rn. 261) muss der Gläubiger gem. § 885 I 2 BGB die Gefährdung seines Anspruchs nicht glaubhaft machen.

[47] Die Bewilligung ist eine einseitige, empfangsbedürftige, materiellrechtliche Willenserklärung (Ausnahme zur Einigung gem. § 873 I BGB). Sie darf nicht mit der verfahrensrechtlichen Bewilligung gem. § 19 GBO verwechselt werden, obwohl beide in einer einzigen Erklärung enthalten sein können.

[48] Vgl. *BGH* NJW 2012, 3431 ff. (Tz. 13); Staudinger/*Gursky*, BGB, § 885 Rn. 15; Palandt/*Herrler*, BGB, § 885 Rn. 10.

[49] Vgl. Staudinger/*Gursky*, BGB, § 885 Rn. 34.

[50] Vgl. näher *Hager* JuS 1990, 429 ff. (430) m. umf. N.

[51] Vgl. MüKoBGB/*Kohler*, § 883 Rn. 53; Palandt/*Herrler*, BGB, § 883 Rn. 20.

[52] *Beachte:* Der Grundsatz falsa demonstratio non nocet kommt nur zur Anwendung, wenn die Parteien *unbewusst* (!) Unrichtiges beurkunden lassen; vgl. Palandt/*Grüneberg*, BGB, § 311b Rn. 36 f.

564   **(2) Keine rückwirkende Heilung gem. § 311b I 2 BGB**

Geht man davon aus, dass sich die Vormerkung nicht nur auf den nie wirksam gewordenen notariellen Vertrag bezog, sondern auch den mündlich geschlossenen Vertrag sichern sollte,[53] stellt sich die Frage, ob die Heilung des Formmangels gem. § 311b I 2 BGB auf den Zeitpunkt dieses Vertragsschlusses zurückwirkt. Nach hL und Rspr. wirkt eine Heilung gem. § 311b I 2 BGB aber lediglich ex nunc. Für diese Position spricht zum einen der Wortlaut der Norm, der besagt, dass der formnichtige Vertrag nach Auflassung und Eintragung gültig *„wird"*. Das Wortlautargument ist auch teleologisch abgesichert durch einen Vergleich mit den §§ 141 II, 159, 184 II BGB. Diesen Normen lässt sich der allgemeine Grundsatz entnehmen, dass die rückwirkende Gültigkeit eines Rechtsgeschäfts nur inter partes wirkt und durch den Willen der Parteien nicht zu Lasten Dritter herbeigeführt werden kann.[54] Darüber hinaus wird argumentiert, dass die Heilung nach § 311b I 2 BGB überhaupt keinen sicherbaren Anspruch, und zwar nicht einmal für eine logische Sekunde, schafft, sondern nur einen „reinen Rechtsgrund" bildet.[55]

565   **(3) Kein „künftiger" Anspruch gem. § 883 I 2 BGB**[56]

Vereinzelt wird die Ansicht vertreten[57], dass der später geheilte Übereignungsanspruch im Zeitpunkt der Eintragung der Vormerkung ein „künftiger" Anspruch iSd § 883 I 2 BGB sei. Gegen diese These spricht jedoch, dass eine gesetzlich angeordnete Nichtigkeitssanktion (§ 125 BGB) nicht zu Lasten von Gläubigern eingeschränkt werden darf.[58] Im Übrigen fehlt es auch an einem „künftigen" Anspruch, solange die Entscheidung noch in das Belieben des Schuldners gestellt ist, ob er eine Erfüllung herbeiführt oder nicht.[59] In diesem Fall ist keinerlei schutzwürdiges Interesse des Gläubigers an der Sicherung seiner bloßen Erwerbsaussicht erkennbar.[60] Ein formnichtiger Grundstückskaufvertrag kann mithin keine Ansprüche erzeugen, die als tragfähige Rechtsgrundlage für eine Vormerkung in Betracht kommen.[61]

566   **(4) Keine Heilung gem. § 311b I 2 BGB durch Eintragung der Vormerkung**

Schließlich könnte man noch erwägen, dass schon die Eintragung der Vormerkung den Kaufvertrag gem. § 311b I 2 BGB heilt. Das widerspräche jedoch sowohl dem Wortlaut als auch dem Schutzzweck des § 311b I BGB, der sowohl den Veräußerer als auch den Erwerber vor übereilten Grundstücksgeschäften warnen soll.[62]

(5)   Es ist also festzuhalten, dass eine wirksame Auflassungsvormerkung zugunsten des K nicht begründet wurde, da eine sicherbare Forderung fehlte.

ff)   **Zwischenergebnis:** Die Vormerkung zugunsten der E ist wirksam entstanden; sie ist auch nicht gegenüber dem K relativ unwirksam, weil dieser mangels sicherbarem Anspruch keine eigene Vormerkung erlangte.

567   b)   K müsste ferner ein eingetragenes Recht erworben haben, das gegenüber der aus der Vormerkung berechtigten E relativ unwirksam ist.

aa)   K könnte **Eigentümer des Grundstücks** geworden sein. Laut Sachverhalt wurde K nach vorheriger Auflassung als Eigentümer ins Grundbuch eingetragen. Die Voraussetzungen eines Erwerbs

---

[53] So *Espenhain* JuS 1981, 438 ff. (441), der eine Aufspaltung als zu formalistisch kritisiert; zweifelnd BGHZ 54, 56 ff. (63) = NJW 1970, 1541 ff. (1543); *Medicus/Petersen,* Bürgerliches Recht, Rn. 555.

[54] Vgl. *Lüke* JuS 1971, 341 ff. (342); *Espenhain* JuS 1981, 438 ff. (442) mwN.

[55] So Staudinger/*Gursky,* BGB, § 883 Rn. 45.

[56] *Annex:* Ein „künftiger" Anspruch ist zB ein von den Parteien vereinbarter Rückübertragungsanspruch im Falle der Weiterveräußerung (s. hierzu auch die Übungsfälle von *Ohly/Werner* JuS 2007, 449 ff. und *Auer* JuS 2007, 1122 ff.).

[57] Vgl. *Lüke* JuS 1971, 341 ff. (343).

[58] Vgl. *Espenhain* JuS 1981, 438 ff. (443).

[59] *Künftige Ansprüche* können einen Vormerkungsschutz genießen, wenn bereits der Rechtsboden für ihre Entstehung durch ein rechtsverbindliches (insbes. ein unwiderrufliches formgültiges) Angebot soweit vorbereitet ist, dass die Entstehung des Anspruchs nur noch vom Willen des zukünftigen Berechtigten abhängt; vgl. BGHZ 116, 319 ff. (323 f.) = NJW 2006, 2408 ff. (2409) mwN.

[60] Vgl. *Preuß* AcP 201 (2001), 580 ff. (587 ff., 620 f.); *Hager* JuS 1990, 429 ff. (431).

[61] BGHZ 54, 56 ff. (64) = NJW 1970, 1541 ff. (1543).

[62] Vgl. *Rimmelspacher,* Kreditsicherungsrecht, Rn. 575 f.

gem. §§ 873, 925 BGB sind mithin erfüllt. Aufgrund des Abstraktionsprinzips erübrigt sich dabei die Frage nach der Wirksamkeit des Kaufvertrages. Zu erwägen ist lediglich, ob die beabsichtigte Steuerhinterziehung zu einer Nichtigkeit des dinglichen Vertrages gem. §§ 134, 138 BGB führt. Eine Anwendung von §§ 134, 138 BGB ist indes mit der hL und Rspr. abzulehnen, wenn, wie hier, die geplante Steuerhinterziehung nicht den Hauptzweck des Vertrages bildet.[63]

bb) Dieser Rechtserwerb des K ist **gegenüber E gem. § 883 II 1 BGB insoweit unwirksam,** als er den durch die Vormerkung gesicherten Anspruch der E auf Eintragung der Dienstbarkeit vereitelt.

c) Zur Verwirklichung des durch die Vormerkung gesicherten Anspruchs auf Bestellung eines Wohnungsrechts gem. § 1093 BGB ist des Weiteren die **Eintragung ins Grundbuch gem. § 873 I BGB erforderlich** und damit auch die entsprechende Zustimmung des K (§§ 19, 39 GBO).   **568**

3. **Ergebnis:** E kann von K gem. § 888 I BGB die Zustimmung zur Eintragung der beschränkten persönlichen Dienstbarkeit verlangen.

Variante 1:

Es könnte ein **Schadensersatzanspruch analog §§ 280 I u. II, 286 BGB** in Betracht kommen.

I. K war nach § 888 I BGB gegenüber E verpflichtet, der Eintragung einer Dienstbarkeit zuzustimmen. Da K die Abgabe dieser Erklärung verzögert hat, könnte er analog §§ 280 I u. II, 286 BGB schadensersatzpflichtig sein. Eine direkte Anwendung der §§ 280 I u. II, 286 BGB scheidet wegen deren systematischer Stellung im Schuldrecht aus. Fraglich ist allerdings, ob die Verzugsregelungen auf § 888 I BGB analog anwendbar sind.   **569**

1. Der *BGH* ist in einer älteren Entscheidung[64] davon ausgegangen, dass **die Verzugsregelungen für den Anspruch aus § 888 I BGB nicht gelten.** Die Bedeutung des § 888 I BGB erschöpfe sich in der dem Gläubiger eingeräumten Möglichkeit, die Zustimmung des Eingetragenen zu verlangen. Es handele sich um einen **unselbständigen Hilfsanspruch** mit lediglich verfahrensrechtlicher Bedeutung. Eine analoge Anwendung der Verzugsregelungen sei angesichts dieser Eigenheit des § 888 I BGB ausgeschlossen. Der Gläubiger werde dadurch auch nicht unbillig benachteiligt, da er sich wegen einer Verzögerung an seinen Schuldner halten könne.[65]   **570**

2. Diese Entscheidung wird zu Recht überwiegend abgelehnt. Die **ganz hL bejaht eine Analogie zu den Verzugsregelungen.** Entgegen den expliziten Anordnungen in § 990 II BGB und § 1146 BGB fehlt zwar eine ausdrückliche Bestimmung, doch gebietet die Interessenlage eine Anwendung der Verzugsregelungen auf den sachenrechtlichen Anspruch aus § 888 I BGB. Durch die Nichtanwendung der Verzugsvorschriften würde man dem Dritten geradezu einen **Anreiz geben, die Anspruchserfüllung pflichtwidrig hinauszuzögern.**[66] Verweist man den Vormerkungsberechtigten auf eventuelle Schadensersatzansprüche gegen den Schuldner, so ist dies kein adäquater Ausgleich, weil der Schuldner von der Haftung befreit oder zwischenzeitlich insolvent geworden sein kann. Darüber hinaus spricht die Entstehungsgeschichte des § 888 I BGB für eine analoge Anwendung.[67] Mittlerweile hat sich auch der *BGH* dieser Auffassung angeschlossen.[68]   **571**

II. Voraussetzung eines Schadensersatzanspruchs wegen Verzugs ist des Weiteren, dass die Verzögerung der Leistung auf einem Umstand beruht, den der **Schuldner zu vertreten hat, § 280 I 2 BGB.** Ein solches Verschulden ist im vorliegenden Fall auch anzunehmen, da ein Schuldner sich grundsätzlich nicht darauf verlassen darf, dass die von ihm vertretene Rechtsansicht die richtige ist.[69]   **572**

---

[63] Vgl. BGHZ 136, 125 ff. (132) = NJW 1997, 2599 ff. (2601); Palandt/*Ellenberger*, BGB, § 134 Rn. 23.
[64] BGHZ 49, 263 ff. = NJW 1968, 788 ff. m. kritischer Anm. von *Reinicke*.
[65] BGHZ 49, 263 ff. (266 f.) = NJW 1968, 788 ff. (790 f.).
[66] Vgl. *Medicus/Petersen*, Bürgerliches Recht, Rn. 451.
[67] S. näher Staudinger/*Gursky*, BGB, § 888 Rn. 64 mwN.
[68] *BGH* NJW 2016, 2104 ff.
[69] S. zur Problematik des Rechtsirrtums näher Palandt/*Grüneberg*, BGB, § 276 Rn. 22.

573   III. Die übrigen Voraussetzungen des Verzugs sind mit der **Klageerhebung** ebenfalls erfüllt (§ 286 I 2 BGB).

IV. Ergebnis: K hat der E den Verzugsschaden in Höhe von EUR 10.000,– analog §§ 280 I u. II, 286 BGB zu ersetzen.

Variante 2:

574   I. E könnte gegen M einen **Herausgabeanspruch gem. § 985 BGB** haben, sofern M kein **Recht zum Besitz gem. § 986 BGB** zusteht. Eine solche Einwendung könnte sich aus dem zwischen M und V geschlossenen Mietvertrag ergeben. Anhaltspunkte für eine Unwirksamkeit des Vertrages wegen Sittenwidrigkeit sind nicht ersichtlich. Der Mietvertrag wurde aber nicht zwischen E und M, sondern mit V geschlossen. Da E das Schlossgrundstück erst nach Abschluss des Mietvertrages und nach Besitzüberlassung an M erworben hat, tritt E grundsätzlich gem. § 566 I BGB anstelle des V in dessen Verpflichtungen aus dem Mietvertrag ein, es sei denn, die bei der Besitzüberlassung an M bereits bestehende Vormerkung schließt einen Vertragsübergang nach § 566 I BGB aus. Dies ist umstritten:

575   1. **Analoge Anwendung von § 883 BGB**

Eine Vermietung oder Verpachtung ist zwar begrifflich keine „Verfügung" iSv § 883 II 1 BGB,[70] doch wird in der Literatur von zahlreichen Autoren eine analoge Anwendung befürwortet:[71] Wenn die Norm den vorgemerkten Gläubiger gegen anspruchswidrige Verfügungen schützt, so muss dies **erst recht auch für obligatorische Verträge gelten**;[72] anderenfalls würde der Mieter besser gestellt werden als der Erwerber eines dinglichen Wohnungsrechts nach § 1093 BGB, der dem Inhaber eines gesicherten Anspruchs auf Übertragung des Grundstücks zu weichen hätte;[73] diesen **Wertungswiderspruch** gelte es zu vermeiden. In der Folge kann der neue Grundstückseigentümer vom Mieter das Grundstück herausverlangen, da er analog § 883 II BGB an den Mietvertrag nicht gebunden ist.

576   2. **Unanwendbarkeit von § 883 BGB**

Die Gegenansicht wird vor allem von der Rechtsprechung vertreten:[74] Eine Gleichsetzung von Verfügung und Vermietung verbiete sich, weil der Erwerber eines vermieteten Objekts auch **in die Rechte des Vermieters aus dem Vertrag eintrete**. Dies sei vor allem dann von Vorteil, wenn er das Grundstück nur als Kapitalanlage erworben hat. Es sei darüber hinaus auch nicht einzusehen, warum der Erwerber vor dem Mieter den Vorzug haben soll. Beide haben jeweils nur einen schuldrechtlichen Anspruch. Des Weiteren hat der Mieter in aller Regel auch keine Veranlassung, vor Abschluss eines Mietvertrages das Grundbuch einzusehen, und pflegt dies auch nicht zu tun.[75]

Diese Ansicht des *BGH* verdient Zustimmung, weil sie nicht nur eine Missachtung von § 566 I BGB verhindert, sondern auch im Rahmen einer verfassungskonformen Auslegung von § 883 II BGB geboten ist. Bei Berücksichtigung des Sozialstaatsprinzips gem. Art. 20 I GG (iVm Art. 1 GG) sowie der Sozialbindung des Eigentums gem. Art. 14 GG verdienen die **existentiellen Interessen des Mieters Vorrang** vor dem bloßen Sicherungsanliegen eines Grundstückserwerbers. Deshalb ist auch der **Vergleich mit § 1093 BGB verfehlt**. Hinzu kommt, dass sich der Erwerber unschwer durch eine **frühzeitige Inbesitznahme des Objekts sichern kann**, wodurch eine Verwirklichung des Tatbestands des § 566 I BGB verhindert wird. Ein Anspruch aus § 985 BGB ist daher richtigerweise ausgeschlossen.

---

[70] Vgl. nur *Hager* JuS 1990, 429 ff. (434) mwN.

[71] Vgl. *Prütting*, Sachenrecht, Rn. 190; Palandt/*Herrler*, BGB, § 883 Rn. 20 mwN.

[72] Staudinger/*Gursky*, BGB, § 883 Rn. 210 f.

[73] *Hager* JuS 1990, 429 ff. (434).

[74] BGHZ 13, 1 ff. (4 f.) = NJW 1954, 953 f. (954); zustimmend *Brehm/Berger*, Sachenrecht, 13.14.

[75] *Beachte:* Der Mieter bleibt nach hM ungeschützt, wenn er vom eingetragenen Bucheigentümer mietet, weil es sich nur um einen schuldrechtlichen Besitzüberlassungsvertrag und nicht um eine Verfügung handelt (vgl. Staudinger/*Gursky*, BGB, § 892 Rn. 73 und § 893 Rn. 7, 24 mwN). Ein Blick ins Grundbuch wäre für den Mieter danach nur insoweit von Nutzen, als das Grundbuch die wirkliche Rechtslage normalerweise korrekt wiedergibt. Richtigerweise verdient der Wohnungsmieter jedoch einen Schutz analog § 893 BGB (vgl. *Canaris* FS Flume, 1978, S. 371 ff., 403).

II. Ansprüche aus § 861 BGB und § 1007 I, II BGB sind nicht gegeben, da M den Besitz am Schloss-grundstück nicht durch verbotene Eigenmacht oder gegen den Willen des V erlangt hat und E da-rüber hinaus auch nicht zuvor Grundstücksbesitzerin gewesen ist.

577

Fall 15: „Ein Schloss am Chiemsee – Teil II"

Sachverhalt

V ist als Eigentümer des Schlossgrundstücks im Grundbuch eingetragen, doch ist die wahre Eigentüme-rin des Anwesens seine Ex-Ehefrau E. Ende des Jahres 2015 verkaufte V durch notariellen Vertrag das Grundstück an den gutgläubigen K und bewilligte eine Auflassungsvormerkung. Kurz nachdem die Vor-merkung am 29.11.2015 im Grundbuch eingetragen worden war, erwirkte E eine einstweilige Verfü-gung, aufgrund derer am 30.12.2015 ein Widerspruch gegen die Eintragung des V als Eigentümer des Grundstücks aufgenommen wurde.

Kann K Eigentümer des Grundstücks werden, und wie muss er dazu gegebenenfalls vorgehen?

Variante:

K ist von Anfang an über die wahre Eigentumslage informiert. Nach Eintragung der Auflassungsvormer-kung am 29.11.2015 tritt K den Anspruch auf Übereignung des Schlossgrundstücks an den gutgläubigen G ab. G wird sodann als Vormerkungsberechtigter im Grundbuch eingetragen. Als E hiervon Kenntnis erlangt, begehrt sie von G Zustimmung zur Löschung der Vormerkung.

Zu Recht?

Lösung

Ein Eigentumserwerb des K an dem Grundstück kommt durch Auflassung und Eintragung in das Grundbuch gem. §§ 925, 873 BGB zustande.

I. K könnte gegen V einen **Anspruch auf Auflassung** des Grundstücks **gem. § 433 I 1 BGB** haben.

578

1. Zwischen K und V wurde ein **formgültiger Kaufvertrag** geschlossen, aufgrund dessen sich der V verpflichtet hat, das Eigentum an dem Schlossgrundstück auf K zu übertragen.

2. V war jedoch selbst nicht Eigentümer des verkauften Grundstücks, sodass ein Fall **anfänglichen Un-vermögens** gem. § 275 I BGB vorliegen könnte. Zu beachten ist indes, dass eine Genehmigung der E gem. § 185 I BGB noch möglich wäre und zudem ein gutgläubiger Erwerb in Betracht kommt. V ist somit gem. § 433 I 1 BGB iVm dem Kaufvertrag zur Übereignung des Grundstücks und zur Ab-gabe der Auflassungserklärung prinzipiell verpflichtet.

579

3. Der Anspruch des K auf Übereignung des Grundstücks könnte jedoch aufgrund des Widerspruchs der E wegen **nachträglichen Unvermögens gem. § 275 I BGB** erloschen sein. Es stellt sich folglich die Frage, ob V als bloßer **Buchberechtigter** nach Eintragung des Widerspruchs zugunsten der E das Grundstück noch an K zu übereignen vermag.

580

a) Ein **unmittelbarer gutgläubiger Erwerb des Grundstücks gem. § 892 I BGB** scheidet von vornherein aus, da ein **Widerspruch** gegen die Eintragung des V als Eigentümer erfolgte. Der vor der Eintra-gung des K eingetragene Widerspruch zerstört den öffentlichen Glauben des Grundbuchinhalts und schließt den gutgläubigen Erwerb des K gem. §§ 873, 925, 892 I BGB definitiv aus.[76] § 892 II BGB gilt für den Widerspruch nicht.[77]

---

[76] *Beachte:* Der Widerspruch löst keine Grundbuchsperre aus, sondern verhindert nur einen gutgläubigen Erwerb.
[77] S. auch schon → Rn. 161.

b) Denkbar ist jedoch, dass die zugunsten des K zeitlich früher eingetragene **Auflassungsvormerkung** den Widerspruch ausschaltet und einen gutgläubigen Eigentumserwerb ermöglicht.

581   aa) Zu prüfen ist als erstes, ob eine Vormerkung zugunsten des K überhaupt wirksam entstanden ist.

(1) Zwischen V und K wurde ein **wirksamer Kaufvertrag** geschlossen, sodass ein **sicherungsfähiger Anspruch** iSv § 883 I 1 BGB besteht (Akzessorietät).

(2) Die Vormerkung ist **im Grundbuch eingetragen** worden (§§ 883 I 1, 885 BGB).

(3) Ferner wurde die Vormerkung auch von V **bewilligt** (§ 885 I 1 BGB), doch war V hierzu nicht berechtigt. Es kommt daher nur ein gutgläubiger Erwerb der Vormerkung in Betracht. Dass ein solcher **gutgläubiger Ersterwerb** stattfinden kann, ist heute unstreitig. Divergenzen bestehen lediglich im Hinblick auf die dogmatische Einordnung:[78]

582   (a) **Direkte Anwendung des § 892 I BGB**

Wer die Vormerkung als ein „Recht an einem Grundstück" und damit als dingliches Recht betrachtet, kommt folgerichtig zur direkten Anwendung von § 892 I BGB.[79] Für diese Position lässt sich zwar anführen, dass die Vormerkung Verfügungsschutz gegenüber Dritten entfaltet (§ 883 II BGB) und auch Schutz in der Insolvenz bzw. in der Zwangsvollstreckung genießt (§ 106 InsO, § 48 ZVG), doch fehlt ihr im Gegensatz zur Hypothek oder zum Pfandrecht der dingliche Anspruch. Die Vormerkung wird daher von der hM als **„Sicherungsmittel eigener Art"** betrachtet, das eine Zuordnungsänderung lediglich vorbereitet.

583   (b) **Analoge Anwendung des § 892 I BGB**

Da die Vormerkung zwar nicht als dingliches Recht bezeichnet werden kann, gleichwohl aber in Bezug auf den Verfügungsschutz und ihre Stellung in der Insolvenz eine wesentliche Gleichbehandlung mit dinglichen Rechten erfährt, plädiert ein Teil der Literatur für eine analoge Anwendung des § 892 I BGB.[80]

584   (c) **Anwendung der §§ 893 Alt. 2, 892 I BGB**

Die hM betrachtet die Vormerkungsbestellung wegen der Rechtsfolgen von § 883 II, III BGB als eine Belastung des Grundstücks und demzufolge als **„Verfügung" iSv § 893 Alt. 2 BGB**.[81] Die Regelung des § 893 Alt. 2 BGB ist dabei ungeachtet des Wortlauts („zwischen ihm und einem anderen") extensiv in dem Sinne auszulegen, dass auch die einseitige Bewilligung der Vormerkung erfasst wird. Eine analoge Anwendung des § 892 I BGB erübrigt sich damit, weil es an einer Regelungslücke fehlt. § 892 I BGB ist über § 893 Alt. 2 BGB[82] entsprechend anzuwenden.

(d) **Zwischenergebnis:** Nach sämtlichen Ansichten ist ein gutgläubiger Ersterwerb einer Vormerkung möglich; dieser fand im vorliegenden Fall auch statt, da K zum maßgeblichen Zeitpunkt gem. § 892 II BGB die Nichtberechtigung des V noch nicht kannte.

585   bb) Mit dieser Feststellung ist indes noch nicht entschieden, ob K trotz seiner zwischenzeitlich eingetretenen Bösgläubigkeit das **Eigentum am Grundstück** zu erwerben vermag.

586   (1) Nach ganz hM kann aufgrund einer gutgläubig erworbenen Auflassungsvormerkung **ein Eigentumserwerb auch dann noch stattfinden, wenn zwischenzeitlich ein Widerspruch** (bzw. der wahre Berechtigte) eingetragen worden ist oder der Vormerkungsinhaber bösgläubig wurde (sog „große Lösung").[83] Diese Schlussfolgerung lässt sich zwar weder § 892 BGB noch § 883 II BGB unmittelbar entnehmen, doch wäre **sonst der gutgläubige Erwerb einer Vormerkung stark entwertet**. Es liegt

---

[78] Ausführlich *Görmer* JuS 1991, 1011 ff. (1012) m. umf. N.
[79] Vgl. *Wunner* NJW 1969, 113 ff. (116).
[80] Vgl. *Kupisch* JZ 1977, 486 ff. (487 ff.).
[81] Vgl. Staudinger/*Gursky*, BGB, § 893 Rn. 39; Palandt/*Herrler*, BGB, § 893 Rn. 3 mwN.
[82] Normalfälle des § 893 Alt. 2 BGB sind: Rangänderung gem. § 880 BGB, Aufhebung gem. § 875 BGB.
[83] Vgl. Staudinger/*Gursky*, BGB, § 883 Rn. 219; Palandt/*Herrler*, BGB, § 885 Rn. 13; *Canaris* JuS 1969, 80 ff. (82); *Wieling*, Sachenrecht, § 22 IV 2 b mwN.

deshalb im Sinn und Zweck der Möglichkeit eines gutgläubigen Vormerkungserwerbs begründet, dass ein späterer Widerspruch irrelevant bleibt. Anderenfalls stünde dem Käufer auch kein hinreichendes Sicherungsmittel zur Verfügung und es wäre der **Verkehrsschutz massiv beeinträchtigt.** Die notwendige Vorverlegung des Schutzes wird schließlich noch durch einen **Vergleich mit der bedingten Übereignung beweglicher Sachen** bestätigt, bei der es nur auf den Zeitpunkt von Einigung und Übergabe ankommt.[84] Dieses systematische Argument ist deshalb besonders gewichtig, weil die Vormerkung als funktionales Äquivalent für die durch § 925 II BGB ausgeschlossene bedingte Auflassung konzipiert wurde.[85]

(2) Lediglich vereinzelt wird die Gegenansicht vertreten, wonach der Zweck der Vormerkung nicht darin liegen könne, bestehende Rechte zu vernichten. § 892 BGB zeige vielmehr, dass die Entscheidung zu Lasten des wirklich Berechtigten bis zum äußersten Moment hinausgeschoben werden solle.[86] Nach dieser Mindermeinung gewährt die Vormerkung somit **nur Schutz vor Zwischenverfügungen;** dagegen sei es nicht ihre Aufgabe, den für den redlichen Erwerb relevanten Zeitpunkt vorzuverlegen.   587

cc) Folgt man der zutreffenden hM, wonach dem gutgläubigen Erwerber einer Vormerkung ein Eigentumserwerb auch dann zu eröffnen ist, wenn hinsichtlich dieses Rechts die Voraussetzungen eines gutgläubigen Erwerbs inzwischen nicht mehr vorliegen, stellt sich nunmehr die Frage, **wie dieses Ergebnis konstruktiv hergeleitet werden kann.**   588

(1) **Wirksame Auflassung durch den Nichtberechtigten**   589

Die wohl überwiegende Ansicht geht davon aus, dass der Gläubiger der Vormerkung das vorgemerkte Recht ungeachtet des zwischenzeitlichen Wegfalls der Gutgläubigkeit, also kraft seines früheren guten Glaubens, noch vom Nichtberechtigten erwerben kann. Eine materiell-rechtliche Mitwirkung des wahren Berechtigten ist nicht erforderlich. Dies ergebe sich vor allem aus einer **Analogie zu § 883 II BGB,** wo es für die Erwerbsvoraussetzungen nur auf den Zeitpunkt der Entstehung der Vormerkung ankommt; der spätere Wegfall der Voraussetzungen des gutgläubigen Erwerbs sei mit den in § 883 II BGB genannten Verfügungen vergleichbar.[87]

(2) **Zustimmung des Berechtigten erforderlich**   590

Die Gegenmeinung lehnt eine Ausdehnung des guten Glaubens auf den späteren Eigentumserwerb ab. Der Vormerkungsgläubiger habe jedoch aufgrund der gutgläubig erworbenen Vormerkung einen Anspruch auf Zustimmung gegenüber dem wahren Berechtigten, der sich aus einer Analogie zu § 888 I BGB ableite. Durch diese Zustimmung wird dann die Verfügung des Nichtberechtigten gem. § 185 BGB wirksam. Begründet wird diese Position vor allem damit, dass „der in § 883 II BGB ausgesprochene Schutz des Vormerkungsgläubigers in seinen Rechtsfolgen nicht die Fälle zu erfassen (vermag), in denen die Voraussetzungen des redlichen Erwerbs vom Nichtberechtigten im Augenblick des Vollzugs des vormerkungsgeschützten Anspruchs nicht mehr gegeben sind. In diese Lücke des Vormerkungsschutzes muss § 888 I BGB analog eingreifen".[88]

Gegen eine solche Analogie spricht vor allem, **dass § 888 I BGB gerade nicht die materiell-rechtliche Zustimmung iSd § 185 BGB meint,** sondern sich allein auf die nach der GBO erforderlichen formalrechtlichen Erklärungen bezieht.[89] Hinzu kommt, dass nicht ersichtlich ist, welchen anerkennenswerten Schutzzweck das Erfordernis einer Zustimmung des wahren Berechtigten verwirklichen soll.[90]

---

[84] Vgl. → Rn. 458, 466.
[85] Vgl. *Ehricke/Diehn* JuS 2002, 669 ff. (671) mwN.
[86] Vgl. *Wiegand* JuS 1975, 205 ff. (212).
[87] Staudinger/*Gursky*, BGB, § 888 Rn. 72 f.; *Görmer* JuS 1991, 1011 ff. (1014) mwN.
[88] *Baur* JZ 1967, 437 ff. (439 f.).
[89] Vgl. BGHZ 49, 263 ff. (266 f.) = NJW 1968, 788 ff. (790); Staudinger/*Gursky*, BGB, § 888 Rn. 74 f.; *Canaris* JuS 1969, 80 ff. (82).
[90] *Canaris* JuS 1969, 80 ff. (82).

591 4. **Zwischenergebnis:**

a) Folgt man der überwiegenden Meinung, muss K lediglich – notfalls auf dem Klagewege – die Auflassung durch V erreichen; eine Zustimmung der E zu dieser Auflassung ist nicht erforderlich.

b) Nach der Gegenansicht genügt eine Auflassungserklärung seitens des V nicht. K kann jedoch analog § 888 BGB von E Zustimmung zu der vom nichtberechtigten V vorgenommenen Eigentumsübertragung an ihn verlangen und würde mit der Zustimmung (oder bei einer Klage auf Erteilung der Zustimmung mit der Rechtskraft des klagezusprechenden Urteils) das Grundstückseigentum erwerben können.[91]

592 II. Ein Eigentumserwerb des K setzt ferner dessen **Eintragung im Grundbuch** voraus.

1. Dem **Antragsgrundsatz** gem. § 13 GBO kann K selbst Genüge leisten. Er ist gem. Abs. 2 antragsbefugt, weil die Eintragung zu seinen Gunsten erfolgen soll.

2. K könnte des Weiteren einen **Anspruch auf Abgabe einer Eintragungsbewilligung gegen E analog § 888 I BGB** haben.

593 a) Nach § 19 GBO ist erforderlich, dass derjenige die Eintragung bewilligt, dessen Recht von ihr betroffen ist. Eine solche Eintragungsbewilligung ist nach hM auch im Falle einer Grundstücksauflassung erforderlich, da **§ 20 GBO keine lex specialis zu § 19 GBO** verkörpert, sondern eine zusätzliche Eintragungsvoraussetzung aufstellt.[92] Fraglich ist danach, wer für die Bewilligung zuständig ist. Nach einer Ansicht ist Betroffener derjenige, dessen gegenwärtiges grundbuchmäßiges Recht durch die fragliche Eintragung beeinträchtigt wird oder werden kann, in Fällen der vorliegenden Art also der Bucheigentümer.[93] Die hM betrachtet demgegenüber den **wahren Berechtigten als Betroffenen,**[94] hier also die E, damit diese Gelegenheit hat, Einwendungen gegen den Erwerb geltend zu machen.

594 b) Um die Bewilligung des wahren Berechtigten nach § 19 GBO herbeiführen zu können, steht dem K ein entsprechender Anspruch analog § 888 BGB gegen E zu, da § 888 BGB gerade dazu dient, den materiell-rechtlichen Anspruch des Vormerkungsberechtigten auch grundbuchrechtlich abzusichern.[95]

595 c) Schließlich setzt die Eintragung des K gem. § 39 GBO die Voreintragung der E voraus,[96] sodass K einen entsprechenden Antrag des V oder der E sowie eine Berichtigungsbewilligung des V zusätzlich herbeiführen muss.

Variante:

596 I. E könnte gem. § 894 BGB von G die **Zustimmung zur Löschung** der Vormerkung verlangen, wenn die für G eingetragene Vormerkung mit der wirklichen Rechtslage nicht in Einklang steht.

597 1. Wird eine gesicherte Forderung gem. § 398 BGB rechtsgeschäftlich abgetreten,[97] **geht die Vormerkung als streng akzessorisches Sicherungsrecht analog § 401 BGB mit über.** Wegen dieses automatischen Übergangs ist die Eintragung des neuen Gläubigers auch nicht konstitutiv.[98] In der Person des

---

[91] Nach *Kupisch* JZ 1977, 486 ff. (495 f.) hätte K analog § 888 I BGB sogar einen Anspruch gegen E auf Abgabe der Auflassungserklärung.
[92] *Gursky,* Klausurenkurs im Sachenrecht, Rn. 45; *Demharter*, GBO, 30. Aufl. 2016, § 20 Rn. 2: „Jedoch kann die Auslegung ergeben, dass die sachlich-rechtliche Einigung auch die verfahrensrechtliche Eintragungsbewilligung enthält“.
[93] *Gursky,* Klausurenkurs im Sachenrecht, Rn. 45.
[94] Vgl. *BGH* NJW-RR 2006, 888 ff. (889); *Canaris* JuS 1969, 80 ff. (83); *Kupisch* JZ 1977, 486 ff. (496).
[95] Vgl. *Canaris* JuS 1969, 80 ff. (83) mwN.
[96] Vgl. *Schöner/Stöber,* Grundbuchrecht, 15. Aufl. 2012, Rn. 136 ff.; *Böttcher* Rpfleger 1990, 486 ff. (492).
[97] *Beachte:* Die Abtretung des Anspruchs auf Grundstücksübereignung ist als Verfügungsgeschäft nicht formbedürftig nach § 311b I BGB. Auch die Verpflichtung zur Abtretung ist formfrei, da es nur um eine Forderung geht. Formbedürftig ist allerdings ein Vertrag, der für den Zessionar eine Erwerbsverpflichtung hinsichtlich des Grundstücks begründet; vgl. Palandt/*Grüneberg*, BGB, § 311b Rn. 6.
[98] Vgl. *Hager* JuS 1990, 429 ff. (434).

K war die Vormerkung indes nicht entstanden, da ein gutgläubiger Erwerb vom nichtberechtigten V gem. §§ 893 Alt. 2, 892 I BGB an der Bösgläubigkeit des K scheiterte. Es geht in der vorliegenden Konstellation also nicht um den gutgläubigen Ersterwerb vom Scheineigentümer des Grundstücks, sondern um das Problem des gutgläubigen Zweiterwerbs vom Scheininhaber der Vormerkung.[99]

2. Diese Problematik des **gutgläubigen Zweiterwerbs** gehört zu den zentralen Streitpunkten im Recht der Vormerkung:[100]

a) **Redlicher Zweiterwerb der Vormerkung nicht möglich**   598

Große Teile der Literatur lehnen einen Gutglaubensschutz beim Zweiterwerb der Vormerkung generell ab. Diese Position stützt sich zum einen auf das Argument, dass ein redlicher Erwerb **nur bei rechtsgeschäftlichem Übergang** zulässig sei, die Vormerkung indes von der zedierten Forderung nach § 401 BGB, also kraft Gesetzes, mitgezogen werde.[101] Des Weiteren wird hervorgehoben, dass der Erwerb nach § 401 BGB ein Erwerb **außerhalb des Grundbuchs** sei, da die Vormerkung unabhängig von der Erfüllung der grundbuchrechtlichen Erwerbsvoraussetzungen übergehe; der Übergang erfolge unter Hintansetzung des Publizitätsprinzips nach dem **„Heimlichkeitsprinzip".**[102]

b) **Redlicher Zweiterwerb der Vormerkung möglich**   599

Teile der Literatur bejahen demgegenüber die Möglichkeit des gutgläubigen Zweiterwerbs der Vormerkung (entweder unmittelbar gem. § 892 BGB, in analoger Anwendung von § 892 BGB oder gem. §§ 893, 892 BGB direkt bzw. analog). Es wird hervorgehoben, dass sich der Erwerber auf eine eingetragene Vormerkung **verlassen können muss.**[103] Darüber hinaus schreibe § 401 BGB nur das fest, was redliche bzw. vernünftige **Parteien ohnehin geregelt hätten.** Zudem dürfe man auch die Ähnlichkeit mit den normalen Tatbeständen gutgläubigen Erwerbs im Liegenschaftsrecht nicht übersehen.[104]

c) **Differenzierende Meinungen**   600

Nach Ansicht der Rechtsprechung[105] ist ein gutgläubiger Erwerb dann möglich, wenn die Unwirksamkeit der Vormerkung darauf beruht, dass der Ersterwerber bösgläubig war. Er scheidet jedoch aus, wenn die anfängliche Unwirksamkeit der Vormerkung darauf beruht, dass die Bewilligung als solche unwirksam ist. Diese Unterscheidung, die ohne Begründung erfolgte, wird in der Literatur allgemein abgelehnt, da kein die Differenzierung tragender Grund ersichtlich ist.[106]

Eine weitere Differenzierung hat *Hager*[107] vorgeschlagen: Anstatt den Gutglaubensschutz gänzlich abzulehnen, solle man die Möglichkeit gutgläubigen Erwerbs an die – regelmäßig auf einer Bewilligung des Zedenten basierende – Eintragung bzw. den Eintragungsantrag koppeln.

3. **Ergebnis:** Verneint man die Möglichkeit eines redlichen Zweiterwerbs bei der Vormerkung, ist der   601 Anspruch E gegen G gem. § 894 BGB, ungeachtet der Gutgläubigkeit des G, begründet.

II. Ein Anspruch aus § 812 I 1 Alt. 2 BGB besteht ebenfalls, wenn man einen gutgläubigen Zweiterwerb gem. §§ 892, 893 BGB ablehnt (keine Subsidiarität wegen sachenrechtlicher Grundwertung).

---

[99] *Beachte:* Ein gutgläubiger Erwerb scheidet von vornherein aus, wenn die Forderung nicht besteht. Abgesehen davon, dass das BGB einen gutgläubigen Forderungserwerb prinzipiell nicht kennt, gibt es angesichts der strengen Akzessorietät der Vormerkung auch keine dem § 1138 BGB entsprechende Vorschrift; vgl. MüKoBGB/*Kohler*, § 883 Rn. 73 mwN.

[100] Ausführlich *Rimmelspacher,* Kreditsicherungsrecht, Rn. 626 ff.; *Görmer* JuS 1991, 1011 ff. (1012 f.).

[101] Vgl. Staudinger/*Gursky,* BGB, § 892 Rn. 60; Palandt/*Herrler,* BGB, § 885 Rn. 19.

[102] *Canaris* JuS 1969, 80 ff. (84); *Wilhelm,* Sachenrecht, Rn. 2297 ff.

[103] *Wieling,* Sachenrecht, § 22 III 2 b.

[104] Vgl. *Schapp/Schur,* Sachenrecht, Rn. 375; *Koch/Löhnig,* Fälle zum Sachenrecht, S. 153.

[105] BGHZ 25, 16 ff. (23 f.) = NJW 1957, 1229 f. (1229).

[106] Vgl. nur *Görmer* JuS 1991, 1011 ff. (1012) mwN.

[107] JuS 1990, 429 ff. (439).

602 **VI. Die Hypothek**[108]

Normalfall: Studentin S möchte bei der Bank B einen größeren Kredit aufnehmen. B verlangt Sicherheiten. Vater E erklärt sich bereit, zur Sicherung der Darlehensforderung eine Hypothek an seinem Grundstück zu bestellen.

1. Voraussetzungen einer wirksamen Hypothekenbestellung[109]

Erforderlich sind: Einigung gem. § 873 BGB, Eintragung gem. §§ 873, 1115 f. BGB bzw. Briefübergabe gem. § 1117 BGB, Fortbestand der Einigung bei Eintragung, Verfügungsberechtigung (hilfsweise gutgläubiger Ersterwerb gem. § 892 BGB) sowie Bestand der gesicherten Forderung (**Akzessorietät**).

Rechtsgrundlage der Pfandrechtsbestellung ist die Sicherungsabrede zwischen E und B. Diese **Sicherungsabrede ist keine Wirksamkeitsvoraussetzung** für die Hypothek (Abstraktionsprinzip), doch bildet sie den Rechtsgrund. Fehlt die Sicherungsabrede, ist der Erwerb der Hypothek nicht kondiktionsfest.

603 ### 2. Rechtslage vor Auszahlung des Darlehens

In dieser Phase ist aufgrund des Akzessorietätserfordernisses **noch keine Hypothek zugunsten der B** entstanden. B hat lediglich ein **Anwartschaftsrecht** erworben, über das sie wie über das Vollrecht verfügen kann, dh durch Abtretung der künftigen Forderung in der Form von §§ 1154 f. BGB.[110]

Zugleich hat E gem. §§ 1163 I 1, 1177 I BGB eine **vorläufige Eigentümergrundschuld** erworben.[111] Eine Eigentümergrundschuld entsteht folgerichtig auch dann, wenn das Darlehen zurückbezahlt wurde (vgl. § 1163 I 2 BGB). Zu beachten ist, dass bei Eigentümergrundschulden ein Löschungsanspruch nachrangiger Berechtigter gem. §§ 1179a, 1179b BGB in Betracht kommt, damit diese auf einen vorteilhafteren Rang aufrücken.[112] Des Weiteren ist zu beachten, dass bei einer Übereignung des Grundstücks aus der Eigentümergrundschuld eine Fremdgrundschuld des Veräußerers wird (also keine Eigentümergrundschuld des neuen Erwerbers).

604 ### 3. Übertragung der Hypothek[113]

a) Akzessorietät

Nach § 1153 I BGB geht mit der Übertragung der Forderung die Hypothek auf den neuen Gläubiger über. Nach § 1153 II BGB kann die Forderung nicht ohne die Hypothek und die Hypothek nicht ohne die Forderung übertragen werden.

b) Form

aa) Buchhypothek: Gem. § 1154 III BGB findet § 873 BGB Anwendung, dh es genügt Einigung (Abtretung) und Eintragung im Grundbuch.

bb) Briefhypothek: Einigung (Abtretung) und Übergabe des Hypothekenbriefs (Verschaffung des unmittelbaren Besitzes oder Übergabesurrogat gem. § 1154 I 1 Hs. 2 iVm § 1117 BGB);[114] weitere Voraussetzung ist die Eintragung der Abtretung im Grundbuch (§ 1154 II BGB) oder die

---

[108] S. auch *Büdenbender* JuS 1996, 665 ff.; zu den gemeinsamen Strukturelementen der Hypothek mit der Bürgschaft und dem Pfandrecht (Entstehung; künftige und bedingte Forderungen, Haftungsumfang, Einreden, Übertragbarkeit, Erlöschen ua) s. *Alexander* JuS 2012, 481 ff.

[109] Ausführlich *Schreiber* JURA 2002, 109 ff. (111 ff.).

[110] *Beachte:* Nach hM ist ein gutgläubiger Erwerb vom Bucheigentümer oder Buchgläubiger möglich; vgl. Palandt/*Herrler*, BGB, § 1163 Rn. 7 mwN; aA *Medicus/Petersen*, Bürgerliches Recht, Rn. 477 f. (arg.: Rechtserwerb noch nicht vollendet bzw. Rechtsschein zerstört).

[111] Handelt es sich um eine Eigentümerbriefgrundschuld, kann diese zur Zwischenfinanzierung verwendet werden; s. näher *Medicus/Petersen*, Bürgerliches Recht, Rn. 460, 470 f.

[112] S. zum Löschungsanspruch ausführlicher *Schwab* JuS 2010, 385 ff.

[113] Ausführlich *Vieweg/Werner*, Sachenrecht, § 15 II 5 Rn. 32 ff.

[114] Das Eigentum am Hypothekenbrief folgt gem. § 952 II BGB der Inhaberschaft aus der Hypothek, vgl. → Rn. 353.

Erteilung der Abtretungserklärung in schriftlicher Form (Regelfall), wobei gem. § 1154 I 2 BGB die öffentliche Beglaubigung gefordert werden kann (im Hinblick auf die §§ 1155, 1160 I, 1161 BGB).

c) Nichtberechtigung[115]

aa) **Nichtbestehen der Forderung:** gutgläubiger (Zweit-)Erwerb gem. §§ 1138, 892 BGB (s. näher → Rn. 627)

bb) **Nichtbestehen der Hypothek:** gutgläubiger (Zweit-)Erwerb gem. § 892 BGB (s. näher → Rn. 628 ff.)

cc) **Divergenz von Buch und Brief:** Nach § 1140 BGB ist die Berufung auf die §§ 892, 893 BGB auch dann ausgeschlossen, wenn die Unrichtigkeit des Grundbuchs aus dem Hypothekenbrief oder einem Vermerk auf dem Brief hervorgeht; Buch und Brief müssen für einen gutgläubigen Erwerb also übereinstimmen.

dd) **Besonderer Rechtsscheinträger:** Briefbesitz iVm Abtretungserklärungen gem. § 1155 BGB

Problem:[116] öffentlich beglaubigte Abtretungserklärung wurde gefälscht

Argumente pro Gutglaubensschutz: Verkehrsfähigkeit der Hypothek; Vergleich mit Wechsel gem. Art. 16 II WG, wonach Fälschung eines Indossaments den gutgläubigen Erwerb nicht ausschließt; Hypothekar hätte Brief so verwahren können, dass eine Fälschung ausgeschlossen ist.

Argumente contra Gutglaubensschutz: Wortlaut des § 1155 BGB, der eine öffentliche Beglaubigung (und nicht deren Schein) verlangt; bei Fälschung des gesamten Hypothekenbriefs ist ein gutgläubiger Erwerb der Hypothek ausgeschlossen; der Hypothekar ist zumindest dann schutzwürdig, wenn ihm der Brief abhandengekommen ist (§ 935 BGB).

4. Objekte der Haftung   605

Eine Hypothek begründet als Pfandrecht keinen Zahlungsanspruch gegen den Grundstückseigentümer, sondern ein dingliches Verwertungsrecht, sofern der Gläubiger nicht freiwillig befriedigt wird. Im Rahmen der Befriedigung durch Zwangsvollstreckung gem. § 1147 BGB haftet zunächst das betreffende **Grundstück**. Zu diesem gehört **gem. § 94 BGB als wesentlicher Bestandteil ein darauf errichtetes Gebäude**. Des Weiteren erstreckt sich die Hypothek gem. §§ 1120 ff. BGB auf folgende Objekte[117]:

a) **Erzeugnisse, Bestandteile und Zubehör gem. §§ 1120 ff. BGB**[118]

aa) **Beispiel:** Lastwagen auf dem Gelände der Baufirma gem. §§ 97, 98 Nr. 1 BGB. Wurde dieser unter Eigentumsvorbehalt erworben, haftet das Anwartschaftsrecht. Rechte Dritter werden von der Haftung nicht erfasst.

bb) **Beschlagnahme:** Darunter versteht man den Beschluss, durch welchen die Zwangsversteigerung oder Zwangsverwaltung des Grundstücks angeordnet wird, §§ 20, 146 I ZVG; gem. § 19 ZVG ist die Beschlagnahme im Grundbuch einzutragen und bewirkt gem. § 23 I 1 ZVG ein relatives Veräußerungsverbot (auch bzgl. Lkw).

cc) **Enthaftung** (zB bzgl. Lkw)
   - **vor Beschlagnahme:** Enthaftung durch Veräußerung und Entfernung gem. § 1121 I BGB oder bei Entfernung innerhalb der Grenzen einer ordnungsmäßigen Wirtschaft gem. § 1122 BGB
   - **nach Beschlagnahme:**

---

[115] Ausführlich *Weber*, Sachenrecht II, § 14 Rn. 99 ff.

[116] Ausführlich *Gursky*, 20 Probleme aus dem BGB Sachenrecht, Ohne EBV, S. 102 ff.

[117] *Beachte:* Da das Grundstück und die gem. §§ 1120 ff. BGB mithaftenden Gegenstände eine wirtschaftliche Einheit bilden, umfasst die *Zwangsvollstreckung in das unbewegliche Vermögen gem. § 865 ZPO* auch die in den Haftungsverband einer (fiktiven) Hypothek fallenden Gegenstände.

[118] Übungsfall bei *Gursky*, Klausurenkurs im Sachenrecht, Rn. 217 ff.; s. ferner *Schreiber* JURA 2006, 597 ff.; speziell zum Anwartschaftsrecht *Mand* JURA 2004, 221 ff.

Erfolgt die Entfernung nach der Veräußerung (und Beschlagnahme) scheidet ein gutgläubiger lastenfreier Erwerb in Ansehung der Hypothek gem. § 1121 II 1 BGB aus (und § 936 BGB wird ausgeschlossen); bei Gutgläubigkeit ist aber eine Enthaftung in Ansehung der Beschlagnahme gem. § 1121 II 2 BGB möglich

Erfolgt die Veräußerung nach der Entfernung (und Beschlagnahme), ist ein gutgläubiger Erwerb in Ansehung der Beschlagnahme gem. §§ 136, 135 II, 932 ff. BGB möglich

Beachte insbesondere die Einschränkung des § 23 II 2 ZVG, wonach die Beschlagnahme als bekannt gilt, sobald der Versteigerungsvermerk eingetragen ist

b) Miet- oder Pachtzinsen gem. §§ 1123 ff. BGB

c) Versicherungsforderungen gem. §§ 1127 ff. BGB

- Von § 1127 I BGB wird nur der Erfüllungsanspruch auf die Versicherungsleistung erfasst (hM)
- Nicht erfasst werden zB Ansprüche aus c.i.c. gegen die Versicherung (*BGH* NJW 2006, 771 f. = JuS 2006, 559 f. mAnm *K. Schmidt*) oder gegen Dritte aus § 823 I BGB wegen Beschädigung eines der Hypothekenhaftung unterliegenden Gegenstands; arg.: § 1127 BGB ist als Ausnahmeregelung konzipiert und leitet sich nicht her aus einem allgemeinen Prinzip der dinglichen Surrogation.
- Die Abgrenzung wird zB bei einer Zwangsversteigerung bedeutsam (vgl. §§ 90 II, 55 I, 20 II ZVG), die neben dem Grundstück auch alle Gegenstände erfasst, auf die sich die Hypothek erstreckt.

606   ## 5. Befriedigung des Gläubigers

Forderung und **Hypothek** sind zwar akzessorisch verbunden, doch handelt es sich um zwei **unterschiedliche** und prinzipiell eigenständige **Rechte**. Infolgedessen kann sowohl auf die Forderung als auch auf die Hypothek geleistet werden. Während die Forderung auf eine bestimmte Geldsumme gerichtet ist, gewährt die Hypothek dem Gläubiger nach hM gem. § 1147 BGB einen Anspruch auf Duldung der Zwangsvollstreckung.[119] Soll auf die **Hypothek** gezahlt werden, benötigt der Leistende ein Befriedigungsrecht, um den Anspruch auf Duldung der Zwangsvollstreckung durch Zahlung einer Geldsumme ablösen zu können. Auf die **Forderung** können hingegen grundsätzlich auch beliebige Dritte leisten. Der Gläubiger kann die Leistung gem. § 267 II BGB nur ablehnen, wenn der Schuldner widerspricht. Darüber hinaus gewährt § 268 BGB ein uneingeschränktes Befriedigungs- und Ablösungsrecht (iVm einem Forderungsübergang), wenn Zwangsvollstreckungsmaßnahmen Interessen Dritter gefährden.[120]

607   ### a) Befriedigung durch Schuldner

aa) Schuldner und Eigentümer sind identisch (Befriedigung durch S = E)

- bei Zahlung auf die **Forderung erlischt** diese nach § 362 I BGB; die **Hypothek** wird gem. §§ 1163 I 2, 1177 I 1 BGB zur **Eigentümergrundschuld** (zu einer Grundschuld eben deshalb, weil die Forderung erloschen ist); E kann dann gem. § 894 BGB vom eingetragenen Gläubiger Zustimmung zur Eintragung der Eigentümergrundschuld oder zur übergangslosen Löschung der Hypothek verlangen.[121]
- um die **Hypothek** durch Zahlung einer Geldsumme ablösen zu können, benötigt E eine Berechtigung; ein solches „Befriedigungsrecht des Eigentümers" enthält § 1142 I BGB, der nach Teilen der Lit. auch dann anwendbar ist, wenn E und S identisch sind; dies hat zur Folge, dass E (analog) § 1143 I BGB die Forderung und mit ihr gem. § 1153 I BGB die Hypothek erwirbt, wobei die Forderung durch Konfusion erlischt und die Hypothek zur Eigentümergrundschuld mutiert (§ 1177 I BGB).[122] Nach der Gegenansicht findet § 1142 I BGB keine Anwendung,

---

[119] BGHZ 161, 170 ff. (176) = NJW 2005, 415 ff. (417); Bamberger/Roth/*Rohe*, BGB, § 1147 Rn. 1; Jauernig/*Berger*, BGB, Vor § 1113 Rn. 14; aA Staudinger/*Wolfsteiner*, BGB, § 1147 Rn. 3.

[120] Zu den Rechtsfolgen der Kredittilgung s. auch *Joussen* JURA 2005, 577 ff.

[121] Vgl. auch BGHZ 179, 146 ff. = JuS 2009, 570 ff. mAnm *K. Schmidt* speziell zur Erteilung der Löschungsbewilligung für eine zur Eigentümergesamtgrundschuld gewordenen Gesamtsicherungshypothek.

[122] Ausführlich dazu *Klose* JA 2013, 568 ff. (568 ff.); relevant wird diese Möglichkeit insbesondere bei einer Leistung an den Buchberechtigten und im Falle der forderungsentkleideten Hypothek.

sondern § 362 I iVm §§ 1163 I 2, 1177 I BGB (auch nach dieser Ansicht wird die Hypothek also zur Eigentümergrundschuld), weil S seine eigene persönliche Schuld tilgt.[123]

bb) Keine Personenidentität (Befriedigung durch S, der nicht zugleich Eigentümer ist)

- zahlt S auf die **Forderung, erlischt** diese nach § 362 I BGB; hinsichtlich der **Hypothek ist zu differenzieren:** Kann S bei E **Regress** nehmen (weil E zB die Befriedigung des Gläubigers als Teil der Kaufpreisverpflichtung gegenüber S übernommen hat), greift § 1164 I BGB ein, dh es tritt ein gesetzlicher Übergang der Hypothek in Kraft, kombiniert mit einer gesetzlichen Forderungsauswechslung. Kann S **keinen Regress** nehmen, entsteht eine Eigentümergrundschuld gem. §§ 1163 I 2, 1177 I 1 BGB.

- eine Zahlung auf die **Hypothek** (iVm einem Ablösungsrecht) durch S ist weder möglich noch nötig; bei einer Zwangsvollstreckung in die Immobilie des E läuft S nicht Gefahr, ein Recht zu verlieren; daher gewähren ihm weder § 268 I BGB noch § 1142 BGB oder § 1150 BGB ein Ablösungsrecht.

b) Befriedigung durch Eigentümer   608

aa) Schuldner und Eigentümer sind identisch (Befriedigung durch S = E; vgl. → Rn. 607)

bb) Keine Personenidentität (Befriedigung durch E, der nicht zugleich Schuldner ist)

- **Zahlt E auf die Forderung (des Gläubigers G gegenüber S)**, erlischt die Forderung nach §§ 267 I, 362 I BGB, sofern S nicht widerspricht (vgl. § 267 II BGB). Erlischt die Forderung, erwirbt E die Hypothek gem. §§ 1163 I 2 BGB, die nach § 1177 I 1 BGB zur Eigentümergrundschuld wird; Regressmöglichkeiten E gegen S bestehen nur gem. §§ 812, 683 BGB. *Beachte*: E hat kein Recht zur Befriedigung des G gem. § 268 BGB, da der Gegenstand, in den die Zwangsvollstreckung betrieben wird, ihm selbst gehört und nicht dem Schuldner.

- Gem. **§ 1142 I BGB** ist der Eigentümer zur **Zahlung auf die Hypothek berechtigt.** In diesem Fall geht die Forderung gem. § 1143 I BGB auf E über; mit der Forderung erwirbt E außerdem gem. § 1153 I BGB die Hypothek, die ihm gem. § 1177 II BGB als Eigentümerhypothek zusteht. Existiert keine Regressmöglichkeit (E gegen S), kann S gem. §§ 1143 I 2, 774 I 3 BGB einwenden, dass E ihn von der Schuld im Innenverhältnis befreien muss („dolo-petit-Einwand" bei Geltendmachung der Forderung).[124] Nach aA ist § 1143 I 1 BGB bei einer fehlenden Regressmöglichkeit überhaupt nicht anwendbar; es entsteht vielmehr eine Eigentümergrundschuld gem. §§ 1163 I 2, 1177 I BGB.[125] *Beachte*: Im Zweifel wird E nach § 267 BGB auf die gesicherte Forderung (und nicht auf die Hypothek) zahlen, sofern er hierzu im Innenverhältnis gegenüber S verpflichtet ist.[126]

c) Befriedigung durch Dritten   609

aa) Ein ablösungsberechtigter Dritter (zB ein Mieter, der gem. § 57a ZVG Gefahr läuft, durch die Zwangsversteigerung den Besitz an der Sache zu verlieren) kann auf die Forderung oder die Hypothek zahlen. Zahlt er nach § 268 I BGB auf die **Forderung**, erwirbt er diese gem. § 268 III BGB und mit ihr nach § 1153 I BGB die Hypothek. Bei einer Zahlung auf die **Hypothek** erwirbt der Dritte diese gem. §§ 1150, 268 III BGB; da gem. § 1153 II BGB Forderung und Hypothek nicht getrennt werden dürfen, folgt die Forderung der Hypothek und geht ebenfalls auf den Dritten über (in Betracht kommt auch eine analoge Anwendung des § 1143 I BGB).[127]

bb) Handelt es sich um einen **sonstigen Dritten**, erlischt die **Forderung** gem. §§ 267 I, 362 I BGB; die Hypothek wird gem. §§ 1163 I 2, 1177 I 1 BGB zur Eigentümergrundschuld; Regressmöglichkeiten des Dritten bestehen nur gem. §§ 812, 683 BGB. Auf die **Hypothek** kann ein sonstiger Dritter nicht mit befreiender Wirkung leisten, da ihm kein Ablösungsrecht zusteht.

---

[123] Staudinger/*Wolfsteiner*, BGB, § 1142 Rn. 11; MüKoBGB/*Eickmann*, § 1142 Rn. 7.

[124] *Wilhelm*, Sachenrecht, Rn. 1673 mwN.

[125] *Baur/Stürner*, Sachenrecht, § 40 Rn. 18 mwN.

[126] RGZ 143, 278 ff. (287); Schulze/*Staudinger*, BGB, § 1143 Rn. 8.

[127] S. zu der ähnlichen Problematik, ob ein gutgläubiger Erwerb der Hypothek einen Übergang der Forderung nach sich zieht → Rn. 638 ff.

610   6. Leistung an einen Nichtberechtigten

Hat der ursprüngliche Gläubiger Forderung und Hypothek an einen Dritten veräußert, empfängt er Leistungen fortan als Nichtberechtigter. Da Schuldner und Eigentümer für die Veräußerung nicht mitwirken müssen und von dieser deshalb oftmals keine Kenntnis haben, existieren Regelungen zu ihrem Schutz für den Fall, dass sie Leistungen an den Nichtberechtigten (Nb) erbringen.[128]

611   a) Leistung durch Schuldner

aa) Schuldner und Eigentümer sind identisch[129] (S = E leistet an Nb)
- wird auf die **Forderung** geleistet, erlischt diese gem. §§ 407 I, 362 I BGB, sofern S die Abtretung bei der Leistung nicht kennt. Gem. § 1156 S. 1 BGB findet § 407 BGB in Ansehung der Hypothek indes keine Anwendung, sodass diese forderungsentkleidet bestehen bleibt. Die Vorschrift durchbricht die akzessorische Verbindung von Forderung und Hypothek.
- im Falle einer Zahlung auf die **Hypothek** entfaltet die Leistung wegen § 1156 S. 1 BGB keine befreiende Wirkung. Der Leistende kann den gezahlten Betrag allenfalls bei Nb kondizieren. Eine Ausnahme gilt gem. §§ 892 I, 893 BGB, sofern Nb (also der ursprüngliche Gläubiger) fälschlicherweise (noch) im Grundbuch als Berechtigter eingetragen ist (befreiende Wirkung).

bb) Keine Personenidentität (S leistet an Nb)
- wird auf die **Forderung** geleistet, erlischt diese gem. §§ 407 I, 362 I BGB, falls S die Abtretung bei der Leistung nicht kennt. Die Hypothek bleibt wegen § 1156 S. 1 BGB forderungsentkleidet bestehen.[130]
- eine Leistung auf die **Hypothek** entfaltet – unabhängig von § 1156 S. 1 BGB – keine befreiende Wirkung, da S kein Ablösungsrecht hat. Die Hypothek belastet den Schuldner nicht (sofern er nicht zugleich Eigentümer ist). Er bedarf deshalb insoweit auch keines Schutzes.

612   b) Leistung durch Eigentümer

aa) Schuldner und Eigentümer sind identisch (S = E leistet an Nb; vgl. → Rn. 611)

bb) Keine Personenidentität (E leistet an Nb)
- **Zahlung auf die Forderung:** E leistet nicht gem. § 268 BGB, sondern nur nach § 267 I BGB auf die Forderung. In einem solchen Fall findet die schuldnerschützende Regelung des § 407 I BGB keine Anwendung.[131] Die Zahlung entfaltet infolgedessen keine befreiende Wirkung.
- **Zahlung auf die Hypothek:** Gem. § 1142 I BGB ist E zur Zahlung auf die Hypothek berechtigt. Wegen § 1156 S. 1 BGB entfaltet die Leistung jedoch keine befreiende Wirkung, es sei denn, der Nichtberechtigte ist fälschlicherweise im Grundbuch eingetragen (vgl. §§ 892 I, 893 BGB).

613   c) Leistung durch Dritten

aa) Zahlt ein ablösungsberechtigter Dritter an Nb auf die **Forderung**, erwirbt er diese gem. §§ 407 I, 268 III BGB.[132] Die Hypothek bleibt jedoch gem. § 1156 S. 1 BGB forderungsentkleidet bestehen; Sinn und Zweck des § 1156 BGB[133] erfordern hier eine Anwendung, wenngleich der Wortlaut nur den Eigentümer erfasst. Auf die **Hypothek** darf ein ablösungsberechtigter Dritter gem. §§ 1150, 268 I BGB zahlen. Gem. § 1156 S. 1 BGB entfaltet die Leistung jedoch keine befreiende Wirkung, sodass Forderung und Hypothek beim Berechtigten verbleiben (Ausnahme wiederum gem. §§ 892 I, 893 BGB[134]).

---

[128] S. hierzu auch schon → Rn. 47.

[129] S. dazu ausführlich *Klose* JA 2013, 568 ff. (572).

[130] Obwohl § 1156 BGB nach seinem Wortlaut nur das Rechtsverhältnis zwischen dem Eigentümer und dem neuen Gläubiger erfasst, gilt die Vorschrift auch für den Schuldner, sodass § 407 BGB in Ansehung der Hypothek ausgeschlossen ist, vgl. Soergel/*Konzen*, BGB, § 1156 Rn. 1.

[131] Palandt/*Grüneberg*, BGB, § 407 Rn. 2; MüKoBGB/*Roth/Kieninger*, § 407 Rn. 9.

[132] Auf Ablösungsberechtigte findet § 407 BGB Anwendung, s. dazu MüKoBGB/*Roth/Kieninger*, § 407 Rn. 9.

[133] Vgl. MüKoBGB/*Eickmann*, § 1156 Rn. 8.

[134] Vgl. MüKoBGB/*Kohler*, § 893 Rn. 2 mwN.

bb) Leistet ein **sonstiger Dritter** auf die **Forderung**, erlischt diese nicht, da § 407 I BGB auf die Fälle des § 267 BGB keine Anwendung findet. Auf die **Hypothek** kann ein sonstiger Dritter ebenfalls nicht mit befreiender Wirkung zahlen; ihm steht kein Ablösungsrecht zu.

7. Gegenrechte hinsichtlich des Duldungsanspruchs gem. § 1147 BGB[135]

614

a) Pfandrechtsbezogene Gegenrechte

615

Diese Gegenrechte betreffen unmittelbar das dingliche Recht (Hypothek). Man kann zwischen Einwendungen (Anspruch nicht wirksam entstanden bzw. nachträglich erloschen) und Einreden (Leistungsverweigerungsrechte) unterscheiden:

aa) Einwendungen

(1) rechtshindernde Einwendungen

Beispiel: dinglicher Vertrag gem. § 873 I BGB aus irgendeinem Grund unwirksam

(2) rechtsvernichtende Einwendungen

Beispiel: Aufhebung der Hypothek gem. §§ 875, 1183 BGB

(3) rechtsverändernde Einwendungen

Beispiel: Übergang der Hypothek auf Dritten gem. § 1143 BGB oder gem. §§ 1150, 1164 BGB

bb) Einreden

Beispiel: fehlende Briefvorlage gem. § 1160 I BGB

cc) Rechtsfolge

Diese pfandrechtsbezogenen Einwendungen und Einreden bestehen nicht nur gegenüber dem ursprünglichen Hypothekengläubiger, sondern **grundsätzlich auch gegenüber Dritterwerbern** der Hypothek. Es kann allerdings ein **gutgläubiger Erwerb gem. § 892 BGB** in Betracht kommen (**Beispiel:** E bestellt im Zustand der Geschäftsunfähigkeit für H eine Hypothek, der sie an den gutgläubigen D durch Abtretung der wirksamen Forderung gem. § 1153 I BGB übertragen will).

b) Forderungsbezogene Gegenrechte

616

Diese Gegenrechte betreffen mittelbar auch das dingliche Recht (Hypothek), weil dessen Bestand von der zugrundeliegenden Forderung abhängt (Akzessorietät).

aa) Einwendungen

(1) Tatbestand

Die Forderung ist entweder nicht wirksam entstanden oder nachträglich erloschen (**Beispiele:** E schließt den Darlehensvertrag im Zustand der Geschäftsunfähigkeit ab oder hat das Darlehen bereits zurückgezahlt).

(2) Rechtsfolge

Gem. §§ 1163 I, 1177 I 1 BGB entsteht eine **Eigentümergrundschuld**. Diese Einwendung kann grundsätzlich auch gegenüber Dritterwerbern geltend gemacht werden. In Betracht kommt allerdings ein **gutgläubiger Erwerb gem. §§ 1138, 892 BGB durch Fiktion der Forderung, soweit** diese zum Übergang der Hypothek nach § 1153 I BGB **erforderlich** ist (**Beispiel:** E war bei Bestellung der Hypothek noch geschäftsfähig, jedoch nicht mehr bei Abschluss des Darlehensvertrages. Später möchte H die „Hypothek" durch Abtretung der „Forderung" gem. § 1153 I BGB auf D übertragen, der von der Unwirksamkeit der Forderung nichts weiß).

---

[135] S. auch *Rimmelspacher*, Kreditsicherungsrecht, Rn. 733 ff.; *Coester/Waltjen* JURA 1991, 186 ff.

bb) Einreden gem. § 1137 I BGB

(1) Tatbestand

Einreden, die dem persönlichen Schuldner gegen die Forderung zustehen (zB Stundung, Zurückbehaltungsrecht), sowie die nach § 770 BGB einem Bürgen zustehenden Einreden (Anfechtbarkeit, Aufrechenbarkeit).

(2) Rechtsfolge

Nach § 1137 I 1 BGB kann der Eigentümer diese Einreden grundsätzlich auch gegen die Hypothek geltend machen (**Beispiel:** E hat für eine Forderung des H gegen S eine Hypothek bestellt. Stundet H dem S die Forderung, hat E eine entsprechende Einrede gem. § 1137 I 1 Alt. 1 BGB gegen den Anspruch aus § 1147 BGB). Überträgt H die Hypothek gem. § 1153 I BGB auf D, besteht die Einrede grundsätzlich fort. In Betracht kommt allerdings auch ein **gutgläubiger einredefreier Erwerb gem. §§ 1138, 892 BGB.** Beachte: Dieser gutgläubige Erwerb betrifft nur die Hypothek, nicht die abgetretene Forderung (§ 404 BGB). Des Weiteren scheidet bei einer Sicherungshypothek gem. § 1185 II BGB die Anwendung des § 1138 BGB aus.

(3) Ausnahmen

Die Einrede der Verjährung der Forderung kann gem. § 216 I BGB nicht gegen die Hypothek geltend gemacht werden. Ferner ist ua auch gem. § 1137 I 2 BGB die Einrede der beschränkten Erbenhaftung ausgeschlossen.

617   c) Sicherungsvertragliche Gegenrechte

Diese Gegenrechte betreffen entsprechend dem **Abstraktionsprinzip** nicht den Bestand des dinglichen Rechts (Hypothek), sondern lediglich dessen **Durchsetzbarkeit.**

aa) Potentielle Einreden

(1) Unwirksamkeit des Sicherungsvertrages

War der Sicherungsvertrag von Anfang an nichtig oder ist er später unwirksam geworden, besteht die Hypothekenbestellung ohne Rechtsgrund. In der weiteren Folge kann der Eigentümer gegen den Anspruch aus § 1147 BGB die Einrede der Bereicherung gem. § 821 BGB geltend machen (bei unerlaubter Handlung auch die Arglisteinrede gem. § 853 BGB).

(2) Sicherungsvertragliche Abreden

Einreden können sich auch unmittelbar aus dem Sicherungsvertrag ergeben (**Beispiele:** Stundung der Hypothek; vorrangige Befriedigung aus persönlicher Forderung).

bb) Fortbestehen der Einreden gem. § 1157 BGB

Die sicherungsvertraglichen Gegenrechte können gem. § 1157 S. 1 BGB grundsätzlich auch einem Dritterwerber entgegengesetzt werden. Allerdings kommt **nach §§ 1157 S. 2, 892 BGB wiederum ein gutgläubiger Erwerb** in Betracht (**Beispiel:** H überträgt gem. § 1153 I BGB die Hypothek an D, der von der Stundung nichts weiß).

618   ## 8. Sonderformen der Hypothek[136]

a) Die Gesamthypothek gem. § 1132 BGB
- **Kennzeichen:** für eine Forderung wird eine Hypothek an mehreren Grundstücken begründet
- **Haftung:** jedes Grundstück für die ganze Forderung; Wahlrecht des Gläubigers
- **Sonderfall:** Mehrheit von Eigentümern; es gelten hierfür die §§ 1172 ff. BGB[137]

---

[136] Umstritten ist die Zulässigkeit einer *„abstrakten Verkehrshypothek"*, die zur Sicherheit einer Forderung aus einem abstrakten Schuldversprechen (§ 780 BGB) bzw. Schuldanerkenntnis (§ 781 BGB) bestellt wird; vgl. *OLG Köln* DNotZ 2013, 768 ff. (die Hypothekenfähigkeit bejahend); *Baur/Stürner*, Sachenrecht, § 40 Rn. 46 (Vereinbarkeit mit §§ 305c I, 307 II Nr. 1 bisher nicht abschließend entschieden; Akzessorietät der Hypothek wird völlig unterlaufen); *Heinze* AcP 211 (2011), 105 ff.
[137] Einzelheiten bei *Prütting*, Sachenrecht, Rn. 740 ff.

b) **Die Sicherungshypothek gem. §§ 1184 ff. BGB**
  - **Kennzeichen:** streng akzessorisch
  - **Beweislast:** keine Vermutung für Bestand der Forderung gem. § 891 BGB
  - **Gutgläubiger Erwerb:** möglich gem. § 892 BGB, sofern die Forderung besteht; die Vorschrift des § 1138 BGB gilt jedoch gem. § 1185 II BGB gerade nicht
  - **Beispiele:** Hypothek des Bauunternehmers gem. § 648 BGB; Arresthypothek gem. § 932 ZPO

c) **Die Höchstbetragshypothek gem. § 1190 BGB**
  - **Kennzeichen:** es wird nicht der konkrete Betrag der Forderung bestimmt, sondern nur der Höchstbetrag, bis zu welchem das Grundstück haften soll (zB im Rahmen einer laufenden Geschäftsbeziehung)
  - **Art:** besondere Form der Sicherungshypothek
  - **Differenz:** soweit der Höchstbetrag durch Forderungen nicht erreicht wird, besteht eine Eigentümergrundschuld

Fall 16: „Papas Schrebergärten"

Sachverhalt

Nach einem erfolglosen Psychologiestudium nahm *Julius* (J) bei dem Geldgeber G einen Kredit über EUR 50.000,– auf, um sich ein Studium in den USA zu finanzieren. Zur Sicherung der Darlehensforderung bestellte J's Vater E dem G eine Briefhypothek an seinem Schrebergartengrundstück. Nach Auszahlung der Kreditsumme stellte sich heraus, dass J den G über seine Kreditwürdigkeit und Rückzahlungsbereitschaft getäuscht hat. Der Darlehensvertrag wurde daraufhin von G wirksam angefochten.

Kann G weiterhin den E aus der Hypothek in Anspruch nehmen?

Variante 1:

J's Bruder *Sigmund* (S) wandte sich kurze Zeit später ebenfalls an G, um sich eine Meditationsreise nach Indien zu finanzieren. Sein Vater E wollte für diesen Verwendungszweck zunächst keine Sicherheiten gewähren. Schließlich veranlasste S den E doch zur Bestellung einer Hypothek auf dessen zweitem Schrebergartengrundstück mit dem Hinweis, er werde sonst dem Arbeitgeber des E mitteilen, dass E häufig in seinen Schrebergärten krank feiere, ohne tatsächlich arbeitsunfähig zu sein. Ungeachtet der Hypothekenbestellung gelang es G infolge Liquiditätsschwierigkeiten nicht, die vereinbarte Darlehenssumme an S auszuzahlen. Stattdessen übertrug G die angebliche Forderung und Hypothek an den gutgläubigen D. Nachdem D aus der Hypothek gegen E Ansprüche geltend macht, erklärt E die Anfechtung seiner Willenserklärung.

Welche Ansprüche hat D gegen S und E?

Variante 2:

Der leidgeplagte E hat noch eine Tochter *Tini* (T), die eine Hypothek zur Finanzierung eines neuen Cabrios auf einem dritten Schrebergartengrundstück des E erbittet. E bestellt unmittelbar dem Autoverkäufer A zur Sicherung der Kaufpreisschuld eine Hypothek. Kurze Zeit später stellt sich heraus, dass der Kaufvertrag zwischen T und A wegen arglistiger Täuschung anfechtbar ist, doch will T aus Prestigegründen hiervon keinen Gebrauch machen und hat dies auch gegenüber A bereits erklärt.

Kann E dennoch eine entsprechende Einrede gegen die Hypothek erheben?

Variante 3:

Am Ende willigt E ein, dem B zur Sicherung eines Kaufpreisanspruchs, den dieser gegen ihn besitzt, eine Briefhypothek an seinem letzten Grundstück zu bestellen. B tritt kurze Zeit später in öffentlich beglaubigter Form, aber im Zustand der Geschäftsunfähigkeit, die Kaufpreisforderung an D ab und übergibt diesem den Brief. D seinerseits zediert formgerecht die Forderung an den gutgläubigen X und händigt ihm den Brief aus.

a) *Besteht ein Anspruch des X gegen E aus der Hypothek?*

b) *Bestehen Ansprüche des B gegen E?*

Lösung

G könnte von E **Duldung der Zwangsvollstreckung gem. § 1147 BGB** verlangen, wenn G Inhaber der Hypothek geworden ist und diese fällig ist.

619   I.   **Inhaberschaft der Hypothek**

Damit G Inhaber der Hypothek geworden ist, müssen die Bedingungen für eine wirksame Hypothekenbestellung gem. §§ 873, 1113, 1115, 1117 BGB vorliegen (sog Ersterwerb der Hypothek: Hat Eigentümer E dem G wirksam eine Hypothek bestellt?)

1.   Es müsste gem. §§ 873 I, 1113 I BGB eine **Einigung** im Hinblick auf die beteiligten Parteien und ein bestimmtes Grundstück erfolgt sein. Zwischen dem Besteller E und dem Gläubiger G wurde eine entsprechende Einigung getroffen. Weiter muss ein dingliches Verwertungsrecht zur Sicherung einer bestimmten Geldforderung vereinbart sein. Beide Parteien wollten übereinstimmend, dass das Grundstück die Darlehensforderung in Höhe von EUR 50.000,– sichern soll, dh bei Nichterfüllung des Rückzahlungsanspruchs das Grundstück verwertet werden darf.

2.   Eine **Eintragung** nach Maßgabe von § 1115 BGB ist erfolgt.

3.   Die **Übergabe** des Hypothekenbriefes gem. § 1117 BGB ist ebenfalls erfolgt.

4.   E war auch Eigentümer des belasteten Grundstücks (**Verfügungsberechtigung**).

5.   Die Hypothek kann als akzessorisches Recht nur dann bestehen, wenn die zu **sichernde Forderung tatsächlich existiert**.

620   a)   Die Hypothek wurde zur **Sicherung der Darlehensforderung** G gegen J bestellt. Zunächst war eine Forderung gem. § 488 I 2 BGB entstanden. G hat jedoch den Darlehensvertrag gem. § 123 I BGB wirksam angefochten, weil er über die Kreditwürdigkeit und Rückzahlungsbereitschaft von J getäuscht wurde. Die Anfechtung hat gem. § 142 I BGB die ex-tunc-Nichtigkeit des Vertrages zur Folge, sodass die ursprünglich zu **sichernde Darlehensforderung nicht mehr besteht**. Nach §§ 1163 I 1, 1177 I BGB hätte E hierdurch grundsätzlich eine Eigentümergrundschuld erworben.

621   b)   Fraglich ist aber, ob man stattdessen den **Bereicherungsanspruch G gegen J gem. § 812 I 1 Alt. 1 BGB** als den zu sichernden Anspruch iSv § 1113 I BGB betrachten kann. Inwieweit eine solche Forderungsauswechslung bei einer Hypothekenbestellung zulässig ist, wird hier ähnlich kontrovers diskutiert wie bei den anderen akzessorischen Rechten:[138]

622   aa) **HM: Sicherung der Ersatzforderung**

Nach der wohl überwiegenden Meinung kommt es auf die Auslegung der Einigungserklärungen an. Eine Forderungsauswechslung sei zumindest dann zulässig, wenn nach dem **mutmaßlichen Willen** der Vertragsparteien auch der bereicherungsrechtliche Rückzahlungsanspruch durch die Hypothek gesichert werden soll. Es bestehe in diesem Fall kein plausibler Grund, dem durch Auslegung

---

138   Vgl. → Rn. 365.

zu ermittelnden Willen den Erfolg zu versagen.[139] Diese Betrachtungsweise wird zwar von *Rimmelspacher*[140] mit dem Argument kritisiert, dass bei Lichte besehen eine formgebundene Forderungsauswechslung iSv § 1180 I BGB vorliege, wenn man annehme, es sei (vorab) die Sicherung eines vertraglichen Anspruchs vereinbart, an dessen Stelle bei Nichtigkeit kraft Parteiwillens eine Bereicherungsforderung trete. Aber auch *Rimmelspacher* kommt zu einer Sicherung der Ersatzforderung, da die Hypothek nicht eine Forderung in ihrer Erscheinungsform als „Vertragsforderung" oder als „Bereicherungsanspruch" decke, sondern in ihrer Bedeutung als Rechtsposition, die dem Gläubiger einen bestimmten Wert zuordne: **Den Wert des überlassenen Geldbetrages.**[141]

Konsequenz: Folgt man dieser Argumentation, liegt eine Vertragsauslegung in dem Sinne nahe, dass G auch einen etwaigen Bereicherungsanspruch absichern wollte, zumal dieser Intention keine schutzwürdigen Interessen des J oder des E entgegenstehen. Damit bleibt G Inhaber der Hypothek.

bb) MM: Verbot der Forderungsauswechslung

623

Die Gegenansicht betont, dass die Darlehensforderung und der Bereicherungsanspruch zwei inhaltlich **völlig verschiedene Ansprüche** seien. Dies zeige sich bspw. an der Fälligkeit der Darlehensforderung oder etwa an der Möglichkeit der Berufung auf den Wegfall der Bereicherung gem. § 818 III BGB. Gegen eine Sicherung der Ersatzforderung spreche dabei insbesondere der für das Hypothekenrecht geltende strikte **Bestimmtheitsgrundsatz.**[142]

Konsequenz: Nach dieser Ansicht hat E eine Eigentümergrundschuld gem. §§ 1163 I 1, 1177 I BGB erlangt.

II. Fälligkeit

624

Die Hypothek muss ferner fällig sein. Dabei stellt sich vor dem Hintergrund der hM das Problem, dass statt des vertraglichen Anspruchs nun ein Bereicherungsanspruch gesichert wird. In der Folge kann sich die Position des E verändern, wenn die Vertragsforderung erst zu einem späteren Zeitpunkt fällig geworden wäre (zB nach dem Zeitablauf der Kreditgewährung). Es wird daher gefordert, dass man im Wege ergänzender Auslegung der Einigung über die Hypothekenbestellung klären müsse, ob die ursprüngliche Fälligkeitsregelung für die Hypothek auch nach Aufdeckung der Nichtigkeit des vertraglichen Anspruchs fortgelten solle.[143] Vorliegend sind keine Anhaltspunkte für eine veränderte Fälligkeitsregelung ersichtlich.

Variante 1:

I. Anspruch D gegen S gem. §§ 488 I 2, 398, 1154 I BGB auf Zahlung

625

1. Zwischen G und D lag eine Einigung über die Abtretung der Darlehensforderung G gegen S gem. § 488 I 2 BGB vor.

2. Zur Abtretung der Forderung war gem. § 1154 I BGB die Erteilung der Abtretungserklärung in schriftlicher Form und Übergabe des Hypothekenbriefs erforderlich.

3. Zweifelhaft ist allerdings, ob die Forderung überhaupt bestand, da G die Darlehenssumme nicht an S ausbezahlt hat. Dies ist jedoch gem. § 488 I 2 BGB Voraussetzung für einen Rückzahlungsanspruch. In Betracht kommt deshalb lediglich ein gutgläubiger Erwerb der Forderung. Ein solcher ist aber mangels Rechtsscheinträgers (mit Ausnahme der Sonderregelungen in §§ 405, 2366 BGB) gesetzlich nicht vorgesehen.

4. **Ergebnis:** Es besteht kein Anspruch auf Zahlung aus § 488 I 2 BGB.

---

[139] Vgl. *BGH* NJW 1982, 2767 f. (2768); *Baur/Stürner*, Sachenrecht, § 37 Rn. 48; *Prütting*, Sachenrecht, Rn. 638; *Gerhardt*, Immobiliarsachenrecht, S. 103 mwN.
[140] Kreditsicherungsrecht, Rn. 715.
[141] *Rimmelspacher*, Kreditsicherungsrecht, Rn. 714; zustimmend *Wilhelm*, Sachenrecht, Rn. 1588.
[142] Vgl. Staudinger/*Wolfsteiner*, BGB, § 1113 Rn. 22, 25 mwN.
[143] *Rimmelspacher*, Kreditsicherungsrecht, Rn. 716.

626 II. **Anspruch D gegen E gem. § 1147 BGB auf Duldung der Zwangsvollstreckung**

Ein Anspruch aus § 1147 BGB setzt voraus, dass D eine Hypothek am Grundstück des E gem. §§ 488 I 2, 398, 1154, 1153 BGB erlangt hat (sog Zweiterwerb der Hypothek: Hat D von dem Hypothekeninhaber G eine bereits bestellte Hypothek erworben?).

1. G und D haben sich wirksam über die Parteien der Abtretung, über eine bestimmte Forderung sowie über die Vollrechtsübertragung an der Darlehensforderung **geeinigt.**

2. Die **Form des § 1154 BGB** ist gewahrt.

3. Abtretungsverbote gem. §§ 399, 400 BGB greifen nicht ein.

4. Fraglich ist jedoch, **ob G verfügungsberechtigt war.**

627 a) **Der Bestand der Forderung**

Kennzeichnend ist, dass G die Kreditsumme nicht ausbezahlte. **Die Forderung war daher nicht entstanden.** Als Folge hiervon konnte prinzipiell auch keine Hypothek auf D übertragen werden. **Nach § 1153 I BGB geht eine Hypothek automatisch mit Übertragung der Forderung über.** Vorliegend bestand aber keine Forderung, mit der die Hypothek hätte übergehen können. Dieser Umstand ist jedoch wiederum aus dem Grundbuch für D nicht erkennbar, der grundsätzlich darauf vertrauen darf, dass G die Hypothek wirksam zu veräußern vermag. Dem gutgläubigen Erwerber hilft deshalb **§ 1138 BGB: Er fingiert die Forderung,** wenngleich nur soweit, wie es konstruktiv zum Übergang der Hypothek nach § 1153 I BGB erforderlich ist. **Die Forderung selbst erlangt der gutgläubige Erwerber nicht.** Im Folgenden ist deshalb zu prüfen, ob der Bestand der Forderung gem. §§ 1138, 892 BGB fingiert werden kann:

aa) Das **Grundbuch ist unrichtig; G ist als Inhaber der Forderung ausgewiesen,** doch steht ihm diese in Wahrheit nicht zu.

bb) Zwischen G und D liegt ein **rechtsgeschäftlicher Erwerb der Forderung** vor.

cc) Von dem Nichtbestehen der Darlehensforderung war dem D nichts bekannt; D war vielmehr **gutgläubig im Hinblick auf den Bestand der Forderung.** Des Weiteren war auch kein Widerspruch gem. § 899 BGB eingetragen.

dd) **Zwischenergebnis:** Die Voraussetzungen der §§ 1138, 892 BGB sind gegeben, mit der Konsequenz, dass der Bestand der Forderung im Hinblick auf den Erwerb der Hypothek fingiert werden kann.

628 b) **Der Bestand der Hypothek**

Nach § 1153 I BGB geht zusammen mit der Übertragung der (fingierten) Forderung die Hypothek auf D über, soweit sie besteht. Voraussetzung ist also noch, dass die **Hypothek als solche wirksam entstanden ist.**

aa) Zwischen E und G lag eine **wirksame Einigung** über eine Hypothekenbestellung vor (§§ 873 I, 1113 I BGB).

629 bb) E könnte jedoch seine Willenserklärung gem. **§§ 123 I, 142 I BGB wirksam angefochten haben,** wenn er von S durch Drohung zur Abgabe der Erklärung widerrechtlich bestimmt wurde. Die Drohung liegt hier in der Ankündigung der Mitteilung an den Arbeitgeber. Eine Widerrechtlichkeit der Drohung kann sich aus dem Mittel, dem Zweck oder der Zweck-Mittel-Relation ergeben. Vorliegend war weder das Mittel (das „Verpfeifen" beim Arbeitgeber) noch der Zweck (die Hypothekenbestellung) rechtswidrig. Eine Widerrechtlichkeit ergibt sich allerdings aus der Verknüpfung von Mittel und Zweck:[144] S hatte keinen Anspruch auf die Hypothekenbestellung, er hatte nicht einmal ein berechtigtes Interesse daran. Die Verbindung zwischen dem mit der Drohung erstrebten Zweck, nämlich der Befriedigung eines egoistischen Bedürfnisses, und dem hierfür eingesetzten

---

[144] S. näher Palandt/*Ellenberger*, BGB, § 123 Rn. 19 ff.; *Wolf/Neuner*, AT, § 41 Rn. 130 ff.

Mittel, nämlich der Drohung mit einer Auskunft an den Arbeitgeber, verstößt gegen das Anstands-gefühl aller billig und gerecht Denkenden und begründet die Rechtswidrigkeit der Drohung.

Die Anfechtbarkeit ist des Weiteren auch nicht gem. § 123 II BGB ausgeschlossen, da es sich hier um eine Drohung und nicht um eine Täuschung durch einen Dritten handelt. Aufgrund der Rück-wirkung der Anfechtung gem. § 142 I BGB hat G folglich die Hypothek nicht wirksam erworben und **als Nichtberechtigter über die Hypothek** verfügt.

cc) In Betracht kommt deshalb lediglich ein **gutgläubiger Erwerb der Hypothek gem. § 892 BGB.**   630

(1) Voraussetzung des § 892 BGB ist, dass ein **rechtsgeschäftlicher Erwerb** vorgenommen werden sollte. Die Hypothek selbst wird nicht durch ein Rechtsgeschäft übertragen, sondern geht – als Folge der wirksamen Abtretung einer Forderung – nach § 1153 I BGB gesetzlich über. Dieser Übergang ist aber jedenfalls mittelbar rechtsgeschäftlich. Dies genügt für die Anwendung des § 892 BGB.

(2) G ist im Grundbuch als **Inhaber der Hypothek** legitimiert und das Grundbuch ist insofern **unrich-tig.**

(3) D war zum einen in Bezug auf das Bestehen der Hypothek **gutgläubig** (§ 142 II BGB) und zum an-deren war auch **kein Widerspruch** im Grundbuch gem. § 899 BGB oder auf dem Brief gem. § 1140 S. 2 BGB eingetragen.

(4) **Zwischenergebnis:** Die Tatbestandsvoraussetzungen des § 892 BGB sind auch im Hinblick auf die Hypothek gegeben. D hat infolgedessen gutgläubig die Hypothek von G (forderungsentkleidet) er-worben.

5. **Ergebnis:** Ein Anspruch des D gegen E auf Duldung der Zwangsvollstreckung aus § 1147 BGB be-steht.

Variante 2:

Gegen den Anspruch aus § 1147 BGB bestehen verschiedene Einredetypen:[145]

I. **§ 1157 BGB** ist im vorliegenden Fall schon deshalb nicht einschlägig, weil sich diese Vorschrift **nur**   631
auf Einreden gegen das dingliche Recht, nicht aber auf solche aus dem zugrundeliegenden Kausal-geschäft bezieht.

II. Dem E könnte aber eine Einrede nach **§ 1137 BGB** zustehen. Gem. § 1137 I 1 BGB kann der Eigen-   632
tümer gegen die Hypothek **die dem persönlichen Schuldner gegen die Forderung sowie die nach**
§ 770 BGB einem Bürgen zustehenden Einreden geltend machen. Der Normzweck des § 1137 BGB ist darin zu sehen, dass die Hypothek als akzessorisches Sicherungsrecht eine grundsätzliche Ver-knüpfung von Forderung und dinglichem Recht verlangt. Da der Eigentümer in seiner Stellung einem Bürgen ähnlich ist, soll er außerdem die dem Bürgen zustehenden Einreden geltend machen können.

1. In Betracht kommt zunächst eine Einrede **gem. § 1137 I 1 Alt. 1 BGB.** Da der Kaufvertrag wegen   633
arglistiger Täuschung anfechtbar ist, liegen zwar die Voraussetzungen des § 123 I BGB vor. Die An-fechtung ist jedoch ein Gestaltungsrecht und keine Einrede.[146] Der Anfechtungsberechtigte soll sich insbesondere nicht die Vorteile aus der Anfechtbarkeit sichern können, ohne gleichzeitig potentielle Nachteile aus der Beseitigung des Vertrages hinzunehmen.[147]

---

[145] Vgl. → Rn. 614 ff.
[146] Zu einem anderen Ergebnis käme man unter Umständen nur dann, wenn man einen Schadensersatzanspruch gem. § 826 BGB oder § 823 II BGB iVm § 263 StGB im Verhältnis T gegen A annehmen würde. In diesem Fall könnte eine Arglisteinrede gem. § 242 BGB in Betracht kommen, bei der gem. § 1137 II BGB eine entsprechende Verzichtserklärung irrelevant ist; vgl. dazu auch *Kollhosser/Pohlmann* JA 1991, 1 ff. (3). Dieser Ansatz erscheint jedoch, ungeachtet der Tatbestandsfrage eines deliktischen Anspruchs, schon deshalb höchst zweifelhaft, da er im Wege des Rückgriffs auf die Generalklausel des § 242 BGB zu einer Aus-hebelung von § 770 BGB führt.
[147] Vgl. näher *Grigoleit,* Vorvertragliche Informationshaftung, 1997, S. 88.

634   2. E könnte jedoch eine dem Bürgen gem. **§ 1137 I 1 Alt. 2 iVm § 770 BGB** zustehende Einrede erheben. Nach § 770 I BGB kann der Bürge die Befriedigung des Gläubigers verweigern, solange dem Hauptschuldner das Recht zusteht, das seiner Verbindlichkeit zugrundeliegende Rechtsgeschäft anzufechten. Da T jedoch erklärt hat, dass sie aus Prestigegründen von ihrem Anfechtungsrecht keinen Gebrauch machen werde, ist hierin nicht nur ein Verzicht auf ihre Einrede, sondern zugleich auf das Gestaltungsrecht zu sehen. Dieser Verzicht der T nimmt zwangsläufig auch dem E die Einrede aus § 770 I BGB. Man könnte nun zwar noch daran denken, dass der Verzicht der T gem. § 1137 II BGB unbeachtlich ist, doch gilt diese Vorschrift gerade nicht für § 1137 I 1 Alt. 2 BGB, sondern lediglich für dessen Alt. 1. An diesem Ergebnis ändert sich auch nichts, wenn man in dem Verzicht zugleich eine Bestätigung des anfechtbaren Rechtsgeschäfts gem. § 144 I BGB sieht, weil dadurch gleichermaßen das Anfechtungsrecht beseitigt wird. Eine Einrede des Eigentümers besteht also nur solange, wie der Schuldner das Gestaltungsrecht noch ausüben kann.[148]

    III. **Ergebnis:** E kann weder gem. § 1137 I 1 Alt. 1 BGB noch nach § 1137 I 1 Alt. 2 iVm § 770 I BGB eine Einrede der Anfechtbarkeit gegen die Hypothek erheben.[149]

Variante 3a:

635   X könnte die **Duldung der Zwangsvollstreckung in das Grundstück des E gem. § 1147 BGB** verlangen. Voraussetzung hierfür ist, dass X Inhaber der Hypothek wurde. Diese könnte er durch Erwerb von D erlangt haben.

    I.   D und X, beide im geschäftsfähigen Zustand, **einigten sich gem. § 398 BGB** über den Übergang der Kaufpreisforderung B gegen E, die B an D abgetreten hatte.

    II. Dies geschah in der **Form des § 1154 BGB.**

    III. Fraglich ist, ob D als Berechtigter verfügt hat. Der **Abtretungsvertrag** zwischen ihm und B war **wegen der Geschäftsunfähigkeit des B gem. §§ 104 Nr. 2, 105 I BGB nichtig.** Ein Erwerb vom Berechtigten scheidet mithin aus.

636   IV. In Betracht kommt allerdings ein **gutgläubiger Erwerb** der Forderung „für die Hypothek" gem. §§ 1138, 892, 1155 S.1 BGB.

    1. Die Parteien hatten einen **rechtsgeschäftlichen Erwerb** der Forderung intendiert.

    2. D war durch eine ununterbrochene „Reihe von öffentlich beglaubigten **Abtretungserklärungen"** legitimiert (ein einziger Übertragungsakt genügt). Er war zudem auch **Besitzer** des Briefes.

    3. Schließlich war X **gutgläubig** hinsichtlich der Forderung und es lag auch kein Widerspruch vor (§§ 899, 1140 BGB).

    4. Nach §§ 1138, 892, 1155 S. 1 BGB wird mithin fingiert, **dass X die Forderung erworben hat**, um einen Erwerb der Hypothek als dingliches Recht zu ermöglichen.

637   V.   **Gem. § 1153 I BGB** geht mit der Übertragung der Forderung die **Hypothek auf den neuen Gläubiger über**, soweit sie besteht. Die Hypothek wurde hier wirksam von E zugunsten von B bestellt, sodass sie mit der (fingierten) Forderung gem. § 1153 I BGB übergehen konnte.

    VI. **Ergebnis:** X kann gem. § 1147 BGB die Zwangsvollstreckung in das Grundstück betreiben.

Variante 3b:

638   Fraglich ist, ob **B gegen E aus § 433 II BGB** vorgehen kann. Ursprünglich war B Inhaber der Forderung gegen E. Er könnte diese durch Abtretung an D verloren haben. Wegen der Geschäftsunfähigkeit des B

---

[148] Vgl. Palandt/*Herrler*, BGB, § 1137 Rn. 7.
[149] Vgl. auch *Kollhosser/Pohlmann* JA 1991, 1 ff. (3).

ist aber die Einigung nach § 398 BGB nichtig (§§ 104 Nr. 2, 105 I BGB), sodass er nach dem Gesetzeswortlaut noch Forderungsinhaber ist. Hält man an diesem Ergebnis fest, ergibt sich die Situation, dass B die Forderung aus § 433 II BGB zusteht, während X Inhaber des Anspruchs aus § 1147 BGB ist. Es fragt sich daher, ob § 1153 BGB einer solchen Spaltung der Gläubigerrechte entgegensteht.[150] Zu erwägen ist, ob der Grundsatz der Akzessorietät ausnahmsweise einmal umgekehrt wird, mit der Konsequenz, dass der gutgläubige Erwerb der Hypothek den Übergang der Forderung nach sich zieht.[151]

M38
Forderungs-
639 *entklei-*
dete
Hypothek

I. Einheitstheorie

Die Anhänger der sog „Einheitstheorie" wenden sich gegen die Spaltung von Forderung und Hypothek, da sonst die **Gefahr einer doppelten Inanspruchnahme** des Eigentümers/Schuldners bestünde.[152] Das Interesse des Eigentümers/Schuldners, nicht doppelt in Anspruch genommen zu werden, sei schon deshalb schutzwürdig, weil er das Auseinanderfallen von Rechtsschein und Rechtslage nicht selbst veranlasst habe und an dem Abtretungsgeschäft nicht beteiligt sei. Zu berücksichtigen sei ferner die Regelung des § 1153 II BGB, wonach die Forderung nicht ohne die Hypothek, die Hypothek nicht ohne die Forderung übertragen werden kann. Die ratio legis sei dabei darin zu sehen, eine Doppelbelastung des Schuldners/Eigentümers zu vermeiden. Schließlich erhalte der ursprüngliche Hypothekar für den Verlust der Forderung und Hypothek ohnehin einen Ausgleich, da er vom Nichtberechtigten gem. § 816 I 1 BGB Herausgabe des für die Abtretung der hypothekarisch gesicherten Forderung erlangten Erlöses verlangen kann.

II. Trennungstheorie

640

Die Vertreter der sog „Trennungstheorie" wollen ausnahmslos an dem in § 1153 I BGB konstituierten Akzessorietätsprinzip festhalten,[153] weil die Gefahr einer doppelten Inanspruchnahme auch bei einer Spaltung der Gläubigerrechte nicht bestehe. Der Schuldner sei aufgrund des Hypothekenbestellungsvertrages **nur zur Leistung Zug um Zug gegen Rückgabe der Sicherheit gem. §§ 273, 320 BGB verpflichtet.** Sofern der ursprüngliche Gläubiger die Hypothek durch gutgläubigen Erwerb verloren habe, sei er zur Rückgabe des Briefes bzw. bei der Buchhypothek zur Erteilung einer löschungsfähigen Quittung (§ 1144 BGB) nicht mehr in der Lage. Die Durchsetzung der Forderung sei deshalb auf Dauer einredebehaftet. Im Übrigen wäre es unbillig, wenn der Erwerber die Forderung (mit Zugriff auf das gesamte Vermögen) erhält, obgleich die Hypothek zB wegen einer schlechten Rangstelle kaum etwas wert ist.[154]

III. Ergebnis:
Folgt man der Einheitstheorie, erwirbt X nicht nur kraft seines guten Glaubens die Hypothek, sondern gem. § 1153 II BGB auch die Forderung B gegen E. Nach der Trennungstheorie bleibt zwar B Inhaber der Forderung, doch kann E gem. § 273 I BGB die Leistung verweigern, wenn B ihm nicht Zug um Zug den Hypothekenbrief aushändigt. Wegen dieser dauernden Einrede ist die Forderung praktisch wertlos, zumal sie auch dann erlischt, wenn E die Hypothekensumme an X bezahlt oder X sich durch Zwangsvollstreckung in das Grundstück befriedigt.

641

VII. Die Grundschuld

642

1. Unterschiede zur Hypothek

■ Forderungsunabhängigkeit der Grundschuld, also **keine Akzessorietät;** Verknüpfung zwischen Forderung und Grundschuld nur schuldrechtlich (idR über den Sicherungsvertrag) möglich; gem. **§ 1192 I BGB** gelten für die Grundschuld die Vorschriften über die Hypothek entsprechend, „soweit sich nicht daraus ein anderes ergibt, dass die Grundschuld nicht eine Forderung voraussetzt"; unanwendbar sind insbesondere die §§ 1137–1139, 1153, 1163 I, 1177 BGB.

---

[150] Ausführlich *Karper* JuS 1989, 33 ff.
[151] Ein solches „Nachsichziehen" kann aber, wie gesagt, überhaupt nur dann in Betracht kommen, wenn, so wie im vorliegenden Fall, die Forderung tatsächlich besteht und nicht bereits von Anfang an lediglich über §§ 1138, 892 BGB fingiert wird.
[152] Vgl. *Wilhelm*, Sachenrecht, Rn. 1496 ff.; *Baur/Stürner*, Sachenrecht, § 38 Rn. 28.
[153] Vgl. *Petersen/Rothenfußer* WM 2000, 657 ff.; *Kollhosser/Pohlmann* JA 1991, 1 ff. (4).
[154] Vgl. *Reinicke/Tiedtke*, Kreditsicherung, 5. Aufl. 2006, Rn. 1092.

- **Vorteile:** Erwerb der Grundschuld schon vor Valutierung möglich; die Forderung kann ausgewechselt werden (Kostenersparnis);[155] der Gläubiger kann geheim gehalten werden, indem der Eigentümer zunächst eine Eigentümerbriefgrundschuld bestellt (§ 1196 BGB) und diese dann auf den Gläubiger überträgt (§§ 1192 I, 1154 BGB).[156]
- **Nachteile:** Eingeschränkte Verkehrsfähigkeit der Sicherungsgrundschuld, da nur bei der Hypothek ein gutgläubiger Wegerwerb forderungsbezogener Einreden gem. §§ 1138, 892 iVm 1137 I 1 BGB möglich ist (anders als nach § 1192 Ia S. 1 Alt. 2 BGB); zudem erlischt die Hypothek bei Zahlungen an den Zedenten nach der Abtretung gem. § 1156 BGB nicht (anders wiederum bei der Grundschuld gem. § 1192 Ia S. 1 Hs. 1 Alt. 2 BGB[157] sowie im Sonderfall einer Sicherungshypothek gem. § 1185 II BGB); während sich die Verzinsung bei der Hypothek nach der gesicherten Forderung bestimmt, ist die Grundschuld selbst verzinslich (Gefahr der Übersicherung).

643   ## 2. Die Sicherungsgrundschuld[158]

- Eine Sicherungsgrundschuld liegt nach der **Legaldefinition** gem. § 1192 Ia S. 1 BGB vor, wenn die Grundschuld „zur Sicherung eines Anspruchs verschafft worden" ist.[159] Im **Regelfall** wird eine solche Sicherungsgrundschuld bestellt, nur selten eine „isolierte" Grundschuld (Beispiele: Vater schenkt seinem Sohn eine Grundschuld an dem ihm gehörigen Grundstück; Bestellung einer Eigentümergrundschuld gem. § 1196 BGB); beachte: der Ausschluss des gutgläubigen einredefreien Erwerbs gem. § 1192 Ia S. 1 Hs. 2 BGB erfasst nur die Sicherungsgrundschuld.
- Der (formfreie) **Sicherungsvertrag** bildet den Rechtsgrund der Grundschuldbestellung. Im Sicherungsvertrag sind insbesondere die Zwecke, die mit der Grundschuld verfolgt werden, geregelt, also namentlich, welche Forderungen die Grundschuld sichert (sog Zweckerklärung).[160] Der Sicherungszweck kann gemeinsam vom Sicherungsgeber und Sicherungsnehmer jederzeit (formfrei) erweitert werden.[161] Eine formularmäßige Zweckerklärung verstößt allerdings gegen § 305c I BGB, wenn sie von den Erwartungen des Sicherungsgebers deutlich abweicht und dieser mit ihr vernünftigerweise nicht zu rechnen braucht.[162] Der Sicherungsvertrag regelt zudem die Rechte und Pflichten der Parteien. So wird der Grundschuldgläubiger durch den schuldrechtlichen Sicherungsvertrag **verpflichtet**, von der Grundschuld nur nach Maßgabe der Verwertungsreife und des Sicherungsbedürfnisses Gebrauch zu machen.[163]
- **Besteht die zu sichernde Forderung nicht** (zB das Darlehen wurde nicht ausbezahlt oder bereits zurückbezahlt), **hat der Eigentümer einen schuldrechtlichen Anspruch auf Rückübertragung der Grundschuld.** Nach (wohl) hM ergibt sich dieser Anspruch **aus der Sicherungsabrede.**[164] Nach aA ist Anspruchsgrundlage § 812 I 2 Alt. 2 BGB bzw. § 812 I 1 Alt. 1 BGB. Statt der Rückübertragung gem. §§ 1192 I, 1154 BGB kann der Eigentümer auch wahlweise einen Verzicht gem. §§ 1192 I, 1157, 1169, 1168 BGB (mit der Folge, dass die Grundschuld auf E übergeht) oder eine Aufhebung gem. §§ 1192 I, 1183, 875 BGB verlangen.[165]

---

[155] S. zudem *BGH* DNotZ 2015, 760 ff. (1. LS) und JuS 2015, 750 f. mAnm K. Schmidt: „Übergibt der Grundschuldgläubiger die vollstreckbare Ausfertigung der Grundschuldbestellungsurkunde und den Grundschuldbrief samt einer Löschungsbewilligung an den Schuldner, nachdem dieser die gesicherte Schuld getilgt hat, können sich die Parteien bei Fortbestehen der Grundschuld formlos darüber einigen, dass die Vollstreckung aus dem Titel erneut möglich sein soll."

[156] Vgl. *Baur/Stürner*, Sachenrecht, § 44 Rn. 6; *Habersack*, Sachenrecht, Rn. 393.

[157] S. näher → Rn. 652, 663 ff.

[158] Ausführlich *Wellenhofer* JZ 2009, 1077 ff.; *Weller* JuS 2009, 969 ff.; *Bülow* ZJS 2009, 1 ff.; speziell zum Immobiliarkredithandel *Hey* JURA 2008, 721 ff.; *Zetzsche* AcP 209 (2009), 543 ff.

[159] Nach hM ist aufgrund der Nichtakzessorietät der Grundschuld eine Eintragung als „Sicherungsgrundschuld" unzulässig; vgl. *BGH* NJW 1986, 53 f. (54); Bamberger/Roth/*Rohe*, BGB, § 1192 Rn. 53; *Vogel* JA 2012, 887 ff. (891 f.) mwN.

[160] Häufig wird daneben noch ein abstraktes Schuldversprechen oder -anerkenntnis abgegeben (§§ 780 f. BGB), in dem der Sicherungsgeber die persönliche Haftung für die Zahlung übernimmt und sich insoweit der sofortigen Zwangsvollstreckung in sein gesamtes Vermögen unterwirft (§ 794 I Nr. 5 ZPO).

[161] Vgl. auch *BGH* NJW 2010, 935 ff.: Haben Bruchteilseigentümer für eine auf ihrem Grundstück lastende Grundschuld gemeinsam eine Sicherungsvereinbarung mit dem Grundschuldgläubiger getroffen, können sie diese nur gemeinsam ändern.

[162] Vgl. *BGH* NJW 1995, 1674 f. (1675); zu Einzelheiten s. Bamberger/Roth/*Rohe*, BGB, § 1192 Rn. 108 ff. mwN.

[163] Zum prozessualen Prozedere (sofortige Zwangsvollstreckung nach §§ 794 I Nr. 5, 800 ZPO, formularmäßige Unterwerfungserklärung und Nachweisverzicht) s. näher *R. Koch* JURA 2010, 179 ff. (181 ff.); beachte dabei vor allem auch die zugunsten des Schuldners wirkenden §§ 769 I 2 (Sicherheitsleistung), 799a ZPO (verschuldensunabhängige Schadensersatzpflicht).

[164] Ausführlich *Schapp/Schur*, Sachenrecht, Rn. 489 ff.

[165] Vgl. *Coester-Waltjen* JURA 1991, 186 ff. (188).

- BGHZ 197, 155 ff. = NJW 2013, 2894 ff. (1. LS bzw. Tz. 8 f., 12): Der Sicherungsnehmer ist zum **Schadensersatz** verpflichtet, „wenn er den durch den endgültigen Wegfall des Sicherungszwecks aufschiebend bedingten Anspruch auf Rückgewähr einer Sicherungsgrundschuld nach Bedingungseintritt schuldhaft nicht erfüllt (…). So kann er bspw. Schadensersatz nach §§ 275 IV, 280 I, III, 283 BGB zu leisten haben, wenn die aufschiebende Bedingung für den Rückgewähranspruch eingetreten ist und er ihn nicht erfüllen kann, weil er die Grundschuld dinglich wirksam, aber unter Verletzung seiner Pflichten aus dem Sicherungsvertrag an einen Dritten übertragen hat. Inhaber derartiger Sekundäransprüche ist der jeweilige Gläubiger des Rückgewähranspruchs; ist dieser – etwa an einen nachrangigen Grundpfandgläubiger – abgetreten worden, steht der Anspruch auf Schadensersatz dem Zessionar zu. (…). Wann, unter welchen Voraussetzungen und in welcher Form der Sicherungsnehmer dem Sicherungsgeber die Grundschuld zurückgewähren muss, bestimmt die Sicherungsvereinbarung. Bei einem engen Sicherungszweck, bei dem die Grundschuld nur der Sicherung einer bestimmten Verbindlichkeit dient, tritt die aufschiebende Bedingung schon mit der Tilgung der Anlassverbindlichkeit ein. Ist dagegen ein weiter Sicherungszweck vereinbart, der eine Revalutierung der Grundschuld erlaubt, kann die Rückgewähr erst dann verlangt werden, wenn eine solche Revalutierung endgültig nicht mehr in Betracht kommt; das ist der Fall, wenn die Geschäftsbeziehung endet."
- Wurde die Grundschuld **ohne wirksamen Sicherungsvertrag** bestellt, besteht ein Rückübertragungsanspruch gem. **§ 812 I 1 Alt. 1 BGB**.
- **Tritt der Gläubiger die Forderung isoliert ab**, dh ohne Grundschuld, wird der **Sicherungsgeber gem. § 404 BGB geschützt**. Er kann dann auch dem Zessionar die Einrede gem. § 320 BGB (aA: § 273 BGB) entgegenhalten, dass er nach dem Sicherungsvertrag nur Zug um Zug gegen Rückgewähr der Grundschuld zur Zahlung verpflichtet ist.[166] Bei einer **isolierten Abtretung der Grundschuld ist § 1192 Ia BGB** zu berücksichtigen (vgl. → Rn. 660 ff.).

3. Befriedigung des Gläubigers 644

Es kann grundsätzlich **auf die Forderung** oder **auf die Grundschuld** geleistet werden. Worauf geleistet wird, bestimmt sich primär nach der vertraglichen Vereinbarung der Beteiligten, subsidiär nach dem Willen des Leistenden (vgl. § 366 I BGB) sowie der objektiven Interessenlage.[167] In der Praxis sehen die Sicherungsverträge häufig vor, dass auf die gesicherte Forderung gezahlt wird. Sinn dieser (bankenfreundlichen) Regelung ist, dass die Grundschuld auch noch andere, später entstehende Forderungen erfasst und nicht zur Eigentümergrundschuld wird.

a) Befriedigung durch Schuldner 645

aa) Schuldner und Eigentümer sind identisch (Befriedigung durch S = E)
- bei Zahlung auf die **Forderung** erlischt diese gem. § 362 I BGB; hinsichtlich der Grundschuld besteht ein Rückgewähranspruch aus dem Sicherungsvertrag.
- bei Zahlung auf die **Grundschuld** entsteht eine Eigentümergrundschuld analog §§ 1142, 1143 BGB bzw. § 1163 I 2 BGB; außerdem erlischt die Forderung entsprechend dem Sicherungszweck bzw. weil zugleich auf sie geleistet wird.

bb) Keine Personenidentität (Befriedigung durch S, der nicht zugleich Eigentümer ist)
- bei Zahlung auf die **Forderung** erlischt diese gem. § 362 I BGB; E hat aufgrund des Sicherungsvertrages einen Rückübertragungsanspruch bezüglich der Grundschuld.
- auf die **Grundschuld** kann S nicht mit befreiender Wirkung zahlen, da ihm kein Ablösungsrecht zusteht.[168] Ist er nicht zugleich Eigentümer der Immobilie, belastet ihn die Grundschuld nicht.

b) Befriedigung durch Eigentümer 646

aa) Schuldner und Eigentümer sind identisch (Befriedigung durch S = E; vgl. → Rn. 645)

---

[166] Vgl. auch *Baur/Stürner*, Sachenrecht, § 45 Rn. 58 ff.
[167] Ausführlich *Baur/Stürner*, Sachenrecht, § 45 Rn. 41 ff.; Palandt/*Herrler*, BGB, § 1191 Rn. 34 ff.
[168] Vgl. Palandt/*Herrler*, BGB, § 1191 Rn. 37.

bb) Keine Personenidentität (Befriedigung durch E, der nicht zugleich Schuldner ist)

- **Zahlung auf die Forderung:** Da E nicht berechtigt ist, die **Forderung** abzulösen (vgl. § 268 I BGB), leistet er nach § 267 I BGB. Widerspricht der Schuldner nicht, erlischt die Forderung gem. §§ 267 I, 362 I BGB und E hat einen Anspruch auf Rückgewähr der Grundschuld aus dem Sicherungsvertrag.
- **Zahlung auf die Grundschuld:** Zahlt E auf die **Grundschuld**, entsteht eine Eigentümergrundschuld analog §§ 1142, 1143 BGB bzw. § 1163 I 2 BGB. Die Forderung erlischt nach hM nicht; es besteht jedoch ein Anspruch des E auf Abtretung der Forderung gegen den Gläubiger G (aA: Übergang analog § 1143 BGB).[169]

647   **c) Befriedigung durch Dritten**

aa) Im Falle der Zahlung eines **ablösungsberechtigten Dritten** (§ 268 I BGB; Beispiel: Mieter) auf die **Forderung** geht diese gem. § 268 III BGB auf ihn über. Da Forderung und Grundschuld nicht akzessorisch verbunden sind, bleibt die Grundschuld bestehen. Als Folge der Ablösung der Forderung beim Gläubiger entfällt jedoch der Sicherungszweck, sodass E einen Anspruch auf Rückgewähr der Grundschuld aus dem Sicherungsvertrag hat; der Dritte hat einen solchen Anspruch nicht, weil er nicht Partei der Sicherungsabrede ist. Zahlt ein ablösungsberechtigter Dritter auf die **Grundschuld**, erwirbt er diese gem. §§ 1192 I, 1150, 268 III BGB, nicht aber die Forderung (deren Erlöschen str. ist).[170]

bb) Zahlt ein **nicht ablösungsberechtigter Dritter** auf die **Forderung**, erlischt diese nach §§ 267 I, 362 I BGB, sofern der Schuldner nicht widerspricht. E steht aufgrund des Sicherungsvertrages ein Rückübertragungsanspruch bezüglich der Grundschuld zu. Regressmöglichkeiten des Dritten bestehen nur gem. §§ 812, 683 BGB. Die Leistung eines nicht ablösungsberechtigten Dritten auf die **Grundschuld** entfaltet keine befreiende Wirkung; der Dritte hat kein Recht, den Anspruch auf Duldung der Zwangsvollstreckung aus §§ 1192 I, 1147 BGB durch Zahlung einer Geldsumme abzulösen (aA: es entsteht eine Eigentümergrundschuld analog §§ 1142, 1143 BGB bzw. § 1163 I 2 BGB[171]).

648   **4. Leistung an einen Nichtberechtigten**

Da es sich bei der Sicherungsgrundschuld nicht um ein akzessorisches Grundpfandrecht handelt, kann der Gläubiger nur die Forderung, nur die Grundschuld oder beide gemeinsam an einen Dritten veräußern. Werden sodann Leistungen auf die Forderung oder die Grundschuld erbracht, kann der ursprüngliche Gläubiger insoweit Nichtberechtigter (Nb) sein. Die Folgen einer solchen Leistung hängen davon ab, von wem und worauf geleistet wird.

649   **a) Leistung durch Schuldner**

aa) Schuldner und Eigentümer sind identisch (S = E leistet an Nb)[172]

- wird auf die **Forderung** geleistet, erlischt diese gem. §§ 407 I, 362 I BGB, sofern S die Abtretung bei der Leistung nicht kennt. Aus dem Sicherungsvertrag hat E einen Anspruch auf Rückgewähr der Grundschuld gegen Nb. Wurde nur die Forderung abgetreten, kann dieser Anspruch erfüllt werden. Hat Nb die Grundschuld ebenfalls veräußert, kann E den Rückübertragungsanspruch bei einer Geltendmachung der Grundschuld dem neuen Gläubiger gem. § 1192 Ia BGB entgegenhalten.
- im Falle einer Zahlung auf die **Grundschuld** entfaltet die Leistung gem. §§ 1192 I, 1156 S. 1 BGB keine befreiende Wirkung. Der Leistende kann den gezahlten Betrag allenfalls von Nb kondizieren. Eine Ausnahme gilt gem. §§ 892 I, 893 BGB, sofern Nb fälschlicherweise vom Grundbuch (noch) als Berechtigter ausgewiesen ist.

---

[169] S. ausführlicher *Baur/Stürner*, Sachenrecht, § 45 Rn. 82; MüKoBGB/*Eickmann*, § 1191 Rn. 127.

[170] Vgl. MüKoBGB/*Eickmann*, § 1191 Rn. 128: „(...) der Ablösende leistet aber nur auf das dingliche Recht, weil das Ablösungsrecht nur aus der Beeinträchtigung einer dinglichen Rechtsstellung des Ablösenden fließt."

[171] Vgl. Palandt/*Herrler*, BGB, § 1191 Rn. 38.

[172] S. näher *Klose* JA 2013, 568 ff. (572 f.).

bb) **Keine Personenidentität** (S leistet an Nb)

- wird auf die **Forderung** geleistet, erlischt diese gem. §§ 407 I, 362 I BGB, sofern S die Abtretung bei der Leistung nicht kennt. Da der Sicherungszweck entfällt, hat E einen Anspruch auf Rückübertragung der Grundschuld aus der Sicherungsabrede. Diesen Anspruch kann er gegenüber dem ursprünglichen Gläubiger geltend machen oder gem. § 1192 Ia BGB dem neuen Gläubiger einredeweise entgegenhalten, wenn die Grundschuld ebenfalls veräußert wurde.

- eine Leistung auf die **Grundschuld** entfaltet keine befreiende Wirkung, da S kein Ablösungsrecht hat. Bezüglich der Grundschuld bedarf S keines Schutzes, weil diese E und nicht ihn belastet.

b) **Leistung durch Eigentümer**   650

aa) **Schuldner und Eigentümer sind identisch** (S = E leistet an Nb; vgl. → Rn. 649)

bb) **Keine Personenidentität** (E leistet an Nb)

- **Zahlung auf die Forderung:** Bei einer Zahlung auf die Forderung zählt E nicht zu den Ablösungsberechtigten gem. § 268 BGB. Infolgedessen zahlt er nur nach § 267 I BGB. Die schuldnerschützende Regelung des § 407 I BGB findet in einem solchen Fall keine Anwendung,[173] sodass die Zahlung keine befreiende Wirkung entfaltet.

- **Zahlung auf die Grundschuld:** E ist analog § 1142 I BGB zur Zahlung auf die Grundschuld berechtigt. Wegen § 1156 S. 1 BGB entfaltet die Leistung jedoch keine befreiende Wirkung, sofern Nb nicht fälschlicherweise im Grundbuch eingetragen ist (vgl. §§ 892 I, 893 BGB).

c) **Leistung durch Dritten**   651

aa) Zahlt ein **ablösungsberechtigter Dritter** an Nb auf die **Forderung**, erwirbt er diese gem. §§ 407 I, 268 III BGB.[174] Die Grundschuld bleibt bestehen, doch hat E einen Anspruch auf Rückgewähr, da der Sicherungszweck entfällt. Ist Nb weiterhin Inhaber der Grundschuld, kann er den Anspruch des E erfüllen. Einem neuen Gläubiger kann der Anspruch gem. § 1192 Ia BGB entgegengehalten werden. Auf die **Grundschuld** darf ein ablösungsberechtigter Dritter gem. §§ 1192 I, 1150, 268 III BGB zahlen. Diese Leistung entfaltet nach einer Veräußerung der Grundschuld gem. §§ 1192 I, 1156 S. 1 BGB jedoch keine befreiende Wirkung, es sei denn, Nb ist fälschlicherweise im Grundbuch eingetragen (vgl. §§ 892 I, 893 BGB).

bb) Leistet ein **sonstiger Dritter** auf die **Forderung**, entfaltet die Leistung keine befreiende Wirkung, da § 407 I BGB auf die Fälle des § 267 BGB keine Anwendung findet. Auf die **Grundschuld** kann ein sonstiger Dritter ebenfalls nicht mit befreiender Wirkung zahlen; ihm steht kein Ablösungsrecht zu.

5. Gegenrechte hinsichtlich des Duldungsanspruchs gem. § 1147 BGB[175]   652

a) **Pfandrechtsbezogene Gegenrechte**

aa) **Gegenüber ursprünglichem Grundschuldgläubiger**

(1) **Einwendungen**

(a) **rechtshindernde** (zB Besteller ist geschäftsunfähig gem. §§ 104 Nr. 2, 105 I BGB)

(b) **rechtsvernichtende** (zB Aufhebung der Grundschuld gem. §§ 1192 I, 875, 1183 BGB)

(2) **Einreden** (zB fehlende Briefvorlage gem. §§ 1192 I, 1160 I BGB)

bb) **Gegenüber Dritterwerber**

(1) **Grundsatz:** Gegenrechte bleiben erhalten

(2) **Einschränkung:** gutgläubiger Erwerb gem. § 892 BGB

MüKoBGB/*Roth/Kieninger*, § 407 Rn. 9; s. auch schon → Rn. 612.
174 Leistet ein Ablösungsberechtigter, ist § 407 BGB anwendbar, s. dazu Staudinger/*Busche*, BGB, § 407 Rn. 13.
175 Vgl. auch *Meyer* JURA 2009, 561 ff.

b) Forderungsbezogene Gegenrechte

    aa) Ausgangslage: keine unmittelbaren Einwendungen oder Einreden gegen die Grundschuld (zB bzgl. Nichtvalutierung oder Rückzahlung des Darlehens)

    bb) Aber: forderungsbezogene Gegenrechte sind zugleich sicherungsvertragliche Gegenrechte

c) Sicherungsvertragliche Gegenrechte

    aa) Gegenüber ursprünglichem Grundschuldgläubiger

    (1) Einrede gem. § 821 BGB: bei Unwirksamkeit des Sicherungsvertrages hat der Eigentümer einen Rückübertragungsanspruch aus § 812 I 1 Alt. 1 BGB (bzw. § 812 I 2 Alt. 1 BGB), der bei Geltendmachung der Grundschuld die Einrede aus § 821 BGB begründet

    (2) Einreden aus dem Sicherungsvertrag

        (a) unmittelbare Einreden (zB Stundung der Grundschuld)

        (b) forderungsbezogene Einreden (zB Nichtvalutierung oder Rückzahlung des Darlehens)[176]

    bb) Gegenüber Dritterwerber[177]

    (1) Fortbestehen der Einreden: vgl. § 1192 Ia S. 1 Hs. 2 BGB (auch bzgl. § 821 BGB;[178] arg.: gleiche Schutzbedürftigkeit des Eigentümers; Anspruch aus § 812 BGB entsteht „anlässlich" des Sicherungsvertrages; contra: nicht „aus dem Sicherungsvertrag")

    (2) Kein gutgläubiger einredefreier Erwerb: vgl. § 1192 Ia S. 1 Hs. 2 BGB, der die Anwendung von § 1157 S. 2 BGB ausschließt

Fall 17: „Die riskanten Geschäfte des Jurastudenten Joop"

Sachverhalt

Jurastudent *Joop* (J) ist schon seit längerem vom Polo-Sport fasziniert. Für den Erwerb eigener Polo-Pferde fehlten ihm bislang allerdings die notwendigen Mittel. Im Herbst 2015 wandte er sich daher an den Münchener Privatfinanzier M, der ihm einen jederzeit abrufbaren Kredit in Höhe von EUR 150.000,– zusagte. Zur Sicherheit des Darlehens bestellte J zugunsten von M eine Briefgrundschuld über EUR 150.000,– an seiner Schwabinger Eigentumswohnung. Da M sich einige Zeit später in gleicher Höhe bei dem Bankhaus B refinanzieren musste, trat er am 1.2.2016 die Grundschuld formgerecht an B ab. B war bei dem Erwerb bekannt, dass es sich um eine Grundschuld zur Sicherung eines Darlehens handelte. Nähere Einzelheiten kannte B allerdings nicht.

Von dem zugesagten Darlehen hatte J einen Betrag von EUR 100.000,– tatsächlich in Anspruch genommen. Bereits am 31.12.2015 bezahlte er davon EUR 50.000,– an M zurück, unter Hinweis der Zahlung auf die Grundschuld. Am 7.2.2016 erfolgte eine weitere Zahlung an M in Höhe von EUR 20.000,–, ohne dass J etwas von der Abtretung der Grundschuld wusste. Nachdem M am 14.2.2016 in Insolvenz fiel, und J über die gesamte Sachlage aufgeklärt wurde, überwies dieser am 17.2.2016 die restlichen EUR 30.000,– unmittelbar an B.

Bestehen noch Ansprüche des B gegen J?

---

[176] Vgl. *Schapp/Schur*, Sachenrecht, Rn. 492; nach aA ergibt sich die Einrede aus § 821 BGB, vgl. *Coester-Waltjen* JURA 1991, 186 ff. (188) mwN.

[177] Einzelheiten → Rn. 660 ff.

[178] Vgl. *Nietsch* NJW 2009, 3606 ff. (3607 f.); *Wolf/Wellenhofer*, Sachenrecht, § 28 Rn. 44; *Palandt/Herrler*, BGB, § 1192 Rn. 4; aA *Weller* JuS 2009, 969 ff. (974).

Lösung

I. **Anspruch B gegen J aus dem Darlehensvertrag gem. §§ 488 I 2, 398 BGB**   653

Ein Anspruch B gegen J aus abgetretenem Recht gem. §§ 488 I 2, 398 BGB scheidet schon deshalb aus, weil eine Darlehensforderung an B nicht abgetreten wurde, sondern lediglich die Grundschuld. Da § 1153 II BGB wegen des nichtakzessorischen Charakters auf die Grundschuld keine Anwendung findet, kann auch nicht unterstellt werden, dass die Parteien mit der Abtretung einer Grundschuld stillschweigend die Forderung mitübertragen wollen.

II. **Anspruch B gegen J aus der Sicherungsgrundschuld gem. §§ 1192 I, 1147 BGB**   654

B könnte von J gem. §§ 1192 I, 1147 BGB die Duldung der Zwangsvollstreckung in das belastete Grundstück verlangen. Dies setzt voraus, dass B Inhaber der Grundschuld geworden ist und J keine Einwendungen gegen eine Inanspruchnahme zustehen.[179]

1. B könnte von M die Grundschuld erworben haben, und zwar in Form des sog Zweiterwerbs.

a) M und B haben sich nach §§ 413, 398 BGB wirksam **über die Übertragung** der Grundschuld **geeinigt.**

b) Dies geschah auch nach §§ 1192 I, 1154 BGB **formgerecht** (Schriftform und Briefübergabe).

c) Fraglich ist jedoch, ob ein **Abtretungsausschluss** vereinbart wurde. Ein Ausschluss wurde nicht   655 explizit zwischen den Vertragsparteien vereinbart. Die Sicherungsabrede enthält jedoch das konkludente Verbot, die Grundschuld vor Fälligkeit der gesicherten Forderung isoliert abzutreten (s. auch die Informationspflicht gem. Art. 247 § 1 III 2 EGBGB sowie das Klauselverbot gem. § 309 Nr. 10 BGB).[180] Ein solches Abtretungsverbot wirkt freilich grundsätzlich nur im Rahmen des Sicherungsvertrages, also auf schuldrechtlicher Ebene,[181] weil die Verfügungsbefugnis nach § 137 BGB nicht mit dinglicher Wirkung beschränkt werden kann.[182] Nach anderer Ansicht kann auch die Grundschuld selbst gem. §§ 413, 399 Alt. 2 BGB vinkuliert werden,[183] doch muss das pactum de non cedendo aus dem Grundbuch hervorgehen, also nach §§ 873, 877 BGB eingetragen sein. Da hier eine solche Eintragung nicht vorliegt, ist auch nach dieser Meinung kein Abtretungsausschluss anzunehmen.

d) Fraglich ist ferner, ob M die Grundschuld überhaupt an B übertragen konnte, dh ob er **verfügungsberechtigt** war. Hierfür ist Voraussetzung, dass M selbst die Grundschuld wirksam erworben hat (= Ersterwerb) und dass er sie nicht vor der Abtretung wieder verloren hat.

aa) **M könnte von J die Grundschuld iHv EUR 150.000,– erworben haben.**   656

(1) M und J hatten sich über die Bestellung einer Grundschuld iHv EUR 150.000,– **geeinigt**, §§ 873, 1191 BGB.

(2) Nach §§ 1192 I, 873, 1115 I Hs. 1 BGB wurde diese auch iHv EUR 150.000,– **eingetragen**; zudem wurde der Grundschuldbrief gem. §§ 1192 I, 1117 BGB **übergeben**.

(3) J war auch **verfügungsberechtigt**, da er die Grundschuld an seiner Eigentumswohnung bestellte (vgl. § 6 WEG).

---

[179] Sind diese Voraussetzungen gegeben, kommt ein Anspruch auf Duldung der Zwangsvollstreckung selbstverständlich nur dann in Betracht, wenn J den Gläubiger B nicht freiwillig vorher durch eine Geldzahlung befriedigt, vgl. § 1142 BGB.
[180] *BGH* NJW-RR 1987, 139 ff. (141); Staudinger/*Wolfsteiner*, BGB, Vor §§ 1191 ff. Rn. 175 mwN.
[181] Hieraus können Schadensersatzansprüche gem. §§ 280 I, 241 II BGB entstehen.
[182] *Rimmelspacher*, Kreditsicherungsrecht, Rn. 732; *Medicus/Petersen*, Bürgerliches Recht, Rn. 502; *Cordes* JURA 1990, 594 ff. (596) mit weiterem Übungsfall.
[183] Vgl. *Baur/Stürner*, Sachenrecht, § 45 Rn. 59; *Wolf/Wellenhofer*, Sachenrecht, § 28 Rn. 10.

(4) M hat also die **Grundschuld iHv EUR 150.000,– erworben.**[184]

657   bb) Zu prüfen ist ferner, ob M die **Verfügungsberechtigung** hinsichtlich der Grundschuld vor der Abtretung **wieder verloren hat.** Dies könnte durch die **Zahlung des J am 31. 12.** geschehen sein. Diese
Zahlung von EUR 50.000,– erfolgte auf die Grundschuld. Es herrscht Einigkeit darüber, dass durch
die Zahlung auf die Grundschuld eine Eigentümergrundschuld entsteht. Nur die Begründungen
hierfür divergieren: In Erwägung gezogen wird sowohl eine Analogie zu §§ 1142, 1143 BGB als
auch zu § 1163 I 2 BGB sowie zu §§ 1168, 1170, 1171 BGB.[185] Im Ergebnis ist jedenfalls festzuhalten, dass **durch Zahlung von EUR 50.000,– eine Eigentümergrundschuld** kraft Gesetzes in dieser
Höhe entstanden ist, ohne dass M die Rückübertragung schuldrechtlich zu veranlassen hatte.

658   cc) Die Umwandlung der Grundschuld durch die Zahlung des J war jedoch aus dem Grundbuch nicht
ersichtlich. Es kommt deshalb ein **gutgläubiger (Zweit-)Erwerb der Grundschuld** in Bezug auf die
Differenz von EUR 50.000,– gem. §§ 1192 I, 1154, 1155, 892 BGB in Betracht.

(1) Ein **rechtsgeschäftlicher Erwerb** iSd § 892 BGB liegt vor.

(2) Weiter müsste das Grundbuch bzw. der **Grundschuldbrief unrichtig** gewesen sein. Zugunsten von
M war im Grundbuch bzw. im Grundschuldbrief eine Grundschuld in Höhe von EUR 150.000,–
eingetragen. In Höhe von EUR 50.000,– ist durch Zahlung auf die Grundschuld eine Eigentümergrundschuld entstanden. Das Grundbuch bzw. der Grundschuldbrief war deshalb insofern unrichtig.

(3) Ein Widerspruch zugunsten von J war weder im Grundbuch noch im Grundschuldbrief (vgl. § 1140
S. 2 BGB) eingetragen. B wusste auch nichts von der Rückzahlung des J an M iHv EUR 50.000,–
und war somit **gutgläubig.**

d) **Zwischenergebnis:** B hat die Grundschuld trotz der Zahlung des J an M vollumfänglich, also iHv
EUR 150.000,–, erworben.

659   2. **Der Anspruch aus der Grundschuld könnte wieder erloschen sein.** Voraussetzung für das Erlöschen
eines Anspruchs aus §§ 1192 I, 1147 BGB ist die **Zahlung auf das dingliche Recht an den richtigen
Gläubiger** (hilfsweise das Eingreifen von Gutglaubensnormen).

a) Am **7. 2. zahlte J an M,** und zwar in Unkenntnis der Abtretung. Nimmt man an, dass J auf die
Grundschuld **EUR 20.000,– zahlte** (Sachverhalt insoweit offen), ergibt sich Folgendes:

aa) Nach §§ 1142, 1143 BGB bzw. § 1163 I 2 BGB analog konnte die Grundschuld nicht erlöschen, da
J nicht an den Grundschuldinhaber zahlte.

bb) Nach § 407 I BGB konnte die Grundschuld ebenfalls nicht erlöschen, weil diese Vorschrift wegen
§§ 1192 I, 1156 S. 1 BGB nicht gilt.[186]

cc) Fraglich ist zuletzt, ob der Anspruch aus der Grundschuld **nach §§ 1155, 893 BGB erloschen ist.**
Danach wird derjenige geschützt, der eine Leistung an den im Grundbuch Eingetragenen oder den
durch Hypothekenbrief Legitimierten erbringt. Hier war vermutlich B, an den M die Grundschuld
abgetreten hatte, schon im Grundbuch eingetragen, sodass ein Gutglaubensschutz gem. § 893 BGB
ausscheidet. Selbst wenn aber M noch eingetragen ist, scheidet § 893 BGB ebenfalls aus, da der
Buchberechtigte M nicht mehr im Besitz des Grundschuldbriefes ist, sondern B (§ 1154 I 1 BGB).[187]

---

[184] *Beachte:* Hier wurde entgegen des vereinbarten Kreditrahmens von EUR 150.000,– lediglich ein Betrag von EUR 100.000,–
valutiert. Man könnte deshalb erwägen, in Bezug auf die nicht valutierte Summe von EUR 50.000,– eine Parallele zur Hypothek
zu ziehen, da nach § 1163 I 1 BGB eine Hypothek dem Eigentümer zusteht, sofern die Forderung, für welche die Hypothek bestellt ist, nicht zur Entstehung gelangt. Dieser Ansatz ist indes verfehlt, da die Grundschuld im Gegensatz zur Hypothek *nicht
akzessorisch* ist, dh sie steht dem Gläubiger ungeachtet des Bestands der gesicherten Forderung zu. § 1163 I 1 BGB ist daher gem.
§ 1192 I BGB auf die Grundschuld nicht anwendbar (vgl. nur *Baur/Stürner,* Sachenrecht, § 45 II 2 b). Bei Nichtvalutierung besteht also lediglich ein schuldrechtlicher Rückgewähranspruch aus dem Sicherungsvertrag. Zur damit verbundenen Einrede der
Nichtvalutierung s. → Rn. 660ff.
[185] Vgl. *Baur/Stürner,* Sachenrecht, § 44 Rn. 24 mwN.
[186] S. zu den Einreden sogleich → Rn. 664.
[187] RGZ 150, 348ff. (356); Staudinger/*Gursky,* BGB, § 893 Rn. 10 mwN.

Durch die Zahlung am 7. 2. konnte der Anspruch aus der Grundschuld **somit nicht erlöschen**, weil sie nicht an den Grundschuldinhaber B erfolgte und auch keine Gutglaubensnorm zugunsten des J eingreift.

b) Durch die **Zahlung von EUR 30.000,– am 17. 2.** ist die Grundschuld jedoch möglicherweise in dieser Höhe erloschen. Hier zahlte J an den tatsächlichen Grundschuldinhaber B. Der Anspruch aus der Grundschuld konnte also analog §§ 1142, 1143 BGB bzw. § 1163 I 2 BGB erlöschen. Es wurde eine Eigentümergrundschuld in Höhe von EUR 30.000,– begründet, sodass sich der **Anspruch des B auf einen Betrag von EUR 120.000,– reduzierte.**

3. **Dem Anspruch aus §§ 1192 I, 1147 BGB könnten ferner Einreden entgegenstehen.**

a) Gegen den Duldungsanspruch des B kann sich J möglicherweise gem. § 1192 Ia BGB darauf beru- 660
fen, dass die zu sichernde Forderung teilweise nicht valutiert worden ist (Einrede der Nichtvalutie-rung). Die Grundschuld wurde iHv EUR 150.000,– bestellt, der Kredit aber nur iHv EUR 100.000,– in Anspruch genommen.

aa) Der Kredit wurde iHv EUR 50.000,– nicht in Anspruch genommen, sodass in dieser Höhe **eine Einrede besteht.** Hierbei handelt es sich auch nicht lediglich um eine Einrede gegen die Forderung, sondern zugleich um eine Einrede aus dem Sicherungsvertrag. Einreden aus dem Sicherungsvertrag können – trotz des Grundsatzes der Nichtakzessorietät der Grundschuld – dem Anspruch aus der Grundschuld entgegengehalten werden, weil sich der vertraglich vereinbarte Sicherungszweck erle-digt hat.[188]

bb) Fraglich ist jedoch, ob die zwischen J und M bestehende Einrede **auch dem Anspruch des B gegen** 661
J entgegengehalten werden kann.

Die Einrede der Nichtvalutierung ist eine Einrede iSv § 1192 Ia S. 1 Hs. 1 Alt. 1 BGB, die dem Grundstückseigentümer **aufgrund des Sicherungsvertrages** mit dem bisherigen Gläubiger gegen die Grundschuld zusteht, im Zeitpunkt des Übergangs also bereits verwirklicht war.[189] J kann demnach gem. § 1192 Ia S. 1 Hs. 1 Alt. 1 BGB die ihm gegenüber M zustehende Einrede auch gegenüber B geltend machen.

cc) Ein gutgläubiger einredefreier Erwerb der Sicherungsgrundschuld ist nicht möglich. § 1192 Ia S. 1 662
Hs. 2 BGB bestimmt ausdrücklich, dass § 1157 S. 2 BGB keine Anwendung findet. Es kommt des-halb nicht einmal darauf an, ob B zum Erwerbszeitpunkt den Sicherungszweck der Grundschuld kannte.[190]

dd) **Zwischenergebnis:** J kann gegen B die Einrede der Nichtvalutierung iHv EUR 50.000,– gem. § 1192 Ia S. 1 Hs. 1 Alt. 1 BGB geltend machen.

b) Als **weitere Einrede** kommt in Betracht, dass J am 7. 2., also **nach Abtretung der Grundschuld, noch** 663
EUR 20.000,– an M auf die Forderung bezahlte.

aa) Durch die Rückzahlung der EUR 20.000,– ist die Forderung des M in entsprechender Höhe erlo-schen. Ohne die Abtretung der Grundschuld an B hätte J folglich gegenüber M die **Einrede der Til-gung** erheben können.

bb) Fraglich ist, **ob J diese Einrede auch gegenüber dem Zessionar B erheben kann.** § 1192 Ia S. 1 664
Hs. 1 Alt. 2 BGB besagt, dass der Grundstückseigentümer dem Erwerber der Sicherungsgrund-schuld nicht nur diejenigen Einreden aus dem Sicherungsvertrag entgegensetzen kann, deren Tatbe-stand im Zeitpunkt des Übergangs bereits erfüllt war. Es können gegen die Inanspruchnahme aus der Sicherungsgrundschuld vielmehr auch diejenigen Einreden erhoben werden, die sich „aus dem Sicherungsvertrag ergeben", die also im Zeitpunkt des Übergangs der Sicherungsgrundschuld im Sicherungsvertrag bereits begründet waren, deren Tatbestand aber erst später vollständig verwirk-licht wurde.

---

[188] Vgl. *Huber* FS Serick, 1992, 195 ff. (198); *Rimmelspacher*, Kreditsicherungsrecht, Rn. 736.
[189] Vgl. Palandt/*Herrler*, BGB, § 1192 Rn. 3.
[190] Vgl. BT-Drs. 16/9821, S. 17; *Meyer* JURA 2009, 561 ff. (565).

Eine solche sich aus dem Sicherungsvertrag ergebende Einrede stellt der Einwand dar, die gesicherte Forderung sei nach Übertragung der Sicherungsgrundschuld in voller Höhe oder teilweise getilgt worden.[191] Genau dies ist hier iHv EUR 20.000,– geschehen. Da die Forderung nicht von M an B abgetreten war, trat die Tilgungswirkung unmittelbar gem. § 362 I BGB ein, sodass es der Anwendung von § 407 I BGB nicht bedarf.

665 c) Nach § 1193 I 1 BGB wird das Kapital der Grundschuld **erst nach vorgängiger Kündigung fällig.** Die Kündigungsfrist beträgt nach S. 3 sechs Monate. Da es sich hier um eine Sicherungsgrundschuld in Bezug auf eine Geldforderung handelt, wäre eine abweichende Vereinbarung gem. § 1193 II 2 BGB unzulässig.

666 d) Neben der Fälligkeitseinrede gem. § 1193 BGB besteht auch die **Legitimationseinrede aus §§ 1192 I, 1160 BGB.** J muss nur nach Briefvorlage bezahlen.

4. **Ergebnis:**

B hat gem. §§ 1192 I, 1147 BGB nach Maßgabe der Kündigungsfrist des § 1193 I BGB sowie nach Vorlage des Hypothekenbriefs einen Anspruch auf Duldung der Zwangsvollstreckung aus der Grundschuld iHv EUR 50.000,–.

Fall 18: „Die abgelöste Grundschuld"[192]

Sachverhalt

Die Eheleute M und F sind je zur Hälfte Miteigentümer eines bebauten Grundstücks. Zur Sicherung eines Kredits bewilligte M der X-Bank eine Grundschuld in Höhe von EUR 150.000,– nebst 16 % Zinsen an seinem Miteigentumsanteil. Auf Drängen von X übernahm auch die F die dingliche Haftung mit ihrem Miteigentumsanteil. Sie war dazu allerdings erst bereit, nachdem X ihr während der Verhandlungen über die Pfanderstreckung ausdrücklich zugesagt hatte, sie, die X, werde sich vorrangig am Anteil des Ehemannes befriedigen. Wenig später wurde auf dem Anteil des M eine zweitrangige Hypothek in Höhe von EUR 300.000,– eingetragen, und zwar zugunsten der Z-Bank. Als die Grundschuld fällig wurde und X nach erfolgloser Mahnung drohte, die Zwangsversteigerung des Grundstücks zu betreiben, löste die Z die Grundschuld durch Zahlung von EUR 200.000,– ab. Sie verlangt von F nunmehr Duldung der Zwangsvollstreckung in ihren Anteil. F beruft sich darauf, dass sich Z vorrangig aus dem Anteil des M befriedigen müsse.

Wie ist die Rechtslage?

Lösung

Es könnte ein **Anspruch der Z gegen F auf Duldung der Zwangsvollstreckung gem. §§ 1192 I, 1147 BGB** gegeben sein.

667 1. Z könnte die Grundschuld durch Zahlung an X **gem. §§ 1192 I, 1150, 268 I, III BGB erworben haben** (Zweiterwerb).

668 a) Dies setzt zunächst voraus, dass Z gem. §§ 1192 I, 1150, 268 I BGB ablösungsberechtigt war.

  aa) Ein **Ablösungsrecht** besteht gem. § 1150 BGB (iVm § 268 I BGB) bereits dann, wenn eine Befriedigung aus dem Grundstück verlangt wird. Eine gerichtliche Geltendmachung ist nicht erforderlich; es genügt – wie hier – Fälligkeit der Grundschuld und Mahnung durch den Gläubiger.[193]

[191] Vgl. BT-Drs. 16/9821, S. 16 f.; *Meyer* JURA 2009, 561 ff. (565 f.); *Weller* JuS 2009, 969 ff. (974); Palandt/*Herrler*, BGB, § 1192 Rn. 3.
[192] Sachverhalt in Anlehnung an *BGH* NJW 1986, 1487 f. = JuS 1986, 733 f. mAnm *K. Schmidt.*
[193] Vgl. MüKoBGB/*Eickmann*, § 1150 Rn. 2; Palandt/*Herrler*, BGB, § 1150 Rn. 2.

bb) Die Z als **nachrangige Hypothekengläubigerin** riskierte, durch die Zwangsvollstreckung ihr Recht einzubüßen. Nach § 44 I ZVG wäre die Hypothek nicht ins geringste Gebot gefallen und daher nach §§ 52 I 2, 91 I ZVG durch den Zuschlag erloschen.[194] Z hat daher als nachrangige dinglich Berechtigte gem. §§ 1192 I, 1150, 268 I BGB ein Ablösungsrecht erlangt.[195]

b) Steht dem Dritten nach § 268 BGB ein Ablösungsrecht zu, **geht das Grundpfandrecht unmittelbar kraft Gesetzes über.** Bei der Hypothek ergibt sich dies aus §§ 1150, 268 III BGB: Mit der Ablösung erwirbt der Leistende die Hypothek. Da Hypothek und Forderung nicht getrennt werden dürfen, folgt die Forderung gem. § 1153 II BGB der Hypothek (s. näher → Rn. 609). Bei der Grundschuld geht zwar nicht die persönliche Forderung mit über, doch erwirbt der Ablösende das Grundpfandrecht (analog) §§ 1192 I, 1150, 268 III BGB, da sich § 1150 BGB auf das dingliche Recht bezieht.[196]   669

c) Die Grundschuld konnte allerdings nur auf die zahlende Z übergehen, **wenn sie wirksam bestellt wurde** (Ersterwerb).   670

aa) Einigung, Eintragung und Briefübergabe lagen vor, §§ 1192 I, 873, 1115 I, 1117 BGB.

bb) Beide Eheleute müssten ferner **verfügungsberechtigt** gewesen sein. Zu berücksichtigen ist hierbei zunächst, dass M und F gem. § 1008 BGB Miteigentümer am Grundstück waren. Da das Miteigentum einen Unterfall der Gemeinschaft nach Bruchteilen bildet, sind die §§ 741 ff. BGB anzuwenden, sofern die §§ 1008–1011 BGB keine Sonderregelungen enthalten.[197] In der weiteren Folge konnte M allein nur eine Grundschuld an seinem Miteigentumsbruchteil („ideeller" Anteil) bestellen. Das gesamte Grundstück konnten die Eheleute gem. § 747 S. 2 BGB nur gemeinsam mit einer Grundschuld belasten, und zwar in Form einer Gesamtgrundschuld gem. §§ 1192 I, 1132 BGB an beiden Miteigentumsanteilen.[198] Eine solche Gesamtgrundschuld entsteht nach hM, wenn die Grundschuld, wie im vorliegenden Fall, für einen Miteigentumsanteil bestellt und dann auf einen anderen Miteigentumsbruchteil erstreckt wird.[199]

d) **Zwischenergebnis:** Die Grundschuld war gem. §§ 1192 I, 1150, 268 III BGB auf Z übergegangen. Da es sich um eine Gesamtgrundschuld handelt, kann Z gem. §§ 1192 I, 1132 I BGB grundsätzlich Befriedigung nach ihrem Belieben aus jedem der Miteigentumsanteile suchen (§ 1147 BGB).   671

2. **Erlöschensgründe** für den Anspruch aus der Grundschuld sind **nicht ersichtlich.** Insbesondere konnte die Zahlung der Z kein Erlöschen bewirken, da wegen § 268 III BGB eine Legalzession eintrat.   672

3. Zu klären ist ferner, **ob dem Anspruch der Z aus § 1147 BGB Einreden entgegenstehen.** Nach §§ 1192 Ia S. 1 Hs. 1 BGB kann eine Einrede, die dem Eigentümer aufgrund eines zwischen ihm und dem bisherigen Gläubiger bestehenden Rechtsverhältnisses gegen die Grundschuld zusteht, auch dem neuen Gläubiger entgegengesetzt werden.   673

a) F hatte mit X vereinbart, dass sich diese zunächst aus dem Anteil des M befriedigen sollte. **Aus dem Sicherungsvertrag bestand also eine Einrede.**

b) Diese Einrede aus dem Sicherungsvertrag mit X wirkt gem. § 1192 Ia S. 1 Hs. 1 BGB auch **gegenüber Z.** Ein gutgläubiger einredefreier Erwerb kommt wegen § 1192 Ia S. 1 Hs. 2 BGB, welcher die Anwendung von § 1157 S. 2 BGB explizit ausschließt, nicht in Betracht.

4. **Ergebnis:** Der Anspruch Z gegen F auf Duldung der Zwangsvollstreckung gem. §§ 1192 I, 1147 BGB ist nicht begründet, da der F eine Einrede gem. § 1192 Ia S. 1 Hs. 1 BGB zusteht.

---

[194] Vgl. *Baur/Stürner,* Sachenrecht, § 41 Rn. 6.
[195] Vgl. MüKoBGB/*Eickmann,* § 1150 Rn. 12.
[196] Vgl. *BGH* NJW 1986, 1487 f. (1488); Palandt/*Herrler,* BGB, § 1150 Rn. 6.
[197] S. näher *Baur/Stürner,* Sachenrecht, § 3 Rn. 28.
[198] Vgl. auch *K. Schmidt* JuS 1986, 733 f. (733).
[199] *BGH* NJW 1986, 1487 f. (1488) mwN.

5. **Annex zur alten Rechtslage (ohne § 1192 Ia BGB):** Bei **Altfällen** (Erwerb der Sicherungsgrund-
    schuld bis 19.8.2008) ist fraglich, ob Z die **Grundschuld gem. §§ 1192 I, 1157 S. 2, 892 BGB gut-
    gläubig einredefrei erworben** hat. Problematisch ist im vorliegenden Fall, dass die Z die vorrangige
    Grundschuld nicht durch Rechtsgeschäft, sondern aufgrund gesetzlichen Erwerbs nach §§ 1192 I,
    1150, 268 III 1 BGB erlangt hat.

674 aa) Nach Ansicht des *BGH* **beschränkt sich der redliche Erwerb auf einen rechtsgeschäftlichen Er-
     werb.**[200] Da die Grundschuld hier von Gesetzes wegen übergegangen sei, scheide ein gutgläubi-
     ger einredefreier Erwerb aus. Diese Ansicht stützt sich zum einen auf § 892 I BGB, der von einem
     rechtsgeschäftlichen Erwerb spricht. Zum anderen könne auch nur bei einem rechtsgeschäftlichen
     Erwerb auf den Rechtsschein vertraut werden.[201]

675 bb) In der Literatur wird demgegenüber ein **redlicher Erwerb vielfach zugelassen.** Ob mittelbarer oder
     unmittelbarer rechtsgeschäftlicher Erwerb vorliege, sei oftmals nur eine Frage der juristischen
     Konstruktion (Beispiel: § 1154 BGB). Des Weiteren handele der Ablösungsberechtigte im Fall von
     §§ 1150, 268 III BGB typischerweise auch im Vertrauen auf die grundbuchrechtliche oder grund-
     pfandbriefliche Scheinlegitimation, da er ohne diese zu einer Ablösung des Grundpfandrechts kei-
     nen Anlass hätte. Die Regelung der §§ 1150, 268 III BGB solle zudem gerade die Stellung des Ab-
     lösungsberechtigten stärken und könne nicht wie die Vormerkung und das Pfandrecht nach § 401
     BGB bzw. § 1250 I BGB als unselbständiges Annex der Forderung behandelt und damit den Regeln
     des Zessionsrechts, das einen gutgläubigen Erwerb nicht kennt, unterstellt werden.[202] Ferner wird
     hervorgehoben, dass die Gläubigerbefriedigung, die den Übergang auslöst, in § 893 BGB ausdrück-
     lich dem Gutglaubensschutz unterstellt sei und dann der Rechtsübergang eben in einer geschützten
     Art und Weise veranlasst wurde. Die Tatsache, dass § 1157 S. 2 BGB die Vorschrift des § 893 BGB
     ausklammert, beruhe ausschließlich darauf, dass bei § 1157 BGB der Fall der Ablösung nicht be-
     dacht worden sei.[203] Es sei daher geboten, im Rahmen von § 1157 S. 2 BGB eine Gesetzeslücke an-
     zunehmen.[204]

Fall 19: „Fürsorgliche Geschwister"

Sachverhalt

Gläubiger G ist gegenüber Schuldner S nur bereit, einen Kredit iHv EUR 300.000,– zu verlängern, wenn
dieser Sicherheiten beibringt. In der Folge übernimmt der Bruder B eine selbstschuldnerische Bürgschaft
für den Kredit. Außerdem bestellt die Schwester R eine Buchgrundschuld iHv EUR 200.000,– an ihrem
Grundstück. Nachdem S den Kredit nicht zurückzahlt, nimmt G den B voll in Anspruch.

Kann B nach Zahlung an G bei R Regress nehmen?

Lösung

676 I. Es könnte ein **Anspruch auf Duldung der Zwangsvollstreckung gem. §§ 1192 I, 1147 BGB** gegeben
        sein. Voraussetzung hierfür ist, dass B Inhaber der Grundschuld geworden ist.

     1. Zunächst wurde gem. §§ 1191, 1192 I, 873, 1116 BGB eine Buchgrundschuld wirksam für G be-
         stellt.

---

[200] Vgl. *BGH* NJW 1986, 1487f. (1488); bestätigt durch *BGH* NJW 1997, 190ff. (191) = JuS 1997, 270f. mAnm *K. Schmidt*;
weitere Besprechung bei *Habersack*, Sachenrecht, Rn. 411. In dieser späteren Entscheidung ging es abermals um einen gesetzlichen Grundschulderwerb gem. §§ 268 III, 1150, 1192 I BGB, allerdings war die Grundschuld zum Teil nicht valutiert (nur bzgl.
8,75 % statt 16 % Zinsen); s. zuletzt auch *BGH* NJW 2005, 2398f. (2399) betr. die Verteilung eines Übererlöses.
[201] S. zur analogen Argumentation bei gesetzlichen Pfandrechten auch → Rn. 195, 384.
[202] Vgl. *Canaris* NJW 1986, 1488ff. (1489).
[203] Vgl. Soergel/*Konzen*, BGB, § 1150 Rn. 8 mwN.
[204] Vgl. *Rimmelspacher* WM 1986, 809ff. (810ff.).

2. Die Grundschuld könnte auf B übergegangen sein.

a) **Gesetzlicher Übergang** 677

In Betracht kommt zunächst ein gesetzlicher Übergang gem. § 774 I 1 iVm §§ 412, 401 BGB. § 401 BGB meint seinem Wortlaut gemäß aber nur den Übergang von akzessorischen Sicherheiten (Hypothek, Pfandrecht) in Verbindung mit abgetretenen Forderungen.[205] Auch für eine Analogie ist kein Raum, da die Nichteinbeziehung der nicht akzessorischen Sicherungsrechte nur als bewusste gesetzgeberische Entscheidung aufgefasst werden kann und es somit an einer Regelungslücke fehlt. Ein unmittelbarer gesetzlicher Übergang gem. § 774 I 1 iVm §§ 412, 401 BGB scheidet folglich aus.

b) **Aus abgetretenem Recht** 678

B könnte jedoch gegen G einen Anspruch auf Abtretung der Grundschuld haben und sodann aus dem abgetretenen Recht gem. §§ 1192 I, 1147 BGB Duldung der Zwangsvollstreckung von R verlangen.

aa) **Ausgangslage** 679

Während bei Mitbürgen ein Regress gem. §§ 774 II, 426 BGB besteht und dasselbe auch für mehrere Pfandrechtsbesteller gem. § 1225 S. 2 BGB gilt, fehlt es vorliegend an einer cessio legis. Dies hat folgende Konsequenz: Befriedigt der Bürge den Gläubiger, erwirbt er gem. § 774 I 1 BGB zwar die Hauptforderung, aber nicht die Grundschuld. Andererseits erwirbt der Grundschuldner, der den Gläubiger befriedigt, nicht einmal die Hauptforderung und damit auch nicht gem. §§ 412, 401 BGB die Forderung gegen den Bürgen. Nach hM gilt für die Grundschuld § 1143 I BGB nicht, weil diese Vorschrift auf dem Prinzip der untrennbaren Verbindung zwischen Hypothek und gesicherter Forderung beruht.[206] Der Grundschuldner hat danach lediglich einen Anspruch auf Abtretung der Forderung gegen den Gläubiger.[207] Anders als bei einem gesetzlichen Forderungsübergang ist der Grundschuldner hier auf eine Mitwirkung des Gläubigers angewiesen. Im Ergebnis würde dies also dazu führen, dass beim Zusammentreffen von nicht akzessorischen dinglichen und akzessorischen persönlichen Sicherheiten derjenige, der den Gläubiger befriedigt, **keinerlei Regressansprüche** gegen den anderen Sicherungsgeber hätte.[208] Dieses Resultat wird von der ganz herrschenden Meinung als **unbillig** erachtet.[209] Es lässt sich auch nicht mit einem Vergleich zur regresslos ausgestalteten Gesamthypothek gem. § 1173 I BGB rechtfertigen, weil es sich hierbei um eine singuläre Ausnahmevorschrift handelt und für die volle Belastung des zuerst Inanspruchgenommenen keinerlei Sachgründe ersichtlich sind.[210]

bb) **Anspruch auf Abtretung** 680

Da ein unmittelbarer gesetzlicher Übergang der Grundschuld ausscheidet und auf der anderen Seite eine Regresslosigkeit inadäquat wäre, ist ein Anspruch des B gegen G auf rechtsgeschäftliche **Abtretung der Grundschuld gem. §§ 1192 I, 1154 BGB** naheliegend. Eine entsprechende Verpflichtung wird entweder aus einer **ergänzenden Auslegung des Bürgschaftsvertrages** abgeleitet[211] oder im Wege **analoger Anwendung des § 401 BGB**[212] gewonnen.[213] Der weitgehende Konsens bezieht sich dabei allerdings nur auf die Ablehnung der generellen Regresslosigkeit. Umstritten ist hingegen, in welchem Umfang ein Abtretungsanspruch besteht:

---

[205] Vgl. *BGH* NJW 1974, 100 ff. (101); Palandt/*Grüneberg*, BGB, § 401 Rn. 5; *Larenz/Canaris*, Schuldrecht II/2, § 60 IV 2 a.
[206] Vgl. BGHZ 108, 179 ff. (184) = NJW 1989, 2530 ff. (2531) = JuS 1990, 61 f. mAnm *K. Schmidt*; *Schanbacher* AcP 191 (1991), S. 87 ff. (88); Palandt/*Herrler*, BGB, § 1143 Rn. 7; aA *Bukow/Vogelmann* JuS 2001, 773 ff. (775 f.) mit weiterem Übungsfall.
[207] S. dazu näher → Rn. 646.
[208] Der Grundschuldner erwirbt die Bürgschaftsforderung gem. §§ 398, 401 BGB erst, wenn die Hauptforderung an ihn abgetreten wird.
[209] Vgl. BGHZ 108, 179 ff. (183 ff.) = NJW 1989, 2530 ff. (2531 f.); *Larenz/Canaris*, Schuldrecht II/2, § 60 IV 3 a; *Schanbacher* AcP 191 (1991), 87 ff. (88 f.).
[210] Vgl. Staudinger/*Wiegand*, BGB, § 1225 Rn. 25 mwN.
[211] Vgl. *Tiedtke* BB 1984, 19 ff. (21) mwN.
[212] Vgl. BGHZ 110, 41 ff. (43) = NJW 1990, 903 ff. (903) = JuS 1990, 581 f. mAnm *K. Schmidt*; *Larenz/Canaris*, Schuldrecht II/2, § 60 IV 2 a; Palandt/*Grüneberg*, BGB, § 401 Rn. 5.
[213] Einen dritten Weg hat *Schanbacher* AcP 191 (1991), 87 ff. (96 ff.) vorgeschlagen, der dem leistenden Bürgen einen Anspruch gem. § 812 I 1 Alt. 2 BGB (Rückgriffskondiktion) gegen den Grundschuldner (!) auf Abtretung des Rückgewähranspruchs in Höhe seiner Ausfallquote geben will.

681   (1) **Voller Regress des zuerst Leistenden**

Nach einer Mindermeinung hat der „zuerst" Leistende einen vollen Rückgriffsanspruch gegen den anderen Sicherungsschuldner. Diese Ansicht wird primär auf das Prioritätsprinzip gestützt, das auch an vielen sonstigen Stellen unserer Rechtsordnung (vgl. §§ 879, 1209 BGB) verwirklicht sei. Als weiterer Nebeneffekt komme hinzu, dass dadurch ein zusätzlicher Anreiz für eine zügige Befriedigung des Gläubigers bei Fälligkeit der Forderung geschaffen werde.[214] Diese Auffassung führt zu einer **rein zufälligen Privilegierung** des zuerst in Anspruch Genommenen und zu einem **unerwünschten Wettlauf der Sicherungsschuldner.**[215]

682   (2) **Privilegierung des Bürgen**

Nach einer weiteren Ansicht kann der Bürge vollen Regress beim dinglichen Sicherungsgeber nehmen. Dies ergebe sich zum einen aus § 776 BGB, der eine Bevorzugung des Bürgen vor allen sonstigen Sicherern konstituiere. Zum anderen sei eine Bevorzugung des Bürgen auch in der Sache gerechtfertigt, weil dieser aufgrund seiner persönlichen Haftung **ungleich stärker gefährdet** sei und oftmals aus **altruistischen Motiven** handeln würde.[216]

Gegen diese Auffassung spricht, dass § 776 BGB nur die prinzipielle Zugriffsmöglichkeit auf dingliche Sicherheiten eröffnet, jedoch nichts über eine einseitige Bevorzugung des Bürgen besagt.[217] Des Weiteren kann der verpfändete Gegenstand das gesamte Vermögen des Pfandschuldners darstellen, sodass dieser ebenso hart getroffen wird wie ein Bürge. Eine generelle Besserstellung des Bürgen lässt sich schließlich auch nicht mit besonderen altruistischen Erwägungen rechtfertigen, da andere Sicherungsgeber oftmals aus ähnlichen Motiven handeln.[218]

683   (3) **Anteiliger Ausgleich**

Die Rechtsprechung[219] sowie Teile der Literatur[220] gehen daher von einem anteiligen Ausgleich nach den Regeln der Gesamtschuld aus. Der Grundsatz ausgleichender Gerechtigkeit gebiete es, auf das Verhältnis von Bürge und Grundschuldbesteller den hinter § 426 BGB stehenden allgemeinen Rechtsgedanken einer anteiligen Haftung anzuwenden. Allein eine anteilige Haftung entspreche der **Billigkeit gem. § 242 BGB.** Eine am Wortlaut des Gesetzes haftende Auslegung führe zu Zufallsergebnissen, die vom Gesetzgeber nicht gesehen und nicht gewollt waren. Die für den Ausgleich unter Mitbürgen geltende Regelung (§§ 774 II, 426 BGB) könne auf das Verhältnis zwischen Bürge und dinglichem Sicherer analog angewandt werden, denn der vom Schuldner verschiedene Besteller einer dinglichen Sicherheit befinde sich in einer Situation, die wirtschaftlich der des Bürgen sehr nahe ist. Die §§ 774 II, 1225 S. 2 BGB seien daher ebenfalls **Ausdruck eines allgemeinen Rechtsprinzips.** Folgt man dieser Argumentation, verbleibt noch das Problem, wie die Anteile konkret zu berechnen sind:[221]

684   (a) In Betracht kommt zum einen eine **Anteilsberechnung nach Köpfen.** Danach entfielen auf B und R jeweils EUR 150.000,–. Für diese Berechnungsmethode spricht § 426 I BGB, der von einer Verpflichtung zu gleichen Teilen ausgeht. Eine solche hälftige Teilung trägt allerdings den unterschiedlichen Risiken nicht Rechnung, die B und R übernommen haben.

685   (b) Zu favorisieren ist deshalb eine **Differenzierung nach der unterschiedlichen Risikotragung.**[222] Es sind also die unterschiedlichen Haftungshöhen der einzelnen Sicherungsgeber bei der Berechnung des Ausgleichsanspruchs in Ansatz zu bringen. Vorliegend verhalten sich die Regressbeträge wie 3 : 2, sodass der Anteil der R 2/5 von EUR 300.000,–, mithin EUR 120.000,– beträgt.

---

[214] Vgl. *Mertens/Schröder* JURA 1992, 305 ff. (310).
[215] Vgl. näher *Neuner* AcP 203 (2003), 46 ff. (62 f.).
[216] Vgl. *Tiedtke* BB 1984, 19 ff. (20); *Baur/Stürner,* Sachenrecht, § 38 Rn. 103.
[217] Vgl. MüKoBGB/*Damrau,* § 1225 Rn. 10; *Larenz/Canaris,* Schuldrecht II/2, § 60 IV 3 a.
[218] Vgl. *BGH* NJW 1992, 3228 f. (3229); Staudinger/*Wiegand,* BGB, § 1225 Rn. 28 ff.
[219] Vgl. *BGH* NJW 2009, 437 f. (Tz. 13); 1992, 3228 f. (3229); BGHZ 108, 179 ff. (183 ff.) = NJW 1989, 2530 ff. (2531 f.).
[220] Vgl. *Larenz/Canaris,* Schuldrecht II/2, § 60 IV 3 a; *Schanbacher* AcP 191 (1991), 87 ff. (91 ff.); *Neuner* AcP 203 (2003), 46 ff. (63) mwN.
[221] S. näher *Larenz/Canaris,* Schuldrecht II/2, § 60 IV 3 b.
[222] S. auch *BGH* NJW 2009, 437 ff. (Tz. 15 ff.).

3. **Ergebnis:** B kann von G gem. §§ 1192 I, 1154 BGB Abtretung der Grundschuld iHv EUR 120.000,– verlangen. Nach Abtretung und Fälligkeit kann er sodann gem. §§ 1192 I, 1147 BGB gegen R auf Duldung der Zwangsvollstreckung vorgehen.

II. Es könnte des Weiteren ein **schuldrechtlicher Ausgleichsanspruch analog § 426 I BGB, also ein un-**   686
mittelbarer Zahlungsanspruch gegen R, gegeben sein.

1. **Ein echtes Gesamtschuldverhältnis iSv § 426 I BGB liegt nicht vor,** da der dingliche Sicherungsgeber nicht wie der Bürge schuldet, sondern nur die Befriedigung des Gläubigers aus der Sache zu dulden hat. Hinzu kommt, dass zwischen den Sicherungsgebern keine interne Ausgleichsvereinbarung
getroffen wurde und eine gesetzliche Anordnung, wie bspw. für Mitbürgen gem. § 769 BGB, nicht
besteht.[223]

2. **Auch eine analoge Anwendung von § 426 I BGB verbietet sich,** weil R nur bereit war, mit ihrem
Grundstück zu haften. Dieses Interesse wird besonders deutlich, wenn das besicherte Grundstück
mittlerweile stark an Wert verloren hat. Ein direkter Zahlungsanspruch gegen R besteht somit nicht.

Annex:

Die gleiche Regress-Problematik ergibt sich, **wenn statt einer Grundschuld eine Hypothek bestellt wor-**   687
den ist. Rein konstruktiv würde bei akzessorischen Rechten (im Gegensatz zur Grundschuld) eine volle
Regressmöglichkeit des zuerst in Anspruch Genommenen bestehen: Befriedigt der Bürge den Gläubiger,
erwirbt er neben der Hauptforderung gem. § 774 I 1 BGB auch nach §§ 412, 401 BGB die Hypothek.
Befriedigt andererseits der Hypothekenschuldner zuerst den Gläubiger, so erwirbt er neben der Hauptforderung nach § 1143 I 1 iVm §§ 412, 401 BGB die Bürgschaftsforderung ebenfalls. Es besteht also
auch in dieser Konstellation eine „Kollision der Regresswege".

---

6. Systematischer Exkurs: Der gutgläubige Zweiterwerb in der Gesamtschau   688

a) Der konstruktive Unterschied zum Ersterwerb

Kein Erwerb vom vermeintlichen Eigentümer (Bucheigentümer), sondern von einem Nichtberechtigten,
der vorgibt, Inhaber eines sonstigen dinglichen oder quasi-dinglichen Rechts zu sein.

b) Die verschiedenen Konstellationen   689

    aa) Pfandrecht an beweglichen Sachen (vgl. Fall 9b, → Rn. 382 ff.)

Normalfall: E vermietet an M eine Stereoanlage; M verpfändet zur Absicherung einer Darlehensschuld
die Anlage an den bösgläubigen G; zum Zwecke der Refinanzierung tritt G seine Forderung an den
redlichen Z ab und übergibt ihm das Pfand.

    Argumente gegen Zweiterwerb
  - kein rechtsgeschäftlicher Erwerb; Pfandrecht geht automatisch bei Übertragung mit über (vgl.
    § 1250 I 1 BGB)
  - keine Besitzverschaffung notwendig (vgl. § 1250 I 1 BGB)
  - Z vertraut nur auf das „Gerede" des G
  - Z hat die Möglichkeit der Rückfrage beim Eigentümer

    Argumente für Zweiterwerb
  - sofern die Sache übergeben wird, besteht ein Rechtsschein des Besitzes
  - nach Parteiwillen ähnlich einer rechtsgeschäftlichen Übertragung des Pfandrechts
  - G hätte sich auch als Eigentümer aufspielen können, mit der Folge eines gutgläubigen Erster-
    werbs

---

[223] Vgl. nur BGHZ 108, 179 ff. (183).

690   **bb) Anwartschaftsrecht des Vorbehaltskäufers** (vgl. Fall 11/Var. 3, 4, → Rn. 459 ff.)[224]

Normalfall: E veräußert eine Stereoanlage unter Eigentumsvorbehalt an K; K verleiht die Anlage an L; L behauptet gegenüber D, er habe die Anlage unter Eigentumsvorbehalt gekauft und veräußert das Anwartschaftsrecht an D.

Argumente gegen Zweiterwerb
- Rechtsschein des Besitzes zerstört, da D vom fehlenden Eigentum des L weiß
- D vertraut nur auf das „Gerede" des L
- Möglichkeit der Rückfrage bei E

Argumente für Zweiterwerb
- Anwartschaftsrecht ist Vorstufe zum Eigentum
- Besitz erzeugt auch Rechtsschein zugunsten eines Anwartschaftsrechts
- Analogie zu §§ 1065, 1227 iVm § 1006 BGB, wonach mit Besitz Vermutung für ein beschränktes dingliches Recht besteht (Nießbrauch, Pfand)
- L hätte sich als Eigentümer aufspielen können

Beachte: Nach ganz hM ist ein gutgläubiger Erwerb eines **nicht existenten Anwartschaftsrechts** ausgeschlossen, da die Bedingung des Eigentumserwerbs nicht eintreten kann; des Weiteren besteht auch kein Gutglaubensschutz in Bezug auf die Höhe der Forderung.

691   **cc) Vormerkung** (vgl. Fall 15/Var., → Rn. 596 ff.)

Normalfall: Bucheigentümer B bewilligt zugunsten des bösgläubigen K eine Auflassungsvormerkung; nach Eintragung der Vormerkung tritt K den Anspruch auf Übereignung an den gutgläubigen G ab.

Argumente gegen Zweiterwerb
- kein rechtsgeschäftlicher Erwerb; Vormerkung geht automatisch analog § 401 BGB mit über
- Übertragung vollzieht sich gem. § 401 BGB außerhalb des Grundbuchs, sodass auch ein Nichteingetragener Vormerkungsberechtigter sein kann („Heimlichkeitsprinzip" statt Publizitätsprinzip)
- G könnte Neubestellung einer Vormerkung verlangen

Argumente für Zweiterwerb
- § 401 BGB schreibt nur fest, was vernünftige Parteien ohnehin geregelt hätten (Parteiwille)
- G kann auf Grundbucheintragung des K vertrauen

692   **dd) Grundpfandrechte**

Normalfall: Bucheigentümer B bestellt zugunsten des bösgläubigen K ein Grundpfandrecht; anschließend überträgt K das Grundpfandrecht an den gutgläubigen D.

(1) Hypothek (vgl. Fall 16/Var. 1, → Rn. 625 ff.)
- Nichtbestehen des Pfandrechts: § 892 BGB (bei Briefrechten ist jeweils § 1155 BGB mitzubeachten)
- Nichtbestehen der Forderung: §§ 1138, 892 BGB
- einredefreier Erwerb: §§ 1157 S. 2, 892 BGB; §§ 1138, 892 BGB

---

[224] Hinsichtlich des *Anwartschaftsrechts des Auflassungsempfängers* scheidet ein gutgläubiger Erwerb mangels Eintragungsfähigkeit aus (vgl. oben Fn. 21 zu → Rn. 536). Bezüglich des *Anwartschaftsrechts des Hypothekengläubigers* hängt die Möglichkeit gutgläubigen Erwerbs primär davon ab, ob man den nach § 892 II BGB maßgeblichen Zeitpunkt auf die Entstehung des Anwartschaftsrechts vorverlagert (vgl. Fn. 110 zu → Rn. 603).

(2) **Sicherungshypothek**
- Nichtbestehen des Pfandrechts: § 892 BGB
- Nichtbestehen der Forderung: kein gutgläubiger Erwerb möglich, vgl. § 1185 II BGB
- einredefreier Erwerb: §§ 1157 S. 2, 892 BGB

(3) **Grundschuld** (vgl. Fall 17)
- Nichtbestehen des Pfandrechts: § 892 BGB (beachte bei Briefgrundschuld zudem § 1155 BGB)
- Nichtbestehen der Forderung: irrelevant, weil nicht akzessorisch
- einredefreier Erwerb: §§ 1192 I, 1157 S. 2, 892 BGB; bei Sicherungsgrundschuld aber gem. § 1192 Ia S. 1 Hs. 2 BGB ausgeschlossen

VIII. Sonstige Sachenrechte im Überblick[225]

693

1. Der Nießbrauch gem. §§ 1030 ff. BGB[226]

Normalfall: Vater V überträgt sein Mehrfamilienhaus auf seine Tochter T, behält sich jedoch zu seinen Lebzeiten den Nießbrauch vor.

Kennzeichen: umfassendstes dingliches Nutzungsrecht; Bestellung gem. § 873 BGB, an beweglichen Sachen gem. § 1032 BGB

Rechtsfolge: T ist Eigentümerin, doch ist V gem. § 1036 BGB weiterhin zum Besitz berechtigt und kann gem. § 1030 I BGB grundsätzlich alle Nutzungen ziehen (zB Mieteinnahmen)

Beachte: der Nießbrauch erlischt gem. § 1061 BGB mit dem Tod des Nießbrauchers und ist gem. § 1059 BGB nicht übertragbar

2. Die Grunddienstbarkeit gem. §§ 1018 ff. BGB

694

Normalfall: Wege- und Überfahrtsrechte am Nachbargrundstück; auch Unterlassungen sind möglich (Bebauungsbeschränkung; Beseitigungsverbot für Einfriedung)

Kennzeichen: subjektiv-dingliches Nutzungsrecht des jeweiligen Eigentümers eines anderen Grundstücks; Bestellung gem. § 873 BGB

3. Die beschränkte persönliche Dienstbarkeit gem. §§ 1090 ff. BGB

695

Normalfall: Energiekonzern darf Stromleitung über das Grundstück führen; dingliches Wohnrecht gem. § 1093 BGB

Kennzeichen: subjektiv-persönliches Nutzungsrecht; im Unterschied zur Grunddienstbarkeit steht sie nicht dem jeweiligen Eigentümer eines Grundstücks zu, sondern einer einzelnen Person; Bestellung gem. § 873 BGB

4. Die Reallast gem. §§ 1105 ff. BGB

696

Normalfall: Zahlung einer Rente an Hofübergeber; Lieferung von Wasser

---

[225] Ausführlich *Brehm/Berger*, Sachenrecht, §§ 15, 19 ff.; *Vieweg/Werner*, Sachenrecht, § 16.
[226] S. auch schon → Rn. 690.

Kennzeichen: es sind positive Leistungen aus dem Grundstück zu entrichten; im Unterschied zur Rentenschuld gem. § 1199 I BGB kann die Reallast auch auf Sach- und Dienstleistungen gerichtet sein; des Weiteren ist eine Ablösungssumme im Unterschied zur Rentenschuld gem. § 1199 II BGB nicht einzutragen; Bestellung gem. § 873 BGB

Beachte: grundsätzlich auch persönliche Haftung des Eigentümers gem. § 1108 BGB

697   5. Das Vorkaufsrecht gem. §§ 1094 ff. BGB

Kennzeichen: Gestaltungsrecht; Bestellung gem. § 873 BGB

Rechtsfolge: gem. § 1098 I BGB gelten die schuldrechtlichen Vorkaufsbestimmungen gem. §§ 463 ff. BGB; gegenüber Dritten hat das Vorkaufsrecht gem. § 1098 II BGB die Wirkung einer Vormerkung; die erforderliche Einigung gem. § 873 BGB muss, anders als das Verpflichtungsgeschäft, nicht notariell beurkundet werden (*BGH* NJW 2016, 2035 ff.)

698   6. Das Erbbaurecht

Kennzeichen: beschränktes dingliches Recht, das die Nutzung eines Grundstücks zum Zweck der Errichtung und des Habens eines Bauwerks auf Zeit gewährt; Bestellung gem. § 873 BGB

Einzelheiten: Erbbaurechtsverordnung

699   7. Das Wohnungseigentum

Kennzeichen: Miteigentum am Grundstück und den Gemeinschaftsanlagen sowie Sondereigentum an der Wohnung; es entsteht gem. §§ 3 f., 8 WEG

Einzelheiten: Wohnungseigentumsgesetz

IX. Aktuelle Rechtsprechung

1. Liegenschaftsrecht allgemein

700   Unwirksamkeit einer Auflassung gem. § 925 II BGB

OLG Düsseldorf NJW 2015, 1029 f. (1. LS)

„Schließen Ehegatten ‚für den Fall der rechtskräftigen Scheidung‘ einen Scheidungsfolgenvergleich, der ua die Auflassung des hälftigen Miteigentumsanteils an einem Grundstück an einen Beteiligten enthält, so steht die Auflassung unter einer Bedingung und ist daher unwirksam."

701   Auflassung durch schlüssiges Verhalten

OLG Rostock NJW-RR 2006, 1162 f.

Sachverhalt: K begehrt im Verfahren des einstweiligen Rechtsschutzes die Eintragung eines Widerspruchs gegen die Richtigkeit des Grundbuchs. Im Rahmen eines notariellen Erbauseinandersetzungsvertrages vereinbarte K mit ihrer Schwester S und deren Gatten G, dass ein im Nachlass befindliches Grundstück auf S und G als Miteigentümer je zur Hälfte übergehen sollte. Ausweislich des Vertragstextes wurde die Auflassung erklärt und die Eintragung in das Grundbuch beantragt. G war bei der Beurkundung anwesend; er unterschrieb jedoch den notariellen Vertrag nicht. In der Folge wurden gleichwohl S und G als Miteigentümer in das Grundbuch eingetragen. G macht geltend, die Nichtunterzeichnung sei nur ein Versehen gewesen.

Gründe: Die Eintragung eines Widerspruchs gem. § 899 BGB setzt voraus, dass der Inhalt des Grundbuchs mit der wahren Rechtslage nicht übereinstimmt. Die Richtigkeit des Grundbuchs hängt dabei nicht von der Wirksamkeit des zugrundeliegenden schuldrechtlichen Vertrages ab. Nach dem Abstraktionsprinzip ist es unerheblich, inwieweit das Verpflichtungsgeschäft der Formvorschrift des § 311b I BGB entspricht. Des Weiteren ist irrelevant, ob das Grundbuchamt den G aus formellen Gründen nicht hätte eintragen dürfen. Es ist also unerheblich, ob die Einigung in grundbuchmäßiger Form gem. §§ 20, 29 GBO nachgewiesen wurde (s. → Rn. 532). Maßgeblich ist allein die Wirksamkeit der Auflassung. Gem. § 925 I BGB muss die Auflassung bei gleichzeitiger Anwesenheit beider Teile vor einem Notar oder sonst einer zuständigen Stelle erklärt werden; sie braucht nicht notariell beurkundet zu werden. Die Auflassung kann vielmehr auch durch schlüssiges Verhalten erklärt werden. Weder aus dem Wortlaut noch aus dem Sinn des § 925 I BGB ergibt sich, dass die Auflassung eine ausdrückliche und mündliche Erklärung voraussetzt. Das Schweigen des G kann vorliegend nicht anders verstanden werden als so, dass er den Vertragstext und die ihm darin zugeschriebenen Willenserklärungen billigte.

Vgl. auch JA 2006, 898 ff. mAnm *Ch. Wolf.*

Einwilligungsvorbehalt nach zuvor erklärter Auflassung

702

OLG Celle NJW 2006, 3501 ff.

Die Geschäftsfähigkeit muss nur zum Zeitpunkt der Abgabe der Auflassungserklärung vorliegen, weil allein die Einigung, nicht aber die Eintragung rechtsgeschäftlicher Natur ist. Auf die Rechtswirksamkeit der Auflassungserklärung ist es gem. § 130 II BGB ohne Einfluss, wenn der Erklärende nach der Abgabe geschäftsunfähig wird. Die Vorschrift des § 130 II BGB ist auf die Anordnung eines Einwilligungsvorbehalts gem. § 1903 BGB entsprechend anzuwenden. Die Anordnung des Einwilligungsvorbehalts hat keine rückwirkende Kraft.

Falsa demonstratio – Auflassungsgegenstand

703

BGH NJW 2002, 1038 ff.

Sachverhalt: B erwirbt von W ein Grundstück. Nach der notariellen Auflassungsurkunde soll das Eigentum am gesamten Grundstück, das unter Bezugnahme auf das Grundbuch spezifiziert wird, übergehen. Jahre zuvor hatten W und der Eigentümer des benachbarten Grundstücks, K, einen Tausch zweier kleiner Teile der jeweiligen Grundstücke vereinbart, der aber nicht beurkundet und nicht ins Grundbuch eingetragen wurde. Dieser „Tausch" wurde von den Parteien gleichwohl faktisch vollzogen und ist durch die Nutzung der Teilstücke auch eindeutig optisch erkennbar.

Gründe: Der *BGH* stellt zunächst fest, dass der Inhalt der Auflassungsurkunde von dem tatsächlich Gewollten abweicht. W wollte an dem Tausch mit K festhalten und daher das betreffende Teilstück nicht an B übereignen. Im Rahmen einer Besichtigung waren Lage und Größe des Grundstücks von B in Augenschein genommen worden, wobei B die Nutzung des Teilstücks durch K eindeutig erkennen konnte. B musste deshalb davon ausgehen, dass die betroffene Teilfläche nicht erfasst wird und dementsprechend auch nicht übereignet werden sollte. Konsequenz: Das von den Parteien übereinstimmend Gewollte geht dem Inhalt der Urkunde vor. Dem Anspruch W gegen B aus § 894 BGB (und § 812 BGB), den K im Wege gewillkürter Prozessstandschaft (möglich, obwohl § 894 BGB nicht abtretbar ist) geltend machte, steht kein Rechtsmissbrauchseinwand (§ 242 BGB) entgegen, da sich auch der Inhalt des Verpflichtungsgeschäfts trotz § 311b I BGB nach den Regeln der „falsa-demonstratio" bestimmt.

Gutglaubensschutz bei Grundstückserwerb aufgrund Vermächtnisses

704

OLG Naumburg NJW 2003, 3209 ff.

Sachverhalt: Erblasser E hatte seine Ehefrau F testamentarisch zur Alleinerbin eingesetzt, sie aber mit einem Vermächtnis zugunsten seiner Tochter T beschwert. Nach dem Tod des E übereignete F der T – dem Vermächtnis des E entsprechend – ein Grundstück, das mit einer Grundschuld zugunsten der B belastet war. T wurde als Eigentümerin eines lastenfreien Grundstücks im Grundbuch eingetragen; die bestehende Grundschuld war vorher vom Grundbuchamt versehentlich gelöscht worden. Das Grundbuchamt trug daraufhin einen Amtswiderspruch gem. § 53 I 1 GBO in das Grundbuch ein, um einen gutgläubigen lastenfreien Erwerb des Grundstücks (vgl. § 892 BGB) durch Dritte zu verhindern.

Gründe: Die dagegen gerichtete Beschwerde der T (vgl. §§ 71, 78 GBO) war erfolgreich, da das Grundbuch nicht unrichtig iSd § 53 I 1 GBO ist. Zwar bestand die zu Unrecht gelöschte Grundschuld zunächst außerhalb des Grundbuchs mit ihrem Rang fort, sie ist jedoch mit Eintragung der T erloschen, da bereits in ihrer Person ein gutgläubiger lastenfreier Erwerb gem. § 892 I 1 BGB stattfand. Die gutgläubige T hat das Grundstückseigentum mit dem Inhalt des Grundbuchs im Zeitpunkt ihrer Eintragung erworben. Die Vorschrift des § 892 BGB ist zum einen anwendbar, da ein rechtsgeschäftlicher Eigentumserwerb stattgefunden hat. T erlangte das Eigentum an dem Grundstück gerade nicht durch Universalsukzession (§ 1922 BGB), sondern gem. §§ 873, 925 BGB durch dingliches Rechtsgeschäft, das die Erfüllung ihres Vermächtnisanspruchs aus § 2074 BGB darstellte. Zum anderen lag auch ein – als teleologische Reduktion des § 892 BGB gefordertes – sog Verkehrsgeschäft vor. Daran fehlt es bei persönlicher oder wirtschaftlicher Identität auf Erwerber- und Veräußererseite, somit auch bei einer Erbschaftsauseinandersetzung zwischen Miterben. Da T aber nicht Miterbin, sondern Vermächtnisnehmerin ist, bestehen an einem Verkehrsgeschäft keine Zweifel und T konnte wie jeder Dritte gutgläubig lastenfreies Eigentum erwerben.

Vgl. auch JuS 2004, 342 f. mAnm *K. Schmidt*.

Gutgläubiger Erwerb eines Miteigentumsanteils

705

BGH NJW 2007, 3204 ff.

Sachverhalt: Der Bekl. gehörten zwei Eigentumswohnungen. Mit notariellem Vertrag verkaufte sie diese Wohnungen unter gleichzeitiger Auflassung an die Kl. und deren damaligen Ehemann (E) zu je hälftigem Miteigentum. Kl. und E wurden anschließend als Miteigentümer zu je 1/2 in das Wohnungsgrundbuch eingetragen. Einige Zeit später schlossen Kl. und E einen notariellen Ehe- und Auseinandersetzungsvertrag, in dem sie den Güterstand der Gütertrennung vereinbarten, wechselseitig auf Zugewinnausgleich verzichteten und ihren gemeinsamen Grundbesitz in der Weise auseinandersetzten, dass Kl. die beiden Wohnungen zu Alleineigentum aufgelassen wurden. Demgemäß wurde Kl. auch als Alleineigentümerin der beiden Wohnungen eingetragen. Bekl. macht nunmehr geltend, dass sie bei Abschluss des notariellen Kaufvertrages geschäftsunfähig gewesen und deshalb Eigentümerin der Wohnungen geblieben sei. Kl. macht im Wege der Feststellungsklage geltend, dass sie jedenfalls die Miteigentumsanteile des E gutgläubig erworben habe.

Gründe: Die Feststellungsklage (§ 256 I ZPO) ist zulässig. Kl. hat ein rechtliches Interesse daran, dass ihr Miteigentum der Bekl. gegenüber festgestellt wird. Sie ist als Alleineigentümerin im Wohnungsgrundbuch eingetragen und kann die Klärung der von der Bekl. bestrittenen Eigentumsverhältnisse deshalb nicht mit Hilfe einer Leistungsklage nach § 894 BGB erreichen.

Die Feststellungsklage ist auch begründet. Kl. hat gutgläubig die Miteigentumsanteile gem. §§ 873 I, 925 I 1, 892 I BGB erworben. Der dingliche Vertrag zwischen der Bekl. und E ist zwar gem. § 105 I BGB nichtig, doch ist E im Grundbuch als hälftiger Miteigentümer eingetragen. Kl. war die Unrichtigkeit des Grundbuchs auch nicht bekannt. Nach st. Rspr. setzt der gutgläubige

Erwerb zusätzlich ein Verkehrsgeschäft voraus. Daran fehlt es, wenn Veräußerer und Erwerber rechtlich oder wirtschaftlich identisch sind, also etwa bei einer Veräußerung zwischen personenidentischen Gesellschaften, von der Mutter- auf die Tochtergesellschaft oder von dem Alleingesellschafter auf die Gesellschaft. Umgekehrt liegt immer dann ein Verkehrsgeschäft vor, wenn auf Erwerberseite mindestens eine Person beteiligt ist, die nicht zu den Veräußerern gehört. Gemessen daran wird die Übertragung eines Miteigentumsanteils unter Miteigentümern als Verkehrsgeschäft von § 892 BGB erfasst. Denn das Miteigentum begründet keine rechtliche oder wirtschaftliche Identität zwischen Veräußerer und Erwerber. Die Miteigentümer stehen sich vielmehr als Dritte gegenüber. Gem. § 747 S. 1 BGB kann jeder Miteigentümer ohne Mitwirkung der anderen Gemeinschafter über seinen Anteil verfügen. Das hat zur Folge, dass ein Miteigentümer bei dem Erwerb weiterer Anteile denselben Gefahren ausgesetzt und damit ebenso schutzbedürftig ist wie ein außenstehender Dritter. Die Schutzbedürftigkeit der Kl. entfällt vorliegend auch nicht deshalb, weil sie bereits den für sie gebuchten Miteigentumsanteil nicht wirksam erworben hat, denn maßgeblich ist jener Rechtsschein, der durch die Buchung des für den Veräußerer eingetragenen Miteigentumsanteils erzeugt wird. Einem gutgläubigen Erwerb steht schließlich auch nicht entgegen, dass es sich um einen Auseinandersetzungsvertrag unter Eheleuten handelte. Es liegt kein Fall sogenannter wirtschaftlicher Identität vor, sondern es sind im gesetzlichen Güterstand die Miteigentumsanteile Eigentum des jeweiligen Ehegatten.

Vgl. auch JuS 2008, 276 ff. mAnm *K. Schmidt*; JA 2008, 229 ff. mAnm *Ch. Wolf*.

706   **Kein Verzicht auf Miteigentumsanteil bzw. Wohnungseigentum**

BGH NJW 2007, 2254 ff.; *BGH* NJW 2007, 2547 ff.

Ein Verzicht auf den Miteigentumsanteil an einem Grundstück entsprechend § 928 I BGB ist unzulässig, weil die Rechtsfolgen nicht mit den einschlägigen sachen- und schuldrechtlichen Regelungen über das Miteigentum an Grundstücken in Einklang stehen. Mit dem Erlöschen eines Miteigentumsanteils bräche die Miteigentümergemeinschaft auseinander, da der Anteil des ausscheidenden Miteigentümers nicht automatisch den verbleibenden Miteigentümern anwüchse. Eine Aufhebung der Gemeinschaft ist zwar grundsätzlich möglich; jeder Teilhaber hat einen schuldrechtlichen Anspruch auf Aufhebung der Gemeinschaft (§ 749 I BGB). Dabei ist der ausscheidungswillige Teilhaber aber auf den Weg der Teilungsversteigerung (§§ 180 ff. ZVG) verwiesen. Zu bedenken ist ferner, dass bei einem wirksamen Anteilsverzicht die anderen Teilhaber zwangsläufig einen dem Anteil des Verzichtenden entsprechenden höheren Beitrag leisten müssten, ohne dass ihnen ein höherer Anteil als vorher zustünde. Vor diesem Hintergrund wird das Recht jedes Teilhabers, über seinen Anteil zu verfügen (§ 747 S. 1 BGB), nicht in unzulässiger Weise dadurch beschränkt, dass der Verzicht auf den Miteigentumsanteil ausgeschlossen ist. Kann somit ein einzelner Miteigentümer sein Miteigentum an einem Grundstück nicht durch Verzicht aufheben, führt das dazu, dass auch Wohnungs- und Teileigentum nicht durch Verzicht aufgegeben werden können. Zulässig ist allerdings der Verzicht sämtlicher Eigentümer. Denn in diesem Fall wird zugleich das ganze Eigentum an dem Grundstück aufgegeben. Die rechtliche Situation ist dieselbe wie bei dem Verzicht auf das Alleineigentum nach § 928 I BGB.

Vgl. auch JuS 2007, 1062 ff. mAnm *K. Schmidt*.

2. Vormerkung

707   **Auflassungsvormerkung zur Sicherung des Rückübertragungsanspruchs bei grobem Undank**

BGHZ 151, 116 ff. = NJW 2002, 2461 ff.

Sachverhalt: E schenkte dem S per notariell beurkundetem Vertrag eine Eigentumswohnung. Gleichzeitig wurde die Auflassung erklärt und für den Fall des groben Undanks iSd § 530 BGB ein vertraglicher Rückübertragungsanspruch des E vereinbart. Zur Sicherung des Rückübertragungsanspruchs bewilligte S eine Auflassungsvormerkung. Das Grundbuchamt lehnt eine Eintragung dieser Vormerkung ab.

Gründe: Zunächst stellt der *BGH* fest, dass künftige oder aufschiebend bedingte Ansprüche nach § 883 I 2 BGB vormerkungsfähig sind, sofern bereits eine feste, die Gestaltung des Anspruchs bestimmende Grundlage (Rechtsboden) vorhanden ist. Das ist bei aufschiebend bedingten Ansprüchen regelmäßig der Fall, da diese bereits im Zeitpunkt der Vereinbarung entstehen und sich lediglich die Wirkung erst mit Eintritt der Bedingung entfaltet (vgl. Wortlaut des § 158 I BGB). Zwar kann der Erwerber durch sein tatsächliches Verhalten den Eintritt der Bedingung bestimmen, doch tritt die an sein Verhalten geknüpfte Rechtsfolge unabhängig davon ein, ob sie zu diesem Zeitpunkt noch von ihm gewollt ist oder nicht. Auch steht der (grundbuchrechtliche) Bestimmtheitsgrundsatz einer Sicherung des Rückübertragungsanspruchs nicht entgegen. Die Voraussetzungen des § 530 BGB sind insbesondere durch die von der Rechtsprechung gebildeten Fallgruppen hinreichend bestimmt. Im Übrigen stellen bedingte Ansprüche im Falle des Ablebens des Erwerbers eine Nachlassverbindlichkeit gem. § 1967 II BGB dar, sodass die Vormerkung gem. § 884 BGB gegen die Erben des Erwerbers fortwirkt.

Vgl. auch die Besprechung von *Wacke* JZ 2003, 179.

708   **Vormerkung des Rückübertragungsanspruchs aus einem Grundstücksübergabevertrag**

BGH NJW 2002, 2874 f.

Sachverhalt: B hatte der W vor einiger Zeit einen Miteigentumsanteil an einem Grundstück übereignet. Weiter wurde beurkundet: Die Parteien „*sind sich einig*", dass das Eigentum im Falle des Todes der W auf B bzw. im Falle des Vorversterbens auf deren Erben „*rückübertragen wird*". Zugleich wurde B in einem Erbvertrag als Vermächtnisnehmerin bezüglich des betreffenden Grundstücks eingesetzt. Die Rückübertragung zugunsten der B wurde durch eine Vormerkung gesichert. Später verkaufte W ihren Miteigentumsanteil an K. Zur Sicherung des kaufvertraglichen Anspruchs wurde eine Vormerkung eingetragen.

Gründe: Der *BGH* hat einen Grundbuchberichtigungsanspruch des K aus § 894 BGB abgelehnt, da eine wirksame Vormerkung zugunsten der B besteht. Fraglich war, ob B einen vormerkungsfähigen Anspruch gegen W hatte (Akzessorietät). Dem Wortlaut der Urkunde nach liegt eine (nach § 925 II BGB nicht zulässige) befristete Rückauflassung vor. Eine Umdeutung (§ 140 BGB) als Rückübertragungs*verpflichtung* entspricht jedoch dem Parteiwillen und bei Anwendung der „Andeutungstheorie" auch dem Formerfordernis des § 311b I BGB. Zudem ist dieser Rückübertragungsanspruch nicht mit dem angeordneten Vermächtnis (§ 2087 II BGB) gleichzusetzen, denn nach der vertraglichen Vereinbarung war die W im Verhältnis zu B – anders als beim Vermächtnis – schuldrechtlich nicht zur Verfügung über das Grundstück berechtigt (§ 137 S. 2 BGB). Hinsichtlich dieser schuldrechtlichen Bindung ist aber gerade eine Sicherung qua Vormerkung sachgerecht.

Vgl. auch JuS 2002, 1229 f. mAnm *K. Schmidt*.

Auflassungsvormerkung und nachgeschobene Bewilligung („Aufladung" der Vormerkung)   709

BGHZ 143, 175 ff. = NJW 2000, 805 ff.

Sachverhalt: K und V schlossen im September einen Kaufvertrag über ein Hausgrundstück; der Auflassungsanspruch wurde mit einer Vormerkung gesichert. Im November vereinbarten sie die Aufhebung dieses Vertrages und schlossen einen neuen Vertrag ab. Die bereits eingetragene Vormerkung sollte als fortbestehend gelten. Im Dezember wurde zugunsten von B eine Hypothek eingetragen.

Gründe: Es besteht ein Anspruch K gegen B auf Zustimmung zur Löschung der Hypothek gem. §§ 883 II, 888 I BGB. Die Vertragsaufhebung bewirkte zunächst ein Erlöschen sowohl der Forderung als auch der (akzessorischen) Vormerkung. Fraglich war, ob die erloschene Vormerkung ohne Neueintragung wieder zur Sicherung des neuen, deckungsgleichen Anspruchs verwendet werden konnte. Den Fall der nachträglichen Einigung über ein bereits eingetragenes dingliches Recht regeln die §§ 879 II, 892 II BGB. Die Vormerkung verkörpert zwar kein dingliches Recht, doch ist es aufgrund ihres ähnlichen Charakters geboten, dass die Bewilligung (§ 885 I BGB) der Eintragung nachfolgen kann. Entsprechend § 879 BGB ist für die Rangstelle der Vormerkung allerdings nicht der Eintragungszeitpunkt, sondern der der nachgeschobenen Bewilligung maßgeblich.

BGH NJW 2008, 578 ff. (Bestätigung und Fortführung von BGHZ 143, 175 ff.)

Eine im Jahr 1993 zur Sicherung eines durch Rücktritt bedingten Rückauflassungsanspruchs eingetragene Vormerkung (ua für den Fall des Rücktritts wegen baulicher Veränderungen des Grundstücks) kann, ohne dass es einer erneuten Eintragung bedürfte, durch Bewilligung auf weitere Rücktrittsgründe (ua Insolvenz der Schuldnerin) erstreckt werden. Der Rang der durch die Vormerkung weiter gesicherten Ansprüche bestimmt sich nach dem Zeitpunkt der neuen Bewilligung.

Vgl. auch JuS 2008, 467 ff. mAnm *K. Schmidt*; ZJS 2008, 664 f. mAnm *Artz*.

BGHZ 193, 152 ff. = NJW 2012, 2032 ff. (Bestätigung und Fortführung von BGHZ 143, 175 ff.)

Die (durch Erlöschen des gesicherten Anspruchs) unrichtig gewordene Eintragung einer Vormerkung kann durch nachträgliche Bewilligung für einen neuen Anspruch verwendet werden, wenn Anspruch, Eintragung und Bewilligung kongruent sind. An dieser Übereinstimmung fehlt es, wenn die Vormerkung für einen höchstpersönlichen, nicht vererblichen und nicht übertragbaren Rückübertragungsanspruch des Berechtigten eingetragen ist, die Vormerkung nach der nachfolgenden Bewilligung aber einen anderweitigen, vererblichen Anspruch sichern soll.

Vgl. auch JuS 2012, 943 ff. mAnm *K. Schmidt*.

BGHZ 193, 183 ff. = NJW 2012, 2654 ff.

Eine Vormerkung, die der Sicherung des Rückübereignungsanspruchs aus einem Rückkaufsrecht des Verkäufers eines Grundstücks dient, kann nach Erlöschen dieses Anspruchs aufgrund fehlender Anspruchskongruenz nicht mit einem Rückübereignungsanspruch des Verkäufers aus einem weiteren Kaufvertrag mit einem Dritten „aufgeladen" werden.

Fortbestand der Vormerkung nach Schuldübernahme   710

BGHZ 200, 179 ff. = NJW 2014, 2431 ff.

Sachverhalt: Die Gemeinde A veräußerte im Rahmen eines „Einheimischenmodells" ein Grundstück an U, wobei A ein Ankaufsrecht eingeräumt wurde, falls U das zu errichtende Wohnhaus nicht mindestens zehn Jahre selbst nutzt. Zur Sicherung dieses Anspruchs wurde eine Vormerkung eingetragen. 7 Jahre später veräußerte U mit Zustimmung von A das Grundstück an D. In der notariellen Urkunde ist vermerkt: „Vormerkung zugunsten der Gemeinde *A* wird vom Käufer zur weiteren dinglichen Duldung übernommen. Hinsichtlich der durch sie gesicherten Verbindlichkeiten wird nachstehend eine befreiende Schuldübernahme erklärt (…). Beide Vertragsteile bewilligen und beantragen hiermit, den Schuldnerwechsel bei der Vormerkung Abt. II Nr. 4 im Grundbuch zu vermerken, und zwar Zug um Zug mit der Umschreibung des Eigentums."

Gründe: „(Tz. 9) Werden die Verpflichtungen aus dem vormerkungsgesicherten Anspruch auf Übertragung des Eigentums an dem Grundstück im Wege der befreienden Schuldübernahme (§§ 414, 415 BGB) von einem neuen Schuldner übernommen, ohne dass er Eigentümer des von der Vormerkung betroffenen Grundstücks wird, erlischt die Vormerkung. Denn es fehlt dann an der notwendigen Identität zwischen dem Schuldner des vormerkungsgesicherten Anspruchs und dem Eigentümer des von der Vormerkung betroffenen Grundstücks." Die Vormerkung erlischt jedoch nicht, „(Tz. 12) wenn der neue Schuldner zeitgleich mit der Übernahme der Verpflichtungen aus dem vormerkungsgesicherten Anspruch das Eigentum an dem von der Vormerkung betroffenen Grundstück erlangt." Die Vormerkung „(Tz. 14) sicherte den – bedingten und befristeten – Anspruch der Gemeinde gegen den ursprünglichen Grundstückseigentümer auf Auflassung des Grundstücks (…). Zu diesem Anspruch ist die Vormerkung streng akzessorisch. Besteht er nicht, ist sie wirkungslos; erlischt er infolge Vereinbarung, Rechtsausübung oder Erfüllung, erlischt die Vormerkung trotz Fortbestehens ihrer Eintragung im Grundbuch (…). So ist es hier jedoch nicht. Die Besonderheit bei der Schuldübernahme besteht (…) darin, dass nicht etwa die ursprüngliche Schuld aufgehoben und der neue Schuldner gegenüber dem Gläubiger eine neue Schuld begründet, sondern dass die ursprüngliche Schuld unverändert bestehen bleibt. Dementsprechend besteht auch der ursprüngliche Anspruch unverändert fort. Das hat den Fortbestand der Vormerkung zur Folge, wenn der aus ihr Verpflichtete zeitgleich Eigentümer des von der Vormerkung betroffenen Grundstücks wird." Ferner scheidet eine analoge

Anwendung von § 418 I 1 BGB (Erlöschen von Sicherungsrechten) jedenfalls deshalb aus, weil alle Beteiligten mit der Schuldübernahme einverstanden waren (§ 418 I 3 BGB). Der Schuldnerwechsel kann allerdings nicht in das Grundbuch eingetragen werden, da die Frage des Anspruchsschuldners allein das Schuldverhältnis betrifft.

Vgl. auch JuS 2015, 460 ff. mAnm *K. Schmidt.*

711 **Erlöschen eines Vorkaufsrechts und der sichernden Auflassungsvormerkung durch Erbfall**

BGH NJW 2000, 1033 f.

Sachverhalt: E und B vereinbaren für ein der E gehörendes Grundstück eine schuldrechtliche Vorkaufsberechtigung des B (§§ 463 ff. BGB). Dieser zukünftige (vgl. § 464 II BGB) Anspruch wird durch eine Vormerkung gesichert, § 883 I 2 BGB. Später gibt E gegenüber K ein notariell beurkundetes Verkaufsangebot ab. Noch während die dem K eingeräumte Annahmefrist läuft, stirbt E und wird von B als Alleinerben beerbt. K nimmt das Angebot an und verlangt von B Löschung der Vormerkung, obwohl dieser sein Vorkaufsrecht ausübt.

Gründe: Der *BGH* hat einen Anspruch auf Bewilligung der Löschung der Auflassungsvormerkung bejaht. Das von E abgegebene Angebot konnte von K auch nach deren Tod angenommen werden, § 153 BGB. Fraglich ist aber, ob das Vorkaufsrecht mit dem Eintritt des Erbfalls erloschen ist. Zu unterscheiden ist dabei zwischen der Vorkaufsberechtigung und dem Anspruch des Berechtigten nach Ausübung des Vorkaufsrechts (Auflassungsanspruch). Nur letzterer war als künftiger Anspruch durch die Vormerkung gesichert, hätte allerdings erst mit seiner Entstehung geltend gemacht werden können. Diese Voraussetzung fehlt hier, denn der Anspruch war nach Ansicht des *BGH* mit Eintritt des Erbfalls auf eine unmögliche Leistung (Verschaffung von Eigentum, das B als Erbe bereits hatte) gerichtet (§ 275 I BGB). Damit ist auch die Vormerkung aufgrund der Akzessorietät erloschen und das Grundbuch insoweit unrichtig.

Vgl. auch JuS 2000, 711 f. mAnm *K. Schmidt; Servatius* JuS 2006, 1060 ff. sowie die kritischen Anmerkungen von *v. Olshausen* NJW 2000, 2872 ff. und *Flume* JZ 2000, 1159 f.

712 **Geltendmachung des Hilfsanspruchs aus § 888 I BGB**

BGHZ 186, 130 ff. = NJW 2010, 3367 ff.

Sachverhalt: Kl. kaufte mit notariellem Vertrag vom 30.3.2006 ein Grundstück von einer GmbH, das ihm lastenfrei übertragen werden sollte. Eine Auflassungsvormerkung ist seit Mai 2006 zugunsten von Kl. im Grundbuch eingetragen. Im Oktober 2008 wurde zugunsten des Bekl. eine Zwangshypothek eingetragen. Die Eigentumsumschreibung auf Kl. ist noch nicht erfolgt.

Gründe: Das Berufungsgericht meinte, Kl. könne den Anspruch aus § 888 I BGB erst nach Eintragung als Eigentümer geltend machen, da sonst noch offen sei, ob es tatsächlich zu einer Vollrechtseintragung komme und sich die in § 879 I BGB geregelte Rangwahrung verwirkliche. Der *BGH* entschied hingegen, dass die Durchsetzung des Anspruchs gem. § 888 I BGB die Eintragung des Kl. als Eigentümer nicht voraussetzt, und zwar mit folgenden Argumenten: (1) Besteht die vormerkungswidrige Verfügung in der Übertragung des Eigentums an einen Dritten, kann der Vormerkungsberechtigte ohnehin erst als Eigentümer eingetragen werden, nachdem der Dritterwerber die nach § 888 I BGB geschuldete Zustimmung hierzu erteilt hat; (2) Der Dritte ist hinreichend geschützt, weil er gegenüber dem Vormerkungsberechtigten alle Einreden und Einwendungen gegen die Vormerkung und den durch sie gesicherten Anspruch geltend machen kann, namentlich auch den Einwand, der gesicherte Anspruch sei untergegangen; (3) § 888 I BGB begründet einen unselbständigen Hilfsanspruch, der allein der Verwirklichung des durch die Vormerkung gesicherten Anspruchs dient. Die Gefahr einer Löschung des Grundpfandrechts ohne nachfolgende Eigentumsumschreibung besteht nicht, denn eine isolierte, dh von der Erfüllung des vorgemerkten Anspruchs losgelöste Löschung des Grundpfandrechts durch den Vormerkungsberechtigten scheitert daran, dass ihm die nach § 13 GBO erforderliche Antragsbefugnis fehlt; (4) Da die Verwirklichung des vorgemerkten Anspruchs die Mitwirkung sowohl des Anspruchschuldners als auch des Dritten erfordert, muss der Vormerkungsberechtigte parallel gegen sie vorgehen können, um annähernd gleichzeitig gegen beide einen vollstreckbaren Titel zu erlangen.

Vgl. auch JA 2011, 549 ff. mAnm *Ch. Wolf;* JZ 2010, 1013 ff. m. zust. Anm. *Zimmer.*

713 **Herausgabe von Nutzungen an den Vormerkungsberechtigten**

BGHZ 144, 323 ff. = NJW 2000, 2899 ff.

S. bereits → Rn. 221.

3. Grundpfandrechte – insbesondere Grundschuld

714 **Sittenwidrigkeit der Bestellung einer Sicherungsgrundschuld**

BGHZ 152, 147 ff. = NJW 2002, 2633 f.

Sachverhalt: Die klagenden Eheleute (E) wenden sich mittels Vollstreckungsabwehrklage gegen die Zwangsvollstreckung in das von ihnen bewohnte Hausgrundstück durch die Beklagte (B). Das Grundstück stellt im Wesentlichen den einzigen Vermögenswert der betagten E dar. Die Grundschuld war zur Sicherung eines Geschäftsdarlehens des Schwiegersohnes der E bestellt worden, dessen Unternehmen sich im Zeitpunkt der Übernahme in einer schwierigen wirtschaftlichen Situation befand.

Gründe: Eine materiellrechtliche Einwendung gegen den Anspruch der B aus §§ 1192 I, 1147 BGB steht den E nicht zu. Insbesondere führt die Anwendung der zur Angehörigenbürgschaft entwickelten Grundsätze in aller Regel nicht zu einer Sittenwidrigkeit (§ 138 I BGB) der Grundschuldbestellung. Es fehlt schon am objektiven Merkmal der „krassen finanziellen Überforderung", weil in Form des Grundstücks ein Vermögenswert vorhanden ist, der die Sicherheit gerade nicht wirtschaftlich sinnlos erscheinen lässt. Es entspricht dem Wesen der Grundschuld als Realsicherheit, dass nur mit dem konkreten Vermögensgegenstand gehaftet wird. Der Einsatz des einzigen Vermögensguts als Sicherungsmittel ist – ebenso wie bei einem Bürgen – nicht ohne weiteres verwerflich. § 138 I BGB verfolgt grundsätzlich nicht den Zweck, vor einem Verlust des Eigenheimes zu schützen. Schließlich war B auch keine Aufklärungspflichtverletzung nachzuweisen.

Vgl. zur Sittenwidrigkeit von Angehörigenbürgschaften *Tonner* JuS 2003, 325 ff.

Vollstreckung nach Abtretung einer Sicherungsgrundschuld

715

BGHZ 185, 133 ff. = NJW 2010, 2041 ff.

Die formularmäßige Unterwerfung unter die sofortige Zwangsvollstreckung (§ 794 I Nr. 5 ZPO) in einem Vordruck für die notarielle Beurkundung einer Sicherungsgrundschuld stellt auch dann keine unangemessene Benachteiligung des Darlehensnehmers iSd § 307 I BGB dar, wenn die Bank die Darlehensforderung nebst Grundschuld frei an beliebige Dritte abtreten kann. Die kreditgebende Bank verfolgt mit der Vollstreckungsunterwerfung das legitime Ziel, die Voraussetzungen für einen raschen Zugriff auf das Schuldnervermögen zu schaffen. Der Schuldner wird in ausreichender Weise durch die vollstreckungsrechtlichen Rechtsbehelfe mit der Möglichkeit der einstweiligen Einstellung der Zwangsvollstreckung sowie Schadensersatzansprüchen gegen die Bank bei missbräuchlicher Ausnutzung des Vollstreckungstitels geschützt. Darüber hinaus wurde zum Schutz des Schuldners § 799a ZPO neu geschaffen, der einen verschuldensunabhängigen Schadensersatzanspruch gegen den zu Unrecht aus der Urkunde vollstreckenden Neugläubiger gewährt. Der Zessionar einer Sicherungsgrundschuld kann aus der Unterwerfungserklärung aber nur vorgehen, wenn er in den Sicherungsvertrag eintritt. Dies ergibt eine kundenfreundliche Auslegung der von der Bank verwandten formularmäßigen Unterwerfungserklärung (§ 305c II BGB). Die Prüfung, ob der Zessionar einer Sicherungsgrundschuld in den Sicherungsvertrag eingetreten und damit neuer Titelgläubiger geworden ist, ist dem Klauselerteilungsverfahren vorbehalten (mit den Rechtsbehelfen gem. §§ 732, 768 ZPO).

Vgl. auch JURA 2011, 128 ff. mAnm *Skauradszun*; JZ 2010, 774 ff., 791 ff. m. krit. Anm. *Stürner*.

Dingliche Haftung des Erstehers unabhängig von der Sicherungsabrede

716

BGHZ 155, 63 ff. = NJW 2003, 2673 ff.

Sachverhalt: E hatte zur Sicherung eines Darlehens zugunsten des B eine vollstreckbare (§ 800 ZPO) Grundschuld an seinem Grundstück bestellt. Das Darlehen wurde entsprechend der vertraglichen Vereinbarung durch regelmäßige Tilgungsleistungen teilweise zurückgeführt. In der Zwischenzeit ist im Rahmen einer Zwangsversteigerung das Eigentum an dem Grundstück auf K übertragen worden. B beabsichtigt nunmehr, sich durch Zwangsvollstreckung aus dem Grundstück zu befriedigen. Dagegen hat K Vollstreckungsabwehrklage erhoben.

Gründe: Die Grundschuld ist durch die Übertragung des Grundstückseigentums nicht erloschen (§§ 182, 52 I ZVG). Die Zahlungen des E waren auf die Darlehensforderung gerichtet und hindern eine Inanspruchnahme aus der Grundschuld grundsätzlich nur, wenn K eine Einrede aus dem Sicherungsvertrag geltend machen kann (s. → Rn. 652). Der Darlehensvertrag und der Sicherungsvertrag waren aber zwischen E und B abgeschlossen worden. Eine Übernahme bzw. Übertragung auf K ist nicht erfolgt. Zudem ist auch § 1157 BGB nicht anwendbar, weil es hier zu einem Wechsel auf der Seite des Eigentümers gekommen ist. Eine Befriedigung des B in Höhe der vollen Grundschuldsumme ist im Übrigen auch nicht unbillig, weil K ein belastetes Grundstück erworben, dafür aber ein entsprechend geringeres Bargebot entrichtet hat.

Vgl. auch die kritische Besprechung von *Gsell* BKR 2003, 629 ff.

Zubehöreigenschaft des Inventars eines gewerblich genutzten Grundstücks

717

BGHZ 165, 261 ff. = NJW 2006, 993 f.

Sachverhalt: Die Parteien streiten darüber, ob das Inventar einer Tischlerei – überwiegend Maschinen zur Holzbearbeitung – als Zubehör in den Haftungsverband der Grundschulden fällt.

Gründe: Nach den §§ 1192 I, 1120 BGB erstreckt sich der Haftungsverband der Grundschuld auch auf das Zubehör des Grundstücks mit Ausnahme der Zubehörstücke, die nicht in das Eigentum des Grundstückseigentümers gelangt sind. Gem. § 97 BGB ist eine bewegliche Sache grundsätzlich dann Zubehör, wenn sie, ohne Bestandteil der Hauptsache zu sein, nicht nur vorübergehend dem wirtschaftlichen Zweck der Hauptsache zu dienen bestimmt ist und zu ihr in einem dieser Bestimmung entsprechenden räumlichen Verhältnis steht. § 98 BGB enthält Beispiele für eine solche wirtschaftliche Zweckbestimmung. Ein Gebäude kann dabei nicht nur durch seine Gliederung, Einteilung, Eigenart oder Bauart, sondern auch aufgrund seiner Ausstattung mit betriebsdienlichen Maschinen und sonstigen Gerätschaften als „für einen gewerblichen Betrieb dauernd eingerichtet" angesehen werden. Es sind daher weitere Feststellungen des BerGer. zu der Frage erforderlich, ob die Beschaffenheit des aus dem Bau und den betriebsdienlichen Gegenständen gebildeten Ganzen den dauernden Betrieb einer Tischlerei zur Herstellung von Küchenmöbeln erkennen lässt.

Vgl. auch JuS 2006, 556 f. mAnm *K. Schmidt*.

Sachverzeichnis

Die Verweise beziehen sich auf die Randnummern, die Hauptfundstellen sind kursiv gesetzt.